普通高等学校应用型教材
审 计

政府审计

主 编 蒋秋菊
副主编 田冠军 石恒贵 谢继蕴

中国人民大学出版社
·北京·

前 言

党的二十大报告指出，要“健全党统一领导、全面覆盖、权威高效的监督体系”。审计作为党和国家治理体系的重要组成部分，其监督职能的发挥是国家治理体系和治理能力现代化的重要保证。

自 2022 年 1 月 1 日起，我国正式实施新修订的《中华人民共和国审计法》（简称《审计法》），该法立足于构建审计监督体系及审计高质量发展的新实践，为审计机关依法独立行使审计监督权提供了保障，是审计在党和国家监督体系中发挥重要作用的新依据。作者根据党的二十大等重要会议精神、《审计法》、《中华人民共和国审计法实施条例》以及《中华人民共和国国家审计准则》等现行审计法律法规，结合政府审计教学工作目标和教学计划编写了本书，以期全面、系统、完整地反映政府审计的内容和改革成果，为更好地开展政府审计教学工作提供便利。

本书具有以下特点：

（1）线下与线上配合，教学资源丰富，突出教学的便利性。与本书配套的“政府审计理论与实务”在线课程于 2019 年年初在超星学银在线平台上线。该课程以线下教材内容为基础，以线上课程内容为拓展和补充，致力于弥补教材更新滞后于实务变动的不足。如需获取超星学银在线资源，请登录超星学银在线官网（https://www.xueyinonline.com/），搜索“政府审计理论与实务”或“蒋秋菊”。

（2）为方便教学，本书配有教学课件供教师使用；为突出实务性，各章节后均附有习题，这些习题取材于真实企业的业务，内容丰富，并配有参考答案，供教师方便、快捷地布置和评阅作业。

（3）内容新颖，编写体系科学、完整。本书以政府审计的各类业务为主线，全面系统地介绍了政府审计的主要内容，包括政府审计概论、政府审计组织与审计法律规范、政府审计基本业务流程与基本方法、财政审计、金融审计、国有企业审计、行政事业单位审计、涉外审计、政府绩效审计、经济责任审计、资源环境审计，以及政府审计报告等，全面、清晰地反映了政府审计改革的要求。

（4）理论和实务相结合，具有较强的操作性和指导性。本书的作者包括全国先进会计工作者、国家级课程思政教学名师、全国税务领军人才、地方高端会计人才等本学科和相关学科领域的专家。本书的编写也充分汲取了审计署及地方审计机关工作人员丰富的实务工作经验，他们熟悉和了解政府审计业务，既是政府审计制度的践行者、实践者，也是政府审计制度的推广者、宣讲者。作者们提供了丰富翔实的案例，使得本书内容与实践紧密相连，具有较强的针对性和实用性。

本书可供教学和培训使用，尤其适合高等学校财经类专业的本科生，也可作为行政事业单位会计人员学习政府审计制度、提升业务能力的指导用书。本书各章分工明确：第一、五、十二章由蒋秋菊、郭小琴编写，第二、三、十一章由石恒贵编写，第六章由田冠军、杨炼编写，第七章由田冠军、徐佳豪编写，第八章由田冠军、王乙行编写，第四、九、十章由谢继蕴编写。全书由蒋秋菊规划、拟定编写提纲、统稿并审核定稿。此外，蒋梅、张瑾、蒋珍琼、张亚博、陈嘉杰等参与了校稿，在此一并表示感谢。

本书在编写过程中得到了重庆工商大学会计学院与中国人民大学出版社的大力支持，在此表示衷心的感谢！由于编者水平所限，书中难免有不妥之处，恳请各位专家和读者批评指正，以便不断完善。教材使用过程中若有问题，敬请与我们联系，主编电子邮箱为 jqj2018@163.com。

目　录

正文实例目录

二维码目录

全书内容框架

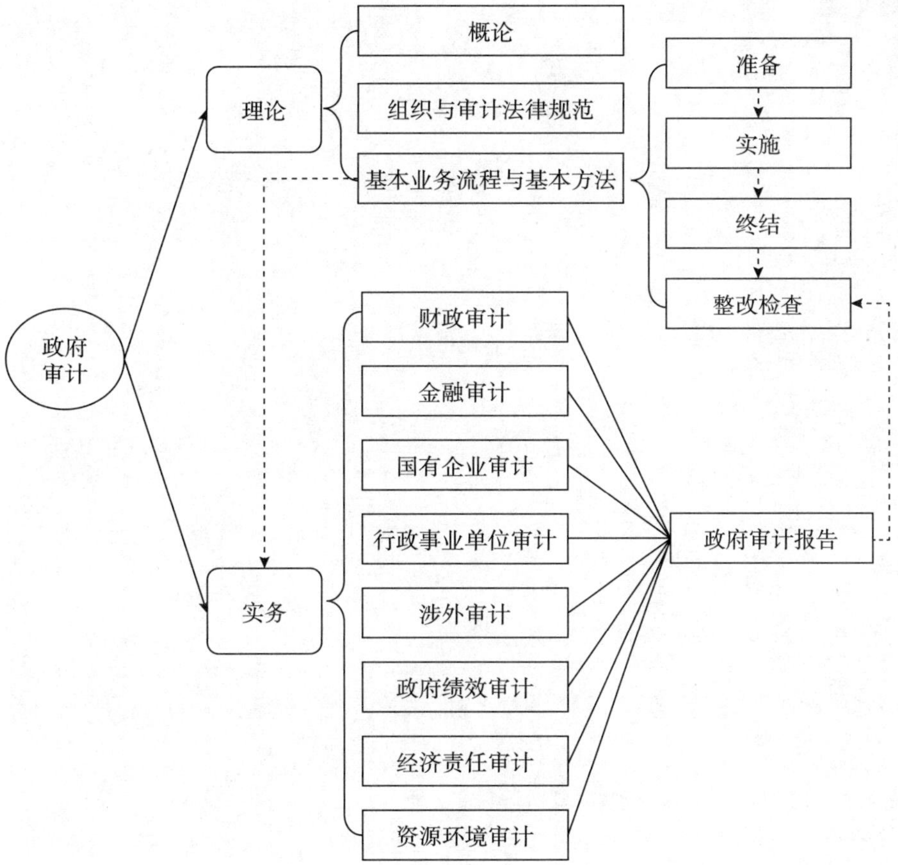

政府审计
理论
实务
概论
组织与审计法律规范
基本业务流程与基本方法
准备
实施
终结
整改检查
财政审计
金融审计
国有企业审计
行政事业单位审计
涉外审计
政府绩效审计
经济责任审计
资源环境审计
政府审计报告

第一章

政府审计概论

知识框架

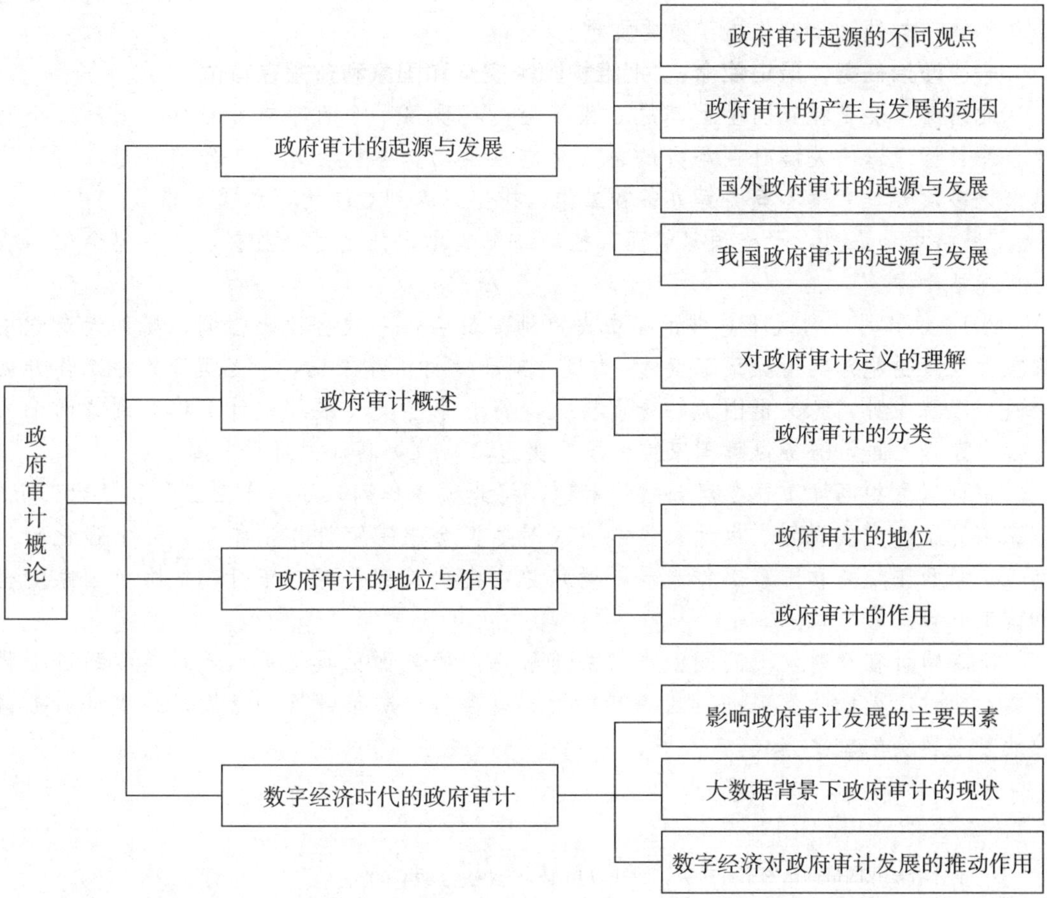

本章导读

本章主要介绍政府审计的起源、产生与发展，政府审计的定义、本质、地位与作用，以及数字经济时代的政府审计等相关内容，本章在全书体系中属于重点章节。通过本章的学习，要求学生了解政府审计的起源、产生与发展，掌握政府审计的定义与本质及相关理论，了解政府审计的作用，洞察数字经济时代政府审计发展的趋势，从而培养学生用历史和发展的眼光看待和分析事物的能力。

引　例

初心赴使命　奋斗铸辉煌——北京冬奥会跟踪审计

2022年的春天，必定镌刻在每一个中国人的心中。

历经七年艰辛努力，北京冬奥会、冬残奥会成功举办。作为北京冬奥会审计监督的支持单位，审计署①充分发挥政治机关功能作用，立足经济监督定位，全过程开展跟踪审计监督；全体参审人员心系职责使命，出色完成各项工作任务，为保障北京冬奥会像冰雪一样纯洁干净作出了重要贡献。

一、政治任务，历史使命："把维护国家安全和国家利益摆在首位"

北京冬奥会是在我国全面建成小康社会，实现第一个百年奋斗目标，向第二个百年奋斗目标迈进的关键时期举办的重大标志性活动。冬奥会筹办工作启动后，习近平总书记多次专程考察冬奥会筹办备赛工作，作出一系列重要讲话和重要指示。

"坚持廉洁办奥，严格预算管理，控制办奥成本，强化过程监督，让冬奥会像冰雪一样纯洁干净。"

2018年5月，习近平总书记在中央审计委员会第一次会议上强调，要加大对党中央重大政策措施落实情况跟踪审计②力度。对于审计工作来说，对冬奥会筹办工作开展全过程跟踪审计，意义也因此特殊而重大，将北京冬奥会跟踪审计工作放到"两个大局"中谋划推进，服务保障国家重大战略实施，站位更高，视野更宏阔。

审计署党组高度重视冬奥会跟踪审计，将此项工作列入了"十三五"和"十四五"国家审计工作发展规划。审计长侯凯多次对冬奥会跟踪审计作出指示，要求强化政治站位，紧紧围绕党和国家工作大局，聚焦党中央决策部署实施审计，把维护国家安全和国家利益摆在首位。

跟踪审计在及时发现问题、推动快速解决问题方面独具优势，通过持续跟进强化监督，能够有效保障党中央、国务院关于冬奥会有关决策部署的落实，是审计服务保障北京冬奥会的重要方式。

---

① 审计署是我国最高国家审计机关，网址为 https://www.audit.gov.cn/。

② 政策落实跟踪审计的具体内容可参考本书第九章"政府绩效审计"第二节"政府绩效审计的主要内容和评价指标"中有关公共政策执行绩效审计的部分。

二、集中统一，加强领导：“以审计工作一盘棋推动审计监督全覆盖”

随着我国进入新发展阶段，国家整体经济实力提升，公共投资快速增长。对关系公共利益的公共投资和重大建设项目进行审计全覆盖，是审计机关的法定职责。连续7年的冬奥会跟踪审计任务，对审计工作的组织实施提出了更高要求。

在审计署党组的坚强领导下，2016年5月，审计署北京冬奥会跟踪审计工作领导小组成立，分管投资审计的署领导担任组长。审计署相关司局与北京市、河北省审计机关以及审计署派出审计局和驻地方特派员办事处搭建起冬奥会跟踪审计的“四梁八柱”。

统一组织领导、统一审计工作方案、统一标准口径、统一审计报告、统一处理原则和统一对外公告。在“六个统一”的思路指导下，审计资源统筹整合，“一盘棋”工作格局迅速形成。57个业务领域、3 000多项里程碑任务……审计署在深入研究这份冬奥工作总清单的同时，同步启动了相关调研工作。

2016年6—7月，审计署固定资产投资审计司联合北京市审计局、河北省审计厅，先后到北京冬奥组委、国家体育总局、中国铁路总公司、北京市重大项目办、河北省冬奥办、张家口市政府等单位进行调研，全面掌握北京冬奥会在组织运行、筹办规划、预算管理、场馆及基础设施建设等方面的具体情况。在此基础上形成的跟踪审计总体安排，勾勒出冬奥会跟踪审计的整体图景。

2017年3月，国务院批准了审计署上报的跟踪审计总体工作安排，为冬奥会跟踪审计工作开展制定了时间表和路线图。从全面规划、建设启动、运行准备，到全面测试、赛前准备和赛时跟踪，审计署对重点建设项目实行审计全覆盖。根据中央和地方财政事权与支出责任进行的审计任务规划迅即出炉——审计署直接审计北京冬奥组委财务收支和决算、中央部门单位及中央企业投资的建设项目；北京市、河北省审计机关分别对当地负责投资建设的冬奥场馆和配套基础设施项目进行审计。

在中央审计委员会的领导下，集中统一、全面覆盖、权威高效的审计监督体制全面护航国家治理。以“一盘棋”推动全覆盖，这是对审计机关监督能力的一次检验，也是审计管理体制改革成效的一个缩影。

冬奥会跟踪审计是一项重点审计工作，更是一个重大研究课题。为及时反映和推动解决影响筹办的重点、难点问题，不断提升监督效能，审计署固定资产投资审计司每年组织冬奥会跟踪审计培训班。在培训班上，参审单位沟通审计工作进展、存在的困难问题，交流经验体会，提出下一阶段审计工作的意见建议和要求。年度任务接续推进，推动发现的问题逐一得到整改落实。

三、全程介入，严格监督：“动态推进问题解决和风险化解”

场馆是冬奥会的重要基础设施，也是跟踪审计的重点内容。北京市审计局自2017年起，对列入《北京市2022年冬奥会场馆和配套基础设施总体建设计划》，并由北京市相关单位负责建设的冬奥会工程进行审计，包括新建、改造、临建场馆、配套基础设施和其他配套项目33项。

推动资金规范管理使用是跟踪审计的重要内容，也是节约办奥成本的基础环节。

发现问题并及时纠偏，正是跟踪审计的价值所在。审计发现有的项目成本列支和会计核算不规范，在及时提出后，项目主责单位根据审计建议，研究制定了符合冬奥会工程特点的资金管理使用制度，同时协调财政、发展改革等部门统筹建立冬奥会工程资金保障机制，督促项目实施单位确定筹资方案；项目管理单位加强了资金管理使用，按照实际用途拨付使用资金；项目建设单位及时调整了相关科目，规范了成本核算。主责单位、管理单位、建设单位联动整改，个别问题得以纠正，系统纠偏和风险防控一体推进。跟踪审计的“牵一发而动全身”效应使得资金使用管理方面的风险隐患得到了有效防范。

跟踪审计的一个重要任务，就是在“治已病”的过程中不断积累“防未病”的经验。“坚持问题导向，把防范化解风险挑战摆在突出位置，不断发现问题，及时研究解决。”“审计发现问题后，及时向政府和冬奥办发出跟踪审计情况通报，重要问题向省政府主要领导上报审计专报。”河北省审计厅工作人员介绍，“河北省冬奥办按项目责任分工清单进行督办，同相关单位协同推进整改，审计组每年派出专项督导组，督导推进审计发现问题整改落实。”

四、协同贯通，预防为先：“充分发挥监督合力”

党的十八大以来，中国特色社会主义监督制度逐步成熟定型，统筹贯通、常态长效的监督合力加速形成。在服务保障北京冬奥会上，纪检监察与审计两股监督力量密切沟通，贯通协同，为“廉洁办奥”的落实落地发挥了重要作用。审计署审计长侯凯高度重视冬奥会跟踪审计监督合力的发挥，副审计长秦博勇明确要求，“凡是涉及冬奥会审计的所有会议，均邀请驻审计署纪检监察组派员参加。”时任中央纪委国家监委驻审计署纪检监察组组长宋依佳率队到北京、河北冬奥审计现场调研，了解冬奥建设筹办审计工作及廉政建设情况。

在中央纪委国家监委和审计署的支持下，纪检监察与审计建立了案件移送和查办的协调机制，实现了信息互通和成果共享，发挥了纪检监察与审计的监督合力。

五、实践引领，研究筑基：“努力形成更好服务国家治理的审计监督机制”

从2008年到2022年，双奥审计的创新实践为国家审计积累了丰富且宝贵的经验。从政策落实跟踪审计的发展历程来看，冬奥会跟踪审计的意义更为重大。

2019年，审计署出台《国家重大政策措施落实情况跟踪审计实施办法（试行）》，对重大政策措施落实情况跟踪审计的组织领导、审计对象和内容、审计报告和整改等作出全面规定。冬奥会跟踪审计不仅丰富了审计机关投资审计实践，也推动相关制度建设迈进了一大步。

《“十四五”国家审计工作发展规划》指出，“十四五”期间，政策落实跟踪审计要“建立各专业审计与国家重大政策措施有效对接机制”。作为投资审计与国家冬奥重大政策措施有效对接的创新实践，冬奥会跟踪审计为新时代审计事业创新发展标注了里程节点，也为其他专业审计与国家重大政策措施的有效对接树立了实践标杆。

资料来源：郭蓉蓉．初心赴使命 奋斗铸辉煌：北京冬奥会、冬残奥会跟踪审计工作纪实．中国审计［J］．2022（9）.

《“十四五”国家审计工作发展规划》

历时七载，审计如何为冬奥保驾护航？

请思考：

1. 该项审计属于社会审计、内部审计，还是政府审计？
2. 在一项国际体育赛事中，审计为何“亮相”其中？
3. 你认为政府审计工作内容有哪些？
4. 结合案例，谈谈你对政府审计的认识。例如，政府审计的目标是什么？政府审计在参与国家治理方面起到了怎样的作用？

审计是党和国家监督体系的重要组成部分。从一定意义上讲，一部审计史也是一部国家兴衰史、一部国家专利发展史，还是一部体现不同利益博弈、不同思想交锋、不同文化碰撞、不同制度变迁的历史。著名会计学家杨时展教授对中国历史上政府审计和会计的状况与国家的治乱兴衰的关系，用一句话十四字做了总结：“天下未乱计先乱，天下欲治计乃治。”可见，审计在国家治理、社会治理中发挥着十分重要的作用。

杨时展教授的学术履历与学术思想

政府审计与国家、社会、政治、经济等的演变密不可分，政府审计起源于国家、社会、政治、经济之中，又为满足国家、社会、政治、经济的发展需要而发展，并发挥着越来越重要的作用。如今，人类社会正在由传统的工业经济时代迈向数字经济时代，以算法为代表的大数据技术已深入社会各领域。在这个背景下，数字经济时代的政府审计也正处于转型与发展之中。

第一节　政府审计的起源与发展

一、政府审计起源的不同观点

按照审计主体的不同，审计可以划分为民间审计（又称注册会计师审计）、内部审计与政府审计（又称国家审计）。在人类文明发展过程中，政府审计的起源最早，演进历史也最为悠久，在各国不同历史阶段的社会政治和经济生活中具有十分重要的地位。

目前，学术界对审计起源主要有三种不同的观点（文硕，1990）：

第一种观点是审计源于会计，认为审计是会计发展到一定阶段的产物，是适应会计检查的需要而产生的。其理由有三个：（1）会计是运用一定的记录方法，对所有的经济业务进行反映，并以报告的形式呈现，以供分析和解释。因此，会计记录和报告是否真实、正确，就必须由有关人员进行检查。审计中的“计”，一般指的就是会计中的“计”，审计就是审查会计。（2）中国历史上，审计曾被表述为“听其会计”，英语的 audit 和法语的 audition 均源于拉丁语 audire（听），这表明古代的审计是由会计人员大声朗读会计记录，审计人员听取这些记录，进而判断会计记录是否正确来进行的。在 14 世纪，英国的审计工作是通过听取账户记录（hearing the account）来进行的。（3）从审计发展过程来看，在相当长的一段时间内，审计的主要工作内容就是查账，即以会计资料为对象，同时依据会计准则和有关财经法规制度来进行。

第二种观点是审计源于财政监督的需要，认为古代审计就是对国家财政收支进行检查，是一种财政监督形式。其主要论据是：财政是国家实现其职能、参与社会产品分配和再分配的过程。这涉及国家、集体和个人之间的经济关系，所以，最高权力者为了巩固其统治，重视财政收支的检查和监督，这种检查就是政府审计①（或国家审计）。

第三种观点是审计源于经济监督的需要②，认为审计从一开始就不是会计的附属品，两者是不同质的两个概念，因为会计产生于经济管理的需要，审计产生于经济监督的需要。

人们从不同角度对审计作出不同的解释，这是不难理解的。但是，哪一种观点更能准确地阐明政府审计的起源呢？审计史学家理查德·布朗（Richard Brown）在论述审计的起源问题时曾指出，审计的起源可追溯到与会计起源相距不远的时代……当文明的发展产生了需要某人管理他人财产的时候，显然就要求对前者的诚实性进行某种检查。③ 在这里，他实际上提出了一个经济责任的问题，并且明确地论述了它与审计的关系。

二、政府审计的产生与发展的动因

审计产生动因的其他相关理论

综观世界各国审计的产生时间，一般是政府审计远远早于注册会计师审计和内部审计，因此，学习和研究政府审计产生和发展的动因，有助于正确理解审计的本质，进而有利于解决其他理论问题。关于审计产生的动因，理论界众说纷纭，包括代理理论、信息理论、保险理论和受托经济责任理论等。学术界主要有两种观点：一种观点是政府审计伴随公共受托经济责任而产生与发展；另一种观点是政府审计因国家治理的需要而

① 中国审计机构设立在政府部门，所以学者一般认为，国家审计也可称为政府审计。
② 学术界认为，经济越发达，会计越重要；经济越发达，审计也越重要。
③ Richard Brown. A history of accounting and accountants [M]. Edinburgh: Routledge Press, 1905.

产生与发展。

(一) 受托责任论

在人类社会的发展进程中，随着生产力水平的不断提高，社会财富日益增多，剩余的生产产品逐渐集中于少数人手中。当资源财产的所有者不能直接经营和管理其所拥有的财富时，就需要授权或委托他人代为经营和管理。同时，基于这种所有权与经营权的分离以及随后出现的管理者内部分权制，产生了委托和受托关系，这种关系就是受托责任关系。

受托责任论认为，审计因受托责任的产生而产生，并伴随着受托责任的发展而发展。审计的本质是一项独立的经济监督活动。受托责任一般是指报告说明责任，即责任承担人向有关方面说明其行为过程与结果的责任；受托经济责任则是指因财产所有权和经营权分离而产生的、存在于财产所有者与经营者之间的经济受托责任。

受托责任论是当前我国审计理论界与实务界普遍认同的一种观点。该观点认为，审计是在两权分离的情况下，基于经济控制的客观需要而产生的，并伴随着受托责任的发展而发展。一方面，由于两权分离，财产所有者将其财产交付、委托给他人代为管理或经营，这时，财产所有者授予受托者管理或经营的权力，而受托者负有为财产所有者代为管理或代为经营的责任。因此，两权分离的结果是形成了一种受托责任关系。另一方面，一个大规模的组织内部在集中领导下实行多层次的分权管理或者分权经营，如政府内部实行中央和地方各级的分层次管理，企业内部实行总公司、分公司的分层次经营管理。这时，上一级管理机构把部分管理经营权授予下一级管理机构，下一级管理机构对上一级管理机构则负有受托管理或受托经营的责任。可见，这种多层次分权管理或分权经营的体制也会形成受托责任关系。

不论是在两权分离的情况下，还是在多层次管理经营体制下，由于委托人的授权，都会形成一种受托责任关系。当受托责任关系确立后，客观上就会产生授权委托者（委托人）对受托管理者或受托经营者（受托人）实行控制的需要，这是客观必然的。也就是说，授权委托者（委托人）为了维护其利益有必要对受托管理者或受托经营者（受托人）所负责任的履行情况进行审查和评价，进而确定其责任。但应指出，受托责任的确立并不一定产生审计活动，它只是审计产生的前提条件。这是因为如果这种审查评价活动由授权委托者（委托人）自行完成，就不能称为审计活动。只有当这种控制活动由授权委派人委派（或委托人委托）独立的专门机构和人员代行时，才会产生这种具备独立性的审计活动，这里之所以采用“委派”和“委托”两个词，是因为委派用于政府审计和内部审计，委托则用于注册会计师审计。

(二) 受托经济责任论

关于审计产生和发展的动因，理论界有许多观点，如代理理论、信息理论、保险理论、受托经济责任理论、冲突理论等。我们赞同受托经济责任理论的观点，理由是：第一，受托经济责任理论与政府审计的本质——独立的经济监督理论相契合；第二，受托经济责任理论适合解释政府审计产生和发展的动因，其他理论更适合解释民间审计组织开展的财务报表审计产生和发展的动因；第三，政府审计产生和发展的历史证明，审计因受托经济责任的产生而产生，并伴随着受托经济责任的发展而发展。

1. 受托经济责任是政府审计产生的基础

受托经济责任因财产的所有权和经营权的分离而产生，当财产的所有权和经营权分离时，经营者（受托方）需要通过书面文件向所有者（委托方）报告其行为过程和结果。而经营者所提供的证实受托责任的书面文件是否真实可靠，客观上存在着委托人对受托人提供的书面文件及其反映的经营活动实施监督的需要。这是因为委托人与受托人存在潜在的利害冲突，如果没有委托人的监督，就存在受托人可能为了追求自身利益的最大化，而不惜牺牲委托人利益的情况。然而由于受托经济责任的复杂性、委托人的自身能力及监督成本的限制，委托人不能或无法亲自监督受托人的活动，委托人需要委托独立于自己和受托人之外的第三者，对受托人提供的书面文件及其反映的经营活动实施监督，这就是审计。

受托经济责任是政府审计产生的基础。会计学家钱伯斯指出，各种受托经济责任，包括社会的、道德的、技术的等，只有在某种活动方式存在时才能存在。英国学者戴维·费林特也曾指出，作为一种似乎普遍的真理，凡存在审计的地方必存在一种受托责任关系，受托责任关系是审计存在的重要条件，审计是一种确保受托经济责任得以有效履行的社会控制机制。

在原始社会，由于社会生产力低下，人们共同劳动，平均分配，没有阶级和剥削，资产的所有者和管理者并没有明确区分，不存在为他人管理、经营资产的责任关系，审计的产生也缺乏条件。进入奴隶社会后，国王将其拥有的土地、人口、财产等委托地方官员管理和经营，国王与地方官员之间就产生了受托经济责任关系。国王为了确保地方官员诚实经营、认真履责，并保护财产物资的安全完整和合法使用，需要委托那些有知识和专长的官员对地方官员的管理活动和经营活动进行检查、评价，政府审计正是在这种受托经济责任关系产生后，为明确或解除地方官员的经济责任而产生的。

2. 受托经济责任是政府审计发展的动因

受托经济责任是一个动态的概念，受托经济责任的类型随着委托人要求的变动而不断变动。对不同类型经济责任的审计，形成了不同类型的政府审计。从这一角度看，受托经济责任是政府审计发展的动因。①

在奴隶社会和封建社会，政府审计主要是最高统治者委托审计机关对地方官员管辖范围内财政收支的合法性、真实性实施审计，由此形成了财政收支审计。

---

① 这是政府审计本质的传统观点。

在资本主义社会，政府及公营企业事业单位受托代管和经营社会公共资源，审计机关受立法机关的委托，对政府及公营企业事业单位受托经济责任的履行情况实施审计，此时委托人不仅要求受托人合法经营，而且要求其做到合理有效履职，即受托人要按照经济性、效率性和效果性的原则使用和管理受托资产，由此产生了管理审计、经营审计和绩效审计。

我国正在坚定不移地走中国特色社会主义道路，努力加强民主法治建设，构建和谐社会。基于这一目标，政府、国有企事业单位及国有控股单位承担的受托经济责任的内容更加广泛，这些受托经济责任包括：使受托管理的社会经济资源保值增值的责任，对受托管理的社会经济资源合法经营的责任，使国有企事业单位及国有控股单位建立健全内部控制并确保内部控制有效运行的责任，按照经济性、效率性和效果性的原则使用和管理公共资源的责任等，由此产生了财政审计、财务审计、政府绩效审计等。国家机关和国有企事业单位的负责人因为受托管理社会公共资源和国有资产，对社会公众或纳税人承担着公共受托经济责任，即国家机关和国有企事业单位的负责人对其任职期间所在地区、部门或单位的财政收支、财务收支以及有关经济活动的真实性、合法性和效益性负责。为了验证这种责任的履行情况，实现合理的授权与分权，加强干部队伍的廉政建设，我国还独创了具有中国特色的领导干部任期经济责任审计。

（三）公共受托经济责任论

公共受托经济责任是受托经济责任的特殊形式，是存在于政府和社会公众之间的受托责任。公共受托经济责任是现代政府审计的本质特征，也是现代政府审计理论的重要基石，更有利于诠释近现代政府审计的发展动因。①

公共受托经济责任的概念出现于 20 世纪六七十年代。美国审计署（GAO）认为，公共受托经济责任是指受托管理并有权使用公共资源的机构向社会公众说明其全部活动情况的义务。最高审计机关亚洲组织（ASOSAI）②认为，公共受托经济责任是指受托管理并有权使用公共资源的个人或当局报告资源管理情况和说明其履行所承担的财务、运营和计划责任的义务。上述解释的共同点是公共受托经济责任的存在源于公共资源或公共资产的所有权与经营权的分离。

不同社会形态与公共受托经济责任

① 这是政府审计本质的近现代观点。

② 最高审计机关亚洲组织（Asian Organization of Supreme Audit Institutions，ASOSAI）简称亚审组织，是全球七个地区审计组织之一，是亚洲最高审计机关的地区性组织，成立于1979 年。成立之初，成员有11 个。亚审组织成员包括亚洲和大洋洲地区国家的最高审计机关，现在亚审组织成员增加至 47 个，其中包括中国、日本、韩国、印度、泰国、尼泊尔、巴基斯坦、澳大利亚、菲律宾、印度尼西亚、马来西亚、科威特、也门等的审计机关。中国审计机关于 1984 年加入该组织。1985 年，中国曾派审计代表团出席在东京召开的最高审计机关亚洲组织第三届大会。1991 年，最高审计机关亚洲组织第五届大会在中国召开。该组织的宗旨是通过审计工作经验和思想的交流，增进各成员之间的了解和合作。

政府审计的产生基于公共受托经济责任关系的确立，其根本目标在于保证和促进政府公共受托经济责任的全面有效履行。政府审计功能的拓展是建立在公共受托经济责任拓展基础上的不断演进的过程。例如，随着公共受托经济责任的内容拓展，政府审计功能向政府绩效审计、社会责任审计、环境审计、宏观审计、审计对权力的有效监督以及审计权的有效发挥等方面拓展。因此，当服务国家治理已然成为公共受托经济责任的重要内容时，政府审计的目标就应包含服务国家治理，并充分发挥审计功能。①

三、国外政府审计的起源与发展

从时间上来看，国外政府审计的历史可以划分为古代政府审计与近现代政府审计两个历史时期。

（一）国外古代政府审计的起源

国外古代的政府审计大多是为了满足君主专制统治的需要，直接对君主负责，代表君主对各级官吏进行监督，评价官吏的执政业绩。随着生产力的发展和受托经济责任的出现，早期的政府审计应运而生。据考证，早在奴隶社会时期的古埃及、古罗马以及古希腊，就已存在建立官厅审计机构和实施政府审计的史实。

1. 古埃及的政府审计

公元前3500年左右，古埃及奴隶主阶级的最高统治者——法老设置了有较强独立性的监督官，监督官的职责实际上就是审计。

2. 古罗马的政府审计

公元前3世纪，古罗马在元老院之下设财务官和监督官，以协助元老院处理国家财政事务。其中，财务官负责国库记录和审计，监督官具有一定的独立审计职能。

3. 古希腊的政府审计

公元前6世纪，古希腊的雅典城邦就已经建立了官吏卸任经济责任审计制度，由审计官执行这种审计。当时，这些审计官员以“听证”的方式，对掌管国家财物和赋税的官吏进行审查和考核，这是一种具有审计性质的经济监督工作。

4. 英国封建时期的政府审计

英国政府审计可以追溯到中世纪。当时的财政部下设两个机构：一个是下院，又称收支局；一个是上院，又称收支监督局。收支监督局负责审核收支局编制的会计账簿。

5. 法国封建时期的政府审计

封建时期的法国具有政教合一的传统，由教士出任审计官②。1320年，法国

---

① 蔡春，朱荣，蔡利．国家审计服务国家治理的理论分析与实现路径探讨：基于受托经济责任观的视角[J]．审计研究，2012（1）：6-11.

② 这些审计官是由国王任命的精通财经、法律和数学的教士，他们在巴黎一个教堂的专门大厅内对这些收支账目进行经常性审查，然后由财经委员会对他们的审查结果进行裁决。王室还特地委派一名专门管理皇室财产的首席骑士协助财经委员会的工作。

成立了拥有司法权的审计法庭，开启了司法模式审计监督之先河。

6. 德国封建时期的政府审计

18 世纪的德国实际上是由多个独立的邦国组成的，其中普鲁士和奥地利最为强盛。1714 年，普鲁士国王弗里德里希·威廉一世创建了独立于行政部门的机构，后来改称为最高审计院，负责审查国家财政收支，并将审查结果和建议报告给国王。1761 年，奥匈帝国设立了会计署，其主要职责是寻找会计账目中的差错、实施预防性控制等。

古希腊审计官的
产生方式与职责

英国财政部下设的
上院与下院基本职能

（二）国外近现代政府审计的发展

目前，世界上已有 160 多个国家建立了政府审计制度，政府审计的踪迹遍布各国。

1. 英国近现代政府审计的发展

1689 年，英国国会通过的《权利法案》规定，财政权属于国会，由国会负责审查国家预算和决算。1785 年，依据《更好地检查和审计国王公共账目的法案》成立五人审计委员会，负责审计各部门的公共账目。1866 年，国会通过的《国库和审计部法案》规定，政府的一切开支都必须经审计院长的审计。1867 年，国库和审计部成立，由其统一实施国库监督和经费账目检查。1983 年，国会通过的《国家审计法》规定，设立国家审计署以取代国库和审计部。

2. 美国近现代政府审计的发展

1789 年，美国联邦政府成立之初就依据宪法的有关规定在财政部设置了 6 名审计官。1921 年，美国在国会设置国家审计机构——审计署（General Accounting Office，GAO)，其独立于行政部门，负责对政府的会计资料进行检查、监督和审计，并向国会报告政府的运转情况。2004 年，美国审计署更名为美国政府责任署(Government Accountability Office)。

3. 法国近现代政府审计的发展

1807 年，拿破仑颁布法令建立了法国审计法院，该审计法院的建立标志着法国首创的司法模式国家审计机构在结构和形态方面有了进一步完善。

4. 德国近现代政府审计的发展

1871 年，德意志帝国审计法庭建立，其负责对皇家会计账目进行审查。1950 年，根据《德意志联邦共和国基本法》成立了联邦审计法院。1985 年，出台了《联邦审计院法》，其规定联邦审计法院既不属于立法部门，也不属于司法部门和行政部门，而是一个独立的财政监督机构。该法案彻底改变了德国国家审计的地位，将其从司法型转变为独立型。

5. 日本近现代政府审计的发展

明治维新时期，日本在财政部内建立了名为监查司（后来改称为检查局）的政府审计机构，负责批准和监督各政府机关的开支。1880 年，日本又将检查局更名为会计检查院，以充实会计检查机构。从 1889 年开始，会计检查院直接隶属于天皇。会计检查院主要对国家财政决算进行审计，将年度审计报告呈送天皇，也通过内阁呈送国会。1947 年，日本实施新宪法，会计检查院成为一个独立的不隶属于国会、内阁或者司法机关的机构。

四、我国政府审计的起源与发展

（一）我国古代政府审计的起源

我国古代政府审计的特征是服务于王权和皇权的统治，代表君主、皇帝对各级官吏进行监督，以维护王权、皇权和强化中央集权的封建专制统治为目标。我国古代政府审计经历了萌芽与产生、发展、兴旺、动荡和衰落等五个阶段，政府审计的主要形式包括官计审计（西周）、上计审计（秦）、比部审计（隋唐）、三司与审计院审计（宋）以及科道审计（元明清）五种类型。

1. 萌芽与产生：夏、商、西周

夏、商、西周时期是我国政府审计的萌芽和产生时期。

古文献记载，夏朝统治者为了治理国家，要求相关机构对国家收支进行记录、计算和考核。商朝殷墟甲骨文的记事刻辞中也记载了带有审计性质的经济监督活动。夏商时期审计思想的萌芽，为西周时期审计制度的产生与发展奠定了基础。

审计名称演变 1——“考”

审计名称演变 2——“稽”

审计名称演变 3——“计”

古籍中夏禹时期的“会计”记载

我国的政府审计是起源于夏商时期还是原始社会？

我国古代的政府审计最早产生于西周，其主要标志是“宰夫”这一官职的出现。在西周，周王是奴隶社会的最高统治者，其下设六卿五官。国家财政机构大体可分为两大系统：一是掌握财政收入的地官司徒系统；二是掌握财政支出、会计核算和审计监督的天官太宰系统。太宰为六卿之首，其下设小宰、宰夫。

2. 发展：春秋战国和秦汉时期

春秋战国时期是我国历史上从奴隶制向封建制转变的社会大变革时代。在这一时期，各诸侯国基本上继承了西周时期的政府审计制度。由于频繁的军事角斗，君主无暇集中精力进行国家治理，更难以亲自推动财政制度和审计制度的改革，因此政府审计工作多由丞相、御史、尚书等官吏兼任。

秦汉时期是我国封建社会的建立和成长时期。封建社会经济的逐步发展和政治的逐步完善，促使我国确立了封建王朝的政府审计制度。秦汉时期开始出现具有审计职能的机构。

秦朝实行御史制度，御史大夫是全国最高的监察长官，负责辅佐皇帝对国家政治和财政进行监督。秦朝还实行上计制度，由御史大夫主持全国财政、财粮收支的审计工作。

汉承秦制，仍由御史大夫兼任上计职责，行使监察职权。尤为重要的是，汉代制定了《上计律》，使上计制度有法可依，这标志着我国审计立法的开始。

秦汉开创了御史大夫行使监督权的先河，御史组织系统的建立强化了国家对整个财政经济的控制和监督。但这一时期尚未设立专门的审计机构，御史大夫行使的监督权涉及政治、经济、军事等各个方面，具有一揽子性质。上计制度是一种遏制贪污舞弊的有效形式，也是我国历史上最早的一套审计监督制度。

3. 兴旺：魏晋南北朝及隋唐

魏晋南北朝出现了相对独立的审计机构——比部。比部独立于财计部门，被学者公认为中国审计史上的一座里程碑。比部主要负责三方面的事务：第一，对政府和部门的经费开支和财务出纳进行财务审计；第二，主法制，考官吏，定刑赏；第三，传递、存档和保管诏书、律令和文书。显而易见，比部已完全独立于财计部门，并同时具备行政监督和法律监督的性质。

隋唐两朝是我国审计发展的主要时期，其最重要的标志就是比部审计体制的健全完善。两朝均将比部作为专职审计机构，隶属于都官或刑部之下，掌管国家财计的监督工作，行使审计职权并具有司法监督的性质。

唐朝设三省六部，六部之中，刑部掌管律令、刑法、徒隶等政令。比部仍置于刑部之下，凡国家财计、军政等内外事务，均施以勾稽，并进行考核审理。唐朝比部的审计权力涵盖国家各个领域，且一直延伸至州、县。其审查范围广泛，项目众多，具有很强的独立性和权威性。唐朝比部不受财计部门控制，而是直接与刑法体系相结合，行使经济监督的职权，从而构建了一个比较完整、科学的审计监督体系，这是我国古代审计监督在组织形式上的一次重大变革。

4. 动荡：五代及宋

宋初，最高统治者为了强化中央对财计大权的控制，将财计审计大权集于三司①。这一时期审计制度的特点是在三司使下针对不同的审计对象设置审计机构。这些审计机构包括三部勾院、都磨勘司、都理欠司、都凭由司、催驱司、专勾司等。

南宋初年设置审计司（院），其隶属于太府寺（属内部审计性质）。宋朝审计司（院）的建立标志着我国审计的正式定名，从此“审计”成为财政经济监督的专门用语。

审计名称演变 4——“比”

审计名称演变 5——“勾”

审计名称演变 6——“审”

宋朝审计机构演变及职能

比部与审计司之间的关系

5. 衰落：元、明、清

元、明、清时期，随着君主专制制度的日益强化，审计以科道审计为主，总体而言处于停滞衰落状态。

元朝撤销比部，逐渐强化御史监察机构的审计职能，户部兼管财计报告的审查工作，专业、独立的审计机构已告消亡。

明初设比部，不久后便撤销。洪武二十三年至明末，明朝设都察院，由左右都察史的长官负责审查中央财计。此外，明朝还在朝廷统设给事中，并分为吏、户、礼、兵、刑、工六科。都察院十三道监察御史与六科给事中虽然归属不同，但地位和职责相近，都负有财政经济监察的职权，故被合称为科道官，由此形成了科道审计制度。科道官互不相属，在审计过程中既相互配合也相互牵制。

清承明制，继续设置都察院，其负责对君主进行规谏，对政务进行评价，对大小官吏进行纠弹，成为当时国家最高的监察、弹劾和建议机构。

尽管明清两朝施行的都察院制度使审计工作有所加强，但审计缺乏独立性，特别是撤销了比部这种独立的审计机构，使政府审计职能严重削弱。总之，元明清的政府审计制度与隋唐相比已经明显衰落。

① 三司是指户部司、盐铁司和度支司。三司号称为计省，三司使称为计相，其职位仅次于宰相。

我国古代政府审计发展历程见表1-1。

表1-1 我国古代政府审计发展历程

时期	阶段特征	标志事件	意义
夏、商	萌芽	经济监督（含会计监督和审计监督）	政府审计思想的萌芽
西周	产生	“宰夫”官职出现	政府审计制度的产生与确立
春秋战国和秦汉	发展	实行上计制度，制定《上计律》	标志着我国审计立法的开始
魏晋南北朝及隋唐	兴旺	比部审计体制的健全完善	形成了一个比较完整、科学的审计监督体系
宋	动荡	设置审计司（院）	标志着我国审计的正式定名，“审计”成为财政经济监督的专门用语
元、明、清	衰落	撤销比部，设置都察院，形成科道审计制度	基本没有独立的审计机构，政府审计职能被严重削弱

（二）我国近现代政府审计的发展

按时间划分，我国近现代政府审计可分为新中国成立前的政府审计和新中国成立后的政府审计两个阶段。

1. 新中国成立前的政府审计

1911年，孙中山领导的辛亥革命推翻了统治中国几千年的君主专制制度，革命党在南京建立中华民国临时政府，政府审计开始步入近代政府审计时期。临时政府制定的《中华民国临时约法》规定实行国家预决算制度，这不仅为建立审计监督制度奠定了法律基础，还促进了部分独立省份着手设立审计机关。1912年，中华民国正式成立。随后北洋政府设立了临时审计机关——审计处，后改称为审计院，隶属于大总统。1914年10月，我国近代第一部《审计法》颁布，确立了审计监督的法律地位。同年12月，《审计法实施细则》颁布，进一步细化了《审计法》中的有关内容。1927年，南京国民政府成立，其设置了审计院。

南京国民政府由“军政时期”转入“训政时期”后，审计院改组为监察院审计部，审计职权由监察院掌管。抗日战争全面爆发后，南京国民政府迁驻重庆，并在1938年修订了《审计法》，此次修订扩大了审计职责范围，强化了对国库、银行和建设事业专款的审计。

这一时期，在中国共产党的领导下，革命根据地也建立了较为严格的审计制度。1932年8月，根据中央人民委员会的决定，中央政府财政部内设审计处。1933年9月，中央政府成立审计委员会，该委员会直接受中央人民委员会领导，独立于财政委员会，负责监督各项财政收支的执行情况。1934年2月，审计体制进行改革，中央审计委员会改由中央执行委员会直接领导，此举显著提高了审计机构的地位和权威。中央审计委员会依据中央执行委员会公布的审计条例，先后开展了中央财政预决算审计、部分中央单位及群众团体财务收支审计，并对外公布审计结果，使审计工作更加透明和公开。1937 年 2 月，中华苏维埃临时中央政府设立了国家审计委员会，建立了预决算制度和审计制度。同年 7 月，全面抗日战争爆发。同年 9 月，陕甘宁边区政府正式成立，内设审计处。1939 年 1 月，《陕甘宁边区政府组织条例》颁布，赋予了审计处八项职权，从而确立了审计的法律地位。同年 12 月，中共中央决定在中央财政经济部（1938 年成立）内设会计处和审计处，对陕甘宁边区党政军经费开支进行集中管理和审计，边区政府审计处随即撤销。1940 年 10 月，撤销中央财政经济部，在党中央机关、军队系统、边区党政机关分别设立了财经处，财经处内设审计科。随着全国敌后战场的创建和逐步扩大，各抗日根据地民主政府先后建立，审计机构也随之逐步设立，并开展了卓有成效的工作。1945 年日本投降后，中国革命进入了解放战争时期。随着解放区的扩大，各解放区分别建立了适合本地实际、较为独立和完善的审计体系和审计制度。1946 年陕甘宁边区政府颁布了《陕甘宁边区审计暂行规程》，1948 年 10 月颁布了《陕甘宁晋绥边区暂行审计条例》。山东省政府、晋冀鲁豫边区政府和华北人民政府等也相继颁布了有关审计的规定，各解放区的审计机构都将支出预决算审计作为工作重点。

2. 新中国成立后的政府审计

从 1949 年中华人民共和国成立到 1978 年，我国一直未设置独立的政府审计机关，而是赋予会计人员监督财政、财务收支的职权，同时规定由行业主管部门对所属单位进行不定期的会计检查，由财政、税务部门和银行进行业务监督。1982 年颁布的《中华人民共和国宪法》正式确立了我国政府审计监督制度。1983 年 9 月，我国最高审计机关——中华人民共和国审计署正式成立。1985 年颁布的《国务院关于审计工作的暂行规定》为贯彻落实宪法规定和规范审计工作提供了必要的法规依据，保障了起步阶段审计工作的开展。1988 年，国务院发布了《中华人民共和国审计条例》，这标志着我国初步形成了较为完善的审计制度体系。1994 年，新中国第一部《中华人民共和国审计法》（简称《审计法》）正式颁布，并于 1995 年 1 月 1 日实施，它是我国审计法治建设的里程碑；1997 年，国务院发布了《中华人民共和国审计法实施条例》（简称《审计法实施条例》）。这两部法律的颁布标志着审计工作走上了法治轨道，中国特色审计监督制度框架初步形成。随着政治经济生活的不断发展变化，《审计法》和《审计法实施条例》在运行十多年后，部分内容已不再适应新情况，因此我国分别于 2006 年和 2010 年对《审计法》和《审计法实施条例》进行了修订，这标志着我国审计监督的基本原则、审计机关职责和权限、审计程序和法律责任等基本制度得到进一步确定，审计工作初步实现了法治化、制度化、规范化。

党的十六大提出，加强对权力的监督和制约，按照这一要求，审计机关调整审计工作的定位、目标和重点，坚持“依法审计、服务大局、围绕中心、突出重点、求真务实”的独立审计方针。审计工作以提升审计成果质量和水平为核心，坚持以真实性为基础，以打假治乱为重点，加大了对严重违法乱纪问题和经济犯罪的查处力度，加强对权力的制约和监督，推进审计结果公告制度和绩效审计，并不断深化和完善财政审计、金融审计和企业审计，积极探索经济责任审计，构建了“三加一”的审计业务格局。

党的十七大以来，审计机关牢固树立科学审计理念，围绕党和国家中心工作，全面开展审计队伍建设、法治化建设、信息化建设、文化建设和理论建设五项基础建设，充分发挥“免疫系统”功能，当好公共财政卫士，积极促进国家政治、经济、文化、社会和生态文明建设。

党的十八大明确了科学发展观的历史地位，阐释了中国特色社会主义的丰富内涵和夺取中国特色社会主义新胜利的八项基本要求，提出了全面建成小康社会和全面深化改革开放的目标、“五位一体”总布局的重大部署、全面提高党的建设科学化水平的重大任务。在此背景下，审计机关以推进法治、维护民主、推动改革、促进发展作为出发点和落脚点，依法履行审计职责，推动“五位一体”总布局的全面实施，推进全面建成小康社会目标如期实现，切实发挥审计在保障国家经济社会健康运行、推动完善国家治理方面的作用。

党的十八大后，政府审计发展进入快车道。2014 年，国务院发布《关于加强审计工作的意见》；2015 年，中共中央办公厅和国务院办公厅联合颁布《关于完善审计制度若干重大问题的框架意见》和三个配套文件。2017 年，党的十九大提出，改革审计管理体制。2018 年，中共中央提出设置中央审计委员会，加强党对审计工作的集中统一领导，推出了优化审计署职责的若干重大改革举措，使我国政府审计体制和运行机制更加符合新时代党和国家对审计监督的要求。

2021 年 10 月 23 日，第十三届全国人民代表大会常务委员会第三十一次会议通过了新《审计法》，新《审计法》于 2022 年 1 月 1 日开始实施。《审计法》的修订适应了中国特色社会主义新时代的要求，体现了习近平新时代中国特色社会主义思想，满足了党中央、全国人大、国务院及人民群众对审计工作的新要求新期待，总结了近年来特别是党的十八大以来审计工作的新做法新经验，为构建审计监督体系及审计高质量发展提供了新的实践依据，为保障依法独立行使审计监督权、在党和国家监督体系中发挥重要作用提供了新的法律依据。因此，其具有十分重要的意义。

新中国成立后政府审计的发展历程见表 1－2。

表 1－2 新中国成立后政府审计的发展历程

时期	标志事件	意义
1949 年	中华人民共和国成立	赋予政府会计人员监督财政、财务收支的职权，但未设置独立的政府审计机关
1982 年	颁布《中华人民共和国宪法》	我国政府审计监督制度被正式确立
1983 年	中华人民共和国审计署正式成立	初步建立审计署
1985 年	颁布《国务院关于审计工作的暂行规定》	为贯彻落实宪法规定和规范审计工作提供了必要的法规依据，保障了起步阶段审计工作的开展

续表

时期	标志事件	意义
1988 年	颁布《中华人民共和国审计条例》	标志着我国初步形成了较为完善的审计制度体系
1994 年	颁布《审计法》	标志着我国审计工作走上了法治轨道，中国特色审计监督制度框架初步形成
1997 年	颁布《审计法实施条例》	
2006 年	修订《审计法》	标志着我国审计监督的基本原则、审计机关职责和权限、审计程序和法律责任等基本制度得到进一步确定，审计工作初步实现了法治化、制度化、规范化
2010 年	修订《审计法实施条例》	
2021 年	再次修订《审计法》	审计法规进一步向中国特色社会主义新时代靠近

第二节　政府审计概述

政府审计是指审计机关依法对受托人的财政、财务收支及其有关经济活动以及反映它们的会计资料和其他相关资料的真实性、合法性、效益性进行监督、评价和鉴证，以解除受托人经济责任为最终目的的独立性经济监督活动。

一、对政府审计定义的理解

具体来说，应从以下几个方面来理解政府审计的定义。

（一）政府审计的本质

本质是事物内在联系并区别于相近事物的固有的根本属性。政府审计的本质是指政府审计本身所固有的，决定政府审计的目标、方法、职能及其发展规律的根本属性。①

政府审计本质的相关观点

《审计法》第三条规定，审计机关依照法律规定的职权和程序，进行审计监督。审计机关依据有关财政收支、财务收支的法律、法规和国家其他有关规定进行审计评价，在法定职权范围内作出审计决定。我国《宪法》规定，中华人民共和国的一切权力属于人民。因此，我国的政府审计最终是受人民之托，审计结果要向人大报告、向社会公开、向人民负责，其根本目标是为国而审、为民而计，维护人民群众的根本利益。②

政府审计的本质有诸多学说。根据上述定义，本书支持政府审计的本质是独

① 关于政府审计的本质，传统观点包括查账论、方法过程论、财政监督论、经济监督论和受托责任论，现代观点包括民主法治论与政府治理工具论、“看门狗”和经济卫士论、权力制约论、“免疫系统”论以及国家治理论。本书主要是基于经济监督论与受托责任论对政府审计进行定义。

② 许莉. 国家审计本质认识论及其实践规律［J］. 审计与经济研究，2021，36（5）：20－23.

立性的经济监督活动这一观点。

（二）政府审计的主体

政府审计的主体是审计行为的执行者，回答“谁来审”的问题。在我国履行政府审计职责的是审计署和县级以上人民政府设立的地方审计机关。为了保障审计机关能够客观公正地开展审计工作，监督受托人认真履行受托经济责任，作出正确的审计结论，审计机关必须做到组织上、人员上、工作上和经济上的独立。组织上的独立性要求政府审计机关必须独立设置，与被审计单位没有隶属关系，也不依附、挂靠任何其他部门和单位。人员上的独立性要求政府审计机关配备专职工作人员，依法独立行使审计监督权，不受任何机构和个人的干涉，与委托人和被审计单位没有利益关系。工作上的独立性要求审计机关和人员根据国家相关法律法规赋予的审计权限，不受他人的干涉或影响，独立执行审计工作任务，客观作出审计结论，出具审计报告。经济上的独立性是指审计机关和人员在执行审计任务时，有一定的经费保障，或有合法的经济收入，不受被审计单位的制约，以保证独立地开展审计工作。

（三）政府审计的对象

政府审计的对象是指政府审计活动的作用对象，包括政府审计的范围和政府审计的内容。政府审计的范围是指受托人的组成内容，即被审计单位的组成内容。我国政府审计的范围包括：国务院各部门和地方各级人民政府及其所属各部门，中央银行和国有金融机构，国有企事业单位，国有资本占控股地位或者主导地位的企业和金融机构，国家投资或以国家投资为主的建设项目，国外贷援款项目，使用公共资金的其他单位等。政府审计的内容是指受托经济责任，即被审计单位使用公共资金履行的公共受托责任。政府审计机关受社会公众的委托对使用公共资金部门的受托经济责任实施审计。具体来说，政府审计的内容体现为实质和现象两个方面，就实质而言，是指被审计单位的财政收支、财务收支及有关的其他经济活动；就现象而言，是指反映被审计单位的财政收支、财务收支及有关的其他经济活动的会计凭证、账簿和报表等会计资料，以及其他反映财政收支、财务收支及有关的其他经济活动的载体，如计划、预算、统计等资料。

（四）政府审计的职能

审计的职能是指审计本身所固有的内在的功能，是满足社会需求的能力。审计的职能回答的是“审计是干什么”的问题，审计的职能决定了审计的职责。政府审计具有经济监督、经济评价和经济鉴证等多种职能。

经济监督是指通过监察和督促被审计单位的经济活动、管理行为在规定的范围内，沿着正常的轨道运行，不发生偏离行为。政府审计产生和发展的历史告诉我们，只有审计机关享有充分的独立性和权威性时，审计发挥的监督作用才大，审计的效果才好；反之，审计监督就会流于形式。我国《宪法》规定，国务院设立审计机关，县级以上的地方各级人民政府设立审计机关；《审计法》也规定了政府审计的职责和权限，因此，政府审计的经济监督权力明显大于内部审计和社会审计。我国政府审计机关开展的财政财务审计、财经法纪审计都体现了审计的经济监督职能。

经济评价是指按照一定的标准，通过审核检查，评定被审计单位的经济决策、计划、预算和方案是否先进可行，经济活动是否按既定的决策和目标进行，经济效益是高是低，以及内部控制和内部管理是否健全、有效等，从而有针对性地提出意见和建议。我国开展的对党政干部和企业法人的经济责任审计和对国有企业的经济效益审计，主要行使的是政府审计的经济评价职能。

经济鉴证是指通过对被审计单位的经济活动和有关经济资料及其所反映的财务收支和有关经济活动的真实性、合法性、效益性进行检查，确定其可信赖的程度，并出具书面证明。

（五）政府审计的目标

政府审计的目的是审计工作所要达到的理想境地和希望境界，是审计的动因和归宿，属于理论层次。政府审计的目标不同于审计的目的，是审计目的的具体化，属于实践层次。依据受托经济责任论，政府审计的目的应该是评价受托责任的履行情况。审计目的的具体化表现为审计目标，依据《审计法》第二条的规定，政府审计的目标有三个：真实性、合法性和效益性。

1. 真实性

所谓真实性，即审计机关对审计事项的真实性进行审计监督。真实性审计目标主要是确定财政、财务收支是否真实存在，是否已经发生，有无差错、虚假、舞弊行为等；各种经济信息是否客观、真实、全面、正确地反映了实际的财政、财务收支状况和经营管理成果；政府各项经济责任是否如实履行，向社会和公众所发布的信息是否真实无误，所做承诺有无如约兑现等。

2. 合法性

所谓合法性，即审计机关对审计事项的合法性进行审计监督。合法性审计目标主要是确定各项财政、财务收支是否符合法律和规章制度的规定。具体包括财政、财务收支的发生是否违反法律规定，财政、财务收支程序是否合法，各项会计处理是否遵循法律和会计准则的规定，特别是政府是否依法行政、规范行政，其行政执法行为是否客观、公正等。

3. 效益性

所谓效益性，即审计机关对审计事项的效益性进行审计监督。效益性审计目标包括经济效益和社会效益两部分。具体包括三个方面：经济性（economy），是指对一项活动，在保证质量的前提下，将其资源消耗量降到最低水平。如审计一家医院的采购活动，就需对其是否以最低的价格购置符合质量规定的医疗用品做出评价。效率性（efficiency），是指产品、服务或其他形式的产出与其消耗资源的关系，一项有效率的活动应该是在保证质量的前提下，以一定的投入实现最大的产出，或实现一定的产出使用最小的投入。如检查和评价医院患者的候诊时间时，要关注在不增加患者额外费用和不降低服务质量的情况下，是否可以缩短候诊时间。效果性（effectiveness），是指既定目标的实现程度，以及一项活动的实际效果与预期效果的关系。如审计评价政府部门的某项政策和某项活动在实施中产生了哪些影响，能否对接受服务的公众产生明确而积极的效果。简言之，经济性的直接含义是成本降至最低；效率性的直接含义是实现最佳的投入产出比；效果性的直接含义是实际效果与预期效果的比例关系。

审计目标应随环境变化不断演变。具体来说，一国政治、经济、法律和文化环境的变化，会使审计委托人或授权人对审计期望发生变化，这种变化会反映在审计目标的变化上。百年未有之大变局时期，我国在政治和法律上不断推进民主化和法治化进程，推进国家治理体系和治理能力现代化建设，这些环境的变化，势必要求政府审计在审计目标上有所调整。现阶段，政府审计目标依然以真实性、合法性为主，正逐步向真实性、合法性与效益性并重转变。

二、政府审计的分类

政府审计可以按照不同的标准进行分类。一般来说，按审计内容进行的分类称为审计的基本分类，基本分类是对审计含义的进一步解释或延伸；按审计内容以外的其他分类标志进行的分类属于审计的其他分类。

（一）政府审计的基本分类

政府审计按审计的内容和目的分类，可划分为财政审计、财务审计、政府绩效审计、经济责任审计和专项审计调查。

财政审计是指审计机关根据国家法律和行政法规的规定，对本级政府财政预算执行情况和下级政府财政预算的执行情况和决算，以及预算外资金的管理和使用情况的真实性、合法性和效益性进行的审计。财政审计的内容是财政收支活动和反映它们的会计资料及其他相关资料；审计的目的是审查被审计单位财政收支活动和反映它们的会计资料及其他相关资料的真实性、合法性和效益性。根据我国现行的财政管理体制和审计机关的组织体系，财政审计主要包括本级政府预算执行审计、下级政府预算执行和决算审计以及其他财政审计。

财务审计是指审计机关对被审计单位的财政财务收支活动和反映它们的会计资料及其他相关资料的真实性、合法性和效益性进行的审计。财务审计的内容是被审计单位财务收支活动和反映它们的会计资料及其他相关资料；审计的目的是审查被审计单位财务收支活动和反映它们的会计资料及其他相关资料的真实性、合法性和效益性。财务审计按审计的客体又可划分为金融审计、国有企业审计、行政事业单位审计、外资审计和固定资产投资审计等。其中，金融审计以国有金融机构和国有资产占控股地位的金融机构为审计客体；国有企业审计以国有企业及国有控股企业为客体；行政事业单位审计以与财政部门直接发生预算缴款、拨款关系的国家机关、军队、政党组织、社会团体和事业单位为客体；外资审计以使用国际组织和外国政府援助、贷款的项目为客体；固定资产投资审计以国有企业投资的建设项目、政府投资和以政府投资为主的建设项目为客体。

政府绩效审计是指审计机关对组织行为及其各项活动的经济性、效率性和效果性进行审计。审计的内容是各级政府的财政收支及其管理活动、企业单位的财务收支及其经营管理活动、行政事业单位的资金使用及其管理活动、固定资产投资及其管理活动。审计的目的是促使受托经济责任中的绩效责任得到全面有效地履行。

经济责任审计是指审计机关对党政主要领导干部与国有企业和国有控股企业的法定代表人在其任职期间的财政、财务收支以及有关经济活动进行的审计，通过审计实现监督、评价、鉴证领导干部经济责任履行情况的目的。根据干部管理监督的需要，经济责任审计可以在领导干部任职期间进行任中审计，也可以在领导干部不再担任所任职务时进行离任审计。

专项审计调查是指审计机关在其职责范围内通过审计方法，对与国家财政收支有关或者本级人民政府交办的特定事项，向有关地方、部门、单位进行的专门调查活动。专项审计调查的内容包括：国家财经法律、法规、规章和政策的执行情况；行业经济活动情况；有关资金的筹集、分配和使用情况；本级人民政府交办、上级审计机关统一组织或者授权以及本级审计机关确定的其他事项。专项审计调查的目的是为上级经济决策提供依据。

（二）政府审计的其他分类

除了审计的基本分类以外，还可以对审计进行其他分类。主要包括：按审计实施时间、审计执行地点、实施审计的具体方式、审计是否通知被审计单位、审计的范围等分类。

按审计实施时间分类，政府审计可分为事前、事中和事后审计。事前审计也称预防审计，是指在被审计单位经济业务发生以前所进行的审计，一般是对目标、计划、预算、决策、合同、方案等的编制是否合理可行进行审计，以起到防患于未然的作用。事中审计也称期间审计、跟踪审计，是指在被审计单位经济业务执行过程中进行的审计，一般是对目标、计划、预算、决策、合同、方案等的实施情况进行审计，以便及时发现并纠正偏差，保证目标、计划等的顺利实现。事后审计是指在被审计单位经济业务完成以后所进行的审计，一般是审查目标、计划、预算、决策、合同、方案等的执行结果，以评价经济活动和会计资料的真实性、合法性和效益性。

按审计执行地点分类，政府审计可分为报送审计和就地审计。报送审计也称送达审计，是指由被审计单位按照审计机关规定的期限（月、季或年度），将需要审查的有关资料送到审计机关所进行的审计，它一般适用于对规模较小、业务较少的行政机关和事业单位执行的经费预决算审计。就地审计是指审计机关派审计人员或者审计组直接到被审计单位所在地进行的审计，这种审计主要适用于对企业开展的财务审计、财经法纪审计和效益审计，大多数属于定期的年度审计。

按实施审计的具体方式分类，政府审计可分为委托审计、联合审计、驻地审计、巡回审计。委托审计是指由审计委托人委托注册会计师审计组织，按委托人的要求对被审计单位所进行的审计。联合审计是指两个以上的审计组织或审计组织与有关经济监督机构联合进行的审计。驻地审计是指审计机关派出审计机构或审计人员驻在被审计单位对其进行的经常性的审计。巡回审计是指审计组织按规定的时间和先后顺序轮流到几个被审计单位进行的审计。

按审计是否通知被审计单位分类，政府审计可分为预告审计和突击审计。预告审计也称通知审计，是指审计组织在进行审计之前，将要进行审计的目的及主要内容等，预先通知被审计单位及其有关人员所进行的审计，它主要适用于一般性财务审计和效益审计。突击审计是指审计组织在进行审计之前，不预先把审计的目的、日期及主要内容等通知给被审计单位及有关人员，而采用突然袭击的方式所进行的审计，它主要适用于保密性较强的专案审计。

按审计的范围分类，政府审计可分为全部审计、局部审计和专项审计。全部审计是指对被审计单位一定期间内有关经济活动的各个方面及其资料进行的全面审计，这种审计主要适用于企业的财务报表审计，对财务报表的审计一般采用抽样方法。局部审计是指对被审计单位一定期间内的财务收支或经营管理活动的某些方面及其资料进行部分的、有目的的、有重点的审计，如对企业进行的库存现金审计、银行存款审计、利税审计等就属于局部审计。专项审计又称专题审计，是指对某一特定项目所进行的审计，该种审计的业务范围比局部审计小，针对性更强，如自筹基建资金来源审计、扶贫专项资金审计、世界银行贷款审计等。

政府审计的分类见表1-3。

表1-3 政府审计的分类

分类依据	类型
内容和目的	财政审计、财务审计、政府绩效审计、经济责任审计、专项审计调查
审计实施时间	事前审计、事中审计、事后审计
审计执行地点	报送审计、就地审计
实施审计的具体方式	委托审计、联合审计、驻地审计、巡回审计
审计是否通知被审计单位	预告审计、突击审计
审计的范围	全部审计、局部审计、专项审计

第三节 政府审计的地位与作用

一、政府审计的地位

（一）政府审计在我国政治经济生活中的地位

审计署和各级地方审计机关在我国经济监督体系中专门行使经济监督之责。政府审计无论是在巩固我国的根本政治制度方面，还是在完善社会主义市场经济体制方面都具有重要的地位。具体体现在：

1. 在完善政治制度方面

我国的根本政治制度是人民代表大会制度，各级人民代表大会及其常务委员会拥有立法权和重大问题的决策权，国务院及各级政府负责执行人民代表大会及其常务委员会制定的法律和决策。法律和决策的执行情况如何，需要人民代表大会及其常务委员会的监督。从政府审计的角度分析，各级人民代表大会及其常委会是公共资源的委托者，国务院及各级政府是公共资源的受托者。各级人民代表大会及其常务委员会委托审计署及各级地方审计机关，对政府的经济活动进行监督。各级审计机关对各级政府的财政收支、国有企事业单位的财务收支实施审计，并将审计结果向本级政府和人大常委会报告，督促各级政府的活动主要是经济活动不能有违于广大人民的意愿。这一过程充分保证了各级人民代表大会及其常务委员会对各级政府的监督，有利于完善我国的人民代表大会制度，是我国社会主义民主的有力体现。

因此，政府审计是国家政治体制的一种重要制度安排，是依法用权力制约权力的重要治理机制。

2. 在促进廉政建设方面

腐败是指国家公职人员利用公共权力为个人谋取私利，是公共权力的滥用。腐败问题严重败坏了党和政府的形象，因此，加强党风廉政建设和开展反腐斗争是深化改革的重要方向。除了从思想道德方面进行教育之外，我国必须建立长期有效的反腐倡廉机制。为了有效减少腐败，就必须对权力滥用行为予以遏制，有权力制约作用的政府审计在腐败治理中的重要性不言而喻。政府审计制度就是一种有效的监督机制，原因包括：第一，通过政府审计的威慑作用预防腐败。政府审计具有内生性的威慑作用，加之其具有的独立、客观、公正的特征，有条件及时发现问题苗头，并及早发出警报以防患于未然，起到预防和预警经济社会健康运行中的风险隐患的功能，有助于增强治理系统的“免疫力”。第二，运用政府审计制度揭示腐败。政府审计具有良好的发现机制，政府审计的对象区域常常是腐败高发的重灾区，加之政府审计机关依法行使独立权，使得政府审计在行使监督职能方面具有天然优势。通过审查各项政策的实施情况来反映真实问题，再运用一系列先进审计技术及方法，更容易发现审计对象的失职行为，揭示事项背后隐藏的公共权力滥用的腐败行为，并最终给予惩戒。第三，运用政府审计制度抵御腐败。政府审计可以通过促进健全制度、完善体制、规范机制起到抑制和抵御经济社会运行中的各种“病害”的功能，找到出现腐败问题的症结所在，提出有针对性的政策建议，以完善制度，杜绝屡审屡犯，提高国家治理绩效，最终实现国家的良治以及善治。①

3. 在加强宏观调控与维护国家经济秩序方面

我国经济体制改革的目标是建立社会主义市场经济体制。社会主义市场经济体制要求充分发挥政府的宏观调控作用，以维护国家经济秩序的健康运行。国家审计机关通过审计，可以发现经济运行中的普遍性、倾向性和苗头性问题，以及社会关注的难点、热点问题。针对这些问题，审计机关会开展专项审计调查，分析问题产生的原因，向政策制定部门提出审计建议，以便其制定正确的调控政策。同时，审计可以督促政府部门正确地运用行政的公共权力，促使政府部门严格执

① 刘茜，许成安．国家审计推进腐败治理的机理与路径研究［J］．东南学术，2018（1）：122－128.

行决策、计划和预算，创造良好的经济环境。此外，审计可以督促专业监督部门（如财政、税务、金融部门）在自身的监督范围内认真履行专业监督职责，合理运用自身的监督权力。最后，审计还可以促使被审计单位健全内部控制，强化内部管理，认真执行国家法律法规，遵守会计准则和会计制度。综上，政府审计有利于国家宏观调控政策的落实，有利于维护国家经济秩序。

（二）政府审计在我国经济监督体系中的地位

在我国，以政府职能部门为主体的监督称为其他专业监督，如财政、税务、海关、银行、证券、保险、工商等部门的监督，各职能部门的监督有明确的分工且又相互联系，与审计监督共同构成完善的经济监督体系。政府审计作为专门的综合性经济监督部门，在整个国家经济监督体系中居于十分重要的地位，主要表现在以下方面。

1. 政府审计的权威性和独立性比较强

1982 年《宪法》明确规定，我国设立审计机构，实施审计监督制度。这确立了审计监督在我国经济监督体系中的法律地位，为我国审计监督工作奠定了法律基础。政府审计机关的职责是对财政、财务收支情况实施经济监督，与其他经济监督部门相比，由于其自身没有直接的管理职能，与被审计单位之间没有任何经济或其他的利害关系，因此，其独立性比较强，能够代表国家客观公正地进行审计监督。

2. 政府审计是综合性的经济监督

根据《宪法》和《审计法》，我国政府审计机关监督的范围十分广泛，包括国务院各部门、地方人民政府及其各部门的财政收支，国有金融机构和企事业单位的财务收支，以及其他依照《审计法》规定应当接受审计的财政、财务收支。相对于其他专业经济监督部门仅限于本部门、本行业的监督，政府审计机关监督的内容比较全面。因此，政府审计是综合性的经济监督。

3. 政府审计是对其他专业监督的再监督

我国的财政、税务、海关、银行、证券、保险、质检、市场监管等部门，主要履行自身的管理职能，并在履行管理职能的同时，行使一定的监督职能，所以这类监督的范围、内容和手段等都具有一定的局限性。审计机关作为综合性经济监督部门，通过对财政、税务、银行及其他专业经济监督部门的再监督，克服各专业经济监督部门在监督的范围、内容和手段等方面的局限性，促使这类部门正确行使自身的监督权力，有助于我国建立涵盖不同层次、不同角度的经济监督体系。

（三）政府审计与内部审计、民间审计的关系

政府审计机关、内部审计组织和会计师事务所是三种不同的审计主体，它们开展的审计工作分别称为政府审计、内部审计和民间审计，三者既有区别又有联系，共同构成我国的审计监督体系。

1. 政府审计与内部审计、民间审计的区别

根据《审计法》、《中华人民共和国注册会计师法》(简称《注册会计师法》)、

《中国内部审计准则》，政府审计主要监督检查各级政府及其相关部门的财政收支、国有企事业单位和国有控股公司的财务收支及公共资金收支的真实性、合法性和效益性，维护国家经济秩序、促进廉政建设、完善宏观调控。内部审计主要审查和评价本部门、本单位的经营活动及内部控制的适当性、合法性和效益性，从而促进组织目标的实现。民间审计主要审查营利性组织与非营利性组织的财务报表编制的公允性和合法性，维护资本市场的稳定。三者的监督范围、监督目标不同，在不同领域发挥监督作用。

2. 政府审计与内部审计、民间审计的联系

目前，我国政府审计机关对内部审计和民间审计工作负有指导和监督的职责。我国法律法规规定，内部审计工作由内部审计协会实行自律性行业管理，政府审计机关对内部审计工作不再履行管理的职责。但是，依法属于审计机关审计监督对象的单位，应当按照国家有关规定建立健全内部审计制度，其内部审计工作应当接受审计机关的业务指导和监督。民间审计机构审计的单位依法属于审计机关审计监督对象的，审计机关按照国务院的规定，有权对该民间审计机构出具的相应审计报告进行核查。

政府审计、内部审计与民间审计的具体区别与联系见表1-4。

表1-4 政府审计、内部审计与民间审计的具体区别与联系

项目	政府审计	内部审计	民间审计
审计主体	政府审计机关	组织内部审计机构	民间审计组织（会计师事务所等非官方审计机构）
审计客体	被审计单位与财政、财务收支有关的资料和资产	组织内部的经营活动及内部控制的适当性、合法性和有效性	被审计企事业单位的财务报告、会计信息、内部控制等
审计目的	监督财政收支、财务收支的真实性、合法性和效益性	促进组织完善治理、增加价值和实现目标	（财务报表审计目标）按照适用的财务报告编制基础发表审计意见；按照审计准则的规定，根据审计结果对财务报表出具审计报告，并与管理层和治理层沟通
审计标准	《审计法》和审计署制定的《中华人民共和国国家审计准则》	中国内部审计协会发布的《中国内部审计准则》	《注册会计师法》和财政部批准发布的《中国注册会计师审计准则》
特殊之处	相对独立性、强制性、权威性	相对独立性。内部管理制度的一部分，它主要服务于本单位的最高管理层并向其报告	超然独立性
经费或收入来源	行政行为，所必需的经费由同级人民政府予以保证	组织内部某部门，如组织内财务部	市场行为，有偿服务，费用由注册会计师与审计客户协商确定

续表

项目	政府审计	内部审计	民间审计
取证权限	具有很大的行政强制力	对审计涉及的有关事项进行调查，并索取有关文件、资料等证明材料	受市场行为的局限，在获取审计证据时，在很大程度上依赖企业的配合和协助，没有行政强制力
审计监督的强制性方面（对发现问题的处理方式）	发现问题有处理权限，可在职权范围内作出审计决定或者向有关主管机关提出处理、处罚意见	审计无须委托，发现问题有处理权限	对发现的问题无处理权限，只能提请企业调整有关数据或进行披露，若企业拒绝，则需根据具体情况予以反映，比如出具保留或否定意见的审计报告

二、政府审计的作用

政府审计的作用是指政府审计履行其职责、发挥其职能、体现其特征后产生的实际效用所形成的促进国家治理的现实效果。政府审计的作用既是审计理论的论述，更是审计实践的总结。我国政府审计在多年的实践探索中，在国家治理中起到了以下显著作用。

第一，为国家治理进行科学决策提供及时、客观、可靠的信息，促进国家治理各项政策措施的执行。我国审计机关在审计项目时，注重分析和反映国家相关政策措施和重大工程项目的执行和管理情况，以及政策和项目执行中存在的问题，为国家科学决策和完善宏观调控政策、加强公共投资项目管理提供支持。为增强所提供信息的及时性，政府审计广泛采用了跟踪审计方式。例如，对京沪高铁、西气东输二线、三峡工程、汶川地震灾后重建等重大投资项目和奥运会、世博会、亚运会、精准扶贫、流域污染治理等重大活动都进行了跟踪审计。

第二，在国家权力体系中发挥权力制约和监督的作用，规范权力配置和运行。我国《宪法》《审计法》和其他相关法律法规规定，我国审计机关对所有管理和使用公共资金的单位、项目和事项进行审计和专项审计调查。审计机关在维护经济社会秩序的同时，通过揭露违法违规和滥用权力的行为，对腐败现象多发易发的重点领域、重点部位和重点环节，有针对性地加强审计监督，在促进反腐倡廉和权力规范运行方面，发挥了规范、制约和监督的作用，成为反腐败的一支重要力量。近年来，审计机关对公共资金、国有资产和国有资源及领导干部履行经济责任的情况等方面实施审计全覆盖，形成及时有力的审计监督、揭示和评价，将政府和官员的权力约束在人民授权范围内，在一定程度上促进了权力与责任相匹配。

第三，注重揭示和反映经济社会运行中的薄弱环节和风险，维护国家安全。我国审计机关重点关注能源及其他战略资源、财政金融运行、国家信息、金融机构内部治理和监管、资源和环境保护等领域，及时分析和反映经济社会运行中的薄弱环节和潜在风险，为维护国家安全特别是经济安全、促进经济高质量发展提供可靠信息。

审计全覆盖

第四，从体制、机制、制度层面反映问题和提出改进建议，促进国家治理创新。我国审计机关注重发挥独立性强、接触领域广、熟悉政策法规、掌握情况翔实等优势，着力反映有关单位在预算执行、财务管理和内部控制等方面存在的管理不严格、执行政策不到位、会计信息质量不高等问题，促进强化管理和监督制约。同时，审计机关从宏观和全局的角度，着力反映体制障碍、机制扭曲、制度缺陷等问题，促进财政体制、金融体制、投资体制等的改革，推动国家治理体制和治理能力现代化建设。

第五，关注民生和资源环境保护，努力维护人民根本利益，促进生态文明建设。我国审计机关关注"三农"、城市低收入群体以及教育、医疗、住房和社会保障等民生工程和资金管理，关注资源开发利用和生态环境保护相关政策措施贯彻落实情况和资金使用绩效。通过审计，摸清基本情况，检查政策措施落实，揭示存在的困难和问题，提出完善制度、规范管理的建议。

第六，实行审计信息公开和问题整改跟踪制度，推动落实人民在国家治理中的知情权和参与权。我国审计机关逐步推行并完善了审计结果公告和审计信息发布制度，并坚持把查处问题、推动整改和促进公开相结合，有效发挥了审计监督作用。同时，审计机关还请媒体对重大项目进行跟踪报道，及时公开审计过程和进展情况，通过依法公开审计计划、审计过程和审计结果，不仅促进了审计所发现问题的整改和责任落实，增强了被审计单位的责任和绩效意识，更为社会公众了解政府部门职责履行情况、参与国家治理提供了重要渠道。

总之，政府审计是现代国际治理的重要组成部分，对于科学决策、规范权力配置和运行、维护国家安全和人民利益、保护资源环境以及提高政府可信度等方面发挥了重要作用。

第四节 数字经济时代的政府审计

一、影响政府审计发展的主要因素

2020 年 10 月，在中共中央关于制定国民经济和社会发展第十四个五年规划和二〇三五年远景目标的建议中，有近 20 次提到了大数据与数字化，大数据已成为我国经济高质量发展的重要内容。此外，党的十九大报告中也明确提出，推动互联网、大数据、人工智能和实体经济深度融合。大数据时代的到来，既为政府开展全面审计创造了机遇，也对政府审计实现方式转变和系列创新提出了挑战。

（一）大数据的含义

随着云计算技术的出现，大数据吸引了全世界的广泛关注。"数据"这个词在拉丁文中是"已知"的意思，也可以理解为"事实"。2009 年，大数据概念才逐渐开始在社会上传播。而大数据概念真正火爆，是因为美国政府在 2012 年高调宣布了其大数据研究和开发计划。这标志着大数据真正开始进入社会经济生活。

"大数据"或称巨量资料，指的是所涉及的数据量多到无法利用现行主流软件工具，在一定的时间内实现收集、分析、处理或转化为帮助决策者决策的可用信息。互联网数据中心（IDC）认为大数据是为了更经济、更有效地从高频率、大容量、不同结构和类型的数据中获取价值而设计的新一代架构和技术，可用它来描述和定义信息爆炸时代产生的海量数据，并命名与之相关的技术发展与创新。

（二）大数据的特点

大数据具有四个特点：第一，数据体量巨大，从TB级别跃升到PB级别。第二，处理速度快，这与传统的数据挖掘技术有着本质的不同。第三，数据种类多，有图片、地理位置信息、视频、网络日志等多种形式。第四，价值密度低，商业价值高。存在单一数据的价值并不大，但将相关数据聚集在一起，就会产生很高的商业价值。

大数据时代，不仅改变了传统的数据采集、处理和应用技术与方法，还促使人们的思维方式发生改变。

二、大数据背景下政府审计的现状

在大数据发展的趋势之下，政府审计的方法、模式、范围以及职能等方面都有一定的创新发展，具体的发展现状如下。

（一）审计方法

在将大数据功能逐渐应用到政府审计实施的过程中，存在三种创新方法：一是查询分析法，即通过数据化的语言对审计的主要数据进行分析和查询。二是多维度分析方法，即利用数据处理的优势，从多个维度对审计对象的数据信息进行分析。三是数据挖掘方法的使用。借助大数据，传统的审计方法对审计信息可进行更有力的解读，从而提升审计工作效率，降低失误率。

（二）审计模式

在传统审计模式下，审计人员主要通过合理抽取样本来完成整体的审计工作，但是在大数据时代，政府审计人员可以借助大数据的数据挖掘功能，利用大数据大量性、多样性、快速性、价值性的特点将以往的抽样审计模式转变为整体审计模式。采用这种新模式不仅可以在有限时间内高效完成审计工作，还可以避免抽样审计带来的风险，实现审计工作质量和效率的共同提升。

（三）审计范围

随着互联网技术的高速发展，当今世界已进入信息飞速发展的时代。经济社会环境发生了重大变化，政府审计范围逐渐延伸到社会生活的各个领域和各个环节。但由于政府审计环境愈发复杂多样，不可避免地存在薄弱环节以及风险隐患。为了使政府审计实现全面覆盖，大数据技术应运而生，凭借其对审计范围的扩展，为政府的全面审计提供技术支撑。

（四）审计职能

长期以来，政府审计机构履行的是事后监督职能，通过开展审计工作对政府的财政收支、财务信息的公允性发表审计意见。大数据的使用使得这种监督逐渐转变为全过程的监督，实时审计成为可能，即对财务数据的相关性分析和实时监测不受时间的约束，在任何时点都可以发现数据异常，从而形成对政府会计数据的真实性和公允性的一种长期监督。

三、数字经济对政府审计发展的推动作用

数字经济对政府审计发展的推动作用主要体现在以下几个方面：

（一）增强审计效率与精准度

在数字经济时代，大数据、云计算等技术为政府审计提供了强大的工具。通过对海量数据的快速处理和分析，审计人员能够更迅速地发现问题，提高审计的效率和精准度。例如，政府审计部门审计金融机构、国有企业、事业单位以及政府各级部门的内部数据，数据内容包括外资运用、固定资产投资、经贸、社保以及金融等。政府审计部门可以运用云计算、大数据技术等信息技术采集这些数据，并进行深入挖掘分析，通过构建数学模型，审计人员能够更快速地识别异常数据变动，从而锁定审计重点，提高审计的效率和精准度。

（二）拓展审计范围与深度

在数字经济时代，政府审计能够覆盖更多领域和层面，包括对传统产业的数字化改造、对新兴数字产业的监管等。同时，审计的深度也得到了加强，审计人员能够更深入地挖掘潜在问题和风险。例如，随着电子商务、数字金融等新业态的快速发展，政府审计部门需要加强对这些领域的监管。通过大数据技术，审计部门可以实现对这些领域交易数据的实时监测和分析，及时发现潜在问题和风险。

（三）推动审计模式创新

传统的审计模式往往依赖于人工抽样和现场核查，而数字技术则推动了远程审计、实时审计等新型审计方式的发展，促进了政府审计模式的创新。这些新模式有助于审计机关及时应对经济活动中出现的新情况、新问题，提高审计的灵活性和时效性。例如，审计部门可以借助 XBRL（可扩展商业报告语言）、Web Service、ETL 等技术获取审计对象及时的信息，通过大数据分析平台进行及时分析，发现潜在的问题，从而实现对被审计单位的持续性审计，

（四）提升审计质量与公信力

数字技术为政府审计提供了更加全面和及时的信息支持，有助于强化审计监督和风险防范。数字技术的应用有助于提升审计证据的客观性和真实性，减少人为因素的干扰，这不仅能够提高审计质量，还能增强审计结果的公信力和说服力。例如，审计部门可以利用大数据技术实时监测和分析经济活动的运行情况，及时发现和预警潜在的风险和问题。同时，审计部门还可以利用数据分析结果，为政府决策提供更加科学、准确的依据，推动政府高效、合理配置公共资源。

（五）促进审计信息化建设

数字经济是推动审计信息化建设的重要动力。政府审计机关需要不断加强信

息化建设，提升数字化审计能力，以适应数字经济时代的要求，这包括完善审计信息系统、加强数据安全与隐私保护等方面的工作。

习题

一、简答题

1. 简述我国古代政府审计的发展历程。
2. 简述新中国成立后政府审计的发展历程。
3. 简述政府审计在我国政治经济生活中的地位体现在哪些方面。
4. 简述政府审计在我国经济监督体系中的独特地位体现在哪些方面。
5. 简述受托责任和受托经济责任两个概念的差异。
6. 简述政府审计、社会审计与内部审计之间的联系与区别。

二、论述题

1. 论述“天下未乱计先乱，天下欲治计乃治”的含义，并说明这句话蕴含的审计思想。
2. 论述中国共产党领导下的政府审计发展历程与特点。

三、案例分析题

材料一：2008年的国际金融危机使政府财政境况发生明显的变化——税收收入下滑、土地出让金减少以及中央转移支付不足，这就致使地方出现了某种程度的“财政困难”。为应对经济下滑的危局，我国出台一揽子逆周期调节政策，中央政府推出了4万亿元经济刺激计划，地方债开始发行，地方债务迅速膨胀。2014年，新修订的《预算法》赋予地方政府适度的举债权。经过十余年的发展，地方债发行规模不断扩大，截至2020年年底，全国地方债发行余额达25.49万亿元，占全部政府债券余额的55.3%，已成为我国债券市场第一大债券品种。在我国经济进入新常态“保增长”、财政收支压力不断加大的背景下，地方债作为积极财政政策的重要工具，在支持区域经济发展方面的作用不容忽视。同时，地方债作为债券市场重要品种之一，有助于形成多层次收益率曲线和建立成熟的债券市场利率传导机制。

我国的地方政府债务并不单纯指以债券为存在形式的显性债务，还包括大量通过融资平台借贷、担保等融资方式而产生的隐性债务。地方政府债务对实体部门投资同时存在两种相反效应：一方面，地方政府债务引导资金流入具有正外部性和社会回报较高的项目（如基础设施建设），这些项目往往由于高投入、高风险而难以直接从金融市场融资；另一方面，地方政府债务也会挤占有限信贷资源，进而挤出私人部门投资，尤其是当信贷补贴流向存在激励扭曲的企业（如国有企业）时。

材料二：政府性债务是近年来社会各界关注的热点话题，审计署持续开展了跟踪审计。审计发现，部分地方发债融资未有效使用。抽查发现，截至2021年年底，黑龙江、山东、湖南、内蒙古和广东等省份发行的置换债券中，有138.4亿元（占2%）未及时使用，主要是未达成提前还款协议或偿还手续办理滞后等所致；湖南、山东、河南和广东等4个省份使用的置换债券融资中，有112.57亿元（占2%）未按规定的优先顺序偿债；内蒙古、浙江和湖南等3个省份新增债券融资中，有24.23亿元（占4%）因项目未落实等尚未使用。

此外，有些地区仍违规或变相举债。抽查发现，截至2021年年底，浙江、四川、山东和河南等4个省份通过违规担保、集资或承诺还款等方式，举债余额达153.5亿元。有的地方出现一些隐性债务，内蒙古、山东、湖南和河南等4个省份在委托代建项目中，约定以政府购买服务名义支付建设资金，涉及融资175.65亿元。浙江、河南、湖南和黑龙江等4个省份在基础设施建设筹集的235.94亿元资金中，不同程度地存在政府对社会资本兜底回购、固化收益等承诺。

材料三：2021年7月，某县审计局完成了地方政府债券管理使用情况专项审计。审计期间，审计组认真贯彻落实习近平总书记关于审计工作的重要讲话精神和党中央、国务院决策部署，按照上级审计机关要求，积极开展地方政府债券管理使用情况专项审计工作。首先，制订审计实施方案。根据省审计厅统一部署，结合该县的实际情况，制订地方政府债券管理使用情况专项审计实施方案，明确审计内容和范围，确定审计各阶段审计重点，确保及时完成阶段性审计任务。其次，成立专项债券审计组。根据工作需要，局党组成立了专项债券审计组负责此次审计工作，并配备了相应审计人员，以充实审计队伍，保质保量完成任务。再次，强化审前调查。通过发放调查表等方式，对本次审计涉及的项目资金进行普遍调查，了解和掌握各项目申报专项债券项目情况和专项债券资金拨付使用情况，为下一步开展现场审计积累了第一手材料。最后，深入现场核查。在审前调查的基础上，审计组先后深入现场进行核查，查阅债券资金拨付情况，查看部分项目进展情况，并针对发现的问题及时提出整改建议，要求相关单位立查立改。

此次审计摸清了该县地方政府债券的规模和使用情况、揭示了存在的问题，为强化管理、提高绩效、促进经济高质量发展提出了可行性建议。审计过程中注重以政策为先导，以资金为主线，坚持“政策、资金、项目、绩效、责任”五位一体全面审计理念，将审计着力点落实到政策落实、权力运行、管理责任、项目绩效等方面，揭示了债券资金使用存在的问题，提出规范政府债券资金监督管理的意见和建议，促进政府债券资金安全、规范、有效使用。

对上述问题，有关部门正在研究强化债务管理，相关地方正在积极整改。

根据上述材料，请思考和分析下列问题：

1. 结合材料一，分析我国地方政府为什么要发行地方债以及地方债的大规模发行会带来怎样的后果。

2. 结合材料二和材料三，归纳政府审计对于地方债务风险管理的意义。

3. 针对地方债务问题，你有何建议？

即测即评

第二章

政府审计组织与审计法律规范

知识框架

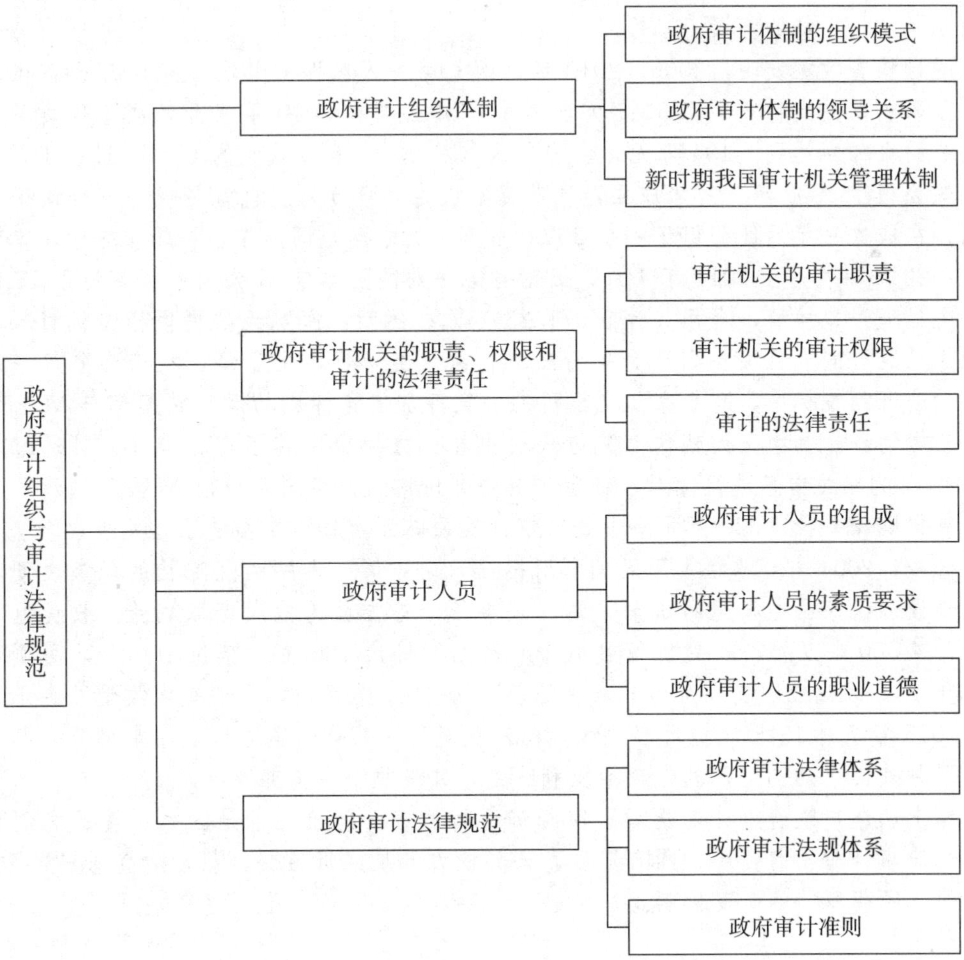

本章导读

本章主要介绍政府审计组织与审计法律规范，在全书体系中属于次重点章节。通过本章的学习，学生要了解国内外政府审计的组织模式和领导关系，我国政府审计人员的组成、素质要求；熟悉我国审计机关的职责、权限和审计的法律责任以及政府审计准则的内容；掌握我国政府审计人员的职业道德，政府审计的法律法规体系。

引　例

“双百院长”落马记

2013 年年底，审计署统一组织对 18 个省的财政存量资金进行审计。根据安排，审计署驻昆明特派办牵头负责对云南省本级财政存量资金进行审计。在云南省卫生系统中，作为第一大存量资金单位的云南省第一人民医院，成为此次财政存量资金审计的重点对象。审计人员在核查存量资金规模与结构时，对医疗设备采购、药品经销等腐败易发多发领域进行了深入调查。审计过程中，一家成立时间不长但业务量大增的公司引起了审计人员的怀疑。

通过核查数据发现，2005—2013 年云南省第一人民医院共向 7 家医疗设备供应商进行了采购，并支付款项 1.64 亿元。其中，M 公司在 2010 年才开始成为供货商，当年的合同金额即达到 2 194 万元，占当年采购总金额 4 656 万元的 47%。进一步调查发现，该公司于 2009 年 5 月才成立，注册资本仅为 300 万元。也就是说一家资质很浅的公司，在成立一年后便获得了一个 2 000 多万元的采购合同。在新一轮核查中，审计组发现：2010 年 4 月至 2011 年 4 月，云南省第一人民医院与 M 公司一共签订了 13 份医疗设备代理进口协议，金额共计 5 071.25 万元。然而，医院无法提供招投标材料，仅提供了采购合同，且该合同还是一份三方协议。经审计人员了解，在云南省第一人民医院的公开招投标中，有 6 家知名公司参加竞标，但竞标成功后，它们都与 M 公司签订了三方协议，其中王天朝作为院方代表也在三方协议中签了字。审计人员通过对这 13 份协议的相关信息进行比对，锁定了其中 3 份协议，经测算得出 M 公司通过这 3 份协议获得购销差价 1 320 万元。于是，审计机关向云南省纪委移送了相关线索。

经查，2004—2014 年，王天朝利用担任云南省第一人民医院院长的职务之便，在工程建设、医疗器械和药品试剂采购、人事任命等方面为他人谋取利益，收受他人现金共计 4 500 余万元，收受价值 8 400 余万元的房产 100 套、车位 100 个，两项合计 1.29 亿元，因此被网友戏称为“双百院长”。此外，王天朝本人还交代收受礼金 150 万元。2018 年 7 月 13 日，普洱市中级人民法院对王天朝受贿案进行了一审公开宣判，以受贿罪判处其无期徒刑，剥夺政治权利终身，并没收个人全部财产。

综上所述，政府审计既是对国家经济运行的经济体检，也是国家反腐的利剑和尖兵。政府审计对国有资产、国有资源、公共权力开展经济监督，推动和完善“不敢腐、不能腐、不想腐”的制度机制。

请思考：

1. 为什么要实施和加强政府审计？

2. 结合案例谈谈对政府审计的理解（职责、权限、职业道德等）。

3. 政府审计对于国家反腐有何重要意义和作用？

4. 如果你是该审计项目的主审，针对公职人员可能出现腐败的情况，你将如何确定审计思路？

本章主要介绍我国政府审计组织体制，政府审计机关的职责、权限，政府审计人员，政府审计法律规范体系等内容。学完本章，相信你会找到上述问题的答案。

第一节 政府审计组织体制

政府审计体制是指由国家宪法和审计法所规定的，政府审计机关归谁领导、对谁负责以及最高审计机关与地方审计机关之间关系的制度。一般来说，宪法和审计法中的规定包括审计机关的组织模式和领导关系。

一、政府审计体制的组织模式

政府审计体制的组织模式是指政府审计机关的隶属关系，即政府审计机关归谁领导、对谁负责。目前，世界上190多个国家或地区设立了政府审计制度。按审计机关隶属关系，政府审计体制的组织模式可划分为立法模式、司法模式、行政模式和独立模式四种类型。其比较见表2-1。

表2-1 各国政府审计体制的组织模式比较

组织模式	隶属机构	审计职权	审计经费	代表国家
立法模式	议会、国会	检查、报告、建议	独立核算、议会拨付	英国、美国、加拿大、澳大利亚、奥地利等
司法模式	司法机关	检查、调查、报告、处理、裁决、建议	独立核算、议会拨付	法国、意大利、西班牙等欧洲国家以及南美洲和非洲的一些国家
行政模式	国务院等行政机关	检查、调查、报告、处理、裁决、建议	独立核算、财政部拨付	中国、瑞典、巴基斯坦、泰国、越南等
独立模式	独立	检查、调查、报告、处理、建议、审计立法	独立核算	日本、韩国、德国、孟加拉国、阿尔及利亚、尼泊尔、不丹、塞浦路斯、斯里兰卡等

（一）立法模式

立法模式下的政府审计机关隶属于立法机关（议会或国会），受立法机关的领导，根据宪法和审计法赋予的权限，对各级政府部门的财政收支和其他经济活动以及国有企事业单位的财务收支和有关经济活动进行监督检查。政府审计机关拥有调查权和建议权，但没有处理权。政府审计机关独立行使审计监督权，对议会或国会负责并报告工作，完全不受行政当局的控制和干扰，其地位较高，独立性和权威性较强。

在这种模式下，政府审计机关接受立法机关（社会公众或纳税人的代表）的委托，对政府（公共资源的经营者）的经济行为实施审计，向立法机关报告工作结果。审计报告反映财政收支的合法性和绩效性，对议会审查政府的预算拨款法案（追加、削减或停止拨款）具有重要的导向作用。同时，审计机关还常被立法机关用以从外部制衡政府的行为，避免政府与市场主体合谋导致出现市场失灵，如审计机关参与重要产业政策的辩论会或听证会，对将要实施政策的利弊做出评价，提出建设性意见。

英国是这一审计模式的先行者，其最高审计机关——国家审计署就隶属于议会，对议会负责并报告工作。美国是采用立法模式较为成熟的国家，其审计署隶属于国会，对国会负责并报告工作。此外，实施这类审计模式的国家还有加拿大、澳大利亚、奥地利等。

（二）司法模式

司法模式下的审计机关独立于立法机关和行政系统，隶属于司法机关，受司法机关的领导，拥有一定的司法权。审计人员多数是法官，政府审计具有审计和经济审判的双重职能。由于审计与司法相结合，政府审计机关的地位及权威性较高。审计的职能和作用通过完整的法律条款加以确定，成为社会法治链条的重要环节。

在这种审计模式下，政府审计机关拥有最终判决权，有权直接对违反财经法规、制度的任何事项和人员进行处理。公共会计每年须将反映公款征收收入和公务支出的账目提交审计机关并接受审计，政府审计机关的决定具有终审效力，被审计单位必须执行，只有在判决越权、判决程序不符或违反法律时，才可以向最高行政法院提出上诉。同时，政府审计机关对发布拨款命令的拨款人和决策者实施审计，防止产业政策、社会福利政策制定或执行中的非理性经济行为的发生，维护基本经济秩序。

这一审计模式起源于法国。以法国为例，其设立了审计法院，性质属于行政法院，拥有充分独立的调查权和审判权，可以对违法或造成损失的事件进行审理并予以处罚。意大利、西班牙等欧洲国家以及南美洲和非洲的一些国家的审计制度也属于这一模式。

（三）行政模式

行政模式下的政府审计机关隶属于政府行政部门或政府某一部门。政府审计机关根据国家法律赋予的权限，对政府各部门、各单位的财政预算和收支活动进行审计，并对政府负责，保证政府财经政策、法令、计划和预算等的正常实施。在行政模式下，最高审计机关的独立性和权威性不强，其审计监督属于行政监督，是政府经济管理的自然延伸和必要补充，与政府经济管理的定位高度吻合。行政模式产生于苏联，并主要为东欧的一些国家所采用。

在此模式下，政府审计机关一方面是政府的职能部门，执行政府的指令，完成政府交办的各项任务，能够在政府授权下直接实施审计监督，或直接为政府经济管理服务；另一方面是政府的监督部门，代表社会公众对政府的经济管理进行监督，对政府行政权力进行制约和规范，所以政府审计机关又可以在法定范围内对政府这一规制者进行再规制。

采取这种模式的国家不多，其中包括我国。我国的审计署和地方审计机关分别隶属于国务院和各级地方政府，在国务院总理和各级政府行政首长的领导下独立行使审计监督权。采用这种模式的国家还有瑞典、巴基斯坦、泰国、越南等。

(四) 独立模式

独立模式下的政府审计机关独立于立法、司法和行政部门，单独作为国家政权的一个分支，以民间或半民间半官方的身份从事独立的审计监督和审计规制活动。政府审计机关以会计检察院或审计院为组织形式。政府审计机关坚持依法审计的原则，客观公正地履行监督职能，只对法律负责，不受议会各政党或任何政治因素的干扰，对审计出来的问题没有处理权，需交司法机关处理。

在独立模式下，政府审计机关代表社会公众对政府经济活动和产业规制实施监控，或协助政府解决市场经济运行和产业规制中涉及公众利益或公众关注的难点、疑点、热点问题。独立模式是对政府经济行为的体外监控，这种监督不代表任何政党和利益集团，而只能是代表社会绝大多数成员，所以规制的力量来自社会公众。

日本的最高审计机关是会计检查院，它既不隶属于国会和内阁，也不隶属于司法机关和行政当局，而是独立于内阁且平行于内阁，独立检查国家财政的预算执行情况并定期向国会报告工作，同时还审查国家投资占50%以上的企事业单位或有选择地审查国家投资低于50%的单位的财务收支等。韩国的审计监察院不隶属于议会和政府，也不隶属于立法和司法机关，而是与国家监察部门相结合，对政府财政收支和国家经济活动实施审计规制，对政府经济管理行为进行监督。采用这一模式的国家还有德国、孟加拉国、阿尔及利亚、尼泊尔、不丹、塞浦路斯、斯里兰卡等。

二、政府审计体制的领导关系

政府审计体制的领导关系是指政府审计机关的隶属关系和权力划分等方面的制度和体系的总称，即上下级审计机关之间的领导关系。综观世界各国，政府审计机关的领导关系主要分为分级领导关系、垂直领导关系和双重领导关系。

(一) 分级领导关系

分级领导关系是指中央审计机关和地方审计机关各自独立，没有任何领导或指导的关系。这种领导关系适用于联邦制国家。在联邦制国家，地方政府拥有独立的立法权，地方审计机关对当地的立法机关负责，不受联邦审计机关的领导。

例如，美国地方审计机关主要对当地的立法机关负责，其在审计职能上与向各州和地方议会报告方面所起的作用与审计署基本相同，但并不接受审计署的领导。

（二）垂直领导关系

垂直领导关系是指地方审计机关受其上级审计机关的领导，中央审计机关与地方审计机关之间的关系是上下级的关系。在垂直领导体制下，中央审计机关与地方审计机关可以分别对中央与地方的财政资金进行监督，但地方审计机关在业务上要接受中央审计机关的领导。例如，印度各邦的主计审计长是主计审计长公署驻所在邦的代表，在主计审计长公署的领导下，审查所在邦的财政收支和公共企事业单位的财务收支。

（三）双重领导关系

双重领导关系是指地方审计机关受其上级审计机关和本级地方政府的双重领导，上级审计机关的领导以业务领导为主，本级地方政府的领导以行政领导为主。采取这种领导关系的目的是减少行政模式下地方政府对地方审计机关的影响，加强国家财政审计工作的一致性和独立性。但在这种领导关系下，由于地方审计机关受本级地方政府的领导，当地方利益与国家利益发生冲突或所需审计经费受制于本级政府时，地方审计机关的独立性就难以保证。我国对地方审计机关实行的是双重领导制。我国《宪法》规定，地方各级审计机关依照法律规定独立行使审计监督权，对本级人民政府和上一级审计机关负责。

三、新时期我国审计机关管理体制

我国的审计机关是根据《宪法》第九十一条、第一百零九条的规定设立并实施审计工作的，内容包括我国实行审计监督制度，国务院设立审计机关，县级以上的地方各级人民政府设立审计机关。2018 年，党的十九届三中全会决定组建中央审计委员会，将中央审计委员会办公室设在审计署，随后各级党委也陆续设立本级党委审计委员会，由此实现了我国审计机关管理体制的制度性改革和调整。

（一）中央审计委员会

从政治学角度看，政治与权力本身是紧密结合在一起的。所有政治都是关乎权力的，政治实践经常被视为权力的运作。杨肃昌（2018）认为，政府审计从本质上看有两个鲜明的标签，即政治与权力、监督与制约。既然政治的核心是权力，那么权力在各类政治主体之间的合理配置自然是政治的核心问题。对于国家来说，享有国家权力的同时就要考虑建立起有效的权力配置和监督制约机制。各国政治实践揭示出，权力的配置与制约是现代国家政治制度设计的基本要素，是确立国家政治制度的重要原则，毫无疑问也是国家治理的永恒主题。审计是属于确保公共受托责任有效履行的一种制度安排，其本质和功能自然与国家治理的核心问题即权力制约相联系，审计机关通过依法履职对权力运行进行监督与制约，从而推动国家实现良好治理。这在党的十六大、十七大、十八大和十九大报告中都有体现，审计都是与国家权力监督与制约相联系的。但有所不同的是，十九大报告对审计的定位相比前几次报告有了明显变化。前几次报告主要是把审计列入社会主义民主政治或政治体制改革中加以论述，而党的十九大则做出了在新时期改革审计管理领导体制的决策部署。

审计监督想要达到最佳效果，最大的困难是缺乏足够的支持力度。解决的途径之一就是得到自上而下的更大支持。2018 年 2 月 26 日至 28 日，党的十九届三中全会在北京举行，会议决定组建中央审计委员会，将中央审计委员会办公室设在审计署。2018 年 5 月 23 日，习近平总书记在中央审计委员会第一次会议上，深刻阐述了审计工作的一系列根本性、方向性、全局性问题，指明了新时代中国特色社会主义审计事业的前进方向，为新时代审计工作提供了根本遵循。习近平总书记通过强调审计工作的“三个力度”，即加大对党中央重大政策措施贯彻落实情况跟踪审计力度，加大对经济社会运行中各类风险隐患揭示力度，加大对重点民生资金和项目审计力度，指明今后一个时期审计工作三个方面的重点任务。

中央审计委员会的主要职责是，研究提出并组织实施在审计领域坚持党的领导、加强党的建设的方针政策，审议审计监督重大政策和改革方案，审议年度中央预算执行和其他财政支出情况审计报告，审议决策审计监督其他重大事项等。审计机关管理体制的新格局有利于保障审计机关依法独立行使审计监督权，整合审计监督力量，减少职责交叉分散，避免重复检查和监督盲区，增强监督效能，并且将原国家发展和改革委员会的重大项目稽查、财政部的中央预算执行情况和其他财政收支情况的监督检查、国务院国有资产监督管理委员会的国有企业领导干部经济责任审计和国有重点大型企业监事会的职责划入审计机关，相应对派出审计监督力量进行整合优化，构建统一高效的审计监督体系。当然，审计工作中的重大事项，包括出台重大政策和改革方案、制定重大发展规划和年度计划、提交重要审计情况和年度审计报告、请示重大违纪违法问题处理等，都要向中央审计委员会报告，经批准后再按照相关法定程序办理。可见，通过中央审计委员会这一党对审计工作在组织领导和实施部署方面强有力的制度安排，事实上就把审计纳入了党内监督的范畴，其结果显然是强化并突出审计监督在党和国家监督体系中的主导地位。

（二）中央审计机关

1982 年 12 月 4 日，第五届全国人民代表大会第五次会议通过的《宪法》的第九十一条规定，国务院设立审计机关，对国务院各部门和地方各级政府的财政收支，对国家的财政金融机构和企业事业组织的财务收支，进行审计监督。之后，审计署于 1983 年 9 月 15 日正式成立。审计署是中央审计机关，也是国务院组成部门，其在国务院总理领导下，主管全国的审计工作。审计署的行政首长是审计长，其为国务院组成人员。

（三）地方审计机关

我国的地方审计机关是指省、自治区、直辖市、设区的市、自治州、县、自治县、不设区的市、市辖区的人民政府的审计机关，负责本行政区域内的审计工作。省、自治区审计机关称为审计厅，其他地方各级审计机关统称为审计局。地方各级审计机关内部机构的设置与审计署的内设机构相对应，但有些职能部门可以合并，也可以不设立。

地方各级审计机关在法律上具有双重地位：一方面，它是各级政府的一个职能部门，直接对本级政府行政首长负责；另一方面，地方审计机关对管辖范围内的审计事项，又以独立的行政主体资格从事活动。地方审计机关按照国家法律和本级政府的政策、决议行使权力，处理行政事务。

我国政府审计机关的领导关系是双重领导制，即地方审计机关要受本级人民政府和上级审计机关的双重领导。本级人民政府的领导以行政领导为主，上级审计机关的领导以业务领导为主。上级审计机关的领导还体现在对地方审计机关负责人的任免上，审计机关负责人依照法定程序任免，审计机关负责人没有违法失职或者其他不符合任职条件情况的，不得随意撤换，地方各级审计机关负责人的任免，应事先征求上级审计机关的意见。

由此可见，党的十九大后，以习近平新时代中国特色社会主义思想为指导，在中国特色社会主义审计制度建设过程中，我国创造性地构建了这种新的审计机关管理体制模式，可以称之为政党治理模式。这是一种独特的审计模式，与世界上其他审计模式相比，特色鲜明，独具优势。随着中央审计委员会的成立、审计机关管理体制改革的深化，审计机关面临的新形势，可以用“四个前所未有”来概括：一是党和政府对审计的重视和支持前所未有；二是社会各界对审计的关注和期待前所未有；三是审计在党和国家监督体系中所处地位和职责之重前所未有；四是审计机关承担任务和面临挑战之艰巨前所未有。为此，审计署要加强对全国审计工作的领导，强化上级审计机关对下级审计机关的领导，加快形成审计工作全国一盘棋；加强对内部审计工作的指导和监督，调动内部审计和社会审计的力量；通过深化审计管理体制改革，推动实现审计监督力量全面整合、审计人员全面聚合、审计工作全面融合，构建权威、统一、高效的审计监督体系。

第二节 政府审计机关的职责、权限和审计的法律责任

审计职责是审计机关应完成的工作任务，审计权限是审计机关拥有的权力，审计的法律责任是审计监督活动中发生的有关法律责任。三者既有明显的区分，又有密切的联系。审计机关要完成法律赋予的任务，必须要拥有一定的权限，审计权限是履行审计职责的保证，法律责任是有关部门未完成审计工作应承担的法律后果。《审计法》第三、四、六章分别规定了审计机关的职责、权限和审计的法律责任。

一、审计机关的审计职责

审计职责是通过法律的形式表达的某一时期社会公众对政府审计机关提出的要求。我国《宪法》对审计机关的职责、权限作了原则性规定，《审计法》则对审

计机关的职责、权限作了具体性规定。审计职责具有法定性和排他性的特点，法定性是指审计职责是《宪法》和《审计法》赋予审计机关的任务，相关部门必须确保审计机关认真执行，未擅自扩大、缩小甚至推卸职责。排他性是指审计职责只有审计机关才能履行，其他单位、团体不能也不得行使审计监督职责。

（一）审计署的审计职责

审计署贯彻落实党中央关于审计工作的方针政策和决策部署，在履行职责过程中坚持和加强党对审计工作的集中统一领导。主要职责包括：

（1）主管全国审计工作。负责对国家财政收支和法律法规规定属于审计监督范围的财务收支的真实、合法和效益进行审计监督，对公共资金、国有资产、国有资源和领导干部履行经济责任情况实行审计全覆盖，对领导干部实行自然资源资产离任审计，对国家有关重大政策措施贯彻落实情况进行跟踪审计。对审计、专项审计调查和核查社会审计机构相关审计报告的结果承担责任，并负有督促被审计单位整改的责任。

（2）起草审计法律法规草案，拟订审计政策，制定审计规章、国家审计准则和指南并监督执行。制定并组织实施专业领域审计工作规划。参与起草财政经济及其相关法律法规草案。对直接审计、调查和核查的事项依法进行审计评价，作出审计决定或提出审计建议。

（3）向中央审计委员会提出年度中央预算执行和其他财政支出情况审计报告。向国务院总理提出年度中央预算执行和其他财政收支情况的审计结果报告。受国务院委托向全国人大常委会提出中央预算执行和其他财政收支情况的审计工作报告、审计查出问题整改情况报告。向党中央、国务院报告对其他事项的审计和专项审计调查情况及结果。依法向社会公布审计结果。向中央和国家机关有关部门、省级党委和政府通报审计情况和审计结果。

（4）直接审计下列事项，出具审计报告，在法定职权范围内作出审计决定。包括国家有关重大政策措施贯彻落实情况；中央预算执行情况和其他财政收支，中央和国家机关各部门（含直属单位）预算执行情况、决算草案和其他财政收支；省级政府预算执行情况、决算草案和其他财政收支，中央财政转移支付资金；使用中央财政资金的事业单位和社会团体的财务收支；中央投资和以中央投资为主的建设项目的预算执行情况和决算，国家重大公共工程项目的资金管理使用和建设运营情况；自然资源管理、污染防治和生态保护与修复情况；中国人民银行、国家外汇局的财务收支，中央国有企业和金融机构、国务院规定的中央国有资本占控股或主导地位的企业和金融机构境内外资产、负债和损益，国家驻外非经营性机构的财务收支；有关社会保障基金、社会捐赠资金和其他基金、资金的财务收支；国际组织和外国政府援助、贷款项目；法律法规规定的其他事项。

（5）按规定对省部级党政主要领导干部及其他单位主要负责人实施经济责任审计和自然资源资产离任审计。

（6）组织实施对国家财经法律法规、规章、政策和宏观调控措施执行情况，财政预算管理及国有资产管理使用等与国家财政收支有关的特定事项进行专项审计调查。

（7）依法检查审计决定执行情况，督促整改审计查出的问题，依法办理被审计单位对审计决定提请行政复议、行政诉讼或国务院裁决中的有关事项，协助配合有关部门查处相关重大案件。

（8）指导和监督内部审计工作，核查社会审计机构对依法属于审计监督对象的单位出具的相关审计报告。

（9）与省级党委和政府共同领导省级审计机关。依法领导和监督地方审计机关的业务，组织地方审计机关实施特定项目的专项审计或审计调查，纠正或责成纠正地方审计机关违反国家规定作出的审计决定。按照干部管理权限协管省级审计机关负责人。

（10）组织开展审计领域的国际交流与合作，指导和推广信息技术在审计领域的应用。

（11）完成党中央、国务院交办的其他任务。

（12）职能转变。进一步完善审计管理体制，加强全国审计工作统筹，明晰各级审计机关职能定位，理顺内部职责关系，优化审计资源配置，充实加强一线审计力量，构建集中统一、全面覆盖、权威高效的审计监督体系。优化审计工作机制，坚持科技强审，完善业务流程，改进工作方式，加强与相关部门的沟通协调，充分调动内部审计和社会审计力量，增强监督合力。

（二）地方审计机关的审计职责

地方审计机关是依法独立行使审计监督权的审计机关，在本级人民政府和上级审计机关的领导下，履行审计监督职能，主要工作职责包括财政收支审计职责、财务收支审计职责、经济责任审计职责、通报审计情况和审计结果职责以及其他审计职责等。

财政收支审计职责主要包括：对本级财政预算执行情况和其他财政收支的审计，对下级财政预算的执行情况和决算以及预算外资金的管理和使用情况的审计。

财务收支审计职责主要包括：对地方国有和国有资产占控股地位的金融机构的资产、负债、损益的审计；对地方行政事业单位的财务收支审计；对地方国有资产占控股地位或者主导地位的企业的审计；对地方政府投资、国有企业投资的建设项目和以政府投资、国有企业投资为主的建设项目的预算执行情况和决算，与国家建设项目直接有关的建设、设计、施工、采购等单位的财务收支的审计；对本级政府部门管理的和社会团体受政府委托管理的社会保障基金、社会捐赠资金、环境保护资金及其他有关基金、资金的财务收支的审计；对审计署授权的国际组织和外国政府援助、贷款项目的财务收支的审计；其他。

经济责任审计职责主要包括：审计机关受本级组织人事等部门的委托，对本地区有关国家机关、国有及国有资产占控股地位的企业和金融机构、国家的事业组织及管理、使用财政资金的其他负责人，在任职期间对本地方、本部门或者本单位的财政收支、财务收支以及有关经济活动所负经济责任的履行情况进行审计监督。

通报审计情况和审计结果职责主要包括：向地方政府报告和向地方政府有关部门通报审计情况；向地方政府行政首长提交本级财政预算执行情况的审计结果报告，受本级政府委托向本级人大常委会提交本级财政预算执行情况和其他财政财务收支审计工作报告。

其他审计职责主要包括：法律、行政法规规定的应当审计的其他事项。

二、审计机关的审计权限

审计机关享有的审计权限应当与其所承担的审计职责相适应。《审计法》《审计法实施条例》及有关法律法规赋予审计机关的审计权限如表 2-2 所示。

表 2-2　审计机关的审计权限

序号	权力类型	性质
1	要求报送资料权	最基本的权力，履职的前提条件
2	检查权	审计权限的核心，重要权力
3	调查取证权	履职必要条件
4	采取强制措施权	履职必要条件
5	建议纠正处理权	履职必要条件
6	通报或公布审计结果权	履职必要条件
7	提请协助权	履职必要条件

（一）要求报送资料权

要求报送资料权是指审计机关依法享有的要求被审计单位按照审计机关的规定提供与财政财务收支有关的资料的权力。它是审计机关最基本的权力，是履行审计监督职责的前提条件。

审计机关有权要求被审计单位提供的资料主要包括：按照审计机关的规定提供财务、会计资料以及与财政收支、财务收支有关的业务、管理等资料；运用电子计算机存储、处理的财政收支、财务收支电子数据和必要的电子计算机技术文档；在金融机关开立账户的情况；社会审计机关出具的审计报告；其他与财政收支或者财务收支有关的资料，包括电子数据和有关文档。被审计单位不得拒绝、拖延提供以及谎报。被审计单位负责人对本单位提供的财务会计资料的及时性、真实性、完整性负责。审计机关对取得的电子数据等资料进行综合分析，需要向被审计单位核实有关情况的，被审计单位应当予以配合。

（二）检查权

检查权是指审计机关依法享有的检查被审计单位与财政财务收支有关的资料和资产的权力。它是审计权限的核心，是审计机关享有的重要权力。因此，从一定意义上讲，审计就是一种检查。

审计机关有权检查被审计单位的资料，主要包括被审计单位的财务、会计资料以及与财政收支、财务收支有关的业务、管理等资料和资产，同时有权检查被审计单位信息系统的安全性、可靠性、经济性。审计机关有权检查的被审计单位的资产是指被审计单位拥有或控制的能以货币计量的所有经济资源，包括各种财产、债权和其他权利。审计机关依法行使检查权时，被审计单位不得拒绝，不得转移、隐匿、篡改、毁弃有关的资料，不得转移、隐匿所持有的违反国家规定取得的资产。

（三）调查取证权

调查取证权是指审计机关依法享有的就审计事项的有关问题向有关单位和个人进行调查，并取得有关证明材料的权力。调查取证权是审计机关享有审计监督权的必要条件。

调查取证权的具体内容包括：有权就审计事项的有关问题向国家机关、社会团体、企事业单位和个人进行调查，有关单位和个人应当支持、协助审计机关工作，如实向审计机关反映情况，并提供有关证明材料；经县级以上人民政府审计机关负责人批准，有权查询被审计单位在金融机构的账户；有证据证明被审计单位以个人名义存储公款的，经县级以上人民政府审计机关主要负责人批准，有权查询被审计单位以个人名义在金融机构的存款。调查取证时，审计机关应持县级以上人民政府审计机关主要负责人签发的协助查询个人存款通知书。

（四）采取强制措施权

采取强制措施权是指审计机关对审计过程中发现的被审计单位违反《审计法》和国家规定的行为采取临时性强制措施的权力，目的是维护国有资产的安全完整，保证审计工作的顺利进行。

对被审计单位转移、隐匿、篡改、毁弃会计凭证、会计账簿、财务会计报告以及其他与财政收支或者财务收支有关的资料，转移、隐匿所持有的违反国家规定取得的资产，审计机关有权予以制止。必要时，经县级以上人民政府审计机关负责人批准，有权封存有关资料和资产，对其中在金融机构的有关存款需要予以冻结的，应当向人民法院提出申请。对被审计单位正在进行的违反国家规定的财政、财务收支行为，审计机关有权予以制止，制止无效的，经县级以上人民政府审计机关负责人批准，通知财政部门和有关主管部门暂停拨付款项，已经拨付的暂停使用。采取强制措施时，不得影响被审计单位合法的业务活动和生产经营活动。

（五）建议纠正处理权

审计机关认为被审计单位所执行的上级主管部门有关财政收支、财务收支的规定与法律、行政法规相抵触的，应当建议有关主管部门纠正；有关主管部门不予纠正的，审计机关应当提请有权处理的机关依法处理。这项权力的规定有利于发挥政府审计在促进规章制度建设中的作用，有利于发挥政府审计对宏观管理的影响作用。

（六）通报或公布审计结果权

通报或公布审计结果权即审计机关有权向政府有关部门通报或者向社会公布

审计结果和专项调查结果。审计机关通报或者公布审计结果和专项调查结果时，应当依法保守国家秘密和被审计单位的商业秘密，遵守国务院的有关规定。审计机关可以向社会公布下列审计事项的审计结果：（1）本级人民政府或者上级审计机关要求向社会公布的；（2）社会公众关注的；（3）法律、法规规定向社会公布的其他审计事项的审计结果。

（七）提请协助权

提请协助权是指审计工作遇到困难时，审计机关请求有关职能部门予以协助的权力。审计机关履行审计监督职责时，可以提请公安、监察、财政、税务、海关、自然资源、生态环境、市场监督管理等机关予以协助。

三、审计的法律责任

审计法律责任的规定和实施有利于维护国家法律法规的权威性，有利于提高审计监督在国家政治经济生活和国民经济监督体系中的地位。

（一）被审计单位违反《审计法》的行为及其法律责任

对于被审计单位的下列行为，审计机关有权责令改正，可以通报批评，给予警告；拒不改正的，依法追究责任：拒绝、拖延提供与审计事项有关的资料，或者提供的资料不真实、不完整的，或者拒绝、阻碍检查；转移、隐匿、篡改、毁弃会计凭证、会计账簿、财务会计报告以及其他与财政、财务收支有关的资料，或者转移、隐匿所持有的违反国家规定取得的资产。

（二）被审计单位违反国家规定的财政、财务收支行为及其法律责任

对于本级政府各部门（含直属单位）和下级政府违反预算的行为或者其他违反国家规定的财政收支行为，如将预算内资金转为预算外资金，越权与违法减免税收，截留、隐瞒、转移财政收入等，审计机关、人民政府或有关主管部门，在法定职权范围内，依照法律和行政法规的规定，区分情况采取下列措施：责令限期缴纳应当上缴的款项，责令限期退还被侵占的国有资产，责令限期退还违法所得，责令按照国家统一的会计制度的有关规定进行处理等。对违反国家规定的财务收支行为，审计机关除了予以处理外，还可依法给予行政处罚，主要是罚款和没收非法所得。

被审计单位违反国家规定的财务收支行为，如乱挤乱摊成本、隐瞒营业收入、盈亏不实、偷税漏税等。审计机关、人民政府或有关主管部门，在法定职权范围内，依照法律和行政法规的规定，采取与违反财政收支行为相同的处理措施并给予处罚。

（三）被审计单位拒不执行审计机关的审计决定应承担的法律责任

被审计单位对审计机关依法作出的有关财务收支的审计决定不服的，可以依法申请行政复议或者提起行政诉讼；被审计单位对审计机关依法作出的有关财政收支的决定不服的，可以提请审计机关的本级人民政府裁决，本级人民政府的裁决为最终决定。裁决期间审计决定应照常执行。

被审计单位对审计机关作出的处理决定没有异议但又不执行审计决定的，审计机关应该责令被审计单位上缴应当上缴的款项，被审计单位拒不执行的，审计机关应当通报有关主管部门，有关主管部门应当依照有关法律、行政法规的规定予以扣缴或者采取其他处理措施，并将结果书面通知审计机关。

（四）对违反《审计法》和违反国家规定的财政、财务收支行为负有直接责任的个人的法律责任

对被审计单位违反财政、财务收支行为负直接责任的主管人员和其他直接责任人员，审计机关认为应当给予行政处分的，应向被审计单位或者其上级机关、监察机关提出处分的建议，上述部门应将处分的结果书面通知审计机关。审计机关认为构成犯罪的，应向司法机关提出依法追究刑事责任的建议，司法机关应依法追究刑事责任。对于报复陷害审计人员的，不构成犯罪的，有关部门依法给予行政处分；构成犯罪的，由司法机关依法追究刑事责任。

（五）审计人员滥用职权、徇私舞弊、玩忽职守、泄露秘密的法律责任

如果审计人员违反法律规定，滥用职权、徇私舞弊、玩忽职守或者泄露所知悉的国家秘密、商业秘密，造成不良后果甚至危害社会的，构成犯罪的，依法追究刑事责任；不构成犯罪的，给予行政处分。审计人员违法违纪取得的财物，依法予以追缴、没收或者责令退赔。

第三节　政府审计人员

一、政府审计人员的组成

政府审计人员是指在政府审计机关中接受政府指令或委托、依法行使审计监督权、从事具体审计业务的人员。政府审计人员是审计监督行为的执行者，政府审计人员的组成形式和业务素质直接决定着政府审计的质量和效果。

政府审计拥有特定的审计人员组成结构和形式。我国有关法律规定，审计署设审计长一人，副审计长若干人。审计长是审计署的行政首长，由国务院总理提名，全国人民代表大会决定人选，国家主席任免；副审计长由国务院任免。县级以上地方各级审计机关负责人是本级人民政府的组成人员，由本级人民代表大会常务委员会决定任免，副职由本级人民政府任免。审计机关负责人依照法定程序任免，没有违法失职或者其他不符合任职条件情况的，不得随意撤换。地方各级审计机关负责人、副职的任免、调动和纪律处分，均应事前征得上级审计机关的同意。这些规定在现行政府审计模式下，既有利于地方审计机关与地方政府的业务合作，又有利于保证地方审计机关客观公正地开展审计工作。

我国政府审计机关审计人员实行专业技术资格制度，审计署和省级审计机关建立专业技术资格考试、评审制度。审计专业技术资格分为初级资格（审计员、助理审计师）、中级资格（审计师）、高级资格（高级审计师）。初级资格、中级资格可通过参加全国统一考试，并达到合格标准后获得。高级资格实行考试与评价相结合的方法，考试合格和评价通过后，取得高级审计师的资格。政府审计机关录用的审计人员需要经过专业培训，训练合格后，才能开展审计业务。政府审计机关的专业人员除由熟悉会计、审计、财务的人员组成外，还可根据工作需要临时聘任工程技术人员、经营管理人员、法律工作人员等。

二、政府审计人员的素质要求

社会主义国家的政府审计代表社会公众或所有纳税人对政府、国有企事业单位及其他公共资源的使用者的受托经济责任实行审计。委托人广泛、审计范围全面、审计业务复杂是政府审计固有的特点，是内部审计、民间审计所不能及的。因此，政府审计人员素质的高低、职业道德遵守情况，不仅影响政府审计职业的形象，还关乎政府审计目标能否实现。政府审计人员的素质包括政治素质和业务素质。

（一）政治素质

政治素质是指政府审计人员必须恪守作为社会公众利益的代表、公共资产的守护者的精神理念，奉行《宪法》《审计法》至上的观念。具体来说，政府审计人员应当具备较高的思想政治觉悟，自觉贯彻执行国家的各项财经法规和制度、方针、政策；热爱政府审计事业，具有敬业、爱岗、奉献精神。

（二）业务素质

业务素质是指政府审计人员必须具备与履行职责相适应的专业知识和技能。具体来说，政府审计人员应当熟悉国家有关政策、法律、法规，以及审计、会计和其他相关专业知识；掌握检查财政财务收支账目、收集证据、评价审计事项的技能；具有调查研究、综合分析、沟通协调和文字表达能力。在我国，不同审计专业职称对应不同的业务素质能力要求，具体如下。

高级审计师应具备的专业知识和业务能力：具有系统、坚实的审计专业和经济理论基础知识，熟悉财政、税务、金融、企业财务管理、会计核算等相关知识。了解国家宏观经济政策和各项经济改革措施，熟悉与审计工作相关的经济法律、法规，通晓《审计法》和各项配套法规以及有关行业的财务会计制度。了解国内外审计专业的发展趋势、国际审计准则，以及最高审计机关国际组织主要成员国有关审计工作的法律、规范、办法等。能够熟练运用基础理论和专业知识，解决审计领域内重要的或关键的疑难问题；能够针对审计工作发展的新形势，提出与之相适应的审计工作重点、方式与方法；能解决审计工作与其他工作配合、协调中的重大问题；能够组织、指导中级审计人员学习审计业务，指导、考核其业务工作；能够主持审计科研课题研究工作，具有较强的文字表达能力。熟练掌握一门外语。了解计算机基础知识，掌握计算机操作技能。

审计师应具备的专业知识和业务能力：掌握比较系统的审计专业理论和业务知识，具备一定的经济基础理论和经济管理以及经济法知识。熟悉并能正确执行国家有关财经方针、政策、法令及规章制度。有较丰富的审计实际工作经验和一定的分析能力，能够组织和指导具体审计项目的审计工作并担任主审；能够组织实施行业性审计或审计调查；能够承担重大专案审计工作任务；具有一定的审计科研能力和文字表达能力。掌握一门外语。了解计算机基础知识，可以使用计算机完成有关审计业务工作。

助理审计师应具备的专业知识和业务能力：掌握审计专业基础理论和业务知识，掌握经济管理基础知识，基本了解经济法知识。了解并能够正确执行国家有关财经方针、政策、法令及规章制度。掌握有关的审计技术方法，能够承担某一方面的审计工作。初步掌握一门外语。了解计算机基础知识，可以使用计算机完成某一方面的审计业务工作。

审计员应具备的专业知识和业务能力：掌握审计专业基础理论和业务知识，了解经济管理和经济法知识。了解国家有关财经方针、政策、法令及规章制度。能够协助审计师和助理审计师开展审计业务工作。

三、政府审计人员的职业道德

为了确保政府审计的质量，树立政府审计人员的职业形象，政府审计人员除了应遵守法律法规和政府审计准则外，还应符合恪守基本审计职业道德、保持应有的审计独立性、具备必需的职业胜任能力、保持应有的职业谨慎等职业要求。我国审计署非常重视审计人员职业道德建设，自 2011 年 1 月 1 日开始执行的《中华人民共和国国家审计准则》第二章对审计人员必须遵守的职业道德作了明确规定。政府审计人员的职业道德是指政府审计人员在执行审计监督时必须遵守的行为规范。

（一）基本审计职业道德

审计人员办理审计事项时，应恪守严格依法、正直坦诚、客观公正、勤勉尽责、保守秘密的基本审计职业道德。

严格依法就是审计人员应当严格依照法定的审计职责、权限和程序进行审计监督，规范审计行为。

正直坦诚就是审计人员应当坚持原则，不屈从于外部压力；不歪曲事实，不隐瞒审计发现的问题；廉洁自律，不利用职权谋取私利；维护国家利益和公共利益。

客观公正就是审计人员应当保持客观公正的立场和态度，以适当、充分的审计证据支持审计结论，实事求是地作出审计评价和处理审计发现的问题。

勤勉尽责就是审计人员应当爱岗敬业，勤勉高效，严谨细致，认真履行审计职责，保证审计工作质量。

保守秘密就是审计人员应当保守其在执行审计业务中知悉的国家秘密、商业秘密；对于执行审计业务取得的资料、形成的审计记录和掌握的相关情况，未经批准不得对外提供和披露，不得用于与审计工作无关的目的。

（二）独立性

审计人员在执行审计业务时，必须保持应有的独立性，不受其他行政机关、社会团体和个人的干涉。为此，审计人员应达到以下要求：

（1）审计人员遇到下列可能损害审计独立性的情形，应当依法回避：与被审计单位负责人或者有关主管人员有夫妻关系、直系血亲关系、三代以内旁系血亲以及近姻亲关系；与被审计单位或者审计事项有直接经济利益关系；对曾经管理或者直接办理过的相关业务进行审计；可能损害审计独立性的其他情形。

（2）审计人员不得参加影响审计独立性的活动，不得参与被审计单位的管理活动。

（3）审计机关组建审计组时，针对具体情况采取下列措施，避免损害审计独立性：依法要求相关审计人员回避；对相关审计人员执行具体审计业务的范围作出限制；对相关审计人员的工作追加必要的复核程序；其他措施。

（4）审计机关应当建立审计人员交流等制度，避免审计人员因执行审计业务长期与同一被审计单位接触可能对审计独立性造成的损害。

（三）职业胜任能力

审计人员应当具备与从事的审计工作相适应的专业知识、职业技能和工作经验，并提高职业胜任能力。审计人员不得从事不能胜任的业务，还应当遵守审计机关的继续教育和培训制度，参加审计机关举办或者认可的继续教育、岗位培训活动，学习会计、审计、法律、经济等方面的新知识，掌握与从事工作相适应的计算机、外语等技能，不断优化知识结构，更新职业技能，积累工作经验，保持持续的职业胜任能力。为了保障审计工作的顺利进行，补齐审计职业胜任能力的差异，审计机关应当合理配备审计人员，组成审计组，确保其在整体上具备与审计项目相适应的职业胜任能力，以此来保障审计组织整体的胜任能力。

（四）应有的职业谨慎

审计人员执行审计业务时，应当合理运用职业判断，保持职业谨慎，对被审计单位可能存在的重要问题保持警觉，并审慎评价所获取审计证据的适当性和充分性，得出恰当的审计结论。

第四节 政府审计法律规范

政府审计法律规范是指政府审计监督制度建立的法律依据，以及政府审计机关及其审计人员在审计工作过程中应当遵循的各种审计法律法规、制度、准则等的总称，包括政府审计法律体系、政府审计法规体系和政府审计准则三个层次。

一、政府审计法律体系

政府审计法律体系是全国人民代表大会及其常务委员会制定的《宪法》《审计法》和其他与审计有关的法律，是层次最高、法律效力等级最高的审计规范。

《宪法》是国家的根本大法，它主要确定了国家根本的政治制度、经济制度，公民的基本权利和义务，国家机构的设置和职权等。我国 1982 年《宪法》明确规定我国建立国家审计监督制度，虽然《宪法》在 1988 年、1993 年、1999 年、2004 年与 2018 年经过了修订，但是关于审计监督制度的内容一直保持不变。《宪法》第九十一条规定，国务院设立审计机关，对国务院各部门和地方各级政府的财政收支，对国家的财政金融机构和企事业组织的财务收支，进行审计监督。审计机关在国务院总理领导下，依照法律规定独立行使审计监督权，不受其他行政机关、社会团体和个人的干涉。第一百零九条规定，县级以上的地方各级人民政府设立审计机关。地方各级审计机关依照法律规定独立行使审计监督权，对本级人民政府和上一级审计机关负责。此外，《宪法》中还有关于审计机关行政首长的地位和任免的相关规定。

开展审计活动，最直接的法律依据是《审计法》。1994 年 8 月 31 日，第八届全国人民代表大会常务委员会第九次会议通过了新中国的第一部《审计法》；2006 年 2 月 28 日，第十届全国人民代表大会常务委员会第二十次会议通过了《关于修改〈中华人民共和国审计法〉的决定》，修正了 1994 年通过的《审计法》；2021 年 10 月 23 日，第十三届全国人民代表大会常务委员会第三十一次会议通过了《关于修改〈中华人民共和国审计法〉的决定》。《审计法》是调整和规范审计监督活动的基本法，集中体现和反映了社会对审计监督的根本要求。2021 年修订的《审计法》深入总结了党的十八大以来国家审计实践中的成功经验，有效破解了制约审计事业高质量发展的制度障碍，为新时代更好地发挥审计在党和国家监督体系中的重要作用提供了坚强的法律保障。同时，《审计法》也是习近平新时代中国特色社会主义思想在推进中国特色审计法律制度建设上的最新和最重要的成果。这次《审计法》最重大的修正就是以立法形式确立了中国共产党对审计工作的领导，也就是坚持中国共产党对审计工作的领导，构建集中统一、全面覆盖、权威高效的审计监督体系。《审计法》共七章六十条，对我国审计监督的总则、审计机关和审计人员、审计机关职责、审计机关权限、审计程序、法律责任等国家审计的基本制度作了全面规定。第一章“总则”包括《审计法》制定的目的和依据，审计监督的范围和目标，独立性的要求，客观公正地办理审计事项等。第二章“审计机关和审计人员”包括国家审计机关的设置，地方审计机关的领导关系，派出机构的设立，审计经费预算的来源，审计人员的专业胜任能力，利害关系的回避，严守秘密，依法审计的法律保护等。第三章“审计机关职责”包括财政收支审计职责，财务收支审计职责，经济责任审计职责，通报审计情况和审计结果的职责，其他审计职责，审计署组织领导全国审计职责等。第四章“审计机关权限”包括要求报送资料权，检查权，调查取证权，采取强制措施权，建议纠正处理权，通报或公布审计结果权，提请协助权。第五章“审计程序”包括依据审计项目计划组成审计组、下达审计通知书，检查会计资料及资产、调查有关单位或个人，审计组向审计机关提交审计报告并附送被审计单位的意见，审计机关审议审计报告、下达审计决定书、出具审计意见书等。第六章“法律责任”包括被审计单位或个人违反《审计法》和国家规定的财政、财务收支行为应承担的法律责任，审计人员违反《审计法》应承担的法律责任等。第七章为附则。

其他与审计有关的法律主要有两类：一是有关财经法律，主要有《中华人民共和国预算法》《中华人民共和国税收征收管理法》《中华人民共和国海关法》《中华人民共和国中国人民银行法》《中华人民共和国商业银行法》《中华人民共和国会计法》等。这些法律就审计机关对这些领域的审计监督作了明确规定，同时这些财经法律也是审计机关实施审计后对被审计单位的违法行为进行处理处罚的依据。二是对国家行政活动进行监督管理的法律，主要有《中华人民共和国行政复议法》《中华人民共和国行政处罚法》《中华人民共和国行政诉讼法》《中华人民共和国国家赔偿法》等。政府审计监督活动属于国家的行政行为，政府审计机关作为国家行政机关，开展审计监督时应该遵守这些法律的规定。

二、政府审计法规体系

政府审计法规体系包括国务院制定的有关审计行政法规和地方人民代表大会及其常务委员会制定的地方性审计法规。政府审计法规体系是我国层次较高、法律效力等级仅次于审计法律的审计规范。

审计行政法规是国务院根据《宪法》《审计法》及有关法律制定的，在全国范围使用的具有普遍约束力的有关政府审计的规范性文件。主要有：1997 年 10 月颁布，并于 2010 年 2 月经国务院第 100 次常务会议修订通过的《审计法实施条例》；1998 年 6 月国务院办公厅印发的《国务院办公厅关于印发审计署职能配置、内设机构和人员编制规定的通知》；2019 年 5 月中共中央办公厅、国务院办公厅印发的《党政主要领导干部和国有企事业单位主要领导人员经济责任审计规定》。除此之外，国务院还制定了其他与政府审计有关的行政法规、行政措施等，如《罚款决定与罚款收缴分离实施办法》《国务院关于加强抗灾救灾管理工作的通知》等。

地方性审计法规是地方人民代表大会及其常务委员会在不与《宪法》以及其他法律、行政法规相抵触的前提下制定的，在本地区范围内适用的有关政府审计的规范性文件。这类法规主要有两种类型：一是地方人民代表大会及其常务委员会制定的专门规定政府审计的地方性法规，如 2001 年 2 月深圳市通过市人大立法出台的《深圳经济特区审计监督条例》、2008 年 9 月重庆市通过市人大常委会出台的《重庆市审计监督条例》、2009 年 11 月天津市通过市人大常委会出台的《天津市审计监督条例》、2012 年 7 月北京市通过市人大常委会出台的《北京市审计条例》、2012 年 9 月上海市通过市人大常委会出台的《上海市审计条例》；二是地方人民代表大会及其常委会制定的与政府审计有关的其他地方性法规。

三、政府审计准则

《中华人民共和国国家审计准则》

审计准则是审计机关和审计人员在实施审计的过程中应遵守的技术规范，是执行审计业务的职业标准，是评价审计工作质量的基本尺度。政府审计准则是政府审计法律规范内容的进一步细化，具体而言，是《审计法》内容的具体化、细化，是审计实践中贯彻审计法律法规的操作性规范。制定科学的审计准则并严格遵循，对于保证审计执业质量、实现审计工作的规范化、维护政府审计人员的权益、维护社会公众利益以及树立政府审计的威信具有重要的作用。

“地鼠”覆灭记

我国审计署自1989年开始，就一直致力于审计准则的研究、制定、修订和完善，从1996年起陆续发布了一系列审计准则，2000年又对已发布的审计准则进行了全面的修订和补充，形成了包括政府审计基本准则、通用审计准则和专业审计准则以及审计指南的层次分明、相互依存、相互补充、内容完整的政府审计准则体系。2010年我国审计署在借鉴最高审计机关国际组织审计准则的制定经验及成文范例的基础上，根据我国政府审计的具体特点和工作需要，制定了一个既满足政府审计工作需要又具体适用的政府审计准则——《中华人民共和国国家审计准则》。该准则颁布后，原来的政府审计基本准则、通用审计准则和专业审计准则以及相关规定被废止。

《中华人民共和国国家审计准则》的内容包括总则、审计机关和审计人员、审计计划、审计实施、审计报告、审计质量控制和责任、附则，共七章二百条。

（1）总则。总则的主要内容包括：制定国家审计准则的目的、依据；审计准则的定义；审计准则的适用范围；被审计单位的责任与审计责任的划分；审计目标；审计范围；审计程序的总体要求等。

（2）审计机关和审计人员。此部分内容是对审计机关及其审计人员应当具备的基本资格条件和职业要求所做的规定。主要内容包括：审计机关执行审计业务应具备的资格条件；审计人员执行审计业务应具备的职业要求，如审计人员应恪守基本审计职业道德；审计人员独立性的要求；审计人员应具备的专业胜任能力的要求等。

（3）审计计划。此部分内容介绍审计机关对本年度审计项目所做的规划。主要内容包括：审计机关应当根据法定的审计职责和审计管辖范围，编制年度审计项目计划；年度审计项目计划的编制步骤；年度审计项目计划需要调整的情形；上级审计机关对下级审计机关审计项目计划编制的指导；需要编制审计工作方案的情形；审计工作方案的编制、审批和调整；年度审计项目计划执行情况的检查等。

（4）审计实施。此部分内容介绍审计作业阶段应遵循的规定。主要内容包括：

1）审计实施方案：组成审计组；下达审计通知书；审计实施方案的编制、调整和审定；了解被审计单位及其相关情况；测试内部控制的有效性和安全性等。

2）审计证据：审计人员应获取充分、适当的审计证据；审计人员获取审计证据的方法和程序等。

3）审计记录：审计人员应当真实、完整地编制审计记录；审计记录包括调查了解记录、审计工作底稿和重要管理事项记录；审计工作底稿的编制方法和内容；审计工作底稿的检查和复核的要求等。

4）重大违法行为检查：审计人员需要关注的可能存在重大违法行为的情况及针对重大违法行为采取的应对措施等。

（5）审计报告。此部分内容介绍审计组反映审计结果、提出审计报告以及审计机关审定审计报告时应当遵守的行为规范。其主要内容包括：

1）审计报告的形式和内容：审计机关提交审计报告的程序；审计报告的编制要求；审计决定书和审计移送处理书出具的情形和内容等。

2）审计报告的编审：审计组编制审计报告的要求；审计组向审计机关业务部门报送的资料；审计机关业务部门复核的内容和要求；审理机构的审理内容和要求；审计报告和审计决定书的审定和签发等。

3）专题报告与综合报告：专题报告与综合报告适用的情形、编制的要求和报送；本级预算执行情况和其他财政收支情况的审计报告需经本级政府首长审定后向本级人民代表大会常务委员会报告等。

4）审计结果公布：依照法律规定审计结果和审计调查结果需要公布和不得公布的信息；审计机关公布审计结果和审计调查结果的要求等。

5）审计整改检查：审计机关审计整改检查的内容；整改检查的方式；整改检查报告的内容；整改检查结果的报送。

（6）审计质量控制和责任。此部分内容是审计机关为了督促有关人员严格遵守法律法规和该准则、作出恰当的审计结论以及依法进行处理处罚所做的规定。其主要内容包括：审计机关应当围绕审计质量责任、审计职业道德、审计人力资源、审计业务执行、审计质量监控建立审计质量控制制度；审计机关实行审计组成员、审计组主审、审计组组长、审计机关业务部门、审理机构、总审计师和审计机关负责人对审计业务的分级质量控制；审计机关对其业务部门、派出机构和下级审计机关的审计业务质量进行检查的方式、内容和要求等。

（7）附则。附则的主要内容包括：不适用该准则的审计机关的工作；地方审计机关可以结合本地实际情况依据该准则规定制定实施细则；该准则的解释权和施行时间。

□ 习题

一、简答题

1. 简述我国政府审计组织体制。

2. 简述现阶段世界上政府审计体制的几种组织模式、各自的特点及其代表性国家。

3. 简述我国政府审计准则的主要内容。

二、论述题

1. 论述省以下审计机关人财物统一管理的必要性。

2. 论述我国现行审计管理体制的优缺点。

三、案例分析题

重庆市审计局召开全市审计机关法治培训视频会，传达审计署视频会议精神，深入学习贯彻新修订的《审计法》。会议指出，2021 年修订的《审计法》深入总结了党的十八大以来审计实践中的成功经验，有效破解了制约审计事业高质量发展的制度障碍，为新时代更好发挥审计在党和国家监督体系中的重要作用提供了坚强法律保障。要增强“四个意识”，坚定“四个自信”，做到“两个维护”，深入学习贯彻落实新修订的《审计法》，严格依法审计，全面忠实履行法定审计职责，为推动经济社会高质量发展发挥积极作用。

会议强调，全市审计机关要在遵法学法守法用法上走在前、作表率，认真学习、深刻领会、全面理解《审计法》，准确掌握其精神实质和工作要求，自觉把《审计法》作为开展审计工作的行为准则，切实做到应审尽审、凡审必严、严肃问责。要按照“谁执法谁普法”的要求，把《审计法》作为政府普法的重要内容，通过电视、报刊、新媒体等多种途径，采取撰文、宣讲、座谈等多种方式对《审计法》进行全方位宣传、多角度报道、深层次解读，为其全面贯彻实施营造良好的社会环境。要牢固树立法治思维，增强法治意识，聚焦主责主业，恪守权力边界，规范审计行为，强化责任担当，深入开展研究型审计，强化审计质量控制，不断提升审计工作质量水平，加强对审计查出问题整改情况的跟踪督促检查，积极推动审计结果运用，以有力有效的审计工作全面提升审计监督效果。

根据上述材料，请思考和分析下列问题：

1. 为何审计机关要组织学习新修订的《审计法》?

2.《审计法》的修订对审计机关和审计人员有哪些影响?

即测即评

第三章

政府审计基本业务流程与基本方法

知识框架

- 政府审计基本业务流程与基本方法
  - 政府审计项目计划
    - 审计项目计划概述
    - 年度审计项目计划
  - 政府审计项目的准备阶段
    - 组成审计组
    - 进行审计前调查
    - 开展审前培训
    - 下达审计通知书
    - 编制审计实施方案
  - 政府审计项目的实施阶段
    - 进驻被审计单位
    - 了解被审计单位的基本情况
    - 测试内部控制和评价相关信息系统
    - 对被审计单位进行实质性测试
  - 政府审计项目的终结阶段
    - 复核审计工作底稿
    - 编制审计报告并征求被审计单位意见
    - 审计机关复核和审定审计报告
    - 审计结果公告
  - 政府审计项目的整改检查阶段
    - 审计项目的整改检查
  - 政府审计基本方法
    - 检查法
    - 监盘法、观察法
    - 查询法、函证法
    - 计算、分析性复核

本章导读

本章主要介绍政府审计基本业务流程，在全书体系中属于重点章节。通过本章的学习，学生要掌握如何科学地制订并执行审计项目计划，这是推动政府审计工作常态化、规范化和制度化的保证；在实施审计项目时，遵循国家审计准则所规定的项目审计流程，是确保审计质量、提高审计工作效率、降低审计成本的程序性保证；项目审计流程一般包括准备、实施、终结以及整改检查四个阶段。

引　　例

某县审计局2022年度审计项目计划

2022年度的审计项目以习近平新时代中国特色社会主义思想为指导，认真落实习近平总书记关于审计工作的重要指示批示精神和国务院总理的重要要求，按照中央、省委、市委和县委部署，准确把握进入新发展阶段、贯彻新发展理念、构建新发展格局对审计工作提出的新任务新要求。审计局全面依法履行审计监督职责，加快审计创新融合发展，挺进全省十强单位行列，奋力争当全域高质量发展排头兵，为全面建设社会主义现代化贡献审计力量。

一、审计计划安排的主要原则

（一）坚持围绕中心、服务大局

以习近平新时代中国特色社会主义思想为指导，全面贯彻党的十九大和十九届历次全会精神，紧扣中央、省委和市委经济工作会议确定的重点任务，紧紧围绕事关经济社会全局、事关长远发展、事关人民群众根本利益的重大问题，严格依法履行审计监督职责，精准把握审计的职责定位，聚焦主责主业，充分发挥审计专业优势，为推动各项决策部署有效落实发挥重要监督作用。

（二）坚持把握方向、突出重点

围绕党中央和国务院、省委省政府、市委市政府和县委县政府重大经济战略决策部署和重大政策措施，对照“十四五”经济社会发展主要目标，科学合理安排项目计划，突出重点、精准发力。2022年重点围绕重大政策措施落实、财政收支及预决算管理、政府投资重大项目、粮食和生态环保等方面开展审计工作。加强审计监督与纪检监察监督在问题线索移送及案件查处方面的协调配合，形成监督合力。

（三）坚持把牢审计质量生命线

注重优化配置审计资源，以政策落实跟踪审计、财政审计和经济责任审计为平台，统筹安排财政、投资、经济责任、资源环境等不同类型审计项目，加大各专业审计整合力度，充分发挥审计监督的整体性和宏观性作用。坚持应审尽审、全面覆盖，认真贯彻落实审计全覆盖要求，科学规划、统筹安排，不断拓展审计的深度和广度，确保在一定周期内实现有重点、有步骤、有深度、有成效的审计全覆盖。在组织实施审计时，注重创新审计管理模式、审计方式方法，严格控制审计现场时间，积极推进大数据审计，精准定位、精准实施，切实提高审计工作质量和效率。

二、上级审计机关统一部署的审计项目计划

根据上级审计机关的统一部署，安排以下指令性审计项目计划。

（一）重大政策措施落实情况跟踪审计

【审计目标和重点】以促进高质量发展、构建新发展格局，促进政令畅通、维护党中央权威，促进经济持续健康发展为目标，围绕“六稳”“六保”政策，重点关注“十四五”规划确定的重点任务、党中央和省委省政府有关重大决策部署贯彻落实情况。同时，重点关注经济社会发展、乡村振兴、防范化解重大风险、优化营商环境等方面的政策措施落实情况。根据市审计局的统一安排，参与巩固拓展脱贫攻坚成果同乡村振兴有效衔接政策落实情况跟踪审计，重点关注对财政衔接资金和项目的管理、使用及绩效情况。重点对审计发现的问题加强督促整改，建立健全整改落实长效机制。

【审计组织方式及时间】按照审计署的统一部署，由市审计局牵头组织，县审计局参与，对国家、省重大政策措施落实情况进行跟踪审计。除审计署统一组织的专项审计外，采取全省统一组织与县审计机关各自选定专题相结合的方式组织审计。县审计局负责对县本级政府相关部门的审计。每季度第一个月的30日前，县审计局需将自选专题内容报送市审计局；每季度次月10日前，向市审计局报送跟踪审计汇总报告和报表。由市审计局负责组织，县审计局参与，对巩固拓展脱贫攻坚成果同乡村振兴有效衔接政策落实情况实施审计。

（二）领导干部自然资源资产离任（任中）审计

【审计目标和重点】按照审计署的统一部署和市审计局的要求，以完善自然资源资产产权制度、促进自然资源合理开发利用、完善领导干部政绩考评机制和环境责任追究制度为总体目标，结合领导干部经济责任审计，开展对党政主要领导干部自然资源资产审计。重点关注领导干部贯彻执行中央和省生态文明建设方针政策部署、遵守自然资源资产管理和生态环境保护法律法规、自然资源资产管理和生态环境保护重大决策、相关目标任务完成、履行自然资源资产管理和生态环境保护监督责任、相关资金征管用和项目建设运行等情况。

【审计组织方式及时间】由县审计局电子数据审计股具体负责组织党政领导干部的自然资源资产离任（任中）审计。2022年6月底前行政事业审计股提交审计工作方案，11月底前向市审计局提交审计意见及相关材料。

（三）全省粮食领域专项审计调查

【审计目标和重点】为深入贯彻习近平总书记关于根治粮食购销系统性腐败的重要指示批示精神，认真贯彻落实全省涉粮问题专项巡视监督检查反馈暨整改部署推进会精神，以进一步揭示我省在粮食购销、资金分配、项目管理等方面存在的突出问题为目标，开展全省粮食领域的专项审计调查。重点关注粮食储备的总体情况、粮食收储政策的制定和执行情况、财政补贴资金的使用情况、政府投资工程建设项目的情况等，为粮食领域腐败问题专项整治提供支持。

【审计组织方式及时间】按照省审计厅统一部署，由市审计局牵头组织，县审计局参与，采取“上审下”或“交叉审”的方式开展审计。9月至11月实施现场审计，12月底前向市审计局提交汇总报告。

（四）绩效审计

1. 已建成体育场馆管理运营情况绩效审计

【审计目标和重点】全面响应“十四五”规划纲要中的全面推进健康中国建设和建成体育强国目标，调查我县体育产业运行情况，规范各级场馆专项经费的管理和使用，推动我县体育事业更深、更好、更快发展。以承办省运会为契机，加快推进各地体育场馆建设，完善体育场馆运行机制，提升体育场馆运行的经济和社会效益。以场馆运行为抓手，促进全民健身、产业消费。重点关注县体育场馆维护情况、运行方式、合同履行、专项补贴资金管理使用的绩效情况。

【审计组织方式及时间】由市审计局牵头组织，县审计局根据工作方案成立审计组负责对本地已建成体育场馆管理运营情况进行绩效审计。

2. 生活污水处理厂运营情况绩效审计

【审计目标和重点】围绕“十四五”时期进一步加强生态环境保护、深入打好污染防治攻坚战的决策部署，通过开展生活污水处理厂建设及运营情况的专项审计调查，摸清情况、发现问题、分析原因，完善机制、凝聚合力，推进污染防治工作取得实效，努力实现天更蓝、山更绿、水更清、环境更优美、人民群众生活更幸福的目标。重点调查城区污水治理情况、城区污水处理设施规划及建设情况，以及项目运营资金情况等。

【审计组织方式及时间】由市审计局牵头组织实施，县审计局成立审计组负责对县生活污水处理厂建设和运营情况开展审计调查。

（五）医疗保险基金及“三医联动”改革专项审计调查

【审计目标和重点】以促进协同推进“三医联动”、推动深化医疗体制改革、服务和保障民生为目标，按照审计署的统一部署开展审计。重点关注医保基金筹集管理使用、药品耗材集中带量采购、医疗服务价格改革、医保支付方式改革、公立医院和公立医疗机构综合改革推进、以前年度审计查出问题整改等情况。

【审计组织方式及时间】按照审计署的统一部署，市审计局统一组织，县审计局开展审计。

（六）税收和非税收入征管及税务部门预算执行审计

【审计目标和重点】以推动深化税收征管制度改革、促进税务部门依法履职，提高税务部门预算管理水平为目标，按照审计署的统一部署开展审计。重点关注减税降费等政策措施贯彻落实、收入征管、税务部门预算执行、国家金库管理、以前年度审计查出问题整改等情况。

【审计组织方式及时间】按照审计署的统一部署，市审计局统一组织，县审计局开展审计。

三、县审计局安排的审计项目计划

（一）县本级财政预算执行审计

【审计目标和重点】以推动建立现代财政制度、提高财政资金使用绩效、维护财政安全为目标，以一般公共预算、政府性基金预算为重点，关注预算编制的科学性和完整性，预算编制内容的合法性，预算编制程序的合规性，中央八项规定及其实施细则精神贯彻落实、“三公”经费管理使用等情况。

【审计组织方式及时间】由县审计局行政事业审计股负责对县财政局2021年县本级财政预算执行及其他财政收支情况进行审计，2022年6月至8月实施现场审计。

（二）固定资产投资审计

【审计目标和重点】以促进政府投资项目建设管理不断规范为目标，紧紧围绕全县发展目标和重点领域资金投向，重点关注建设项目履行建设程序，资金来源、使用和管理，预算、概算执行，工程结决算和项目绩效等情况。

【审计组织方式及时间】由县审计局固定资产投资审计股负责对以下项目进行竣工结算审计：县农业农村局组织实施的2017年县油料生产基地建设项目、2019年县统筹整合资金推进高标准农田建设项目；某工业投资开发有限公司组织实施的产业园区（标准化厂房）项目；某大道绿道延伸工程EPC（设计、采购和施工）总承包项目；某投资开发有限公司组织实施的某地块限价商品房工程；县住房城乡建设局组织实施的2020年老旧小区改造工程。对某公路工程项目、县人民医院整体搬迁建设工程、某水生生物保护基地项目进行跟踪审计。

（三）县本级党政部门、事业单位、人民团体领导干部经济责任审计

【审计目标及重点】以促进本部门科学发展和领导干部守法守纪守规尽责、廉洁用权、干净干事为目标，开展对34名县直单位领导干部的经济责任审计。重点关注领导干部遵守有关法律法规及本部门重大政策贯彻落实情况，重大改革任务推进情况，财政财务管理和预算执行情况，重要经济事项管理制度建立和执行情况，对所属单位监管情况，中央八项规定精神贯彻落实情况以及领导干部遵守有关廉洁从政规定等情况。

【审计组织方式及时间】由县审计局经济责任审计股具体组织、协调、指导审计工作，局相关股室对县直单位领导干部任期履行经济责任情况进行审计。2022年4月至9月实施现场审计。

（四）县级部门预算执行及决算草案审计

【审计目标及重点】以促进规范部门预算管理，落实厉行节约和过“紧日子”要求，提高财政资金使用绩效为目标，对县财政局、水利局、卫健委等3个县级单位2021年部门预算执行情况进行审计。重点关注县级部门预算收支、决算草案编制的真实性和完整性，中央八项规定及其实施细则精神贯彻落实、“三公”经费管理使用、重大政策措施贯彻落实等情况。

【审计组织方式及时间】由行政事业审计股具体组织、协调、指导审计工作，电子数据审计股协助做好审计数据分析、技术支持等工作。局相关股室负责县财政局、水利局、卫健委等3个县级单位2021年预算执行及决算草案情况进行审计。2022年4月至9月实施现场审计。

县级地方审计机关受同级政府和上级审计机关的双重领导。

请思考：

1. 县级政府审计项目计划是如何制订的？
2. 项目组怎样组织政府审计项目的实施？
3. 每个阶段有哪些主要工作和程序？

第一节　政府审计项目计划

一、审计项目计划概述

（一）审计计划概述

1. 审计计划定义

审计计划是指审计机关对未来一定时期内的审计工作任务作出的统一安排。为了更好地履行审计监督职责、充分发挥审计的作用，各级政府审计机关有必要根据国家战略部署和各自重点任务的要求，依据现有的审计资源，对一定时期审计工作的指导思想、总体思路、项目安排、具体任务、完成措施、时间和步骤等进行事前的具体安排，从而形成了审计计划。

2. 审计计划分类

按照计划涵盖期限的长短，审计计划可以划分为中长期审计计划和短期审计计划。中长期审计计划的计划期一般应在1年以上，大多采用滚动计划法进行编制。我国审计署发布的《“十四五”国家审计工作发展规划》就其内容和性质看，就是一种着眼于中长期的战略计划。短期审计计划也称年度审计项目计划，其涵盖的期限一般为1年。年度审计项目计划是审计计划的主要形式，是审计机关在本年度开展审计工作的依据。

按照计划的编制主体，审计计划可以划分为审计署审计计划和地方审计机关审计计划。审计署审计计划是审计署为履行审计职责而对其计划期内的审计工作和专项审计调查作出的具体安排，是审计署在本年度开展审计工作的依据。地方审计机关审计计划是地方审计机关为履行审计职责而对其管辖范围内的审计工作和专项审计调查作出的具体安排，是地方审计机关在本年度开展审计工作的依据。

按照计划的从属关系，审计计划可以分为审计项目计划、审计工作方案和审计实施方案。审计项目计划是审计机关为履行审计职责而对其计划期内的审计项目和专项审计调查项目作出的具体安排，是审计机关在计划年度开展审计工作的依据。审计工作方案是审计机关统一组织多个审计组共同实施一个审计项目或者分别实施同一类审计项目时，由审计机关业务部门编制的审计工作方案，是对审计项目的审计目标、范围、内容和重点、组织等方面所做的安排，其目的是为了协调统一行动、完成共同的审计目标和提高审计效率。审计实施方案是由审计组编制的对审计人员具体、详细操作安排的方案，包括项目总体审计方案和具体审计方案，是审计人员审计工作的指南。

（二）审计项目计划概述

1. 定义

审计项目计划是审计机关对未来一定时期内的审计工作的指导思想、目标任务、内容重点、完成措施、时间及步骤等所作出的事前安排。核心内容是审计种类和项目数量的安排。

2. 目的

制订审计项目计划的目的主要有两个：一是为了全面履行审计职责，行使审计职权，实现审计工作规范化，有效开展审计监督，充分发挥审计作用；二是为了及早调配审计人力、物力和财力等审计资源，确保审计工作的顺利开展，提高审计质量和效率。

3. 依据

制订审计项目计划的依据包括本级党委和政府的要求、上级审计机关的要求与本级审计机关自身条件等。

4. 内容

审计项目计划的核心是审计项目的安排。审计项目应按照上级审计机关统一组织的项目、授权项目、政府交办项目以及自行安排项目的顺序进行安排。审计项目计划的内容可以采用文字形式，也可以采用表格形式，或者采用文字和表格相结合的形式。审计项目计划的文字部分主要包括审计项目安排的指导思想、审计项目计划编制的依据、所确定的主要任务、完成计划的重要措施。表格部分则主要列明审计项目的名称、类别、级别和数量，以及完成计划项目的时间要求和责任单位。

二、年度审计项目计划

（一）年度审计项目计划的内容

年度审计项目计划的内容，一般包括审计项目安排的指导思想，主要项目，审计目的，审计内容、范围和重点，分工安排和组织实施，完成时间要求，以及其他保障措施等。

审计项目计划由文字和表格两部分组成。文字部分主要说明本年度业务工作安排的指导思想和审计项目计划的编制依据，确定的主要任务，完成计划的主要措施等。表格部分主要列明审计项目的名称、类别、级别和数量，完成计划项目的时间要求和责任单位，被审计单位名称及其主（监）管部门和所在地区等。

（二）年度审计项目计划的构成及确定

审计项目是指按照被审计单位或被审计的具体对象进行划分的审计活动的种类。审计项目计划中的审计项目按其来源可以分为以下几类：

（1）上级审计机关统一组织项目。它是上级审计机关为了更好地发挥审计在宏观调控中的作用，围绕政府工作重心所确定的在所辖区域内由下属各级审计机关统一开展的审计项目，该类项目应作为下级审计机关的必选项目。

（2）授权审计项目。它是由上级审计机关授权下级审计机关实施的、属于上级审计机关管辖范围内的审计项目，该类项目同样属于下级审计机关的必选项目。

（3）政府交办项目。它是各级政府要求审计机关实施审计的项目，对于该类项目，各级审计机关也必须及时列入项目计划。

（4）其他交办、委托或举报项目。如本级人大或政协等交办的项目，纪律检查委员会、监察部门、组织人事部门和业务主管部门委托的项目，审计机关认为应当实施的群众举报项目。

（5）自行安排项目。它是指各级审计机关根据自己的审计力量情况，在本审计机关管辖分工范围内，自行安排开展的审计项目。

审计机关选择审计项目需要遵循下列步骤：

第一，调查审计需求，初步选择审计项目。审计需求一般包括：国家和地区财政收支、财务收支以及有关经济活动情况，政府工作的中心，本级政府行政首长和相关领导机关对审计工作的要求，上级审计机关安排或者授权审计的事项，有关部门委托或者提请审计机关审计的事项，群众举报、公众关注的事项，经分析相关数据认为应当列入审计的事项，其他方面的需求。

第二，对初选审计项目进行可行性研究，确定初选审计项目的审计目标、审计范围、审计重点和其他重要事项。可行性研究重点调查研究下列内容：与确定和实施审计项目相关的法律法规和政策，管理体制、组织结构、主要业务及其开展情况；财政收支、财务收支状况及结果，相关的信息系统及其电子数据情况，管理和监督机构的监督检查情况及结果，以前年度审计情况，其他相关内容。

第三，对初选审计项目进行评估，确定备选审计项目及其优先顺序。包括：项目的重要程度，项目的风险水平，审计项目的预期效果，审计项目的频率和覆盖面，项目对审计资源的要求。

对于审计机关必选的审计项目，可以不经过上述选择步骤，直接列入审计项目计划。下列项目需要列入必选审计项目：法律法规规定每年应当审计的项目，本级政府行政首长和相关领导机关要求审计的项目，上级审计机关安排或者授权的审计项目。根据中国政府及其机构与国际组织、外国政府及其机构签订的协议和上级审计机关的要求，审计机关确定对国际组织、外国政府及其机构援助、贷款项目进行审计的，应当纳入审计项目计划。

对于预算管理或者国有资产管理使用等与国家财政收支有关的特定事项，符合下列情形的，可以进行专项审计调查：涉及宏观性、普遍性、政策性或者体制、机制问题的，事项跨行业、地区、单位的，事项涉及大量非财务数据的，其他适宜进行专项审计调查的。

【实例 3-1】审计项目计划举例

××省 2018 年度审计项目计划

一、2018 年审计工作的指导思想和总体思路

以习近平新时代中国特色社会主义思想为指导，深入学习贯彻党的十九大精神，认真贯彻落实省委经济工作会议和全国审计工作会议精神，坚持依法审计、文明审计，聚焦打好防范化解重大风险、精准脱贫、污染防治等三大攻坚战，依法全面履行审计监督职责，大力推进审计全覆盖，充分发挥审计在监督保障、督促落实、清障护航和反腐“利剑”方面的作用，促进全省经济的健康运行。

以党的十九大精神为引领，紧扣社会主要矛盾变化和省委、省政府及审计署的重点工作，重点围绕中央和省委、省政府重大政策措施落实、防范化解重大风险、精准脱贫、污染防治、财政惠民补贴、保障性安居工程、重大建设项目以及领导干部经济责任履行情况开展审计监督，创新审计工作模式，充分利用大数据审计手段，稳步推进审计全覆盖，揭露和查处重大违纪违法问题和发生在群众身边的“微腐败”。

二、编制2018年审计项目计划的主要依据

依据《审计法》确定的审计工作职责，《国务院关于加强审计工作的意见》（国发〔2014〕48号）、《中共中央办公厅 国务院办公厅印发〈关于完善审计制度若干重大问题的框架意见〉及相关配套文件的通知》（中办发〔2015〕58号）、《审计署关于印发“十三五”国家审计工作发展规划的通知》（审政研发〔2016〕55号）、《审计署关于印发全国审计机关2018年度工作要点的通知》（审办发〔2018〕3号）、《××省人民政府办公厅关于印发××省人民政府落实中共××省委关于进一步加强生态文明建设实施方案任务分解表的通知》、《××省政府办公厅关于印发政府工作报告2018年重点工作任务分解的通知》等重要文件，省委、省政府对审计工作的有关要求，以及审计资源的实际情况，编制2018年度审计项目计划。

三、2018年具体审计项目安排

（一）本级财政预算执行和决算审计

1. 省级财政预算执行和决算审计

对2017年度省级财政预算执行和决算进行审计，促进各项积极财政政策措施的有效落实，加强财政管理、完善预算制度、规范资金分配行为、提高财政资金使用效益。由财政处负责实施，于2018年4月底完成。

2. 重点部门财政预算执行和决算审计

对省工业和信息化厅、省卫生厅、省住房和城乡建设厅、省科学技术厅、省水利厅等5个省级部门2017年度预算执行和决算进行审计，分别由金融处、农业处、发展建设处、科教处、农林水处等组织实施，2018年4月底完成。通过审计，促进相关部门编制科学的部门预算、严格执行部门预算、提高财政资金使用效益。

3. 税收收入征管情况审计

对省、市、县（区）地税机关2017年度税收征管情况进行审计，以揭示税收制度漏洞和税收征管的薄弱环节，分析税收政策的执行效果，促进完善税收政策制度和征管体制改革。由财政处负责组织实施，于2018年4月底完成。

（二）下级政府财政收支审计

1. 直管县财政收支决算审计

对部分直管县财政收支决算进行审计。检查财政收支决算的真实性、合法性，以及财政收支结构变化情况，专项资金使用及效益情况。由财政处负责组织实施，2018年10月底完成。

2. 市级财政收支决算审计

2018 年对两个地级市本级 2016—2017 年度财政收支决算进行审计，重点关注“同级审”的难点和盲点，关注执行统一财税政策情况、上级转移支付资金预算管理和分配使用情况、财政支出结构情况、财政体制运行情况以及地方政府债务情况。由财政处负责实施，于 2018 年 10 月底完成。

（三）重大政府投资建设项目审计

1. 重点基础设施投资项目竣工决算和跟踪审计

对省博物馆项目竣工决算进行审计，对 W 市至 Z 市高速公路工程项目、S 市地铁 2 号和 3 号线工程项目进行跟踪审计。检查建设资金和工程造价的真实性、合法性、效益性，保障建设资金合理、合法和有效使用。投资处负责实施，于 2018 年 4 月至 12 月进行。

2. 关系国计民生的政府重大投资项目跟踪审计

统一组织省、市、县审计机关对 12 个县、市的保障性安居工程建设进行跟踪审计。通过审计，揭示购买棚改服务和货币化安置、保障性住房分配和管理使用、工程建设和住房分配使用、专项资金供应和管理使用等方面的突出问题，提出整改和加强管理的建议。

投资处负责统一组织协调，各市根据工作方案，制订审计实施方案，组织对本级职责范围内校舍工程的审计，于 2018 年全年进行。

（四）社会保障、教育等民生支出审计

1. 企业养老保险基金审计

对 2017 年度企业养老保险基金进行审计。通过审计，揭露养老金筹集、管理、支出使用各环节存在的问题，以提高养老保险基金使用效益。社保处负责制订审计工作方案、汇总审计综合报告，于 2018 年 10 月底完成。

2. 高等院校财务收支审计

对省属 4 所大学 2017 年度财务收支情况进行全面审计。通过审计，从体制、机制上揭示高等院校普遍存在的问题，以促进完善制度，规范管理。科教处负责制订审计工作方案，汇总审计综合报告，于 2018 年 9 月底完成。

（五）经济责任审计

根据省委组织部的委托和政府指令，对 5 个市县、10 个省政府部门、5 所高等院校、3 家省管企业等党政领导干部实施经济责任审计。在项目实施中，坚持党政同责、同责同审，紧扣领导干部履行经济责任的权责清单，坚持依法审计、客观求实。由经责处负责组织实施，于 2018 年全年进行。

对上述领导干部中的 3 个市县党政领导干部、省生态环境保护厅厅长、省海洋与渔业厅原厅长等开展自然资源资产的离任审计，与领导干部经济责任审计同步实施。重点关注领导干部贯彻执行生态文明建设方针政策、决策部署和相关法律法规的情况，完成自然资源资产管理和生态环境保护目标、履行有关责任以及相关资金征收管理使用和项目建设运营等情况，以促进自然资源资产管理和生态环境保护责任落实。

（六）专项审计调查

1. 金融风险专项审计调查

围绕防范化解重大风险，开展省本级和市县地方政府性债务审计、地方金融机构贷款风险审计调查、房地产风险防控专项审计调查。重点关注变相举债、无序举债、违法违规融资担保、违规贷款、违规供地、违规建设销售房地产带来的不安定因素、新的烂尾楼等问题。由金融处负责组织实施，于 2018 年 9 月完成。

2. 财政扶贫资金专项审计调查

开展全省 15 个市县财政扶贫资金专项审计调查。重点关注产业扶贫、教育扶贫、健康扶贫和危房改造等方面，加大对深度贫困地区和重点群体扶贫工作的审计力度。通过审计，揭露扶贫资金运用中的腐败问题，以提升扶贫资金的使用绩效。由农业处实施，于 2018 年 10 月底完成。

（七）交办事项审计

完成省委、省政府临时交办事项和审计署授权项目审计。

（三）年度审计项目计划的编制

1. 编制原则

为保证制订的计划科学有效，切实可行，在编制工作中，必须遵循以下原则：第一，依法审计、独立监督。在法定职责内自主安排审计，排除来自其他行政机关、社会团体和个人的干扰。第二，服务全局。在选择审计项目时，要围绕国家经济工作中心任务和宏观调控重点展开。第三，全面审计与重点审计相结合。安排项目时既要注意审计的覆盖面，又要确保重点审计项目不遗漏。第四，量力而行、留有余地。安排项目时既要充分利用审计资源，又要留有一定的机动余地。第五，协调平衡、避免重复。既要注意避免将很多项目安排在相同的时间内实施，又要尽量避免重复交叉，以提高审计工作效率和成效。

2. 编制依据

年度审计项目计划的编制依据包括：国家有关法律法规，国家经济社会发展计划和财经工作方针政策，《“十四五”国家审计工作发展规划》，上级审计机关确定的工作方针、政策和任务，各级政府提出的工作要求，以前年度审计项目计划完成情况等。

3. 编制方法

每年年底，首先自上而下逐级下达下年度审计工作设想，其次自下而上逐级编报下年度审计项目计划草案，最后再自上而下逐级核定下达审计项目计划。

（四）年度审计项目计划的执行和调整

各级审计机关应当采取积极有效的措施，如按照审计项目类别编制工作方案，统一安排各项目执行的基本要求、审计范围、内容重点、实施时间等，将年度项目计划及时落实到具体执行部门；各级审计机关领导要随时了解计划执行情况，针对存在的问题，及时采取有效的措施加以指导和协调解决，促进顺利圆满完成审计项目计划；审计项目计划一经下达，审计机关有关部门应努力完成，没有特殊情况，不应当变更或调整。

在计划执行过程中，因特殊情况确需调整时，应当按照规定的程序报批。计划调整一般是由下达审计计划的审计机关进行审批。不同种类的审计项目计划调整程序不同：本级审计项目计划的调整，首先由有关专业审计部门（包括派出机构）提出调整意见，并在规定时间内送计划管理部门，由计划管理部门初步审核协调后，按规定程序交由本级审计机关审定；对于上级审计机关统一组织的审计项目计划，下级审计机关根据实际情况，向上级审计机关专业审计部门会同计划管理部门进行研究，提出调整意见后，由计划管理部门报本级审计机关审批；对于领导交办项目，可按照审计机关办理交办事项的有关规定和审计项目计划管理规定，及时立项和调整。

第二节　政府审计项目的准备阶段

审计项目的准备阶段是指从组成审计组到编制审计实施方案为止的这一段时期。准备阶段在整个审计项目流程中居于重要位置，准备阶段的各项准备工作是否充分，直接影响着审计工作能否顺利进行、审计工作效率的高低和预定审计目标能否实现。

一、组成审计组

审计机关应当根据审计项目计划所确定的审计事项，按照其特点和要求，选派适当的审计人员组成审计组。审计组由审计组组长和其他成员组成，审计组实行审计组组长负责制，审计组组长由审计机关确定。审计组组长可以根据需要在审计组成员中确定主审，主审应当履行其规定职责和审计组组长委托履行的其他职责。

成立审计组时，应注意以下三个问题：第一，人员的数量和知识结构。审计机关应根据审计项目的性质、预计工作量、项目的难易程度和完成的时间要求等因素，确定所需的审计人员数量及知识结构。第二，保持审计人员分工的稳定性。为了提高审计效率，在确定审计组成员时，应尽量包括曾经对该类项目进行过审计的人员或以此类人员为主。第三，严格遵守回避制度。为了保证审计工作的客观公正，凡是与被审计单位有利害关系的人员，均不得进入审计组。

二、进行审计前调查

制订审计实施方案是审计准备阶段的核心工作，审计实施方案合理与否，关乎审计工作效率的高低和审计质量的好坏。为了确保审计方案切实可行，审计组在组成后，应进行初步的审前调查。其内容包括：第一，被审计期间的宏观经济环境，如国民经济的景气程度、财政政策、货币政策等；第二，被审计单位所在行业的情况，如市场供求关系和竞争格局，经营的周期性或季节性，行业的关键指标及统计数据，行业的现状及发展趋势，行业适用的法律、法规和特定会计准则以及其他特殊惯例，生产经营技术变化等；第三，被审计单位的内部治理结构和经营管理体制，特别是经营业绩的考评办法；第四，被审计单位的生产经营业务流程及其特点；第五，被审计单位内部控制的设置和贯彻情况；第六，被审计单位的财务状况和经营成果等。

审前调查可以采取实地调查，查阅相关资料，走访上级主管部门、监管部门、组织人事部门，在被审计单位召开座谈会等方式。审前调查一般在送达审计通知书前进行，必要时，也可以在向被审计单位送达审计通知书后进行。

三、开展审前培训

为了使参审人员明确要求，熟悉有关审计依据，正确掌握政策界限，应当对他们组织审前培训。特别是对于上级审计机关统一组织的审计项目、审计机关首次开展的新型审计项目，或其他一些大型审计项目，审前培训尤其重要。培训内容应当包括：有关法律法规和政策规定，被审计单位核算程序及方法，主要的专业管理规定，以及必要的相关审计技术和方法等。审前培训形式可以多种多样，如编制审计讲解提纲、请专家介绍情况、审计人员互相交流审计方法和经验。同时，在审前培训时，要锁定培训重点，结合行业或专项资金的业务特点，有重点、有针对性地进行深入的分析和研讨，重实用，讲实效。

四、下达审计通知书

审计通知书，也称审计指令，是审计机关通知被审计单位接受审计的书面文件，是审计组执行审计任务、进行审计取证的依据。审计通知书的主要内容包括：被审计单位名称、审计依据、审计范围、审计起始时间、审计组组长及其他成员名单、对被审计单位配合审计工作的要求、审计机关公章及签发日期等。审计机关认为需要被审计单位自查的，应当在审计通知书中写明自查的内容、要求和期限。

【实例3-2】审计通知书的格式

审计通知书

××（审计机关全称）

对××（项目名称）进行审计（专项审计调查）的通知

××（主送单位全称或者规范简称）：

根据《中华人民共和国审计法》第××条的规定，我署（厅、局、办）决定派出审计组，自××年×月×日起，对你单位××进行×××审计（专项审计调查），必要时将追溯到相关年度或者延伸审计（调查）有关单位。请予以配合，并提供有关资料（包括电子数据资料）和必要的工作条件。

审计组组长：××

审计组副组长：××

审计组成员：××（主审） ×× ×× ××

附件：××

（审计机关印章）

××年×月×日

《审计法》规定，审计机关根据经批准的审计项目计划确定的审计事项组成审计组，并应当在实施审计三日前，向被审计单位送达审计通知书。遇有特殊情况，经县级以上人民政府审计机关负责人批准，可以直接持审计通知书实施审计。审计通知书应由审计机关的负责人签发，在发送被审计单位的同时，还应抄送被审计单位的上级主管部门和有关部门。审计机关在向被审计单位送达审计通知书的同时，还应当书面要求被审计单位的法定代表人和财务主管人员就与审计事项有关的会计资料的真实、完整和其他相关情况作出承诺。承诺书可以与审计通知书一起送达被审计单位。被审计单位要对其所作出的承诺承担责任。承诺书经被审计单位法定代表人和财务负责人签字后，应作为审计证据编入审计工作底稿。

五、编制审计实施方案

审计实施方案是审计组实施审计项目的具体安排和内容，是保证审计工作取得预期效果的重要手段，也是审计机关检查、控制审计质量和审计工作进度的基本依据。审计组应根据审计项目计划的要求，结合对被审计单位基本情况所做的调查，并围绕审计目标来编制审计实施方案。

审计实施方案的内容包括：编制的依据，被审计单位的名称及基本情况，审计目标，审计范围，审计内容、重点和审计措施（审计应对措施），审计工作要求（审计进度安排、职责分工、审计组内部重要管理事项），预计的审计工作起始日期，审计组组长、成员及其分工，编制的日期等。

【实例3-3】审计实施方案的格式

审计实施方案的格式见表3-1。

表3-1 审计实施方案

被审计单位名称		审计方式	
审计项目名称		编制人员	
编制依据		编制日期	
被审计单位基本情况：			
审计目标、范围、内容和重点：			

审计方法和实施步骤：

预定时间：

审计组组长及成员：

人员分工：

部门负责人审批：

主管领导审批：

编制审计实施方案应当根据重要性原则，围绕审计目标，确定审计的范围和重点。审计实施方案在编制时还应适当留有余地，以便在实际情况发生变化时作出相应的调整。审计实施方案经审计组所在部门领导审核，并报审计机关主管领导批准后，由审计组负责实施。

第三节 政府审计项目的实施阶段

审计项目的实施阶段是审计组进驻被审计单位，就地审查会计凭证、会计账簿、财务会计报告，查阅与被审计事项业务和财务有关的文件、资料，检查现金、实物、有价证券，并向有关单位和个人调查，以取得证明材料的过程。这一阶段是审计项目实施方案付诸实施的过程，也是审计目标实现的过程。

一、进驻被审计单位

下达审计通知书后，审计组随即可以进驻被审计单位。在向有关单位人员进行调查取证时，审计人员应出示工作证件和审计通知书副本。为了保证审计工作的有效沟通和顺利进行，以及取得被审计单位负责人及有关人员的配合，应当召开由被审计单位负责人、财会人员、相关负责人和审计人员参加的进点会议。在进点会议上需要做好以下事情：审计组要明确审计的目的、范围、内容，审计的时间安排、人员分工，审计的工作纪律，双方进行沟通的联系人员和方式等；被审计单位要介绍有关情况，包括基本组织结构、规章制度、财务会计工作情况，审计通知书所要求的资料、自查材料的准备情况，拟出面配合审计工作的人员情况以及审计工作条件的初步安排等；被审计单位与审计组要交接有关资料，包括被审计单位的会计凭证、会计账簿、财务报表、有关文件及自查资料等，需特别强调的是必须办理交接手续。

二、了解被审计单位的基本情况

（一）了解被审计单位基本情况的必要性

审计组实施审计时，应当调查了解被审计单位及其相关情况，如被审计单位相关内部控制及其执行情况、被审计单位信息系统控制情况等，为审计人员作出下列职业判断提供重要基础：确定职业判断标准，判断可能存在的问题，判断问题的重要性，确定审计应对措施。

通过了解被审计单位的基本情况，确定可供选择的判断标准，考虑作为被审计事项的职业判断标准的适当性。一般可供选择的判断标准包括：法律、法规、规章和其他规范性文件，国家有关方针和政策，会计准则和会计制度，国家和行业的技术标准，预算、计划和合同，被审计单位的管理制度和绩效目标，被审计单位的历史数据和历史业绩，公认的业务惯例或者良好实务，专业机构或者专家的意见，其他标准。审计人员针对不同的审计事项，选择适当的审计标准，适当的审计标准应该做到：客观、适用、相关和公认。客观是指作为衡量被审计事项的标准应该真实可靠；适用是指判断标准适用于被审计事项；相关是指判断标准与审计结论是相关的；公认是指判断标准为有关各方所认可。

审计人员应当结合适用的标准，调查了解被审计单位及其相关情况，判断被审计单位可能存在的问题。

审计人员应当运用职业判断，根据可能存在的问题的性质、数额及其发生的具体环境，判断其重要性。如果存在下列情形，则属于应当关注的重要问题：涉嫌犯罪的问题，法律法规和政策禁止的问题，故意行为所产生的问题，可能存在的问题，涉及的数量或者金额较大，涉及政策、体制或者机制的严重缺陷，信息系统设计存在缺陷，政府行政首长和相关领导机关及公众关注的重要问题，其他特别关注的问题。如果需要对财务报表发表审计意见，审计人员可以参照《中国注册会计师执业准则》的有关规定确定和运用重要性。

审计组应当评估被审计单位存在重要问题的可能性，以确定审计事项和审计应对措施，必要时调整审计实施方案。

（二）了解被审计单位基本情况的具体内容

审计人员可以从下列方面调查了解被审计单位及其相关情况：单位性质，组织结构，职责范围或者经营范围，业务活动及其目标，相关法律法规、政策及其执行情况，财政财务管理体制和业务管理体制，适用的业绩指标体系以及业绩评价情况，相关内部控制及其执行情况，相关信息系统及其电子数据情况，经济环境、行业状况及其他外部因素，以往接受审计和监管及其整改情况，其他情况。

审计人员可以从下列方面调查了解被审计单位相关内部控制及其执行情况：控制环境，即管理模式、组织结构、责权配置、人力资源制度等；风险评估，即被审计单位确定、分析与实现内部控制目标相关的风险，以及采取的应对措施；控制活动，即根据风险评估结果采取的控制措施，包括不相容职务分离控制、授权审批控制、资产保护控制、预算控制、业绩分析和绩效考评控制等；信息与沟通，即收集、处理、传递与内部控制相关的信息，并能有效沟通的情况；对控制的监督，即对各项内部控制设计、职责及其履行情况的监督检查。

审计人员可以从下列方面调查了解被审计单位信息系统控制情况：一般控制，即保障信息系统正常运行的稳定性、有效性、安全性等方面的控制；应用控制，即保障信息系统产生的数据的真实性、完整性、可靠性等方面的控制。

（三）了解被审计单位基本情况的程序

审计人员可以采取下列方法调查了解被审计单位及其相关情况：第一，询问，书面或者口头询问被审计单位内部和外部相关人员；第二，检查有关文件、报告、内部管理手册、信息系统的技术文档和操作手册；第三，观察有关业务活动及其场所、设施和有关内部控制的执行情况；第四，追踪有关业务的处理过程；第五，分析相关数据。审计人员根据审计目标和被审计单位的实际情况，运用职业判断确定调查了解的范围和程度。审计人员对被审计单位基本情况的了解应贯穿于审计工作过程的始终。

审计人员对于了解到的被审计单位的基本情况应该形成审计工作记录，以此作为支持原来审计实施方案或修改审计实施方案的依据。调查了解记录的内容主要包括：对被审计单位及其相关情况的了解情况，对被审计单位存在重要问题可能性的评估情况；确定的审计事项及其审计应对措施。审计人员应针对调查了解的事项逐项形成审计记录，主要包括被审计单位基本情况、被审计单位内部控制、信息系统控制情况三个方面的记录。

【实例 3-4】被审计单位基本情况表的格式

被审计单位基本情况表的格式见表 3-2。

表 3-2　被审计单位基本情况表

审计名称：　　　　　　　　　　　　　　　　　　　　编号：

被审计单位名称		法定代表人	
经济性质		主管部门（单位）	
法定地址		联系电话	
基本情况			
注册资金 其中：国家资本金 法人资本金 个人资本金			
生产经营状况			
财务状况 （主要经济指标）			
其他情况			
审计评估			

审计主管：　　　　　　　　　　审核人：　　　　　　　　　　编制人：

审计组组长应该复核了解阶段性的记录，以检查对被审计单位情况的了解是否充分、对可能存在问题的重要领域的判断是否正确、选用的审计标准是否恰当、准备采取的应对措施是否能够实现预定的审计目标等，最终目的是检查审计实施方案的可行性，确保审计目标的实现。

三、测试内部控制和评价相关信息系统

审计组应当根据对被审计单位内部控制的了解情况，评估内部控制的可信赖程度，决定是否需要测试内部控制的有效性。在下列情况下，必须测试内部控制的有效性：某项内部控制设计合理且预期运行有效，能够防止重要问题的发生；仅实施实质性审查不足以为发现重要问题提供适当、充分的审计证据。在下列情况下，可以直接进行实质性测试：审计人员决定不依赖某项内部控制的，可以对审计事项直接进行实质性审查；被审计单位规模较小、业务比较简单的，审计人员可以对审计事项直接进行实质性审查。测试内部控制的有效性，主要是测试内部控制在各个不同时点是否按照既定设计得以一贯执行，测试的程序与了解内部控制的程序基本相同。

在被审计单位对日常交易或与财务报表相关的其他数据（包括信息的生成、记录、处理、报告）采用高度自动化处理的情况下，会计信息是以电子形式存在的，审计证据是否充分和适当通常取决于自动化信息系统相关控制的有效性和安全性，此时，审计组还应考虑是否检查相关信息系统的有效性和安全性。在下列情况下，必须检查相关信息系统的有效性、安全性：仅审计电子数据不足以为发现重要问题提供适当、充分的审计证据；电子数据中频繁出现某类差异。审计人员在检查被审计单位相关信息系统时，可以利用被审计单位信息系统的现有功能或者采用其他计算机技术和工具，检查中应当避免对被审计单位相关信息系统及其电子数据造成不良影响。

测试内部控制和评价相关信息系统的直接目的是检查内部控制是否有效运行，相关信息系统是否安全、有效。最终目的是判断审计实施方案是否科学，是否需要调整。如果发现原审计方案所确定的审计重点、范围、具体实施步骤和方法与测试和评价的结果不吻合，则必须按照规定的程序及时修订审计方案，对实质性测试的范围和重点作出切合实际的调整，修订后的审计方案需经派出审计组的审计机关主管领导批准后方可组织实施。

四、对被审计单位进行实质性测试

审计组在完成了对被审计单位内部控制的测试和相关信息系统的评价后，即可开始对被审计单位的经济业务进行有重点、有目的的实质性测试。实质性测试是审计人员对各类交易、账户余额、列报的真实性进行的测试。实质性测试是项目审计工作的中心环节，它既是审计人员收集、鉴定和综合审计证据的过程，也是审计机关出具审计意见书和作出审计决定的基础。这一阶段的工作主要是正确运用各种审计方法，取得充分适当的审计证据和编制审计工作底稿等。

(一)政府审计的具体目标

政府审计的总体目标是证实被审计单位财政财务收支以及有关经济活动的真实性、合法性和效益性。具体目标是对总体目标的细化,包括一般审计目标和个别审计目标。

就财务审计而言,其一般审计目标与管理层财务报表认定密切相关。被审计单位管理层财务报表认定包括:(1)存在或发生;(2)完整性;(3)权利和义务;(4)反映和披露。财务审计的一般审计目标包括:(1)总体合理性;(2)真实性;(3)完整性;(4)权利和义务;(5)计价正确性;(6)截止期正确性;(7)过账和汇总正确性;(8)分类正确性;(9)披露正确性;(10)合法性。个别审计目标是根据某个具体审计项目来确定的,它只适用于特定的审计项目。例如,在经济责任审计中,个别审计目标就包括领导干部的经济责任履行情况。

(二)审计证据的概念及特征

审计证据是指审计人员获取的能够为证实审计目标、作出审计结论提供合理基础的全部事实,包括审计人员调查了解被审计单位及其相关情况和对确定的审计事项进行审查所获取的证据。

审计人员获取的审计证据必须具备充分性和适当性两大特征,才能够支撑审计结论。审计证据的充分性是指要求审计人员根据所获证据足以对审计对象提出一定程度保证的结论,是审计人员为形成审计意见所需审计证据的最低数量要求,是对审计证据数量的要求,主要与审计人员确定的样本量有关。审计证据的适当性是指审计证据的质量,适当性又包括相关性和可靠性。

审计证据的相关性是指审计证据与审计事项及其具体审计目标之间具有实质性联系。审计证据的相关性包括三层含义:一是审计证据与该审计事项相关,如证实应收账款的存在,需要将审计证据限制在应收账款的范畴,将不属于应收账款的证据,如预收账款、其他应收款排除在外。二是审计证据与某审计事项的具体审计目标相关,如应收账款函证获取的审计证据,只能证明函证应收账款的金额,不能证明未函证应收账款的金额。三是证实同一目标的全部证据能够相互印证,如测试内部控制的有效性,需获取内部控制是否存在、内部控制是否一贯遵守、内部控制是否有效等证据,以形成相互印证的证据群。审计人员在确定审计证据的相关性时,应注意以下两个问题:第一,一种取证方法获取的审计证据可能只与某些具体审计目标相关,而与其他具体审计目标无关。如对存货的盘点,只能证实存货是否存在,不能证明存货的价值。第二,针对一项具体审计目标可以从不同来源获取审计证据或者获取不同形式的审计证据。如证实应收账款存在,可以函证,也可以检查有关账目。

审计证据的可靠性是指审计证据的可信程度。审计证据的可靠性通常受其来源和性质的影响,并取决于获取审计证据的具体环境,审计人员可以从下列方面分析审计证据的可靠性:从被审计单位外部获取的审计证据比从内部获取的审计证据更可靠;在内部控制健全有效情况下形成的审计证据比内部控制缺失或者无效情况下形成的审计证据更可靠；直接获取的审计证据比间接获取的审计证据更可靠；从被审计单位财务会计资料中直接采集的审计证据比经被审计单位加工处理后提交的审计证据更可靠；原件形式的审计证据比复制件形式的审计证据更可靠。需要说明的是，当不同来源和不同形式的审计证据存在不一致或者不能相互印证时，审计人员应当追加必要的审计程序，以确定审计证据的可靠性。

（三）获取审计证据的方法

《中华人民共和国国家审计准则》第八十八条规定，审计人员根据实际情况，可以在审计事项中选取全部项目或者部分特定项目进行审查，也可以进行审计抽样，以获取审计证据。第一，存在下列情形之一的，审计人员可以对审计事项中的全部项目进行审查：审计事项由少量大额项目构成的；审计事项可能存在重要问题，而选取其中部分项目进行审查无法提供适当、充分的审计证据的；对审计事项中的全部项目进行审查符合成本效益原则的。第二，审计人员可以在审计事项中选取下列特定项目进行审查：大额或者重要项目；数量或者金额符合设定标准的项目；其他特定项目。需要说明的是，选取部分特定项目进行审查的结果，不能用于推断整个审计事项。第三，在审计事项包含的项目数量较多，需要对审计事项某一方面的总体特征作出结论时，审计人员可以进行审计抽样。

审计人员可以采取下列方法向有关单位和个人获取审计证据：第一，检查，是指对纸质、电子或者其他介质形式存在的文件、资料进行审查，或者对有形资产进行审查；第二，观察，是指查看相关人员正在从事的活动或者执行的程序；第三，询问，是指以书面或者口头方式向有关人员了解关于审计事项的信息；第四，外部调查，是指向与审计事项有关的第三方进行调查；第五，重新计算，是指以手工方式或者使用信息技术对有关数据计算的正确性进行核对；第六，重新操作，是指对有关业务程序或者控制活动独立进行重新操作验证；第七，分析，是指研究财务数据之间、财务数据与非财务数据之间可能存在的合理关系，对相关信息作出评价，并关注异常波动和差异。审计人员进行专项审计调查，可以使用上述方法及其以外的其他方法。

（四）编制审计工作底稿

审计工作底稿在审计工作中居于非常重要的位置，具有非常重要的作用。因为审计工作底稿是编写审计报告的基础，是检查审计工作质量的依据，同时也是行使审计复议和再度审计时需要审阅的重要资料。因此，审计人员应当对实施审计的过程、获取的审计证据、得出的审计结论和与审计项目有关的重要管理事项作出记录，真实、完整、及时地编制审计工作底稿，以实现下列目标：支持审计人员编制审计实施方案和审计报告，证明审计人员遵循相关法律法规和审计准则，便于对审计人员的工作实施指导、监督和检查。

审计工作底稿是指审计人员在实施审计过程中形成的与审计事项有关的工作记录，是审计记录的重要组成部分。除审计工作底稿外，审计记录还包括调查了解记录和重要管理事项记录。审计工作底稿的内容主要包括：审计项目名称、审计事项名称、审计过程和结论、审计人员的姓名及审计工作底稿的编制日期与签名、审核人员的姓名及审计工作底稿的编制日期与签名、索引号及页码、附件数量。其中，审计工作底稿记录的审计过程和结论主要包括：实施审计的主要步骤和方法、取得的审计证据的名称和来源、审计认定的事实摘要、得出的审计结论及其相关标准。

【实例 3-5】政府审计工作底稿的格式

政府审计工作底稿的格式见表 3-3。

表 3-3 政府审计工作底稿

索引号： 第 页（共 页）

项目名称			
审计（调查）事项			
审计人员		编制日期	
审计过程：			
审计认定的事实摘要及审计结论：			
审核意见：			
审核人员		审核日期	

审计取证单，是支撑审计工作底稿相关内容的证明材料，是审计过程中获取的说明审计过程和结论的有关资料。

【实例 3-6】审计取证单的格式

审计取证单的格式见表 3-4。

表 3-4 审计取证单

第 页（共 页）

项目名称				
被审计（调查）单位或个人				
审计（调查）事项				
审计（调查）事项摘要				
审计人员		编制日期		
证据提供单位意见	（盖章）			
	证据提供单位负责人（签名）		日期	

附件： 页

第四节 政府审计项目的终结阶段

审计项目的终结阶段，也称审计报告阶段，是项目审计流程的重要组成部分。该阶段的主要工作有：复核审计工作底稿；编制审计报告并征求被审计单位意见；审计机关复核和审定审计报告；审计结果公告等。

一、复核审计工作底稿

一般来说，对于每个审计事项，审计人员都要编制审计工作底稿，有时可能要对一个审计事项编制多份审计工作底稿。因此，在编制审计报告前，虽然审计工作底稿已经经过编制人之外的其他审计人员复核，但这一复核只是站在事项本身的角度，不是站在被审计单位的角度，不能直接作为编制审计报告的依据。在审计组起草审计报告前，审计组组长必须完成对审计工作底稿的复核。

审计组组长应当对支持审计报告的审计工作底稿的下列事项进行复核：具体审计目标是否实现；审计措施是否有效执行；事实是否清楚；审计证据是否适当、充分；得出的审计结论及其相关标准是否适当；其他有关重要事项。审计组组长复核支持审计实施方案和审计报告的审计工作底稿后，可以根据情况提出如下意见：予以认可；责成采取进一步审计措施，获取适当、充分的审计证据；纠正或者责成纠正不恰当的职业判断或者审计结论。

二、编制审计报告并征求被审计单位意见

审计工作底稿复核完成后，审计组应讨论编写审计报告提纲，然后依据讨论确定的审计报告提纲草拟审计报告。审计报告草案需在审计组内进行讨论修改，最后由审计组组长进行审定。

（一）审计报告的内容和格式

审计组向审计机关提交的审计报告包括下列基本要素：标题，文号（审计组的审计报告不含此项），被审计单位名称，审计项目名称，内容，审计机关名称（审计组名称及审计组组长签名），签发日期（审计组向审计机关提交报告的日期）。审计报告的内容是政府审计报告的主体部分，具体包括：（1）审计依据，即实施审计所依据的法律法规的具体规定。（2）实施审计的基本情况，一般包括审计范围、内容、方式、实施的起止时间。（3）被审计单位基本情况，即与审计目标有关的被审计单位背景信息，一般包括被审计单位、资金或者项目的背景信息，如被审计单位性质、组织结构；职责范围或经营范围、业务活动及其目标；相关财政财务管理体制和业务管理体制；相关内部控制及信息系统情况；相关财政财务收支情况；适用的绩效评价标准等。（4）审计评价意见，该部分主要说明围绕项目审计目标，依照有关法律法规、政策及其他标准，对被审计单位的财政收支、

财务收支及其有关经济活动的真实、合法、效益情况进行的评价。（5）以往审计决定执行情况和审计建议采纳情况。（6）审计发现的被审计单位违反国家规定的财政收支、财务收支行为和其他重要问题的事实、定性、处理处罚意见以及依据的法律法规和标准；反映影响绩效的突出问题的，一般应表述事实、标准、原因、后果，以及改进意见；反映内部控制和信息系统重大缺陷的，一般应表述有关缺陷情况、后果及改进意见。（7）审计发现的移送处理事项的事实和移送处理意见，但是涉嫌犯罪等不宜让被审计单位知悉的事项除外。（8）针对审计发现的问题，根据需要提出的改进建议。审计期间被审计单位对审计发现的问题已经整改的，审计报告还应当包括有关整改情况。

（二）审计组征求被审计单位的意见

审计报告在送交审计机关前，审计组应就下列问题征求被审计单位意见：审计组作出的审计评价是否客观；审计组对发现问题的认定是否符合事实、适用的法律法规是否正确；提出的审计意见或建议是否合理有效等。被审计单位应在收到审计报告之日起 10 日内，将其书面意见送交审计组或审计机关。如果被审计单位、被调查单位、被审计人员或者有关责任人员对征求意见的审计报告有异议的，审计组应当进一步核实，并根据核实情况对审计报告作出必要的修改。审计组应当对采纳被审计单位、被调查单位、被审计人员或者有关责任人员意见的情况和原因，或者上述单位或人员未在法定时间内提出书面意见的情况作出书面说明。

（三）审计组起草审计决定书和审计移送处理书

对审计中发现被审计单位违反国家规定的财政收支、财务收支行为，依法应当处理处罚的，审计组应该起草审计决定书。审计决定书是审计机关作出的对被审计单位违反国家规定的财政收支、财务收支行为依法进行处罚的法律文件。审计决定书的内容主要包括：审计的依据、内容和时间；违反国家规定的财政收支、财务收支行为的事实、定性、处理处罚决定以及法律法规依据；处理处罚决定执行的期限和被审计单位书面报告审计决定执行结果等要求；依法提请政府裁决或者申请行政复议、提起行政诉讼的途径和期限。

审计或者专项审计调查发现的依法需要移送其他有关主管机关或者单位纠正、处理处罚或者追究有关人员责任的事项，审计组应当起草审计移送处理书。审计移送处理书是审计机关作出的对违反财政收支、财务收支行为的有关人员需要移送其他有关主管机关或者单位进行处罚的法律文件。审计移送处理书的内容主要包括：审计的时间和内容；依法需要移送有关主管机关或者单位纠正、处理处罚或追究有关人员责任事项的事实、定性及其依据和审计机关的意见；移送的依据和移送处理说明，包括将处理结果书面告知审计机关的说明；所附的审计证据材料。根据责任人违法违纪行为的性质，决定需要移送的部门，需要移送的部门可能是检察公安机关、纪检监察机关、主管部门或者政府。

三、审计机关复核和审定审计报告

审计组提交的审计报告草案、审计决定书草案和审计移送处理书草案，需要经过审计机关业务部门、审计机关审理机构和审计机关业务会议或负责人的三级复核或审定，最后提出审计机关的审计报告、审计决定书和审计移送处理书。

（一）审计机关业务部门的复核

审计机关业务部门复核审计组报送的下列资料：审计报告；审计决定书；被审计单位、被调查单位、被审计人员或者有关责任人员对审计报告的书面意见及审计组采纳情况的书面说明；审计实施方案；调查了解记录、审计工作底稿、重要管理事项记录、审计证据材料；其他有关材料。重点复核下列内容：审计目标是否实现，审计实施方案确定的审计事项是否完成，审计发现的重要问题是否在审计报告中反映，事实是否清楚、数据是否正确，审计证据是否适当、充分，审计评价、定性、处理处罚和移送处理意见是否恰当，使用的法律法规和标准是否适当，被审计单位、被调查单位、被审计人员或者有关责任人员提出的合理意见是否采纳，其他。审计机关业务部门复核后，应当出具书面复核意见。审计机关业务部门应当将复核修改后的审计报告、审计决定书等审计项目材料连同书面复核意见，报送审理机构审理。

（二）审计机关审理机构的审理

审计机关审理机构以审计实施方案为基础，重点关注审计实施的过程及结果，主要审理下列内容：审计实施方案确定的审计事项是否完成，审计发现的重要问题是否在审计报告中反映，主要事实是否清楚、相关证据是否适当、充分，使用的法律法规和标准是否适当，评价、定性、处理处罚意见是否恰当，审计程序是否符合规定。审理机构根据审理结果，出具审理意见书，审理意见书根据不同的审理结果出具不同的意见：要求审计组补充重要审计证据，对审计报告、审计决定书进行修改。

（三）审计机关业务会议或负责人的审定

审理机构应将审理后的审计报告、审计决定书连同审理意见书报送审计机关业务会议或负责人。审计报告、审计决定书原则上应当由审计机关审计业务会议审定；特殊情况下，经审计机关主要负责人授权，可以由审计机关其他负责人审定。审计机关审计业务会议或审计机关负责人的审核为最终审定。如果审计决定书经最终审定，处罚的事实、理由、依据、决定与审计组征求意见的审计报告不一致并且加重处罚的，审计机关应当依照有关法律法规的规定及时告知被审计单位、被调查单位、被审计人员和有关责任人员，并听取其陈述和申辩。

（四）审定后的审计报告、审计决定书、审计移送处理书的格式

审计机关审计业务会议或审计机关负责人最终审定签发并送达被审计单位、被审计人员和有关责任人员的审计报告的格式如下所示。

【实例 3－7】审计报告的格式

××（审计机关全称）

审计报告

×审×报〔20××〕×号

被审计单位：××

审计项目：××

根据《中华人民共和国审计法》第××条的规定，××（审计机关全称或者规范简称）派出审计组，自××年×月×日至××年×月×日，对××（被审计单位全称或者规范简称）××（审计范围）进行了审计，对重要事项进行了必要的延伸和追溯。××（被审计单位简称）及有关单位对其提供的财务会计资料以及其他相关资料的真实性和完整性负责。××（审计机关全称或者规范简称）的责任是依法独立实施审计并出具审计报告。

一、被审计单位基本情况

×××

二、审计评价意见

×××

三、审计发现的主要问题和处理（处罚）意见

×××

四、审计建议

×××

对本次审计发现的问题，请××（被审计单位简称）自收到本报告之日起×日（审计机关根据具体情况确定）内，将整改情况书面报告××（审计机关全称或者规范简称）。

（审计机关印章）

××年×月×日

【实例 3－8】审计决定的格式

××（审计机关名称）关于××（审计范围）的审计决定

××（被审计单位全称或者规范简称）：

自××年×月×日至××年×月×日，我署（厅、局、办）对你单位××（审计范围）进行了审计（专项审计调查）。现根据《中华人民共和国审计法》第四十五条（专项审计调查项目同时引用《中华人民共和国审计法实施条例》第四十四条）和其他有关法律法规，作出如下审计决定：

一、关于××问题的处理（处罚）

××

二、关于××问题的处理（处罚）

××

本决定自送达之日起生效。你单位应当自收到本决定之日起×日（审计机关根据具体情况确定）内将本决定执行完毕，并将执行结果书面报告我署（厅、局、办）。

（审计机关印章）

××年×月×日

【实例 3－9】审计移送处理书的格式

××（审计机关名称）关于××（审计范围）的审计移送处理书

××（主送单位全称或者规范简称）：

我署（厅、局、办）在××（审计范围）审计（专项审计调查）中发现，××（单位名称或者人员姓名）××（涉嫌犯罪、违法违规或者违纪行为）具体情况如下：

×××

依据《中华人民共和国刑法》（或者《中华人民共和国刑法修正案》等刑事法律）第×条的规定，上述行为涉嫌构成××罪，应当依法追究刑事责任。现移送你单位依法处理。请将立案情况及查处结果及时书面告知我署（厅、局、办）。

附件：证明材料×份

（审计机关印章）

××年×月×日

四、审计结果公告

审计机关的审计结果公告是审计机关经本级政府批准后向全社会公布的有关审计事项的审计结果的报告。它可以是单项审计结果的公告，也可以是分类审计结果的报告，还可以是某一年度全部审计结果的综合报告，如将向本级人大常委会所作的审计工作报告予以公布。它是审计服务人民民主和社会舆论监督的主要形式，其内容主要是报告审计发现的主要问题及其处理与改进情况。

（一）政府审计结果公告的意义

1. 实行政府审计结果公告是建设现代政府的必然要求

现代政府的性质是民主政府。民主政府应当是法治的政府、负责任的政府、有效的政府、透明的政府和善治的政府。政府信息公开是现代民主政府的重要特征和应有之义。现代治理理论提出，透明是良好治理的基本要素之一。俞可平（2000）认为政府“善治”的标准有六个要素：合法性、透明性、责任性、法治、回应性和有效性。毫无疑问，我国政府是人民民主政府，我国政府的各项制度及信息也应该保持透明，以不断完善我国政府的治理体系和治理能力。我国政府审计机关作为政府的重要组成部分，也应当努力为民主服务，接受人民的监督，实行政府审计信息公开制度。因此，实行政府审计结果公告是我国人民民主政府的必然要求。

2. 实行政府审计结果公告制度具有重大的现实意义

世界银行在评价政府透明性的作用时提出，透明增加了市场信息的有效性和精确性，降低了交易成本，有助于减少腐败，有助于增加公民参与决策的机会，从而提高了决策的民主合法性。政府审计结果公告作为政府透明的重要组成部分，具有重大的现实意义。

3. 实行政府审计结果公告是国际通行的做法

从世界范围的政府审计发展趋势来看，推行政府审计结果公告制度已成为国际通行的做法，成为保障政治民主和公共受托责任有效履行的重要措施，是政府审计现代化的重要标志。

（二）政府审计结果公告应遵守的原则

政府审计结果公告制度对政策性和技术性要求都非常高，执行不好就可能使其徒具形式，或者引发审计风险和政府治理风险，危及国家和人民的利益。因此，作为政府信息公开的重要形式，政府审计结果公告首先必须遵循政府信息公开的原则。从国际经验来看，下列原则应当得到严格遵循：

1. 公共利益至上原则

审计机关在考虑有关信息是否公开时，应以该信息如果不公开是否会对公共利益造成伤害为根本指导原则。不能以有关信息公开会有损审计机关及其人员利益为理由拒绝公开，即使有关信息涉及个人隐私、商业秘密、国家安全，但如果公布该信息的公共收益大于可能造成的伤害，那么这些信息仍应予以公布。

2. 责任性原则

民主政府的一个重要特征是责任政府，即政府要对自己的行动是否符合公共利益负责。就信息公开而言，政府部门应当对提供信息的真实性、完整性、明晰性、及时性等负责，应当保证每个公民都具有平等的接触信息的机会，保证提供的信息符合事先设定的质量标准，为公民接触信息提供多种渠道，保证公民方便、快捷地接触信息。

3. 有限的例外原则

政府信息公开是原则，不公开是例外。不公开的信息必须满足严格的“三关”测试：其一，拒绝公开的信息必须涉及法律中列出的立法目标。合理的例外事项应被限定在如下几项内容之中，即法律执行、个人自由、国家安全、商业及其他机密、公共或个人隐私、政府决策过程的有效性与完整性要求。其二，信息的公开必将威胁上述内容，对其造成实质性伤害。其三，对于上述目标的危害程度必须大于公众获取信息带来的公共利益。政府部门不能因为某一信息有一部分符合例外要求（不论这一部分的比例有多大），而拒绝公开全部信息。任何一个部门都不能为避免使自己陷入窘境或防止其行为被媒体曝光等，而采取限制信息公开的任何手段，也不能因为其职能的要求，而以其专有的知识背景作为依据而判断其信息是否能够公开。

4. 最大限度公开原则

除了法定例外事项之外，公共部门要公开所有的信息。这里的信息和公共部门都应作最广义的解释。保证最大限度公开的程序保障是：其一，政府管理部门的所有正式会议应当对公众开放。这里的政府管理部门是指使用政府决策权的部门，不包括行政辅助部门和党务部门等；这里的正式会议是指要求有法定人数，并使用正式的法定程序，决策公共事务而召开的会议，不包括政府部门为处理内部事务而召开的会议；这里的对公众开放是指会议组织者必须事先发送充分的会议通知，允许每一位符合会议参加条件的公民都能够平等地参加会议。其二，公共部门应当出版并广泛传播与公共利益密切相关的文件。

5. 其他原则

成本原则，即公共部门在提供信息时，不应向申请者要求过高的申请费用，应依法收费。如果一项申请是为了公共利益，就应当尽可能少收费，甚至不收费。除非索取信息是以盈利为目的的，否则索取的信息越多，收费率应越低。便利原则，即公共部门应当在部门内部设置相应的窗口和专门的职员专司信息公开，同时还要尽可能简化信息索取者的申请手续。保护告密者原则，即保护将非法行为和其他危害公共利益的行为公布于众的人，使其免受法律、行政或雇佣关系方面的制裁。

（三）我国政府审计结果公告发展历程

我国政府审计公告制度最早的规定出自 1994 年颁布的《审计法》。其中，第三十六条明确规定，审计机关可以向政府有关部门通报或者向社会公布审计结果；审计机关通报或公告审计结果，应当依法保守国家秘密和被审计单位的商业秘密，遵守国务院的有关规定。但直到2003年年底，审计署才首次向社会公告了防治“非典”专项资金和社会捐赠款物的审计结果，这标志着我国政府审计结果公告制度的正式实施。

2004年，审计署先后7次向社会公告了对14个项目的审计及审计调查结果，其中直接公告了国务院9个部门预算执行的审计结果，此举引起了社会的极大反响，被社会舆论称为“审计风暴”。2006年和2021年修订的《审计法》都强化了政府审计结果公告的这一规范，审计结果公告成为政府审计机关的一项规范的制度和例行的工作。

（四）审计结果公告的格式和内容

公告需供各种人查看和使用，为了防止造成误解和歧义，保证公告的真实性和完整性，充分发挥公告的作用，审计结果公告的格式和内容表达应当非常规范。

目前我国政府审计结果公告的内容包括：（1）审计的基本情况：依据、实施审计的时间、审计时空范围等；（2）被审计单位的基本情况及其审计总体评价结论；（3）审计发现的主要问题；（4）审计处理情况及建议；（5）审计发现问题的整改情况。

目前，关于审计结果公告的争议主要集中在一个问题上，即是否需要公告审计建议。我们认为，审计建议是审计机关对被审计单位及其有关主管部门提出来的，这一性质决定了它应当是定向审计报告的内容，没有必要予以公开。审计建议一旦公开，就有可能演变为审计决定，迫使被审计单位及有关主管部门接受，形成对被审计单位经济管理活动的不必要干预，也会增加审计风险；同时，也有可能造成审计机关在以后不能客观公正地对建议实施后出现的问题进行审查和披露，从而影响以后的审计工作质量。

（五）审计结果公告的质量控制

加强审计机关和同级政府对审计结果公告的审批，保证公告的质量，提高公告的权威性。同时做好以下工作：（1）细化和完善《审计机关审计项目质量控制办法（试行）》，使其更具可操作性和严谨性，为审计质量控制提供可靠的依据；（2）加强审计全过程控制，特别是加强审前调查和审计实施方案编制环节的质量控制，为整体控制审计质量提供可靠依据；（3）进一步规范审计评价、定性、处理处罚的原则和方法，确保审计意见表达的正确性；（4）加强审计复核和审定工作，健全相关人员的工作责任制，实行全员质量控制。

（六）其他报告形式

审计机关通告是指审计机关向同级政府机关及其他被审计单位的主管部门所作的有关审计其下属单位的情况和结果的告知。

审计机关公告是指审计机关就审计工作安排、审计结果等向社会公众发布告示。

审计机关的审计结果通报是审计机关为帮助本级政府相关主管部门提高监督、管理水平，而将审计发现的与这些主管部门下属单位有关的问题通知给这些主管部门。这是审计机关加强与相关政府部门合作，共同提高政府管理水平的重要形式。

第五节 政府审计项目的整改检查阶段

审计整改期是指自被审计单位收到经审计机关审定后的审计报告和审计决定书之日到审计决定书规定的整改结束之日。在这一阶段，被审计单位要根据审计决定书和审计移送处理书，完成相关事项的整改和移送处理。审计机关在审计整改期结束后，对被审计单位执行审计决定的情况进行审计。审计整改检查既可以督促被审计单位认真执行审计处理决定，又可以发现并纠正原审计处理决定中存在的不当之处。因此，审计整改检查有利于维护审计机关的权威性和严肃性。

审计整改检查的主体可以是审计机关原审计组人员，也可以另行指派审计人员，但为了提高审计工作的效率，一般应由原审计组成员负责审计整改检查。审计整改检查的时间没有明确的规定，审计机关认为时间适当就可以进行，但距离审计整改期结束后的时间间隔不宜过长。如果是定期审计，审计机关可以结合下一次审计，检查或者了解被审计单位的整改情况。检查或者了解被审计单位和其他有关单位的整改情况时，应当取得相关证明材料。

整改检查的内容主要包括：执行审计机关作出的处理处罚决定的情况；对审计机关要求自行纠正事项采取措施的情况；根据审计机关的审计建议采取措施的情况；对审计机关移送处理事项采取措施的情况。审计整改检查的方式包括：实地检查或者了解；取得并审阅相关书面材料；其他方式等。

某县2020年度审计项目计划与预算执行审计报告

审计整改检查结束后，应撰写审计整改检查报告。审计整改检查报告的内容主要包括：检查工作开展的情况，主要包括检查时间、范围、对象和方式等；被审计单位和其他有关单位的整改情况；没有整改或者没有完全整改事项的原因和建议。审计机关汇总审计整改情况，向本级政府报送关于审计工作报告中指出问题的整改情况的报告。

第六节 政府审计基本方法

本节介绍政府审计人员在实施政府审计过程中收集审计证据时常用的一些方法，包括检查法、监盘法、观察法、查询法、函证法、计算与分析性复核等。

一、检查法

检查法是审计人员对业务资料、会计资料和其他书面文件可靠程度的审阅与复核，它是审计人员在审计工作中采用的基本手段。

（一）按检查技术分类

1. 审阅法

审阅法是指对被审计单位业务资料、会计记录和各种文件资料所记载的会计事项等，从多方面进行审查和研究，从中发现错弊或疑点，收集审计证据的一种检查方法。具体包括：审阅业务资料时，应注意业务数据是否完整、异常；审阅原始凭证时，应注意其有无涂改或变造现象，记载的经济业务是否合法、真实，是否经过授权签字；审阅会计账簿时，应注意是否符合有关会计制度的规定，会计分录的编制或账户的运用是否恰当，货币收支、成本核算是否符合国家有关财务会计制度的规定；审阅财务报表时，应注意财务报表的编制是否符合会计制度的规定等。

2. 核对法

核对法也称复核法，是指将书面资料中两个或两个以上的相关数据进行相互对照比较，以查明是否相符，从中发现错弊、取得证据的一种核查方法。在财务审计中，核对法的应用非常广泛。具体包括：业务经办部门的现场数据与被审计单位、主管部门的汇总数据是否一致；原始凭证上记载的数量、单价、金额及合计数是否正确；分类账上的记录是否与相应原始凭证记录一致；总分类账各账户借方余额合计与贷方余额合计是否相等；财务报表上各有关项目的数字是否正确，各报表之间有关数字是否一致；外来账单与本单位有关账目记录是否相符等。

核对法除用于两个或两个以上的书面资料之间相互对照外，还可以用来将书面资料与实际情况进行对照核查，以便确定或验证账实之间是否相符，从中取得有关审计证据。例如，用于审计现金、固定资产等账户的记录是否真实，必要时需要结合运用盘存法对现金、固定资产进行实地盘点，然后进行核对等。

（二）按检查资料的顺序分类

1. 顺查法

顺查法是指按照经济活动发生的先后顺序，依次从起点查到终点的审计方法。对于会计资料的审查，就是按照业务核算处理的先后顺序，由经济事实到原始凭证，再到记账凭证，直至编制报表这一全过程顺序进行审计核查。此方法一般在情况已经了解，问题业已发现时使用，目的在于进一步查清问题的发生、发展与结局，查清每一环节的情况和原因。

2. 逆查法

逆查法与顺查法相反，是指逆经济活动发生的时间，从终点查到起点的审计方法。对于会计资料的逆查，是从财务报表到记账凭证，再到原始凭证，最后查核经济事实，是一种由后向前追溯的审计检查方法。逆查法一般适用于总结核查和事实审核，从一般到具体、从总括到明细、从表象到本质地进行审计核查。例如，审阅报表时发现开支费用过多而超支，往往进而核查账务处理，再逐笔审阅传票单据。

（三）按检查范围分类

1. 详查法

详查法是指对业务、账务进行全面审计检查的方法。其采用的是地毯式、过滤式的核查方式。对于重要经济事项或可疑的经济问题，往往采用详查法。采用此法的工作量大，要求人力、时间高度集中，因此，只有在对重点项目及问题突出部分进行审计时采用。

2. 抽查法

抽查法是指根据概率论与数理统计中的随机原则，即同等可能性原则，随机抽取某阶段业务或某部分业务进行审计检查或验证，然后用以推断全部业务活动的状况或用来修正详查法所需的经济数据资料的方法。凡在抽查过程中发现异常问题，或当抽查误差显著且概率保证程度低的，则可根据任务需要及条件可能，再行扩大审计核查范围，直到进行详查和全面审计。

二、监盘法

监盘法是指审计人员现场监督被审计单位对各种实物资产及现金、有价证券和重要凭证等的盘点，并进行适当的抽查，以确定其数量、品种、规格及其金额等的实际状况，借以验证有关实物账户的结存数额是否真实、正确，并从中收集审计证据的一种方法。

实物资产的盘点应由被审计单位进行，审计人员只进行现场监督，并根据观察的情况进行复盘核查。采用监盘法是为了确定实物资产是否真实存在并且与账面数额相符，查明有无短缺、毁损、贪污、盗窃等问题。但监盘法只能对实物资产是否确实存在提供有力证据，却不能保证被审计单位对资产拥有所有权，也不能对该资产的价值和完整性提供证据。因此，审计人员在监盘之外，应对实物资产的计价和所有权另外进行审计。

实物监盘完毕，应填写盘存记录，由参加盘点的被审计单位的主管人员、经营人员、审计人员签章。审计人员应及时将监盘结果和处理意见及建议记入审计工作底稿。

三、观察法

观察法是指审计人员对被审计单位的经营场所、实物资产和有关业务活动及其内部控制的执行情况等所进行的实地查看和调查，以取得审计证据的一种方法。通常仅使用观察法不足以获取充分的证据，而且其获取的证据的可靠性取决于所观察活动的真实性。

观察法一般结合查询法运用，必要时可视情况进行现场拍照或录像，以作为审计证据。

四、查询法

查询法是指审计人员用书面或口头询问方式向被审计单位内、外部人员核实客观事实或书面资料，以取得有关审计证据的一种调查方法。例如，审计人员在对查账时发现的可疑账项或异常情况、对内部控制的执行情况以及对经济效益的现有状况和影响等进行深入实际审查时，都必须向有关人员进行查询。查询法的优点在于审计人员可以迅速便捷地获取大量证据，但往往不能将询问结果作为结论，审计人员还必须实施其他程序以取得进一步的确切证据。

五、函证法

函证法是指审计人员为印证被审计单位会计记录所载事项的真实、正确，向第三者发函询证的一种调查方法。它实际上属于一种书面询问的方法，主要用于应收、应付账款及银行存款、贷款等账目核对，是认证债权债务的必要手段。如果没有回函或对回函结果不满意，审计人员应当使用其他替代方法以获取相应的审计证据。

六、计算

计算是指审计人员对被审计单位的原始凭证及会计记录中的数据进行验算或重新计算，用来验证原来的计算是否正确，有无错漏或作弊行为，从而取得审计证据的一种方法。审计人员在进行审计时，往往需要对被审计单位的凭证、账簿和报表中的数字进行计算，以验证其是否正确。审计人员的计算并不一定按照被审计单位原先的计算形式和顺序进行；在计算过程中，审计人员不仅要注意计算结果是否正确，还要对某些其他可能的差错，如计算结果的过账和转账是否有误等问题予以关注。

一般而言，计算不仅包括对被审计单位会计凭证、账簿和报表中的有关数字进行验算，还包括对会计资料中的有关项目进行横向加总和纵向加总的运算。

七、分析性复核

分析性复核是指审计人员对被审计单位的财务报表和其他会计资料中的重要比率或趋势进行分析的一种方法，包括调查异常变动以及这些重要比率或趋势与预期数额相关信息的差异。例如，审计人员可以对被审计单位的财务报表和其他会计资料中的重要比率及其变动趋势进行分析，以发现异常变动项目。对于异常变动项目，审计人员应重新考虑其所采用的审计方法是否合适，必要时，应追加适当的审计程序，以获取相应的审计证据。分析性复核是金融审计中普遍使用的一种审计方法，适当运用它可以大幅提高审计效率，降低审计风险与成本。分析性复核常用的方法有比较分析法、比率分析法、因素分析法和趋势分析法。

（一）比较分析法

比较分析法是指通过将某一财务报表项目与其既定标准进行比较，以获取审计证据的一种技术方法。它包括本期实际数与计划数、预算数或审计人员计算结果之间的比较；本期实际数与同业标准之间的比较等。例如，对贷款的投向结构、客户结构进行分析，可看出被审计银行的贷款投向、行业集中风险；对贷款期限结构进行分析，可看出贷款的币种结构与存款的币种结构是否对称，进而得知被审计银行的利率风险和汇率风险；对资产负债的对称结构进行分析，可看出被审计银行的负债可用量是否充分利用或过度利用，各项贷款和其他资产是否均衡、合理分布，并与负债相适应。

（二）比率分析法

比率分析法是指利用两个经济活动相关的数据，先计算出各种相关比率，再将这些比率与相应的参照系进行比较，以分析被审计单位的结构、效益、发展和变化情况的一种技术方法。比率分析是两个相关联的经济数据的相对比较，所以主要使用除法进行计算。我们在对被审计单位进行分析性复核时，可以参照杜邦分析系统的思路来对一家金融机构的整体情况进行分析评价。杜邦分析系统的核心是通过分解银行的资本收益率来分析影响银行盈利水平的各种因素。

（三）因素分析法

因素分析法是指把反映经济现象变动的总量指标分解为相互联系的若干因素，然后顺序地将其中第一个因素作为可变因素，其他因素暂时作为不变因素，依次逐项替代，以测定各因素差异对总量指标的影响程度，从而了解总量指标的变动原因，从中发现被审计单位的异常变动和差异项目，为现场审计提供指引的一种技术方法。

（四）趋势分析法

趋势分析法是指通过对连续若干期报表中某一项目的金额及其变动情况进行比较与分析，了解该项目金额的增减变动和幅度，以获取审计线索的一种技术方法。

除上述四种方法外，审计人员还可根据需要采用时间序列分析、回归分析、财务模型分析等分析技术，以获取审计线索。

习题

一、简答题

1. 简述了解被审计单位基本情况的程序。
2. 简述我国国家审计机关审计项目的来源和选择审计项目的步骤。

二、论述题

论述审计项目计划、审计工作方案和审计实施方案的主要内容和作用。

三、案例分析题

某区审计局对2020年区财政预决算执行情况进行了审计。2020年区一般公共预算、政府性基金预算、国有资本经营预算、社会保险基金预算四项预算收入692 888万元，加上上级补助及上年结余385 576万元、债务转贷收入50 857万元、调入资金55 000万元、调入预算稳定调节基金21 000万元，收入合计为1 205 321万元。全区一般公共预算、政府性基金预算、国有资本经营预算、社会保险基金预算四本预算支出998 504万元，加上上解支出26 386万元、调出资金55 000万元、债券还本支出50 857万元、安排预算稳定调节基金33 667万元，支出合计为1 164 414万元。年终结余为40 907万元，四项预算均做到了收支平衡略有结余。

即测即评

要求：根据上述材料，提出审计该区财政预决算情况的大致审计流程。

第四章

财政审计

知识框架

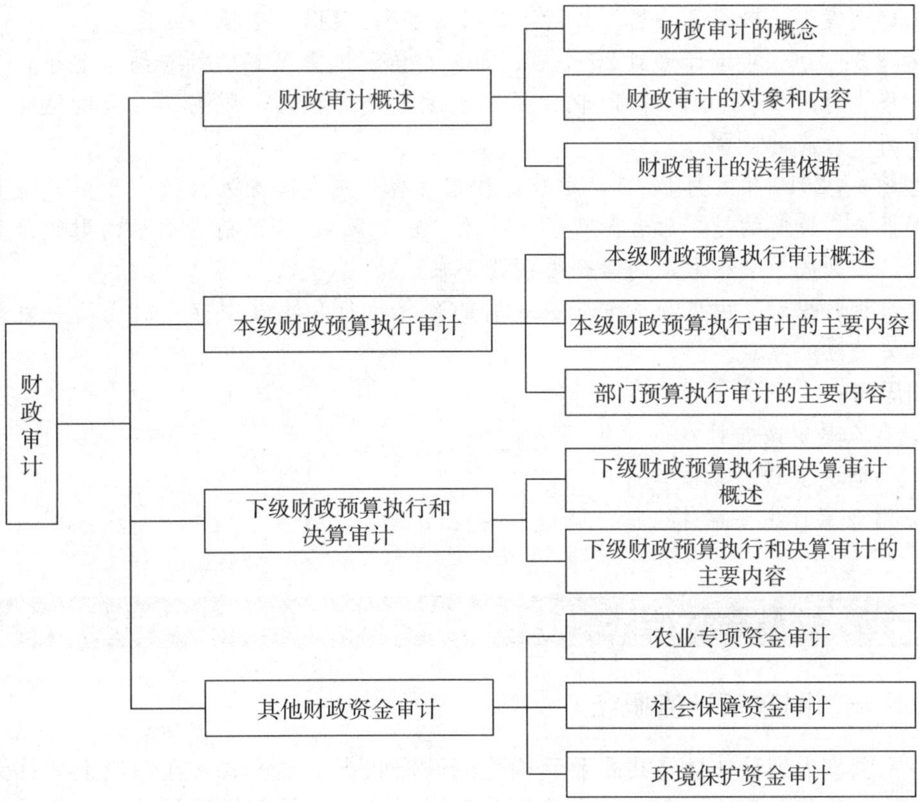

本章导读

本章主要介绍财政审计的相关内容，在全书体系中属于重点章节。通过本章的学习，学生要理解财政审计的概念、对象和内容，掌握本级财政预算和下级财政预算执行情况审计的主要内容和方法，初步了解农业专项资金、社会保障资金、环境保护资金审计的相关内容，从而初步具备分析和解决税收、海关、国库领域有关预算执行审计实际问题的能力。

引　例

政府审计风暴

材料1：2003年，一份关于2002年度中央预算执行和其他财政收支情况的审计报告在审计署网站上全文公开后，引起了社会的强烈反响，掀起了一场“审计风暴”。

材料2：2004年6月23日，审计署审计长李金华向全国人大常委会提交了一份让人触目惊心的审计“清单”。这份“清单”披露了预算管理中存在的主要问题和审计出的一批重大案件，掀起了一场剧烈的“审计风暴”，吸引了全社会的目光。

材料3：2005年审计署对20个省、市、自治区地方预算的抽查结果显示，中央对地方转移支付的56%（即4 330亿元）没有编入地方预算，脱离了人大的监督，有的甚至脱离了政府的监督。

材料4：2010年6月28日，财政部和审计署分别向全国人大提交了财政决算报告和审计报告。遗憾的是，后者掀起了又一轮“审计风暴”，而前者揭示的财政预算不透明问题，却又成为老生常谈的话题被搁置下来。

这组材料揭示了中央和地方各级政府的预算执行和决算中存在的问题一直是政府审计机关关注的焦点。

请思考：

1. 什么是财政审计？
2. 为什么要进行财政审计？
3. 财政审计主要审什么？

第一节　财政审计概述

一、财政审计的概念

国家为满足社会公共需要而构建的政府收支活动模式，在理论上被称为公共财政。公共财政的建立，一是要正确确定财政收支的规模和结构；二是建立健全政府预算制度，使政府预算收支行为规范化和法治化。财政资金的安全性、使用的合法性是国家和社会公众关注的焦点问题。因此，财政收支审计是政府审计永恒的主题。

财政审计是指国家审计机关根据国家法律和行政法规的规定，对国家财政收支的真实性、合法性和效益性实施的审计监督。财政审计的含义反映了财政审计由以下要素构成：主体、客体、审计依据和目标。

随着财政审计的发展，目前我国财政审计已进入“大财政审计”时期，它是对原财政审计概念的延伸。财政审计的范围不仅局限在财政收支上，还包括财政制度的建立和完善、财政支出的效果等以国家为主体的财政分配活动。

二、财政审计的对象和内容

(一) 财政审计的对象

财政审计的对象是政府的财政收支。《审计法》中所称的财政收支，是指依照《中华人民共和国预算法》（简称《预算法》）和国家其他有关规定，纳入预算管理的收入和支出，以及财政资金中未纳入预算管理的收入和支出，具体包括：行政事业性收费，国有资源、国有资产收入，应当上缴的国有资本经营收益，政府举借债务筹措的资金和其他未纳入预算管理的财政资金。

对财政收支的审计实际上是对政府的预算编制及执行情况进行的审计。财政审计对象可以从不同的角度来理解。

首先，从政府预算的构成级次看。每一级政府总预算由本级政府预算和下级政府总预算构成，因此，政府审计机关财政审计的对象主要包括：本级财政预算执行审计、下级财政预算执行及决算审计。审计署依法对中央预算执行情况、省级预算执行情况和决算，以及中央级其他财政收支的真实性、合法性进行审计监督。

其次，从政府预算执行的主体看。在预算组织和执行过程中，财政部门负责组织和分配财政资金，税务机关负责税收征管，海关系统负责关税及进口环节税征管，国家金库（简称国库）负责办理预算资金的收纳和拨付，政府各部门、各直属单位负责预算执行。在这种界定下，财政审计的对象是财政资金的筹集和分配部门，主要是财政部门、税务部门、海关部门、国库部门和政府各部门。

(二) 财政审计的内容

传统意义上的财政审计的基本内容包括财政资金的征收、分配、管理和使用情况。综合以上分析，中央预算执行审计的内容主要包括：财政部门具体组织中央预算执行情况、税务部门税收征管情况、海关系统关税及进口环节税征管情况、国库办理预算资金收纳和拨付情况、国务院各部门各直属单位预算执行情况、预算外收支情况以及下级政府预算执行和决算情况等七个方面。

财政审计与财政资金密切相关，可以说财政资金流向哪里，财政审计就跟到哪里，财政审计的内容也在适应财政制度和改革的过程中不断得到充实和完善。

三、财政审计的法律依据

对于财政审计的监督和规范，我国的法律依据是《审计法》和《预算法》。

（一）《审计法》

《审计法》第二条明确规定，国家实行审计监督制度。坚持中国共产党对审计工作的领导，构建集中统一、全面覆盖、权威高效的审计监督体系。国务院和县级以上地方人民政府设立审计机关。国务院各部门和地方各级人民政府及其各部门的财政收支，国有的金融机构和企业事业组织的财务收支，以及其他依照本法规定应当接受审计的财政收支、财务收支，依照本法规定接受审计监督。审计机关对前款所列财政收支或者财务收支的真实、合法和效益，依法进行审计监督。

第十八条明确规定，审计机关对本级各部门（含直属单位）和下级政府预算的执行情况和决算以及其他财政收支情况，进行审计监督。

第十九条明确规定，审计署在国务院总理领导下，对中央预算执行情况、决算草案以及其他财政收支情况进行审计监督，向国务院总理提出审计结果报告。地方各级审计机关分别在省长、自治区主席、市长、州长、县长、区长和上一级审计机关的领导下，对本级预算执行情况、决算草案以及其他财政收支情况进行审计监督，向本级人民政府和上一级审计机关提出审计结果报告。

（二）《预算法》

《预算法》第八十九条明确规定，县级以上政府审计部门依法对预算执行、决算实行审计监督。对预算执行和其他财政收支的审计工作报告应当向社会公开。

除上述《审计法》《预算法》外，党的十八大以来发布的《关于完善审计制度若干重大问题的框架意见》及相关配套文件、《国务院关于加强审计工作的意见》等重要文件，也是审计机关开展财政审计工作的重要法律依据。

第二节　本级财政预算执行审计

一、本级财政预算执行审计概述

（一）本级财政预算执行审计的含义

本级财政预算执行审计是指各级审计机关依据本级人大审查和批准的年度财政预算，对本级财政及各预算执行部门和单位，在预算执行过程中筹集、分配和使用财政资金的情况以及组织政府预算收支任务完成情况和其他财政收支的真实性、合法性、效益性所进行的审计，通常称为“同级审”。

（二）本级财政预算执行审计的原则

本级财政预算执行审计作为国家财政管理的一个重要环节，应当遵循以下原则：有利于政府对本级财政收支的管理和本级人大对本级财政收支的监督；有利于促进参与预算执行的部门依法有效履行预算管理职权，促进各部门依法行政，严格预算执行；有利于实现本级预算执行和其他财政收支审计监督工作的法治化。

（三）本级财政预算执行审计的目标

一般来说，预算执行审计的目标是监督预算执行的真实性、合法性、效益性。真实性是指预算执行的相关数据是否真实；合法性是指预算执行过程是否遵守相关的法律法规；效益性是指预算执行的经济性、效率和效果。在预算执行审计中，对于上述真实性、合法性、效益性，审计机关可能有多种选择，可以同时兼顾，也可以选择将某些方面作为重点。

本级财政预算执行审计的目标在总的指导原则下可以细化为核实财政收支、查处和揭露问题并制约权力、综合分析评价和提出建议、促进改革等多个目标。各目标之间相辅相成，共同推动审计工作的开展。

二、本级财政预算执行审计的主要内容

就预算执行审计来说，审计客体是与预算执行相关的部门和单位。根据我国现行财政预算管理制度，财政预算执行主体包括财政部门、税务部门、海关、国库、部门预算单位。部门预算单位是财政资金的使用单位，与其他预算执行主体有显著区别，本章将对其进行专门介绍。财政部门、税务部门、海关和国库在预算执行中的具体职责不同，所以，针对这些预算执行主体的具体审计内容也不同。

（一）对财政部门的审计

预算基本程序包括预算编制、预算执行、预算调整、决算和监督过程。《预算法》第二十五条规定，国务院财政部门具体编制中央预算、决算草案；具体组织中央和地方预算的执行；提出中央预算预备费动用方案；具体编制中央预算的调整方案；定期向国务院报告中央和地方预算的执行情况。地方各级政府财政部门具体编制本级预算、决算草案；具体组织本级总预算的执行；提出本级预算预备费动用方案；具体编制本级预算的调整方案；定期向本级政府和上一级政府财政部门报告本级总预算的执行情况。

在政府预算中，财政部门主要负责政府预算的编制、组织执行和报告。因此，对财政部门的审计是主要从以下方面着手。

1. 预算批复情况审计

本级预算经同级人大批准后，20 日内由财政部门批复到本级各部门，预算批复审计主要对财政部门向本级政府各部门批复预算的情况、年终调整变化情况进行审计。

（1）审查预算批复的及时性，有无预算批复不及时，影响部门单位预算执行的问题。

（2）审查财政部门是否按照人大批准的预算，足额向各部门批复。

（3）审查预算调整的合规性和合理性，支出预算追加资金来源的可靠性以及追加资金使用的合规性。对预算调整和预算变化情况审计的内容包括：有无未经批准擅自调整预算的行为；支出预算的追加有无可靠的资金来源，追加预算资金的用途是否符合规定；不同预算科目间的资金需要调剂使用的，是否符合规定并

报经批准，尤其要注意基建资金不能与流动资金相互调剂、专款不能被挪用、生产性支出不能被非生产性支出挤占。

2. 预算收入管理情况审计

预算收入管理情况审计主要对财政部门直接组织的非税收入的征管情况和预算收入退库情况进行审计。

（1）审查财政部门征收和管理非税收入情况。按照预算规定，由财政部门组织的非税收入，包括国有企业上缴利润、基本建设贷款归还收入、罚没收入、行政性收费收入、债务收入、其他收入等。对财政部门直接组织的非税收入的审计主要关注：非税收入征收是否合法、合规，是否纳入预算管理，是否及时足额征收，是否及时入库；有无隐瞒、漏记、转移收入；非税收入收缴的各项资金是否在部门财务报表和决算报表上被适当的列示与披露等。

（2）审查财政部门审批和办理预算收入退库情况。预算收入退库的条件："先征后退"、技术性差错以及企业隶属关系改变。对预算收入退库的审计主要关注：企业亏损补贴是否按预算和实际亏损情况办理收入退库；有无虚列企业亏损补贴，转移财政资金；办理国有企业所得税退库的依据是否合法，有无用非法手段转移预算资金；有无用冲退收入的办法解决应由支出预算安排的资金。

3. 预算支出管理情况审计

预算支出管理情况审计主要对本级财政部门组织的本级预算支出情况进行审计。主要内容：核实本级各项预算支出数同支出列报数的依据是否一致；核实财政支持农业、教育、医疗卫生及科学事业发展的资金投入情况，以及其他支出的主要内容和资金使用情况；审查财政部门是否严格按照批准的年度预算和用款计划、项目进度拨款，有无随意改变支出用途；重点检查财政部门有无超预算、无预算、超计划、无计划拨款，有无向非预算单位拨款或越级办理预算拨款，有无擅自增加对本机关、本系统拨付资金等情况。

4. 财政转移支付情况审计

财政转移支付项目主要包括税收返还收入、原体制补助、一般转移支付、专项拨款补助、结算补助和其他补助。对财政转移支付资金情况进行审计时，应主要关注：转移支付项目的设置是否合法，是否执行了法定的审批程序；各项转移支付结算是否合规、完整、真实；财政部门有无通过转移支付向本部门、本系统安排行政事业经费。

5. 预算资金平衡情况审计

预算资金平衡情况审计主要对本级预算当年收支平衡和资金平衡情况进行审计。主要包括：审查财政赤字和债务规模是否超出预算，有无采取虚列收支的办法人为调节赤字和债务规模；审查资金结存是否真实，暂存暂付是否及时清理，有无将应纳入预算的资金长期挂暂存的问题；审查有无通过暂存、暂付等往来科目办理资金拨付，以脱离预算监督的问题；审查有无以预留收入、虚列支出等方式，将预算内资金转入暂存或预算外，逃避监督的问题等。

【实例 4-1】审计组对某市财政总预算会计进行审计时发现的问题

某市财政局于某年4月借给A单位2 000 000元，该笔业务的会计分录为：借记暂付款2 000 000元，贷记国库存款2 000 000元。审计组初步确定A单位确实存在，但尚未查明其与市财政局是否存在经费领拨关系。审计组又发现，该笔暂付款不久后转作预算支出，会计分录为：借记一般公共预算本级支出2 000 000元，贷记暂付款2 000 000元。

分析：暂付款科目用于核算财政部门借给所属预算单位和其他单位的临时急需款项。从账务处理方面来看，该笔业务不存在问题。但应查明A单位是否属于市财政局的预算单位，如果不属于，则可能存在以借给预算单位临时款项的名义，转移资金、虚列支出、少计结余的问题。

【实例 4-2】重庆市审计局关于2020年度市级预算执行审计发现的主要问题

在重点专项资金管理方面，市财政局对重点专项资金开支范围界定不清晰，对资金的设立、调整、统筹等管控有待加强，部分资金使用效益不佳。因主管部门未按过“紧日子”十条措施对部分产业发展和科技创新专项资金实行政策协同、资金统筹，导致相关企业的同一项目同时获得多项奖补资金补助，部分风险补偿类资金也未及时清理整合。2018—2019年安排的15个中心城区道路建设项目前期经费达2亿元，截至2020年年底有9个项目未实施，1.78亿元资金结存在项目单位未发挥效益。2018—2020年安排到区县的工业信息化等专项资金中，有33个区县向未达条件企业兑现补助或重复补助4 135.74万元，8个区县未及时将3 980万元资金拨付到相关企业。

在预算精细化管理方面，市财政局对区县转移支付管理不到位，3个项目切块分配的专项资金年初预算14.02亿元未落实到具体区县；36个项目中央专项转移支付资金未及时细化资金分配方案，导致2020年年末结转4.82亿元。政务信息化项目的预算安排和投资管控衔接不够紧密，由于清单管理、项目立项、投资计划、预算安排涉及大数据发展、发展改革、财政等多个主管部门，部门之间协同审核衔接不到位、办理流程环节设置不科学，导致部分信息化项目的可行性、效益性论证不充分，部分资金使用效益不佳。例如，市财政局对部分新建项目按照市大数据发展局审核的清单限额安排年初预算，而项目取得可研、初设及概算批复的时间较晚。截至2020年年底，60个项目未启动，5.2亿元预算资金未使用。

在财政资金统筹使用方面，存在资金使用监管不严、存量资金清理统筹不及时等问题。例如，市财政局向重庆市小微企业融资担保公司注入资本金、托管融资担保基金及风险补偿资金共计23.5亿元，以用于支持小微企业和重点创业群体的政策性担保，但市财政局未严格履行出资人监管职责，对该公司规范财政资金运作、健全内部控制制度等的监管不到位。市财政局对历年结转未使用的96个项目预算结余3.37亿元未及时清理统筹，33个单位对47个以前年度结转项目预算1.88亿元未及时安排使用；对预算单位和代建单位开设的共管账户资金监管不严，部分预算单位超工程进度将财政资金拨付至共管账户，导致资金脱离财政监管。审计抽查发现，截至2021年3月底，3个项目共管账户中有1.26亿元财政资金已结存2年以上；2019年市级财政预算执行审计中指出，中心城区智能交通系统升级改造项目共管账户中7 947.33万元资金沉淀已超过2年。

在预算绩效管理方面，部门预算项目库不完善，市财政局对部门落实预算绩效管理基础工作的督促力度不够，导致部分绩效管理未达要求。年初预算编报的1 356个项目的立项依据、绩效目标、项目进度计划等编制不规范，年中追加的234个项目未纳入预算管理系统项目库，未实现全过程预算绩效管理。市财政局对市级部门绩效指标调整缺乏监控，个别部门在绩效自评时自行调整、删除部分未完成的专项资金绩效指标；部分国有资本经营预算支出项目未设定绩效目标，也未纳入绩效管理监测范围。

（二）对税务部门的审计

在政府预算中，税务部门主要负责对各种税收的征收和管理。审计机关依法对税务部门的征管工作进行强制性的全面检查和监督，以促使税务部门依法进行税收征收、管理、稽查，保证税款及时、足额入库。对税务部门的审计主要有以下几方面。

1. 税收计划完成情况审计

税收计划是财政预算的主要组成部分，也是税务部门组织税款入库的重要依据。针对税收计划完成情况的审计，主要是对税务系统负责征收的各项税收的征收数、国库入库数、财政部门列报数以及企业主管部门决算汇总数等进行核对分析。一般包括：审查税务部门负责征收的各项税收的入库数、列报数等数据是否真实一致；审查税收收入的实际完成情况及其真实性；分析造成超收或短收的原因，检查有无隐瞒、截留或挪用税收收入的问题；分析各主体税种的收入情况与构成主体税源的经济增长是否适应。

2. 税收政策执行情况审计

税收政策是国家税收活动的法律规范，也是国家调整税收分配关系的基本准则。税收筹集预算收入、调节国民经济等职能的发挥，都要通过执行税法和税收政策来实现。

税收政策执行情况审计主要是审查地方政府和税务部门是否按照税法等税收政策的规定组织税收收入。一般包括：审查地方政府和税务部门有无侵蚀税基和自行改变法定税率，少征税款的情况；审查有无随意变通或自定税收优惠政策、变相扩大减税范围、增加减免税项目等问题；审查有无逐层下放减免税审批权限，将属于国家和省级的权限下放到基层政府和税务部门等情况。

3. 税收征管情况审计

税收征管情况审计主要对税务部门执行《中华人民共和国税收征收管理法》

（简称《税收征管法》）及各项具体税收法律、行政法规和部门规章的情况进行审计。一般包括：审查税务部门是否依照《税收征管法》严格征管税收，有无变通征管办法，低税率预征、以缓代免、变相包税，造成税款流失的问题；审查在税收计划完成后有无不征或缓征税款的情况；审查税收的征管范围和入库级次是否符合国家统一规定，有无混淆征管范围和入库级次的问题。

4. 税收退库情况审计

税收退库就是将已入库的税款从国库中退还给纳税人或有关单位的过程，主要有出口货物退税、减免退税、误收退税、汇算清缴和结算退税、提取代征代扣手续费等。

税收退库情况审计主要是对税务部门执行税收退库政策及管理使用情况而进行审计。一般包括：审查税务部门的税收退库内容是否符合国家规定，有无自定政策增加退税项目、违规办理超范围退库的问题；审查有无违反规定，为本部门、本单位办理各项税收超收分成或增长分成退税的问题；审查有无多提退滞补罚收入和代征、代扣手续费的问题等；审查税务部门办理退库的预算级次是否符合财政体制的规定，有无混淆预算级次、多退上级财政收入的问题。

【实例 4-3】减税降费方面重大政策措施落实情况审计

2021 年第 2 季度，审计署组织对减税降费方面重大政策措施落实情况开展了审计。审计重点关注 17 个省的税务机关在贯彻落实减税降费、“放管服”改革举措方面的情况。审计发现的主要问题如下：

（1）相关企业未享受减税降费优惠，涉及金额为 1.81 亿元。截至 2021 年 6 月底，广西、湖北、黑龙江、江西、辽宁、内蒙古、青海等省份的 5 452 家企业未享受小微企业和个体工商户房租减免、免征文化事业建设费等 10 项优惠政策，合计金额为 6 696.86 万元。截至 2021 年 6 月底，因税务机关与相关单位沟通协调不到位等，河北、黑龙江、湖北、吉林、江西、辽宁、内蒙古、青海、山东、陕西、四川、云南、浙江、重庆等省份的 3 163 家企业未享受研发费用加计扣除等 24 项减税优惠，合计金额为 1.14 亿元。

（2）违规清缴，征收过头税。为增加财政收入，2020 年 6 月至 12 月，山东省邹平市税务机违规清缴、补缴 2005 年至 2015 年 159 个项目的耕地占用税及滞纳金，涉及金额 2.01 亿元；2019 年 12 月至 2021 年 6 月，广西壮族自治区资源县税务机关提前征收税款 473.48 万元。

（3）未及时办理退税。2018 年 1 月至 2021 年 4 月，青海省税务机关在为 915 家企业办理 7.68 亿元的退税业务时，超过了 30 日的规定期限；重庆市渝北区税务局在办理 1 家企业 639 万元的出口退税业务时不及时。

（三）对海关系统的审计

海关是国家进出境监督管理机关。《中华人民共和国海关法》（简称《海关法》）规定，国务院设立海关总署，统一管理全国海关。海关依法独立行使职权，向海关总署负责。海关依照《海关法》和其他有关法律、行政法规，监管进出境运输工具、货物、物品，征收关税和其他税费，查缉走私，并编制海关统计和办理其他海关业务。海关系统的税收征管具有重要性和敏感性，因此，需要针对海关的税收征管情况进行审计。

海关审计，就是审计机关对海关总署及其所属各级海关的关税和其他税费的征管活动，以及与税费征管有直接关系的海关监管活动进行的审计监督。总的来说，海关审计包括关税和进口环节税征收情况审计、关税和进口环节税减免情况审计和保税货物监管情况审计。

1. 检查关税及进口环节税的征收情况

重点审查：

(1) 关税及进口环节税的计算是否正确，是否依法及时足额征收税款。主要核实完税价格是否适当，一般情况下，进口货物以到岸价作为完税价格，出口货物以离岸价作为完税价格。

(2) 关税税则归类是否正确，主要审核海关有无错分税目、税率是否正确，有无违反政策或违规使用较低税率。

(3) 报关单是否与进口合同、批文、许可证、发票等相符，所报内容是否与实际进口货物相符，单证是否齐全、正确。

(4) 凭保证函放行的货物的担保人资格是否合规，海关收取的保证金是否恰当，有无不足额收取保证金放行货物造成税款流失隐患的问题。

2. 检查关税及进口环节税的减免情况

减免税有两种类型，应针对减免税的类型分别进行审计：

(1) 首先是针对法定减免税。由于法定减免税不需要经过特别批准，审计时主要审查各地海关批准的减免税进口货物是否为法律规定的种类，减免的税额是否在法律规定的额度之内。

(2) 其次是针对特定减免税。特定减免税可以分为对特定区域的减免税、对特定企业的减免税、对有特定用途的进口货物的减免税等类型。对特定区域的减免税审计的重点：某一特别限定区域是否经有关部门审核给予减免，进口货物单位是否在经济特区或国家批准的特定区域内。对特定企业减免税审计的重点：货物进口单位是否符合规定的条件。对有特定用途的进口货物的减免税审计的重点：减免税货物是否符合国家产业政策，减免税货物有无主管部门的证明或批准文件，减免税货物是否用于政策规定的专门用途的商品。

3. 审查保税货物监管情况

保税货物监管，是指国家对从国外进口的货物暂缓征收进口税收，由海关监管，于规定时间内，在海关许可的场所储存、加工、装配后复运出境，或批准内销并办理进口纳税手续。保税货物监管情况的审计主要包括对加工贸易保税货物监管情况的审计、对保税区监管情况的审计、对保税仓库监管情况的审计等。

(1) 审查加工贸易保税货物监管情况。主要关注：海关是否严格审核企业的有关资料，是否依法对企业的进口货物予以放行，有无越权放行国家限制经营的进口货物的问题；有无监管不严导致加工企业倒卖进口料件、随意串料或用国产料件顶替进口料件，造成税款流失的问题；合同的核销与备案是否符合规定，有无单证不全就核销合同的问题；对不能出口的保税料件和加工成品及余料的核销是否准确等。

（2）审查保税区监管情况。主要关注：海关是否按规定对从保税区运往非保税区的货物办理补税手续；海关对保税区内生产企业进口料件运往非保税区进行委托加工的监管是否合规，是否按规定办理登记备案和核销手续。

（3）审查保税仓库监管情况。主要关注：海关是否按规定核发相关登记证书，有无对不符合条件的申请单位核发登记证书的问题；是否按期核查保税仓库报送的货物的收、付、存等情况，处理问题是否合规；对储存期满仍未转为进口也不复运出境的保税货物是否按规定进行变卖等处理；是否按规定对保税仓库所存货物的短少部分办理补税手续；保税仓库有无将非保税货物存入保税仓库，或将保税仓库中的货物擅自转卖等问题。

（四）对国库的审计

国库的主要职责有：办理国家预算收入的收纳、划分和留解；办理国家预算支出的拨付；向上级国库和同级财政机关反映预算收支执行情况；协助财政、税务机关督促企业和其他有经济收入的单位及时向国家缴纳应缴款项。

国库机构按照国家财政管理体制设立，原则上一级财政设立一级国库。中央设立总库，由中国人民银行经理；省、自治区、直辖市设立分库，由中国人民银行分支机构经理；省辖市、自治州设立中心支库；县和相当于县的市、区设立支库。支库以下经收处的业务，由专业银行的基层机构代理。

国库的业务工作实行垂直领导，分库以下各级国库的工作，直接对上级国库负责。下级国库应定期向上级国库报告工作情况，上级国库可以对下级国库直接布置检查工作。

国库作为财政预算资金运动的桥梁和纽带，是预算执行的重要环节，因此需要对其进行审计。国库审计是指审计机关依据国家法律、行政法规和各种部门规章制度，针对国库部门办理预算资金收纳、划解和拨付的真实性、合法性进行的审计监督。主要关注以下几个方面：

1. 预算收入缴纳与划分

主要审查国库是否准确及时地收纳各项预算收入，有无由于国库监督不力、审核把关不严，造成延迟上缴库款或开设过渡户延迟上缴等问题；国库是否按照财政管理体制的规定，将预算收入在中央与地方财政以及地方各级财政之间进行正确的划分；支库及支库以上国库机构，是否及时向财政部门和上级国库报告和解缴库款，有无延迟上缴等问题。

2. 预算收入退库

预算收入退库是指征收机关将一部分已入库的预算收入从国库中退还给纳税人或有关交款单位的一种行为。

预算收入退库审计的主要内容：国库办理的预算收入退库项目是否符合规定

范围，有无审核把关不严、超越权限审批等情况；预算收入退库是否符合规定的审批权限，有无超越权限和范围、擅自审批退库，有无财政机关自批自退的项目等；退库的依据、标准是否符合规定，有无多退或少退，有无挤占中央收入，有无弄虚作假问题；退库手续的合规性，是否确有缴款单位或个人提出的退库书面申请；国库办理的预算收入退库是否真实及所退款项的去向，财政部门有无违规申请收入退库的问题。

3. 预算资金拨付

预算资金拨付审计的主要内容：国库是否按照预算级次拨款，有无办理财政部门超越预算级次，或向无预算领拨关系的单位拨款；国库是否按照款项用途拨款，有无办理财政部门擅自改变用途，或混淆预算内和预算外资金界限的拨款；资金拨付是否及时，使用会计科目是否正确，数字是否真实、准确等。

三、部门预算执行审计的主要内容

在政府预算中，执行预算支出的主要对象是本级各部门。审计机关按照法律规定，需要对本级部门预算执行情况进行审计，以促进本级部门财政支出管理水平的提高和财政资金的使用效益。部门预算执行审计涉及的部门多，各部门具体收支内容和财务管理制度有所不同，因此，对不同部门的审计内容也会存在一些差异。下面主要从部门预算分配、部门收入、部门支出的角度对部门预算的执行情况进行审计。

（一）分配、批复和调整预算情况

主要审查部门根据预算管理权限，分配、批复、调整预算的情况。审计的具体内容包括：

1. 分配预算情况

财政部门将批复的预算下达到各部门后，各部门需要按照预算管理权限和所属单位职责、任务、机构、人员等，分配预算资金。

对部门预算分配情况的审计应重点关注：部门预算分配的结构是否合理；部门预算是否落实到具体单位和项目；是否将所有的资金纳入部门预算管理；是否在部门预算中安排了补助下级支出、非预算单位支出等不属于部门预算范围的事项。

2. 批复预算情况

政府预算批复到本部门后，需在15日内向所属单位批复。对部门预算批复情况的审计应重点关注：主管部门向所属单位批复预算的及时性；部门批复预算中是否存在随意调整预算科目和项目，调增、调减预算金额，擅自改变预算资金用途等问题；主管部门是否足额向所属单位批复预算，是否存在批复预算不完整、预留预算资金等问题。

3. 调整预算情况

对部门预算调整情况的审计应重点关注：部门追加、追减预算的依据、申请是否合规、合理；部门预算调整的程序和审批权限是否合规。

（二）转拨预算资金情况

在主管部门向所属单位拨付资金的情况下，主要审查：部门是否严格按照预算拨付资金，有无无预算、超预算拨款，有无挤占、挪用预算资金等问题；部门是否按照预算级次拨付资金，有无超越预算级次或向非预算单位拨款等问题；部门是否按项目进度拨款，有无资金拨付不及时以及未按项目实际进度预拨大量预算资金等问题。

（三）预算支出情况

根据部门预算制度的规定，部门预算支出划分为基本支出和项目支出两类。

1. 基本支出情况

部门基本支出是为了保障机构正常运转、完成日常工作任务而安排的预算支出，包括人员经费支出和日常公用经费支出两部分。基本支出实行定员定额管理。

部门基本支出审计的内容主要包括：基本支出的合理性，是否存在挤占、挪用专项资金用于基本支出，或将基本支出预算资金用于非预算单位或其他非规定用途的开支等问题；基本支出执行国家规定标准情况，是否存在擅自扩大支出范围、提高开支标准、超范围和超标准使用资金等问题；基本支出效益情况，是否存在经费使用中挥霍浪费、滥支乱用等问题。

2. 项目支出情况

部门项目支出是为了完成特定的行政工作任务或事业发展目标，在基本支出预算之外安排的专项支出。

部门项目支出审计的内容主要包括：项目立项的必要性、可行性以及申报程序的合规性；主管部门对项目的管理情况；项目的实施情况；项目资金使用的合规性、合理性及其使用效果。

（四）部门单位上缴预算收入

主要审查有预算收入上缴任务的部门、单位是否依照法律、行政法规，及时、足额地将应上缴的预算收入按规定的预算级次、科目、缴款方式和期限缴入国库，有无截留、挪用或者拖欠等问题。

【实例 4-4】重庆市审计局 2020 年对市级一级预算单位预决算等信息的审计情况

重庆市审计局对市级一级预算单位 2020 年预决算等信息进行了大数据分析，并现场重点审计了 9 个部门（单位）、延伸调查了 70 个单位。各预算单位认真贯彻落实《预算法》，预算管理水平不断提高，预算执行情况总体较好。审计发现的主要问题如下：

（1）在部门专项资金分配管理方面，3 个单位的分配依据不充分或重复安排资金 1.11 亿元，个别单位还将部分常年性重点专项资金留待年中进行二次分配；4 个单位安排的项目预算超过实际需求导致 11.55 亿元资金闲置；3 个单位未及时将 14.32 亿元资金细化拨付到项目单位；4 个单位的 16 个项目推进不力造成 8 205.41 万元资金闲置。

（2）在预算管理政策执行方面，一些单位未按规定统筹盘活存量资金，6个单位未退回结余指标或未清理上缴结余资金1.11亿元；5个单位未将3 344.07万元结转结余编入年初预算。部分单位过“紧日子”的意识不强，2个单位一般性项目支出和课题等“三项经费”压减不到位，1个单位以长期租车方式变相保留公务用车。部分单位绩效管理基础工作薄弱，4个单位76个项目绩效目标未细化或脱离实际；4个单位59个项目绩效目标任务未完成或自评流于形式；3个单位混用了2.2亿元预算指标。

（3）在信息化系统建设方面，部分单位对信息系统底数不清、功能定位不明，导致存在重复建设、使用效果未达预期目标等问题。5个单位19个系统建成即停用或使用频率低；个别单位同一时期建设的2个系统核心功能重复；6个单位36个信息化系统未开展安全等级保护定级、备案及测评工作。

（4）在国有资产管理方面，6个单位的房屋等资产管理较为粗放，存在底数不清、处置不规范等问题。例如，有33.41万平方米房屋未办理权属登记、9.38万平方米房屋出租未经审批、7.86万平方米房屋等资产闲置。部分单位政府采购政策执行不严，2个单位对涉嫌串标、倾向性评分等违规行为监管不严，2个单位超预算、超需求采购，涉及资金2 876.59万元。

第三节 下级财政预算执行和决算审计

一、下级财政预算执行和决算审计概述

（一）下级财政预算执行和决算审计的内涵

对下级财政预算执行和决算进行审计是《审计法》《预算法》明确规定的审计事项。

下级财政预算执行审计是审计机关对下级政府预算执行情况的真实、合法和效益情况进行监督的行为。与本级财政预算执行审计不同之处在于：审计主体不同，下级财政预算执行审计的主体是上级审计机关；审计时限不同，下级财政预算执行审计的审计时限可根据工作需要进行划定。

下级财政决算审计是上级审计机关对下级政府财政收支决算的真实、合法、效益情况进行监督的行为。《预算法》第七十七条规定，县级以上地方各级政府财政部门编制本级决算草案，经本级政府审计部门审计后，报本级政府审定，由本级政府提请本级人民代表大会常务委员会审查和批准。因此，对下级财政决算的审计一般限定为对下级政府本级财政决算的审计。

通常来说，将下级财政预算执行和决算结合起来进行审计。

（二）下级财政预算执行和决算审计的必要性

开展下级财政预算执行和决算审计的主要原因包括：

（1）下级财政预算执行和决算审计是本级财政预算执行审计的重要补充。如

果只审计本级财政预算执行而不审计下级财政预算执行和决算，则本级政府在领导和管理财政工作中存在的问题往往得不到充分揭露；如果只审计下级财政预算执行和决算，而不审计本级财政预算执行，则属于本级政府责任但暴露在下级政府的问题就难以得到纠正。因此，要对本级财政预算执行情况进行深入全面的分析，就必须对下级政府的预算执行和决算进行审计。

(2) 下级财政预算执行和决算审计有利于本级人大加强对财政收支的监督。各级政府向本级人大汇报预算执行，既包括本级预算执行，也包括汇总下级政府的预算执行情况。通过将下级政府预算执行和决算审计结合到本级预算执行审计中，能使审计工作报告的内容与政府向人大提出的预算执行报告的内容口径一致，便于人大了解总体情况，加强财政收支监督。

(3) 下级财政预算执行和决算审计是本级财政预算执行审计的深化。在分税制财政体制下，一方面，上下级政府的财政之间存在利益连带关系，尤其是有些地方各级政府的财政之间的利益连带关系很紧密，而且对于变通甚至违反统一政策、挖挤中央和上级财政收入等冲突问题，只依靠“同级审”难以解决或无法解决。对下级政府预算执行和决算进行审计具有相对高的权威行和独立性，监督力度大，有利于维护国家政令统一和上级政策的严肃性，有利于维护中央和上级政府的财政利益。另一方面，各级政府对下级政府的转移支付力度逐渐加大，这些资金尤其是专项补助资金在下级政府的使用管理情况，是本级预算执行审计的必要内容。所以，对下级政府使用管理本级政府补助资金情况的审计，实际上是本级财政预算执行审计的延伸和深化。

（三）下级财政预算执行和决算审计的原则

我国现行的分税制财政管理体制要求事权和财权的统一。对下级财政预算执行和决算进行审计，也应当顺应这一体制的要求，做到事权、财政管理权和审计监督权相统一，并且要依照上述原则来选择审计内容，确定审计重点。凡属下级政府事权和财权范围内的财政收支事项，由下级政府的审计机关通过本级财政预算执行审计进行监督。下级政府执行预算法和税收法律制度的情况，以及上级补助资金的管理使用情况，既是下级财政预算执行审计的内容，也是“上审下”必须监督的内容；对属“同级审”监督范围但又无法监督的事关财政工作全局的情况和问题，“上审下”也应该进行监督。

二、下级财政预算执行和决算审计的主要内容

下级财政预算执行和决算审计侧重于检查违反国家统一政令、侵占上级财政利益和关系国家财政工作全局的问题。它主要包括对税收、非税收入、财政收入退库、财政支出、财政结算资金等的审计。

（一）税收审计

对下级财政预算执行和决算进行审计时，涉及的税收审计内容主要是由税务部门负责征收和管理的各项税收的征管情况。主要审计内容包括：

1. 税收计划执行及完成情况审计

主要审计税收计划中各税种税收指标是否全面完成，分析各税种超收和短收的原因；税收计划中的各项指标完成情况是否真实，有无采取各种方式虚列收入的问题。

2. 税收政策执行情况审计

重点审计税务部门严格执行国家税收法律法规和各项制度的情况，主要包括：税务部门有无与相关部门联合违规批准减免税的问题；有无擅自规定从销售收入中征收各种基金、地方附加费的问题；有无违反税法规定，超越税收管理权限，随意增加减免税项目、扩大减免税范围、擅自延长减免税期限、停征应征税种、超额度多减免税收的问题；是否按照先征后退的原则办理减免税退付，有无采取抵扣或降低征税比例的办法减少税收收入的问题；有无自行设立各种名目税收周转金的问题。

3. 税收征管情况审计

主要审计税务部门是否依照法律的规定依法及时组织税收，有无擅自改变征管范围；有无自定政策将中央财政收入或上级财政收入缴入本级金库作为本级财政收入的问题；是否严格按照《税收征管法》的规定，及时为纳税人办理纳税登记手续，有无漏征错征的问题；对纳税人的纳税申报是否进行严格的审查，有无审查不严造成少计应纳税额，进而影响中央或上级财政收入的问题；是否及时征收税款收入并按规定缴库，有无以缓代免、应征不征的问题；是否正确划分税款入库级次，有无侵占中央或上级财政收入的问题；有无开设税款过渡账户，人为调节税收进度的问题。

4. 税收提退情况审计

主要审计税务部门办理的各项提退是否属于国家规定的范围，是否符合其权限；提留的各类分成是否严格按规定、按比例、按范围提取，有无扩大范围随意提取、侵占税收收入的问题。

（二）非税收入审计

非税收入主要包括政府性基金收入、专项收入、彩票资金收入、国有资本经营收入、国有资源有偿使用收入、罚没收入、行政事业性收费收入和其他收入。

上级审计机关对下级政府非税收入进行审计时，重点检查政府各部门、各单位是否按照国家规定将非税收入及时足额地按规定的预算级次上缴财政，有无截留、坐支的问题；财政部门对各部门、各单位上缴的非税收入，是否纳入预算管理，有无在预算之外进行收付核算以逃避监督的问题；相关部门有无越权批准设立收费、基金项目，超范围、超标准、超法定时限收费的问题。

（三）财政收入退库情况审计

财政收入退库项目包括：从预算收入中退库拨补的国有企业计划亏损补贴；按照先征后退政策所退的增值税、消费税、企业所得税等各项税收；由于技术性差错需办理的退库；改变企业隶属关系，办理财务结算所需要的退库。各级财政部门必须严格按照财政部批准的退库项目办理收入退库，不得擅自设立退库项目。主要审计内容包括：

1. 企业计划亏损补贴

主要检查财政部门是否严格按照国家统一规定办理企业计划亏损补贴，有无将不属于企业计划亏损补贴范围的开支项目假借企业亏损补贴名义予以解决的问题；有无自行扩大政策性亏损补贴范围、提高补贴标准的问题；有无以弥补企业计划亏损为名，通过退库将财政资金转到预算外的问题；有无对计划外亏损和超计划亏损给予补贴的问题；有无将各种政策性价格补贴混入计划亏损补贴中，从收入中退库的问题。

2. 先征后退各项税收的退库情况

先征后退是税制改革后，为了维护政策的连续性、支持企业发展，在一定期限内对一些特定行业和项目实行的一项特殊政策。按分税制财政管理体制的规定，所退税款属于中央预算收入的，由中央财政负担；属于中央与地方共享收入的，由地方财政负担。审计机关在审计时，重点检查先征后退的范围是否符合国家规定，退税的依据是否真实、完整，退税的级次是否符合财政管理体制的规定。

3. 预算收入项目更正

主要审计财政部门更正预算收入科目的依据是否真实并符合制度规定，有无以差错更正为名挤占中央或上级财政收入的问题。

（四）财政支出审计

1. 支出列报的真实性

通过审计核实各项预算支出数与支出列报依据是否一致，检查有无采取以虚列支出的方式转移财政资金的问题。

2. 执行法律和财政政策情况

重点检查财政对农业、教育、科技的投入增长是否高于经常性收入的增长，有无违反有关法律规定，不能保证农业、教育、科技的财政投入正常增长的问题；预算收入超收部分是否用于减少财政赤字、解决历史遗留问题、增加对农业的投入、支援经济不发达地区和少数民族地区；是否贯彻执行国家有关财政政策，从严控制财政支出。

3. 转移支付资金的管理和使用情况

转移支付资金主要有两大类型，即不规定使用方向和具体使用项目的一般性转移支付，以及规定使用方向或具体使用项目的专项转移支付。对一般性转移支付，要重点检查是否按规定拨付资金，有无转作预算外管理的问题；对专项转移支付，要检查是否坚持专款专用原则，有无挪作他用的问题。

（五）财政结算资金审计

财政结算资金是指中央财政和地方财政、上级财政和下级财政之间，在财政管理体制确定以后，由于客观情况变化、企事业单位隶属关系调整、财政收支转移等在年终需要统一结算的资金。主要内容包括：体制结算、专项拨款结算、企事业单位上划下拨结算、因国家采取的财经政策措施而影响上下级财力变动所需要的单项结算和上下级垫付往来款的结算。国家对各项结算均有明确具体的结算标准和结算办法，应按国家规定，重点从以下几个方面进行审计：

（1）审查每一结算事项的文件依据是否准确，基础数据是否可靠，结算办法是否合规，结算数据是否真实，有无结算基础不实的问题。

（2）审查税收返还的结算。对结算事项应区分不同情况有重点地进行检查。如对分税制体制税收返还收入结算的审计，应重点检查增值税、消费税两税收入有无虚增虚减的问题。

（3）审查地方政府有无采取不正当手法，通过结算为财政、税务系统增加各项经费的问题。

（六）结转资金与结余资金审计

财政拨款结转资金（简称结转资金）是指当年支出预算已执行但尚未完成，或因故未执行，下年需按原用途继续使用的财政拨款资金。财政拨款结余资金（简称结余资金）是指支出预算工作目标已完成，或由于受政策变化、计划调整等因素影响工作终止，当年剩余的财政拨款资金。

大数据联网审计织就审计“天网”

结转下年支出，是指预算安排的支出结余按照专款专用的原则结转下年继续使用的资金。由于结转下年支出的真实性、合理性、合规性对财政结余乃至下年政府对财政资金的安排会产生直接影响，因此审计结转支出是否符合国家的政策规定，也是对下级政府预算执行和决算进行审计必不可少的内容。

【实例4-5】某市审计局2020年度各区县财政预算执行审计情况

某市审计局对2020年度各区县财政预算执行及相关情况进行了审计。审计结果表明：2020年，各区县不断健全财政管理机制，加大资金统筹力度，财政运行整体较为平稳。审计发现的主要问题如下：

（1）在预决算管理方面。14个区县未将上年结转结余、提前下达的转移支付编入预算或未编制政府采购预算。24个区县预算编制不细化，将部分应落实到具体部门或项目的预算纳入直编预算。29个区县有25.28亿元结转结余资金未及时统筹使用，17个区县通过虚列支出等方式隐匿结转结余资金13.61亿元。部分区县预备费动用不规范，其中15个区县超范围列支预备费6.12亿元，10个区县未按规定程序动用预备费。

（2）在财政财务管理方面。30个区县存在应收未收非税收入52.46亿元，24个区县部分执收单位滞留财政收入5.53亿元。38个区县专项资金管理不严格，存在有关单位骗取套取或挤占挪用资金6.03亿元的问题，另有46.4亿元资金使用不及时等。

（3）在财政风险防控方面。部分区县新增债券资金管理不到位，存在违规改变债券资金用途或使用不及时等问题。部分区县招商引资行为不规范，其中27个区县违规制定招商政策并兑现补助，14个区县超范围、超标准或在未达履约条件下兑现补助。

第四节 其他财政资金审计

《审计法实施条例》第十五条规定，经本级人民政府批准，审计机关对其他取得财政资金的单位和项目接受、运用财政资金的真实、合法和效益情况，依法进行审计监督。审计机关对其他财政收支的审计监督主要围绕中央和地方两个层次，依托财政预算执行审计（包括财政决算审计）和部门财务收支审计分别组织实施。审计机关对其他财政收支进行审计的内容包括：一是对本级其他财政收支进行审计监督，主要是结合本级财政预算执行审计，对同级财政部门以及同级各部门（含直属单位）管理的财政性预算外资金和基金的管理使用情况进行审计监督；二是对下级政府其他财政收支进行审计监督，主要是结合财政收支决算审计，对下级政府各部门管理的财政性预算外资金和基金的管理使用情况进行审计或审计调查。

本节主要介绍农业专项资金审计、社会保障资金审计、环境保护资金审计三方面的内容。

一、农业专项资金审计①

农业专项资金是财政支农政策的主要实现形式，是指各级政府预算中安排的，用于支援农业生产、农村经济发展、促进农民增收的各种专项资金。

（一）农业专项资金的来源

农业专项资金审计是指审计机关依法对国家或地方各级人民政府支持农业农村经济发展的资金收支的真实性、合法性、效益性进行监督的行为。按资金来源划分，审计的农业专项资金主要有以下几类：一是国家或地方财政在一般预算中安排的，用于维持农业事业的正常运行和专项发展某些与农业、农村、农民有关项目的农业事业资金和专项资金；二是国家或地方财政在基金预算中安排的农业专项基金；三是国家或地方政府及其有关部门用掌管的预算外收入专项安排的预算外农业专项资金；四是通过农业银行等金融机构专项安排的用于农业的政策性农业专项贷款；五是国家通过双边或多边合作取得的国际组织或外国政府援助的用于农业的国外援款。

（二）农业专项资金审计的内容

农业专项资金审计的内容主要是审查预算资金安排、预算外资金筹集安排、政策性贷款安排的合法性和合规性；审查资金拨付投放是否及时，资金管理是否严格，资金使用是否取得预期效益等。农业专项资金涉及的内容较多，涵盖范围较广，应围绕资金的征收、投入、分配、管理与使用等方面，结合各项资金的具

① 此处介绍的农业专项资金审计侧重于从财政审计的角度阐述；本书第七章“行政事业单位审计”第四节“行政事业单位的其他审计”中介绍的涉农专项资金审计则侧重于从行政单位审计的角度阐述。

体使用条例进行审计。农业专项资金审计主要包括以下内容：

1. 农业总体投入审计

农业总体投入审计就是要检查各级政府和资金主管部门是否认真贯彻了国家的农业投入政策。审计的范围是各级财政部门和政策性银行投入的农业专项资金，包括财政预算内直接对农业的投入、非经营性农业基本建设投资、银行发放的低息或财政贴息农业贷款、各级政府部门下达的以工代赈资金等。

农业总体投入审计主要从资金投入、所占比重等方面关注整体情况，内容主要包括：了解掌握农业专项资金的来源、总量、投向情况，上级拨款和本级投入的比例，本级农业投入占同级财政经常性收入比重的变化，农业基本建设投资在本地区基本建设总投资中比重的变化，本级农业发展基金的征集、分配、使用情况；审查财政和其他主管部门有无截留、挤占挪用支农资金的问题；检查专项贷款的投入总量，长期贷款所占数量和比重，农业贷款有无用于非农业项目；以工代赈的资金或物资的实际投入是否合理、适用，有无挪用或损失浪费现象。

2. 农业综合开发资金审计

为了提高粮、棉、油等主要农产品的生产能力，促进传统农业向现代农业转变，我国从 1988 年起实施了农业综合开发的举措。我国每年向农业综合开发投入大量资金，且逐年增长。为促进中央和地方财政农业综合开发资金投入到位，提高资金使用效益，审计机关开展针对农业综合开发资金的审计。

农业综合开发资金审计的主要内容有：国家农业综合开发办公室立项批准的项目实施情况；地方财政部门是否按照要求的比例安排配套资金，以及资金下拨是否及时，有无长期占用或挤占挪用的情况；专项贷款的数额、投向、利率是否严格按照规定执行；项目按期完成情况，有无管理不善造成资金损失浪费的问题。

3. 扶贫资金审计

国家为了让贫困地区尽快改变面貌，摆脱贫困，投入大量的扶贫资金来促进贫困地区的经济发展。为促进国家各项扶贫政策的落实和扶贫资金的合理、有效使用，审计署多次组织大范围的扶贫资金审计。

扶贫资金审计主要关注的问题是：地方财政部门及有关主管部门有无挤占挪用扶贫资金用于发放工资或弥补行政经费、建房购车等问题；有无擅自改变扶贫贷款用途，提高利率，预扣利息等问题；地方配套资金能否及时到位，是否存在省级政府将配套任务逐级下派，县级政府的财政无力支付，配套落空，项目无法实施的情况；扶贫贷款有无明显偏离扶贫目标，扶富不扶贫；是否存在地方政府将支援不发达地区发展、以工代赈等无偿财政性资金实行有偿使用，借机收取占用费，影响财政性资金用于基础设施建设等问题。

4. 水利建设资金审计

水利建设资金是中央和地方政府用于江河堤防建设、防汛岁修、城市防洪、小型农田水利、水土保持、水资源工程建设等方面的专项资金。该项资金主要有两个来源：一是财政安排的水利基本建设支出、水利事业费；二是中央及地方各级政府建立的水利建设基金。

水利基本建设支出、水利事业费审计重点关注：是否按照预算要求足额安排资金，有无未完成预算安排或挪作他用的情况；资金是否用在批准的项目上，有无擅自改变项目，将生产性资金用于弥补行政经费等非生产性项目；项目支出是否真实、合法，有无虚列支出的问题；项目立项是否合规，是否按照计划完成并能够正常发挥作用，是否发挥了正面的社会效益等。

水利建设基金审计主要审查各级政府是否按要求建立水利建设基金征集制度，是否按规定足额征集并纳入预算管理；使用方向是否符合要求，项目支出是否合规合法，本年结余资金是否全部结转下年使用等。

二、社会保障资金审计①

我国社会保障制度是以国家或政府为主体，依据法律规定，通过国民收入再分配，对社会成员在暂时性或者永久性失去劳动能力以及由于各种原因生活发生困难时给予物质帮助，保障其基本生活的制度。社会保障资金审计在监督各项社会保障基金管理、使用的基础上能够保证社会保障资金的安全与完整，对充分发挥社会保障资金使用的经济效益与社会效益，保障养老、医疗、失业等社会保险制度及住房制度改革的顺利实施，保障人民群众基本生活的权益，促进我国现代社会保障体系的建立与完善具有深远的意义。

（一）社会保障资金审计的概念

社会保障资金审计是指审计机关对政府部门管理的和社会团体受政府部门委托管理的社会保障资金财务收支的真实性、合法性、效益性进行的审计监督。《审计法》第二十四条规定，审计机关对政府部门管理的和其他单位受政府委托管理的社会保险基金、全国社会保障基金、社会捐赠资金以及其他公共资金的财务收支，进行审计监督。

（二）社会保障资金审计的对象

社会保障资金主要包括：养老、医疗、失业、农村养老、工伤、生育等社会保险基金，住房保障以及各项社会救济、社会福利、优抚安置和社会捐赠资金等。社会保障资金的种类繁多，社会保障资金审计的对象主要包括以下内容。

1. 社会保险基金

社会保险基金由企业职工基本养老保险基金、失业保险基金、农村社会养老保险基金、职工基本医疗保险基金和其他社会保险项目的基金构成。

（1）企业职工基本养老保险基金。企业职工基本养老保险基金是指按照国家规定，由企业和职工个人分别按工资总额及缴费工资的一定比例缴纳，为保障职工离退休后的基本生活而筹集的专项基金。基本养老保险的覆盖范围包括国有企业、城镇集体企业、外商投资企业、城镇私营企业和其他城镇企业及实行企业化

① 社会保障是民生之基，是民生工作的一部分，本章主要阐述社会保障审计；关于其他民生审计的内容在第七章“行政事业单位审计”第四节“行政事业单位的其他审计”中阐述。

管理的事业单位。

（2）失业保险基金。失业保险基金是指根据国家规定，按照工资总额的一定比例缴纳，为保障劳动者因非本人自愿的原因失去工作、中断收入，对其失业期间的基本生活和实现再就业给予一定物质补助的专项基金。

（3）农村社会养老保险基金。我国农村社会养老保险制度，是国家保障农村老年人口基本生活的社会保障制度。从1991年开始组织试点以来，农村社会养老保险制度逐步推进发展，对于深化农村改革、保障农民利益、解除农民后顾之忧、促进农村经济发展和社会稳定都具有深远的意义。

（4）职工基本医疗保险基金。职工基本医疗保险基金是依照国家法律、法规的规定向用人单位和职工个人收缴的，以及通过其他方式形成的用于职工基本医疗保障的专项基金。城镇职工基本医疗保险制度推行工作从1999年年初正式启动，至1999年年底基本完成。基本医疗保险的覆盖范围包括国有企业、城镇集体企业、外商投资企业、城镇私营企业和其他城镇企业、国家机关、事业单位、民办非企业单位、社会团体。

2. 住房公积金

住房公积金是指国家机关、国有企业、城镇集体企业、外商投资企业、城镇私营企业及其他城镇企业、事业单位、民办非企业单位、社会团体及其在职职工缴存的长期住房储金。住房公积金的管理实行住房公积金管理委员会决策、住房公积金管理中心运作、银行专户存储、财政监督的原则，应当用于职工购买、建造、翻建、大修自住住房，任何单位和个人不得挪作他用。

3. 抚恤和社会福利救济费

抚恤和社会福利救济费是由国家财政支撑的、给予达不到基本生活水平的人群及特殊人群的社会保障资金，包括低收入人群、困难人群、孤老残幼、精神病人和军烈属、伤残军人、退伍军人等。

4. 社会捐赠资金

社会捐赠资金是指国内外政府机构、企业、事业单位、社会团体、民间组织和个人以及国际组织向我国科学研究、文化教育、抗灾救灾、社会福利、社会公益事业、社会慈善事业提供的各种形式的资金或实物。

（三）社会保障资金审计的主要内容

社会保障资金种类繁多，以下列四项资金为例介绍社会保障资金审计的主要内容。

1. 社会保险基金审计

社会保险基金具有强制性、社会政策目的性、政府干预性和社会化精算测定四个特点。社会保险基金审计主要包括以下几个方面的内容：

（1）对社会保险基金收入进行审计，监督检查社会保险基金缴款单位和个人是否按时缴纳，有无截留、挪用或非法侵占社会保险基金的问题；监督检查基金管理机构是否将基金的投资收益和基金的利息收入及时收回或记账，有无将投资收益和利息收入等存入账外、私设“小金库”甚至贪污私分等违法违纪问题。

（2）对社会保险基金支出进行审计，监督检查社会保险基金的专款专用情况，有无挪用问题；监督检查社会保险基金的开支范围，是否存在把不属于基金负担的支出列入基金支出，而属于基金负担的支出却没有开支的情况；监督检查社会保险基金的开支标准，有无违反国家规定擅自提高或降低开支标准的问题。

（3）对社会保险基金管理进行审计，检查社会保险基金的各项管理制度是否健全有效；监督检查社会保险基金收入专户储存情况，是否实行收支两条线，有无多头开户、储蓄存款、公款私存等问题；监督检查社会保险基金个人账户情况，是否按规定建立个人账户，有无挪用个人账户基金等问题。

2. 住房公积金审计

住房公积金审计过程中的关注重点包括：有关机构和部门是否严格按规定的范围、基数和比例归集住房公积金，有无擅自增加基数、提高比例为职工缴纳住房公积金，虚报职工人数，冒领财政补贴的问题；各单位、部门是否按规定给予补贴，补贴资金的来源及数额是否正确；有关部门有无未经批准擅自动用住房公积金、挪用住房公积金进行其他基本建设或生产经营等；审查住房公积金是否按规定管理，其增值收入的取得是否符合规定，有无不及时入账、违规取得收入、隐瞒转移收入、私设“小金库”等问题；住房公积金管理中心是否按规定从住房公积金增值收益中提取管理费用，并按财政部门批准的预算上缴财政后，再予以拨付使用。

3. 抚恤和社会福利救济费审计

优抚安置属于国家的特殊保障，保障的目标应当高于当地群众平均生活水平。审计的重点是：民政部门是否按照规定的标准和程序发放抚恤和社会福利救济费，有无擅自扩大开支范围、调整发放标准、侵害接受对象权益等问题；发放手续是否健全、内部控制制度是否有效，有无挤占挪用、以权谋私、贪污挪用等问题；救灾支出是否专款专用，主管部门是否及时安排拨付资金，并用于地方灾后重建和解决灾民生活困难；接受抚恤和社会福利救济费的对象是否符合国家有关规定的条件，有无弄虚作假、冒名顶替等问题。

4. 社会捐赠资金审计

社会捐赠资金审计的主要内容包括：接收捐赠款、物的手续是否完备、合规，是否账款、账物相符，有无实行专户核算；是否存在多户存储、隐瞒账户、私设“小金库”等问题；管理部门对接收的捐赠实物是否进行妥善保管，是否及时结转资金增值收入，接收的外汇捐赠资金是否及时结汇；分配、发放、使用捐赠款、物的手续和制度是否健全有效，有无中间环节过多，层层截留、挤占、挪用、私分或虚列支出等，导致捐赠资金不到位等问题。

三、环境保护资金审计①

环境保护资金是各级政府环境保护相关部门管理和使用的、除机构经费外的

① 环境保护资金审计是资源环境审计的范畴，本章主要介绍资源环境审计中的环境保护资金审计，资源环境审计的其他相关内容具体参见本书第十一章。

财政性资金。审计部门作为独立的第三方，对环境保护资金的有效使用进行监督，能够督促有关部门按照预算安排及规定用途使用环境保护资金，加强环境保护资金管理，保证项目目标的实现，使其充分发挥应有的效益。

（一）环境保护资金审计的对象和目标

纳入国家审计机关审计范围的，主要是各级财政部门和企业事业单位投入的、各级政府向有关部门单位和群众征收的用于环境保护方面的资金，包括环境保护事业资金、环境保护专项资金、财政贴息的专项贷款、向排污单位和个人收取的资金、国外援款等。审计机关依法对这些资金收支的真实性、合法性、效益性进行监督。

环境保护资金审计的目标是审查各级财政安排、筹集资金的合法性与合规性，资金分配拨付投放的及时性，主管部门及使用单位对资金管理的有效性，环境保护是否取得预期的环境效益等。

（二）环境保护资金审计的主要内容

1. 项目资金管理情况

环境保护资金涉及的项目主要有排污费、环境保护专项补助经费、育林基金、防沙治沙专项资金、生态林建设资金和天然林保护资金等。

在审计过程中，着重关注环境保护资金的征收、管理、支出方面：环境保护部门是否按国家或地方规定的标准办理各项环境保护资金的征收，有无随意减免少收或巧立名目多收的问题；环境保护部门是否将收取的各项费用和基金及时上缴国库，有无坐支、截留、挪用等问题；相关部门的内部控制是否健全，是否将收费纳入财政专户管理；资金是否按预算安排和计划使用，是否实行项目管理并按计划或进度拨付，需要地方配套的项目资金是否配足，资金是否按规定的用途和范围使用，有无挪用于其他项目或弥补公用经费开支；预付工程款结存较大的项目主管部门和项目单位有无利用关联企业套取建设资金，通过虚假的施工结算转移、侵吞资金的问题；有无恶意拖欠工程款并分析拖欠原因等。

2. 项目工程管理情况

主要审计主管部门和项目单位组织实施的污染防治项目，自立项审批到计划下达、设计与概算、招投标、工程款结算、竣工决算等工程管理全过程的情况。

重点关注和检查：项目立项申报审批环节中有无重复申报、多头申报等虚报冒领的问题；概算的批复是否明确，调整与执行是否符合相关规定，有无自行提高建设标准、扩大建设规模和变更建设内容等问题；项目单位的招投标是否合规，施工企业中标后有无将工程违法分包或层层转包等问题；项目单位的内部控制制度是否健全；项目竣工决算手续是否完备，财产是否及时交付使用，有无形成账外资产；有关部门在项目实施中的各类收费是否合规，有无乱收费、乱摊派的现象。

以案释法：常见审计问题

3. 项目运行效益情况

主要审计已投入使用的环境保护项目运行效益情况，并且作出客观评价。

重点关注和检查：有无决策失误和管理不善造成重大损失浪费或工程质量隐患问题；项目设施是否达到设计能力，如经治污设施处理后的污染物能否达到国家规定标准；对采取 BOT（建设-经营-转让）等市场方式运作的污染防治项目，关注业主变更后的国有资产权益维护情况，是否存在国有资产流失、给予 BOT 运营商固定回报的问题，是否存在地方政府或其控股的投资企业为 BOT 运营商或其他市场化运作企业违规担保等问题。

【实例 4-6】某市预算执行审计中发现的问题

审计局对某市预算执行进行审计时发现，民营企业甲公司向市农业局谎称投资 500 万元购买了 12 台收割机、12 台脱粒机和多台其他农机具，并提供了虚假的购货发票，还提供了在当地农村信用社贷款 400 万元的借款合同及利息支出单据复印件。经该市财政局有关人员审核同意，甲公司获得农机具购置补贴 65 万元、财政贴息 24 万元，共计 89 万元。审计人员在讨论如何对该事项进行定性以及进一步查证时产生分歧，主要有以下三种观点：

观点 A：甲公司虚报采购事实、提供虚假购货发票等相关资料骗取财政补贴资金，属一般财政违法行为，不构成犯罪，应追回财政补贴资金。

观点 B：甲公司是合伙人张某等人专门为骗取财政补贴资金而设立的企业，张某等人存在主观故意行为，应追究张某等人涉嫌诈骗的刑事责任。

观点 C：甲公司能利用虚假资料获取财政补贴资金，是农业局和财政局有关人员审核把关不严导致的，因此应追究政府有关人员的失职渎职责任。

上述三种观点的分歧在于着眼于不同的责任主体，因此产生了不同的看法。到底孰是孰非，需要思考这个案例的三个关键点：一是骗取财政补贴资金是个人行为还是公司行为？二是甲公司骗取财政补贴资金的行为是涉嫌犯罪还是一般违法行为？三是政府部门审批人员协助甲公司骗取财政补贴资金应负什么责任？这些思考涉及单位（申请补贴的公司）、自然人（公司合伙人）、国家工作人员（审批部门工作人员），审计组需要围绕这三类责任主体收集相关证据，分别定性，依法查处。

按照观点 A，如果甲公司为正常经营企业，则其骗取财政补贴资金的行为一般应认定为财政违法行为。我国刑法中诈骗罪的犯罪主体一般为自然人，单位不构成诈骗罪。因此，如果甲公司为正常经营的企业，其骗取财政补贴资金的行为一般应认定为一般财政违法行为。在审计查证时，应重点围绕甲公司虚构事实或隐瞒真相等造假行为收集证据，并对骗取财政补贴资金的结果进行取证。按照《财政违法行为处罚处分条例》第十四条规定进行处理，即追回骗取的有关资金，给予警告，没收违法所得。

按照观点 B，如果是张某或张某以甲公司的名义骗取财政补贴资金，还要区分情况相应追究张某的财政违法责任或刑事责任。对于个人骗取财政补贴金额较小、尚未构成犯罪的，审计查处时要围绕张某个人或者张某以单位名义虚构事实或隐瞒真相等造假行为收集证据，并对骗取财政补贴资金的结果进行取证，按照《财政违法行为处罚处分条例》第十四条规定进行处理。对于张某个人骗取财政补贴金额较大、已达到量刑标准的，应以涉嫌诈骗罪移送至公安机关追究其刑事责任；如果张某等人设立甲公司的主要目的是骗取财政补贴资金，或设立后以实施骗取财政补贴资金为主要活动的，或者盗用单位名义实施骗取财政补贴资金且违法所得由实施骗取行为的个人据为己有的，按照最高人民法院发布的《关于审理诈骗案件具体应用法律的若干问题的解释》，同样应以涉嫌诈骗罪追究张某个人的刑事责任。

按照观点 C，甲公司能够骗取财政补贴资金，背后可能存在政府工作人员滥用职权、玩忽职守的渎职行为或相互串通谋取私利的贪污、受贿或诈骗行为。该市农业和财政部门工作人员在执行国家农机具补贴等惠农政策过程中负有审核把关的职责，如果工作人员不认真履行职责，导致财政补贴资金被骗取的后果，则应承担失职渎职的责任。如果损失金额较大，已达到了量刑标准的，则应以涉嫌渎职（滥用职权或玩忽职守）罪追究刑事责任。审计人员应围绕责任主体是否为国家机关工作人员、是否违反了法律规定的权限和程序等方面进行取证，并要对造成损失的后果进行取证，以判断是否达到涉嫌渎职罪的立案标准。需要注意的是，滥用职权和玩忽职守的主要区别在于国家工作人员主观上是故意（明知故犯）还是过失（疏忽大意或过于自信的过失），对此可通过收集往来函件、签批件，取得谈话笔录等方式获取相关证据。当然，还要注意区分渎职犯罪与工作失职的界限，如果工作人员主观上想把事情办好，但由于政策不明确、业务能力水平低等导致决策失误，尚未造成公共财产、国家和人民利益损失，或者造成的后果尚未达到严重程度，应认为属于一般的工作失职，可以移送有关部门并建议给予相应的行政处分或纪律处分，不以犯罪论处。审计人员在查证时还应进一步注意，是否存在审批部门工作人员与申请补贴的单位或个人相互串通谋取私利的情况，要区分情况依法追究贪污或受贿的刑事责任。如果审批部门工作人员事先与申请单位的相关人员互相串通，骗取财政补贴资金后瓜分，则应以涉嫌贪污罪追究刑事责任；如果政府工作人员滥用审批权致使申请单位或个人骗取财政补贴资金，并收受了申请单位或个人的贿赂，则应以涉嫌渎职罪或受贿罪追究刑事责任；如果政府工作人员与个人相互串通共谋骗取财政补贴资金，则应以涉嫌共同诈骗罪追究刑事责任。审计人员要围绕贪污罪、渎职罪、受贿罪、诈骗罪等罪种的构成要件收集相关证据，以实现准确定性。

此外，本案例中审计人员还要核实甲公司在农村信用社贷款的真实性，追查农村信用社工作人员是否参与造假行为。农村信用社工作人员如果从中收受好处，或者与张某（甲公司）串通共谋骗取并瓜分财政补贴资金，情节严重构成犯罪的，则应以涉嫌职务侵占或诈骗罪追究其刑事责任，并围绕各罪种的构成要件收集相关证据，移送司法机关依法处理。

综上，这个案例中，经审计人员进一步查证，发现甲公司是张某等人为骗取财政补贴资金专门设立的企业。张某等人采取虚假购买农机具的方式，骗取了巨额的财政补贴和财政贴息，已涉嫌构成诈骗罪，这印证了观点B的推测与事实较为一致。此案应移送公安机关，依法追究法律责任。

之所以会出现财政专项资金被骗（套）取的问题，从客观上讲，是国家财政补贴相关制度不健全导致的，比如财政补贴信息透明度不够、法律规定不健全使违法成本低等，事后审计也无法从源头上起到预防作用；从主观上讲，是一些人持有“国家的钱不要白不要”“反正是国家的钱，给谁不是给，还不如给自己谋些利益”等错误观点，想方设法骗取国家财政补贴资金。预防和惩处骗取财政补贴资金的行为，堵住财政资金的跑冒滴漏刻不容缓，对此审计机关要加大审计力度，盯紧“审批权”，找准“责任人”，严查“利益输送”，做到违法必究，让违法谋利者付出应有的代价。此外，还要推动各项财政补贴政策的法治建设，除完善财政补贴资金的审批、发放、监督等流程外，更要着力推动有关法律的修订完善，比如刑法中诈骗罪的犯罪主体规定为自然人，这就降低了单位骗取财政资金的违法成本，因此建议在以后的刑法修改中将单位增加至诈骗罪的犯罪主体。

□ 习题

一、简答题

1. 简述财政审计的对象。
2. 简述本级财政预算执行审计的原则和目标。
3. 简述财政审计的法律依据。
4. 简述农业专项资金的来源。

二、论述题

1. 部门预算执行审计主要关注哪些内容？
2. 为什么要对下级财政预算执行和决算进行审计？
3. 社会保障资金审计主要关注哪些内容？

三、案例分析题

1. 某市审计组对2020年的本市财政总预算会计进行审计时，发现以下问题：

（1）2020年1月，该财政局向省财政厅借款2 000 000元。该笔业务的会计分录为：

借：国库存款　　2 000 000

　贷：一般预算收入　　2 000 000

（2）2月25日，该市财政局向市检察院拨放下月行政经费300 000元。该笔业务的会计分录为：

借：与下级往来　　300 000

　贷：国库存款　　300 000

（3）市财政局6月借给A单位800 000元，该笔业务的会计分录为：

借：暂付款　　800 000

　贷：国库存款　　800 000

经初步核实，A 单位确实存在，但其与市财政局是否存在经费领拨关系，尚未查明。审计组又发现，该笔“暂付款”不久后转入“一般预算支出”，会计分录为：

借：一般预算支出　　1 500 000

　贷：暂付款　　1 500 000

要求：作为审计人员，谈谈如何对上述业务继续进行审计。

2. 某市审计组对 2018 年的本市预算执行进行审计时，发现以下问题：

(1) 市文化局信息中心将收取的房屋出租租金直接用于本单位有关支出。

(2) 市动物保健品协会将收取的委托服务费用于发放药监所职工补贴等支出。

(3) 该市公安局在收取罚款时使用一般收据入账。

要求：对上述业务进行分析，指出其中存在的问题并提出整改建议。

3. 某市审计组对 2019 年的本市财政预算执行进行审计时，发现以下问题：

(1) 该市档案局将资金用于无预算的礼堂局部装修、道路改造、车辆修理以及购置礼品等支出，擅自改变支出用途。

(2) 档案局将项目支出和工程款结余、房租收入放在“暂存款”科目中进行核算。

(3) 档案局新投入使用的配电室改造工程等项目已办理了竣工决算，但未作为固定资产进行核算。

要求：对上述业务进行分析，指出其中存在的问题并提出整改建议。

4. 某市审计组对 2019 年的下属区县财政预算执行及决算情况进行审计时，发现以下问题：

(1) 区财政局将外经贸区域协调发展促进资金挪用于区商务局业务工作经费等支出。

(2) 区属某学校以捐赠款、考试费、补考费等名义向学生收费 129 万元以及收取学费滞纳金 32 万元，并将其纳入行政事业性收费。

(3) 县发改委下属 3 家单位的预算收支没有全额纳入预算管理。

(4) 部分税务部门延迟或提前征收税款，没有及时足额将税收收入上缴国库，比如，对于某房地产开发公司 2005 年的营业税，税务部门于 2020 年才征收入库，且未加收滞纳金。

(5) 县食品药品监督管理局所属事业单位收取的执业药师继续教育培训费 46 万元，但法律已明令取消该项费用。

要求：对上述业务进行分析，指出其中存在的问题并提出整改建议。

即测即评

第五章

金融审计

知识框架

- 金融审计
  - 金融审计概述
    - 金融及金融机构
    - 金融审计的含义、对象、目标与主要内容
    - 金融业务的特征
    - 金融审计与金融监管
    - 金融审计方法
  - 中央银行审计
    - 中央银行审计概述
    - 财务计划审计
    - 财务收入审计
    - 财务支出和盈余缴拨审计
  - 商业银行审计
    - 商业银行概述
    - 商业银行审计概述
    - 商业银行审计内容
  - 保险业务审计
    - 保险业务概述
    - 保险业务审计概述
    - 保险业务审计内容
  - 证券业务审计
    - 证券业务概述
    - 证券业务审计概述
    - 证券业务审计内容

本章导读

本章主要介绍金融审计的相关内容，在全书体系中属于重点章节。通过本章的学习，学生要了解金融审计的含义、对象、目标和特征，掌握金融审计的主要内容和方法，熟悉商业银行审计、保险业务审计、证券业务审计的相关内容，从而初步具备分析和解决金融审计相关业务的能力。

引　例

审计厅严抓金融审计，“三个导向”关注银行贷款流向

为更好地落实党中央、国务院关于促进房地产市场平稳健康发展的决策部署，加大对实体经济、小微企业的信贷资金支持力度，宁夏回族自治区审计厅在开展金融审计时，坚持目标导向、问题导向、结果导向，重点关注控制经营性贷款和消费性贷款违规流入房地产领域等问题，推动提高资金绩效。

一是坚持目标导向。以信贷资金流向为切入点，重点关注借款人贷款资金到账后的资金流向，是否存在资金违规转入房地产企业账户等情况。其中，经营性贷款重点关注资金是否受托支付至无实质业务经营的空壳公司后回流至借款人，最终用于房地产款项支付。消费性贷款重点关注借款人资金到账后有无向房地产企业、地产类中介支付款项等情况。

二是坚持问题导向。从银行贷款业务入手，对发放的住房性贷款与经营性、消费性贷款进行比对，重点关注住房贷款借款人与两类贷款借款人的关联关系、住房贷款发放与两类贷款发放的时间差、办理个人住房贷款房地产企业准入后集中发放经营性、消费性贷款等情况。

三是坚持结果导向。以业务内部管理为抓手，重点关注银行发放经营性贷款、消费性贷款后的资金支付管理、贷后管理和发放住房性贷款前的资金来源尽职调查等业务流程，发现并促进完善业务流程中防控贷款违规流入房地产领域的薄弱点。

如上所述，2021 年，银行信贷资金违规流入房地产企业的行为属于严重违背宏观政策调控的行为。对银行等金融机构的审计得到了监管部门的高度重视，审计部门开展对银行等金融机构的审计是恰当履行公共受托责任、保障民众利益的题中之义。

资料来源：审计署．宁夏：“三个导向”关注金融审计．[2021-05-10]．https://www.audit.gov.cn/n4/n20/n524/c144928/content.html.

请思考：

1. 为什么要实施和加强金融审计？
2. 结合案例谈谈对金融审计的理解（含义、职能、特点等）。
3. 金融审计有何重要意义和作用？
4. 针对银行违规将信贷资金投入房地产市场的情况，如果你是该审计项目的主审，将如何确定审计思路？

本章根据金融机构的业务内容，主要介绍中央银行审计、商业银行审计、保险业务审计和证券业务审计的内容。学完本章，相信你会找到上述问题的答案。

第一节 金融审计概述

金融在经济发展中起着举足轻重的作用，金融审计能为金融机构的健康有序发展保驾护航。

一、金融及金融机构

金融指的是资金的融通。金融是货币流通和信用活动以及与之相联系的经济活动的总称。广义的金融泛指一切与信用货币的发行、保管、兑换、结算、融通有关的经济活动，甚至包括金银的买卖。狭义的金融专指信用货币的融通。

金融的内容可概括为：货币的发行与回笼，存款的吸收与付出，贷款的发放与回收，金银、外汇的买卖，有价证券的发行与转让，保险，信托，国内、国际的货币结算等。

从事金融活动的机构主要有银行、信托公司、投资公司、保险公司、证券公司、投资基金、信用合作社、财务公司、金融资产管理公司、金融租赁公司，以及证券、外汇交易所等。金融机构分类见图 5-1。

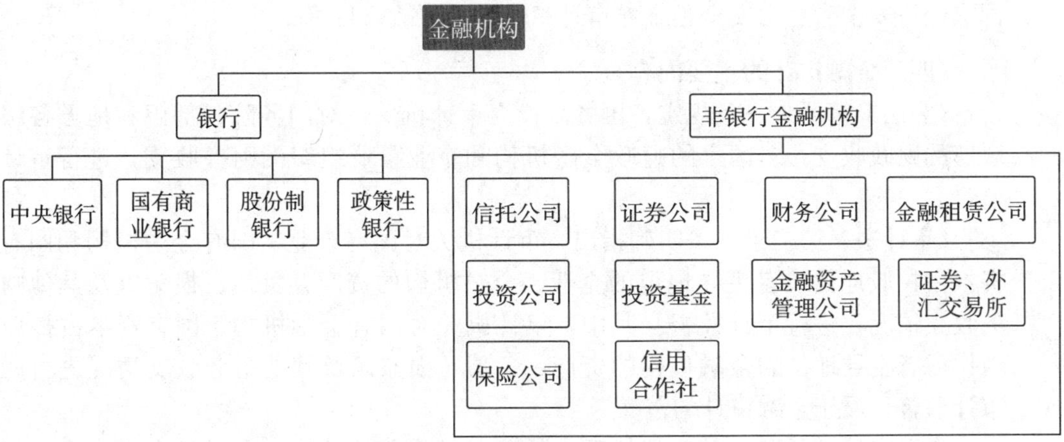

图 5-1 金融机构分类

二、金融审计的含义、对象、目标与主要内容

(一) 金融审计的含义

金融审计是由专职机构和人员，采用专门方法，依法对金融机构的各项业务及财务收支活动的合法性、合规性、真实性和效益性等进行审查、评价，以加强金融宏观调控和管理，促进金融事业健康发展的经济监督管理活动。广义的金融

审计是指各审计主体依法为实现审计目标对金融企业的资产、负债、损益，以及金融机构的财务收支进行的监督、评价与鉴证。狭义的金融审计一般是某一审计主体对一定审计对象实施的监督检查。

（二）金融审计的对象

我国金融审计的对象不仅包括从事金融活动的金融机构，还包括金融监管机构（包括中国人民银行、金融监管总局、中国证监会，简称“一行一局一会”）。其中，我国金融审计对金融监管机构的审计力度最大，其次是银行金融机构，再次是非银行金融机构。

（三）金融审计的目标

金融审计的目标从层次上分为总体目标和具体目标。金融审计的总体目标是真实性、合法性和效益性，旨在明确或鉴证公共受托经济责任。金融审计的具体目标包括一般目标和项目目标，其中，一般目标主要包括合法性、合规性、合理性、真实性、正确性、效率性、效果性、效益性、安全性、截止、披露等；项目目标主要包括合规性、真实性、经济性、效率性和效果性。

2021年审计署出台的《“十四五”国家审计工作发展规划》提出，金融审计“以防范化解重大风险、促进金融服务实体经济，推动深化金融供给侧结构性改革、建立安全高效的现代金融体系为目标”。金融审计要加强对金融监管机构、金融机构和金融市场运行的审计。金融审计是我国政府审计的主要组成部分，维护国家经济安全和金融安全是金融审计工作的重要战略目标。

（四）金融审计的主要内容

《宪法》第九十一条规定，国务院设立审计机关，对国务院各部门和地方各级政府的财政收支，对国家的财政金融机构和企业事业组织的财务收支，进行审计监督。

《审计法》第二十二条明确指出，审计机关对国有企业、国有金融机构和国有资本占控股地位或者主导地位的企业、金融机构的资产、负债、损益以及其他财务收支情况，进行审计监督。其中，审计机关对国有金融机构、国有资本占控股地位或者主导地位的金融机构的资产、负债、损益以及其他财务收支情况进行的审计监督，属于金融审计的范畴。

金融审计在国家金融监督体系中处于非常重要的地位，在维护金融安全、防范金融风险、强化金融管理、打击金融领域的违法犯罪活动等方面发挥着重要的作用。金融审计的主要任务是依法加强对金融机构的审计监督，揭示金融机构资产、负债、损益的真实情况，揭露和纠正违规违法从事金融业务活动的行为，促进金融机构加强管理、健全制度、依法合规经营、提高经济效益，为深化金融改革、稳定金融秩序、防范和化解金融风险、保障国民经济健康发展服务。

三、金融业务的特征

与一般企业审计相比，除业务内容不同之外，金融审计还受到金融业务以下特征的影响。

（一）金融业务综合化

在我国，金融业务综合化经营主要是指商业银行不仅经营传统业务，还涉足证券、投资银行、保险、信托等领域的业务，以及衍生金融业务。传统的金融业务经营内容出现了交叉，业务界限逐渐模糊，这种金融交易结构的复杂化使金融活动的透明度降低，增大了审计风险。

（二）金融活动国际化

金融活动国际化是经济全球化在金融领域的表现。信息、交通技术的发展，使一国金融活动越出国界与世界各国金融业务融合在一起成为现实。这就要求金融审计人员不仅要了解国内的有关情况，还应对国际形势有清醒的认识。

（三）金融交易电子化

目前我国各银行以网络为基础，能够为客户提供跨行、跨地区的金融服务；证券行业经营机构已全部实现计算机网络化运营。这对从事金融审计的人员提出了比较高的计算机水平要求，必要时还需寻求专家的帮助。

（四）金融产品多样化

过去的几十年是环球金融市场借助信息技术急速发展的阶段，另外，全球贸易自由化的趋势和现实也使金融业在世界范围内的竞争白热化。商业银行业务除了传统的存贷业务外，新的金融产品，包括新形式的衍生产品、掉期合约、风险转移产品、资产抵押证券、外汇交易基金等纷纷登场，某些创新产品甚至成为金融市场的新兴主流金融工具。金融创新对金融审计的技术和方法提出了更高的要求。

（五）金融服务个性化

当社会财富积累和经济全球化发展到一定程度之后，企业和居民需要通过个性化金融服务实现资产保值增值，规避市场风险。这就要求金融审计也应对不同的业务采取更有针对性的审计操作。

四、金融审计与金融监管

随着几次较大的国际性金融风波的发生，国际上普遍采取了针对金融业风险的监管措施，防范和化解金融风险、确保金融安全成为金融监管工作的主题。

我国现阶段能够对国有商业银行进行监管的机构主要有金融监管总局、政府审计机关、注册会计师审计组织、金融机构内部稽核部门、财政部门、税务部门、司法部门等。金融监管总局主要对银行和非银行金融机构的市场准入、市场退出、日常业务及风险状况等进行审批和检查。政府审计机关通过对金融机构的金融体系的完备性、结构的合理性、公司治理和经营机制建设情况进行综合审计，确认资产负债表内和表外各会计科目的真实性、合规性和效益性。注册会计师审计组织主要负责资产验证、机构年检以及确认年度财务报表的合法性、公允性和会计处理方法的适当性等。金融机构内部稽核部门即内部审计部门，主要检查和评价金融机构各部门内部控制的建立和执行情况。财政部门主要是作为国家金融机构的出资人行使出资人的权利，作为社会管理者制定统一的金融财务会计政策并监督执行，同时承担国有金融机构的部分风险损失。税务部门主要对金融机构缴纳各项税费的情况进行检查。司法部门仅对金融机构及其人员的违法事件进行调查和处理。

（一）金融审计与金融监管的联系

根据以上对金融监管机构的解释可以看出，金融审计实际上是金融监管的一个组成部分。金融监管与金融审计的最终目标是一致的。金融审计应该在摸清被审计单位资产、负债、损益真实情况的基础上，以资产质量为主线，查找金融业经营管理中的漏洞和管理缺陷，为监管当局完善监管方式和监管政策服务，促进安全、高效、稳健的金融运行机制的建立。

（二）金融审计与金融监管的区别

金融审计与金融监管也具有明显的区别，具体包括：

第一，二者的监管职责不同。审计机关在经济活动中，既不参与政策法规的制定，也不参与经济活动和经济管理的过程，处在与各方没有利益关系的超脱地位，起到独立监督、鉴证、评价的作用。而金融监管机构的职能涵盖从监管规章制度、办法的制定，到行业的准入、运营退出以及行业机构高层人员的任职资格审查等诸多方面，直接参与经营管理。

第二，二者监管的侧重点不同。金融监管是一项非常全面的工作，需要对行业的整体实施监督和管理，以维护行业的合法、稳健运行。而金融审计是从财务的角度对行业资产、负债、损益的真实性、合法性和效益性，资产质量的安全性，内部控制的健全、有效，会计信息的真实性，经营行为的合规性等方面进行监管。

第三，二者涉及的范围不同。金融监管机构的监管范围是我国境内所有依法设立的银行金融机构和非银行金融机构，既包括含有国有成分的金融机构，又包括不包含国有成分的金融机构。而金融审计所涉及的只是含有国有成分的金融机构。

第四，二者的监管方式和手段不同。金融监管的方式和手段与金融审计相比具有更强的专业性。金融审计所使用的方式和手段的综合性更强。

根据以上分析可以得出这样的结论：金融审计与金融监管既不可等同，也不可割裂，更不能相互取代。金融审计应该充分发挥独立性、权威性、综合性的优势，在促进金融改革、维护金融安全、防范金融风险、揭露突出问题等方面，切实发挥其他监管机关不可替代的作用。金融审计与金融监管的区别与联系见表 5－1。

表 5－1　金融审计与金融监管的区别与联系

		金融审计	金融监管
区别	监管职责	独立监督、鉴证、评价，不参与政策法规的制定与经营管理	涵盖监管规章制度的制定、行业的准入、运营退出等诸多方面，直接参与经营管理
	监管侧重点	从财务角度进行监管	具有全面性，对行业的整体实施监督和管理

续表

		金融审计	金融监管
区别	涉及范围	含有国有成分的金融机构	我国境内所有依法设立的银行金融机构和非银行金融机构
	监管方式和手段	综合性更强	专业性更强
联系	金融审计实际上是金融监管的一个组成部分，金融监管与金融审计的最终目标是一致的		

五、金融审计方法

金融审计方法①是指审计人员检查和分析审计对象，收集审计证据并对照审计依据或标准进行评价，从而形成审计结论和意见的各种技术手段的总称。全面掌握和正确运用审计方法，对实现审计目标和任务，提高审计工作质量十分重要。

现代审计已经从传统的事后查账，发展到广泛运用审计调查、分析、统计抽样和电算化审计及现代化管理方面的各种技术方法，并日趋多样化和现代化，已经形成了一个完整的审计方法体系，包括审计方法、审计程序和审计辅助工具等。

第二节　中央银行审计

一、中央银行审计概述

中央银行审计是指政府审计机关，以国家的法律法规、制度为准绳，依据大量的会计和统计资料，运用审计原理和技术，对中央银行财务收支和相关经济活动的真实性、合法性和效益性进行检查、评价和鉴证。未来，中央银行的审计重点将发展为对中央银行的费用分配等核算活动和执行货币政策等履行中央银行职能情况进行分析探讨；对中央银行财务收支行为、履行中央银行职能的经济效益和社会效益进行指标测评，提出提高效益的办法。

（一）中央银行的职责与业务

中央银行在一国金融机构体系中处于中心环节，是信用制度的枢纽。中央银行是经济体系中最重要的组成部分，是经济运行的轴心，在社会经济发展中发挥着不可替代的作用。

中央银行的主要职责有：发布与履行与其职责有关的命令和规章；依法制定和执行货币政策；发行人民币，管理人民币流通；监督管理银行间同业拆借市场和银行间债券市场；实施外汇管理，监督管理银行间外汇市场；监督管理黄金市场；持有、管理、经营国家外汇储备、黄金储备；经理国库；维护支付、清算系统的正常运行；指导、部署金融业反洗钱工作，负责反洗钱的资金监测；负责金

① 本书第三章第六节已介绍了政府审计的一些基本方法，本章不再赘述。

融业的统计、调查、分析和预测；作为国家的银行，从事有关的国际金融活动；国务院规定的其他职责。

中央银行的主要业务包括：为执行货币政策，要求银行业金融机构按照规定的比例缴存存款准备金；确定中央银行基准利率；为在中央银行开立账户的银行业金融机构办理再贴现；向商业银行提供贷款；在公开市场上买卖国债、其他政府债券和金融债券及外汇；依照法律、行政法规的规定管理国库；代理国务院财政部门向各金融机构组织发行、兑付国债和其他政府债券；组织或者协助组织银行业金融机构相互之间的清算系统，协调银行业金融机构相互之间的清算事项，提供清算服务；根据执行货币政策的需要，对商业银行发放不超过一年的贷款。

此外，中央银行不得从事下列业务：不得对政府财政透支，不得直接认购、包销国债和其他政府债券；不得向地方政府、各级政府部门提供贷款；不得向非银行金融机构以及其他单位和个人提供贷款，但国务院决定中央银行可以向特定的非银行金融机构提供贷款的除外；不得向任何单位和个人提供担保。

中央银行的主要业务见图 5－2。

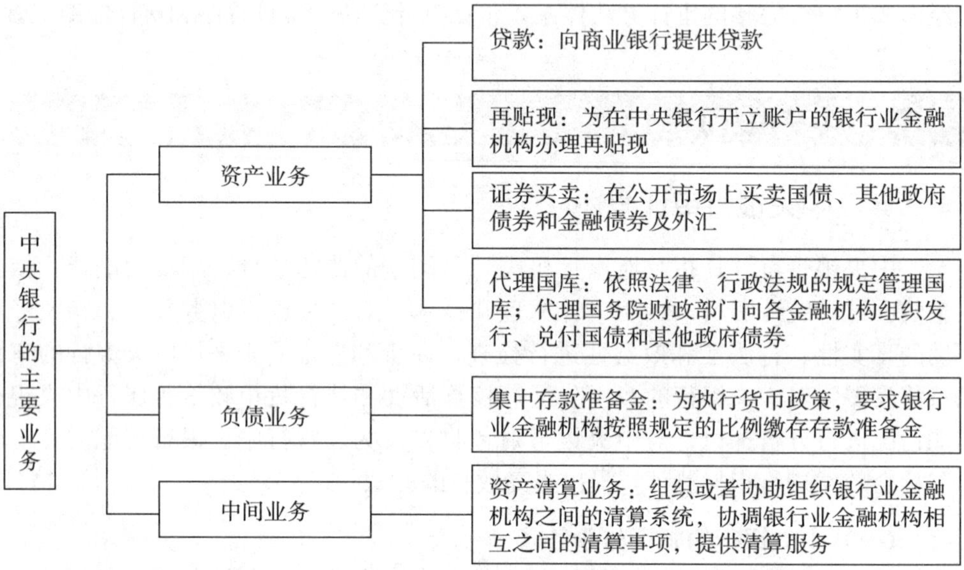

图 5－2　中央银行的主要业务

与其他金融机构相比，银行通常具有更强的内部风险控制能力和更完善的外部监管制度。

（二）中央银行审计的依据和方法

1. 中央银行审计的依据

对中央银行进行审计的主要依据有：

（1）《中华人民共和国中国人民银行法》第四十条规定，中国人民银行的财务收支和会计事务，应当执行法律、行政法规和国家统一的财务、会计制度，接受国务院审计机关和财政部门依法分别进行的审计和监督。

(2)《审计法》第二十条规定，审计署对中央银行的财务收支，进行审计监督。中国人民银行及其分支机构都属于我国最高审计机关即审计署的审计对象，审计署不可授权下级审计机关对中央银行进行审计，必须由审计署统一组织对中央银行的审计监督工作，审计工作由审计署及其派出机构具体实施。

(3) 由于中央银行财务是国家财政预算的一部分，开展中央银行财务收支审计时，应当根据《预算法》、《中华人民共和国会计法》(简称《会计法》)和相关会计准则的规定，检查其会计账务处理的正确性以及财务收支的合法性、合规性。

(4) 开展中央银行财务收支审计时，还应当根据《审计法实施条例》以及中央银行为了履行宏观调控职能所制定的一系列相关规定和办法进行科学决策，重视内部管理，提高管理效率，从而完善中央银行的内部制约机制。

2. 中央银行审计的方法

审计署对中央银行财务收支进行审计监督，主要采取行业审计的方式对重要审计事项进行专项审计。实施审计时，以抽样审计为主，并运用计算机辅助审计技术。中央银行审计常用的基本方法包括基本审计方法和专门的技术方法。

(1) 基本审计方法。账户入手审计是中央银行审计取证的主要方法之一，是其他审计方法有效实施的前提。总结我国近年来的审计工作经验，账户入手审计方法是审计的基础方法。

账户入手审计一般是指审计机关以中央银行的账户为起点，查证相应的会计科目，监督财政、财务收支的真实性、合法性和效益性的审计活动。从账户入手审计，有利于查清被审计单位资金的来龙去脉，有利于进行全面、系统的审计监督。

中央银行是管理金融的国家机关，是特殊的银行，其货币结算、资金调拨等不仅反映在银行存款账户中，相当一部分资金活动还反映在往来账户中。因此，对中央银行自身行政经费的审计和对其所属的企事业单位财务收支的审计，从银行存款账户入手，就可以完全掌握资金总体情况。但是，对中央银行业务收入和支出的审计，必须同时从银行存款账户和往来账户入手才能够全面掌握资金运动的总体情况，特别是对联行往来①和金融机构往来②账户进行重点审计时。中央银行审计的基本方法见表5-2。

表5-2 中央银行审计的基本方法

审计内容	审计出发点
对中央银行自身行政经费的审计和对其所属的企事业单位财务收支的审计	银行存款账户
对中央银行业务收入和支出的审计	银行存款账户+往来账户

① 联行往来是指同一银行内所属各行之间的资金账务往来。联行往来账户集中反映了银行办理货币结算和资金调拨的全过程。

② 金融机构往来是指各银行跨系统进行的资金划拨、款项汇划，以及办理货币结算时相互代收、代付款项所发生的资金账务往来。中央银行金融机构往来账户反映了金融机构与中央银行之间的存贷资金及利息收付等资金往来情况。

（2）专门的技术方法。专门的技术方法可分为内部控制测评、实质性测试、专项审计调查、计算机审计方法等取证方法。

内部控制测评是指对中央银行的内部控制进行调查、测试和评价的方法。它的基本步骤包括调查和描述中央银行的内部控制情况、初步评价内部控制情况、进行内部控制测试、最终评价内部控制情况。

实质性测试是指对中央银行各项业务及其所影响的财务报告项目余额进行详细检查和分析性复核的方法。在实质性测试中，一般使用抽样审计方法。

专项审计调查是指审计机关通过审计方法对与中央银行财务收支活动有关的特定事项进行专门调查的方法。

计算机审计方法是指利用计算机技术对电算化会计核算系统进行检查的方法。计算机审计方法又分为以下几种：第一，绕过计算机审计。绕过计算机审计是审计人员用传统的手工方式对计算机系统的输入与输出结果进行审计，以判断其处理过程的正确性。第二，对计算机信息系统进行审计。对计算机信息系统进行审计是指对计算机信息系统的程序设计、系统功能、数据处理过程及相关控制进行审计，重点强调对计算机数据处理过程中内部控制的审计。计算机信息系统审计方法主要包括数据检验技术和平行模拟技术。第三，计算机辅助审计技术。计算机辅助审计技术是指以计算机为工具完成某些审计工作的方法。计算机辅助审计技术主要包括通用审计软件、嵌入审计模块技术、审计管理和作业自动化技术等。第四，网络审计技术。网络审计技术是利用网络技术将中央银行的会计信息数据与审计机关的网上审计中心联结起来，通过审计软件对这些财务信息数据实施网上实时审计，包括对计算机网络系统及环境的审计以及利用计算机网络进行辅助审计。

（三）中央银行审计的主要内容

审计署对中央银行进行审计监督的内容有：一是中央银行在金融业务活动中发生的各项财务收支及其结果的真实、合法和效益情况；二是中央银行每一会计年度是否将其收入减除该年度支出，并按照国家核定的比例提取总准备金后的净利润，全部上缴中央财政。

1. 中央银行财务收支情况审计

中央银行实行独立的财务预算管理制度，其预算经国务院财政部门审核后，纳入中央预算，成为国家预算的重要组成部分。《审计法》第二十条规定，审计署对中央银行的财务收支，进行审计监督。《审计法实施条例》第十八条规定，审计署向国务院总理提出的中央预算执行和其他财政收支情况审计结果报告，应当包括对中央银行的财务收支的审计情况。按照法律赋予的职责，审计署每年应当组织力量对中央银行预算执行情况进行审计。审计对象主要包括中国人民银行总行（含国家外汇管理局）和一、二级分行及其支行。审计的主要内容包括，

（1）中央银行按照财政部批准的财务收支计划向所属分支机构批复财务收支计划的情况、财务收支计划执行中的调整情况和财务收支变化情况。审查中央银行是否按照财政部批准的财务收支计划层层下达，是否存在超额度下达计划等

问题。

（2）会计资料的真实性。通过对中央银行会计凭证、账簿、报表的审查，确认会计资料是否真实，有无在系统预算之外设立财务收支账户的情况。

（3）中央银行各项财务收入的完整性。审查各项业务收入和各项利息收入的计算、列示以及入账情况，确认利息收入的计算是否准确无误，有无截留、少列收入等问题。

（4）中央银行各项财务支出的合规性。审查各项利息支出的计息范围、利率和按实列支情况，各项业务支出开支标准，各项管理费用的开支范围和提取标准，各专项支出在限额内使用和专款专用情况。同时，审查是否有以预提、摊销等名义虚列支出的情况，以及是否有向所属或被监管单位集资、摊销费用和虚列支出的情况。

（5）其所属事业单位年终利润并入财务决算的情况。

（6）中央银行系统汇总决算反映的财务收支计划执行情况时，重点审查预算收入是否完成计划，预算支出是否控制在财务支出计划限额内，以及盈利解缴或亏损拨补、总准备金提取和使用情况等。

2. 内部管理与内部控制情况测评

审查中央银行内部控制和内部管理控制程序的健全性、相关性、制约性和有效性，以及各项内部控制的执行情况。

3. 其他财务收支情况审计

主要审查中国人民银行（含国家外汇管理局）系统专项贷款、专项资金或基金的财务收支情况以及中央银行所属的事业单位的财务收支情况及所属的企业（含挂靠的企业单位和企业化管理的事业单位），如中国印钞造币集团有限公司和中国金币总公司的各项资产形成和运用、各项负债形成和偿付以及由此产生的财务收支情况。

二、财务计划审计

财务计划审计主要审查以下资料：财政机关批准的年度财务计划和调整财务计划的批件；对本级和各分支行核批的年度财务计划和调整财务计划的批件；汇总后的本级年度财务报告等资料。审计内容包括：财务计划的编制是否符合财务制度的要求，内容是否完整，依据是否可靠，程序是否规范；财务计划的考核是否严格，是否发挥了计划的指导与促进作用。

中央银行财务收支计划是以货币形式对一定时期内由财务活动引起的财务收入与支出以及财务成果等进行的规划。按照预算管理制度的要求，中央银行各级行每年要编制财务收支计划，并逐级上报。这些计划由总行汇总后报财政部批准，然后层层分解落实，并按计划进行控制管理。财务收支计划作为全行业业务经营计划的重要组成部分，是财务预算管理的重要内容之一，是考核全行财务收支的主要依据，也是对中央银行进行财务审计的主要内容。财务收支计划是综合性计划，应当根据信贷收支计划、存贷款利率、机构人员、费用开支等的增减变化，并参照以往各项收支规律进行编制。在对财务计划编制进行审计时，应重点从计划涵盖的内容是否完整、计划编制的依据是否可靠两方面进行。

（一）审计财务收支计划涵盖的内容是否完整

中央银行财务收支计划的主要内容包括两部分：财务收入和财务支出。财务收入包括利息收入和业务收入。财务支出包括利息支出、业务支出、管理费用、专项支出和其他支出。以上收支相抵后为利润或亏损。审计财务收支计划应当对计划的内容进行逐项核实，检查有无遗漏的项目或是否列入了不应列入的内容。

（二）审计财务收支计划编制的依据是否可靠

财务收支计划应体现中央银行的业务特点，按照既保证业务发展需要又节约费用开支的原则，根据年度信贷收支计划、各项业务需求、机构人员和费用开支标准等情况，参照上年财务收支规律，考虑物价调整及其他政策性因素，采取预测、计算等方式，按会计科目、账户及使用说明逐项编制。其中，各项利息收入和支出是财务收支计划的主体，对整个计划的实现具有决定作用，因此，审查各项利息收支必须以当年信贷收支计划、存贷款计划、利率档次为依据，确保数据可靠。此外，各项费用开支是财务收支计划中的重点内容，它关系到财经纪律的执行和成本核算。在审查时，应当从机构人员变化、业务范围变化、费用开支范围和标准等方面检查各项费用是否符合制度规定，各项税金及其他支出计划是否按财经法规正确编制。

三、财务收入审计

中央银行财务收入包括利息收入和业务收入两大部分。财务收入的管理要求是：

（1）各项贷款必须按照中央银行规定的利率计收利息，不准擅自调高或调低利率，以达到增加或减少利息收入的目的。低息和贴息贷款的利差，除国务院批准由中央银行补贴的项目外，实行“谁批准、谁补贴”的办法，各级行不得自行增加低息、贴息项目。

（2）各级行的财务收入要严格按照国家政策和有关规定准确计算，认真核实，真实反映。按规定收取的各项收入，应全部列入有关科目进行核算，不得截留或挪作他用。

（3）当财务收入发生多收或少收时，应由有关人员提出依据，经会计主管人员审核批准后，从有关账户退还或补收。各项财务收入发生后，应根据其内容正确使用有关账户，会计分录为：

借：××科目

　　贷：利息收入（或业务收入）

财务收入审计主要是以会计凭证、账簿、报表为依据，根据存贷款利率和财务制度的有关规定，审查各项收入是否完整、真实、正确；核算手续是否严密，账务处理是否正确，内部控制是否健全；有无管理不严，账务不清，计算错误，漏收、少收利息收入或业务收入等情况；有无转移财务收入、弄虚作假甚至营私舞弊等影响财务收入的违法行为。

（一）利息收入的审计

利息收入是指以资产形式存在的各类资金按国家规定的利率计收的利息，包括金融机构再贷款利息收入、再贴现利息收入、邮政汇兑资金往来利息收入和其他利息收入等。

1. 再贷款利息收入审计

再贷款是中央银行向商业银行和政策性银行发放的贷款，也是中央银行运用基础货币以多种方式向商业银行和政策性银行融通资金的总称。它包括年度再贷款、短期再贷款和再贴现等。

再贷款利息收入审计的内容主要包括：再贷款总量的确定与分配情况；审批权限管理；贷款对象、条件和用途；贷款操作程序和内部控制。

（1）对再贷款总量的确定与分配情况进行审计时，核对“再贷款额度通知书”及相关文件，查看短期再贷款总量的确定与分配是否符合各地实际情况及银行的经营情况，是否用于解决银行支付清算的临时头寸不足。

（2）对短期再贷款审批权限进行审计时，通过调阅“再贷款额度通知书”、相关批件、短期再贷款管理台账、借款合同、借款借据以及下级行再贷款申请的审批资料等，检查是否符合以下规定：第一，发放期限超过 20 天的短期再贷款，必须报经总行批准；第二，分行可审批期限不超过 20 天的短期再贷款；第三，经分行授权，省会城市和副省级城市中心支行可审批期限不超过 20 天的短期再贷款；第四，其他中心支行可审批期限不超过 7 天的短期再贷款；第五，县（市）支行不得审批短期再贷款。

（3）对贷款对象、条件和用途的审计。中央银行短期再贷款的对象仅限于辖区内具有法人资格的商业银行和全国性或区域性商业银行。短期再贷款的借款人应具备的基本条件是：在当地中央银行设立了准备金存款账户；具有法人资格的借款人，应足额存放法定准备金；不具有法人资格的，应在申请贷款之前 3 个月内未发生透支行为；资信情况良好，能按期归还短期再贷款；满足中央银行规定的其他条件。

分行发放期限超过 20 天的短期再贷款，应采取质押担保的方式，而且仅限于辖区内具有法人资格的商业银行。分行发放的短期再贷款只能用于解决借款人同城票据清算和联行汇差清算的临时头寸的不足以及其他短期流动性的不足。

（4）对贷款操作程序和内部控制的审计。中央银行应建立完善的短期再贷款操作手续，明确有关业务部门的职责，定期组织业务检查。总行对分行的短期再贷款业务实行按月考核，检查贷款申请、贷款审查、贷款发放和贷款收回这些环节是否均按规定进行。

2. 再贴现利息收入审计

再贴现是商业银行以其持有的未到期贴现票据向中央银行申请贴现，通过转让贴现票据取得中央银行再贷款的融资行为。其审计的内容主要包括：再贴现总量的分布和分配情况；再贴现申请人资格；再贴现会计处理合规性。

（1）调阅总行有关会议记录、文件以及所批的“再贷款额度通知书”，检查再贴现资金总量的确定是否合理，数额的分配是否适合当地商业信用的发展状况。

（2）对再贴现申请人资格条件的审计。再贴现的票据目前只有商业汇票，再贴现申请人必须是银行，并且具有较强的支付能力，能按时足额缴纳存款准备金。

（3）对再贴现会计处理合规性的审计。审计时应当检查、调阅“再贴现申请书”及所附资料，查看是否对商品交易合同、贴现申请人与出票人之间的增值税发票、贴现凭证、汇票及背书转让复印件等再贴现申请资料的真实性、合法性进行严格审查；调阅再贴现申请书、审批表、再贴现凭证，检查再贴现期限是否控制在贴现期限内，并执行中央银行总行发布的再贴现利率；检查是否按照规定权限，对受理的再贴现申请，由经办人员审查提出初审意见，报部门负责人和分管行长逐级、逐笔审查、审批并签署意见。

3. 利息收入审计需要考虑的要点

正确计算利息收入是中央银行财务收支审计的重点。审计利息收入时，应从计息范围、利率档次、计算方法和收账情况等方面检查利息收入是否正确、完整、合法。

（1）计息范围的审计。对再贷款、再贴现、邮政汇兑资金往来等账户，应逐户检查应收利息的计息范围是否正确，应收利息有无低估漏列或高估虚构的情况。

（2）利率档次的审计。审查各类贷款（含再贴现）及邮政汇兑往来资金的利率使用是否正确时，应检查各项利率往来是否按中央银行总行规定的利率正确计收利息，有无擅自改变利率导致利息收入减少或虚增的情况。对低息和贴息贷款的利差，除国务院批准由中央银行补贴的项目外，检查各级行有无自行增加低息、贴息项目的贷款。

（3）计息方法的审计。审查计息方法是否正确时，应检查是否按规定日期办理计息，有无擅自提前或推后计息的情况。审计利息收入是否正确、完整时，应分别把按季计息、逐笔计息和当时收息三种类型分开，分别审查核实。

（二）业务收入的审计

业务收入是指中国人民银行在行使中央银行职能、实施货币政策的过程中所产生的除利息收入以外的各项业务收入，包括金银业务收入、手续费收入、罚款收入、金融机构往来收入、金融市场收入和外汇调剂市场收入等。审计业务收入时，要检查各项收入是否按规定计算，计算是否正确，入账是否及时，有无错漏、截留和转移私分的问题。

1. 金银业务收入审计

中央银行在办理金银收售过程中发生的升色、升秤等收益和办理金银配售中发生的差价收入均应记入营业收入，不得转移、截留。首先，检查升色、升秤是否正确，价差是否准确，有无情况不实、弄虚作假的现象；其次，检查账实是否相符，管理控制制度是否严密；最后，检查金银业务收入是否全部及时入账，有无隐瞒或转移、截留的问题。

2. 手续费收入审计

中央银行为金融企业办理业务可按规定收取一定的手续费。审计时，应当检查各项业务的手续费是否按规定的收取标准收取，有无擅自扩大或缩小收费范围，有无改变收费标准以及错收、漏收、多收的情况；全部收入是否及时入账，有无转移收入、私设“小金库”的情况。

3. 罚款收入审计

主要检查收取的罚款是否有漏收、错收或故意不收的情况。如果发生退还罚款，要检查其理由是否正当，是否经有权审批人签章。重点检查收取的罚款收入是否转移至账外而不作为收入处理。

4. 金融机构往来收入审计

金融机构往来收入是中央银行与各商业银行之间的资金往来发生的利息收入。由于这类资金数额较大，对中央银行收入的构成影响也大，因此，应作为审查重点。

(1) 计息范围的审查。审查各项往来资金是否全部按规定计息，有无遗漏或错记的情况。

(2) 利率使用情况的审查。审查各项资金是否按规定正确使用有关利率档次，有无随意混淆新、旧利率的情况，有无违反利率政策、随意抬高或降低利率的情况。

(3) 利息收入入账情况的审查。对金融机构往来收入审查的重点在于各项利息收入是否及时入账，有无弄虚作假、转移收入的情况。

5. 金融市场收入和外汇调剂市场收入审计

金融市场收入和外汇调剂市场收入是指中央银行在行使宏观调控职能时产生的金融市场拆借资金利差收入、外汇调剂差价收入。审计时，应重点检查金融市场、外汇调剂市场利差收入核算的正确性，有无故意将利息收入、外汇调剂收入列入往来科目中，有无增加支出的情况，年终是否并入了中央银行大账。

四、财务支出和盈余缴拨审计

财务支出作为中央银行财务管理的重要内容，主要包括利息支出、业务支出、管理费用、专项支出及其他支出等。

商业银行财务支出的管理要求包括：(1) 各项财务支出实行分类核算。利息支出按实列支；业务支出、其他支出由总行核定预算，分行在预算内组织辖区实施核算并按实列支；管理费用由总行核定指标，分行在指标内掌握开支；专项支出按照核定的专项支出指标和专项预算拨款的方式进行管理。(2) 财务支出必须划分界限，应在管理费用中列支的费用不能列入业务支出和其他支出，应在专项支出中列支的费用不能列入业务支出、管理费用和其他支出。(3) 各行要加强财务支出的管理，在满足正常业务支出、保证业务发展需要的同时，努力增收节支，严格按预算管理，提高资金使用效率。各项财务支出发生后，应当根据其内容正确使用有关科目，会计分录应为：

借：利息支出（或有关科目）

　贷：××科目

审计财务支出应严格按照《审计署关于中央银行财务审计的实施办法》和中央银行财务制度有关规定执行，不得擅自扩大财务支出范围、开支标准和随意摊销，以维护财经纪律和提高管理水平。

（一）利息支出审计

利息支出是指对中央银行的负债按国家规定利率计付的利息，它包括金融机构存款利息支出、保险企业存款利息支出、邮政储蓄存款利息支出、邮政汇兑资金利息支出、债券利息支出和其他利息支出等。利息支出审计应当审查各项利息支出是否按国家规定的计息范围、利率档次计付各类存款利息，有无错计、漏计的情况，有无弄虚作假、转移利息的情况。

（二）业务支出审计

中国人民银行在行使中央银行职能、实施货币政策的过程中所发生的业务费用支出，即为业务支出，它包括货币发行费、钞币印制费、安全防卫费、邮电费、电子设备运转费、调研信息费、印刷费、业务宣传费、租赁费、修理费、金银业务支出、手续费支出、证券业务支出、咨询费和其他业务支出等。审计时，重点检查各项费用开支的范围和标准是否依据规定执行；各项费用支出是否按规定按实列支、费用计算比例是否按规定执行，有无擅自改变比例的情况；计算数据是否真实、准确，有无多计、错计；支付、审批的手续是否严密和有无预提的情况；修理费使用是否合理，有无应由专项支出负担的费用列入修理费支出；业务支出是否按实列支，有无虚报、预提的问题。

（三）管理费用审计

管理费用指办公经费、个人经费及其他公用经费支出，包括会议费、差旅费、劳动保护费、水电取暖费、低值易耗品购置费、保险费、职工工资、工会经费、职工教育费、职工福利费、外事费、绿化费、公杂费、业务招待费及其他管理费用等。

审计个人经费时，注意是否按规定如实列支，有无扩大工资范围虚报多列，或不按规定比例和范围多提、重提、多用的情况。审计公用费用时，注意是否按规定正确列支，有无擅自扩大开支范围、提高开支标准、变相发放财物、挤占公用费用等情况。审计专项支出时，应当检查是否按中国人民银行总行核定的专项支出指标使用。

（四）盈亏缴拨审计

按照中国人民银行财务管理办法，各级中国人民银行每一会计年度的各项财务收入扣抵年度各项财务支出后，所得盈亏要在年终决算后全额逐级汇总上划总行，亏损由总行审核后逐级拨补。全行净利润经财政部批准提取准备金后，由总行全部上缴中央财政。如发生亏损，首先由历年提取的总准备金弥补，不足弥补的部分由中央财政拨补。

审计盈亏解缴的重点在于检查盈亏总额的真实性、合法性，这是对中央银行进行财务收支审计的重要环节。它对维护国家法纪和财经政策，考核利润的实现情况，分析利润增减变化的原因，促进中央银行加强内部管理，具有重要意义。

审查盈亏，总的来说就是要查明盈亏是否真实、正确、合法和合理，具体包括：第一，审计单笔盈利或亏损的真实性、正确性、合法性；第二，揭露和纠正盈利或亏损数据中存在的错误，监督中央银行更好地遵守财经法纪；第三，审查中央银行内部控制制度的健全性、有效性，监督盈利总额的准确性并及时上划，是否真实反映了所发生的亏损。

中央银行审计的主要内容见表5-3。

表5-3 中央银行审计的主要内容

审计内容	基本风险	内部控制测试和评估内容	符合性和实质性测试
财务计划审计	审查资料：财政机关批准的年度财务计划和调整财务计划的批件；对本级和各分支行核批的年度财务计划和调整财务计划的批件；汇总后的本级年度财务报告等资料。审查内容：财务计划的编制是否符合财务制度的要求，内容是否完整，依据是否可靠，程序是否规范；财务计划的考核是否严格，是否发挥了计划的指导与促进作用	计划涵盖的内容是否完整，计划编制的依据是否可靠	审查各项利息收支必须以当年信贷收支计划、存贷款计划、利率档次为依据，确保数据可靠 各项费用开支关系到财经纪律的执行和成本核算，应当从机构人员变化、业务范围变化、费用开支范围和标准等方面检查各项费用是否符合制度规定，各项税金及其他支出计划是否按财经法规正确编制
财务收入审计	各项收入是否完整、真实、正确；核算手续是否严密，账务处理是否正确，内部控制是否健全；有无管理不严，账务不清，计算错误，漏收、少收利息收入或业务收入等情况；有无转移财务收入、弄虚作假甚至营私舞弊等影响财务收入的违法行为	再贷款利息收入审计；再贴现利息收入审计；金银业务收入审计；手续费收入审计；罚款收入审计；金融机构往来收入审计；金融市场收入审计；外汇调剂市场收入审计	检查内部控制是否健全，有无管理不严、账务不清、计算错误，漏收、少收利息收入或业务收入等情况；有无转移财务收入、弄虚作假甚至营私舞弊等影响财务收入的违法行为。审计利息收入还应从计息范围、利率档次、计算方法和收账情况等方面检查利息收入是否正确、完整、合法。检查各项业务的手续费是否按规定的收费标准收取，有无擅自扩大或缩小收费范围，有无改变收费标准以及错收、漏收、多收的情况；全部收入是否及时入账，有无转移收入、私设“小金库”的情况

续表

审计内容	基本风险	内部控制测试和评估内容	符合性和实质性测试
财务支出和盈余缴拨审计	各项财务支出实行分类核算，利息支出按实列支。财务支出必须划分界限，包括正确划分利息支出、业务支出和管理费用，审计时也应对这三项支出实施分类审计。各行要加强财务支出的管理，应当在满足正常业务支出、保证业务发展需要的同时，努力增收节支，严格按预算管理，提高资金使用效率。查明盈亏是否真实、正确、合法和合理	利息支出审计；业务支出审计；管理费用审计；盈亏缴拨审计。审计盈利或亏损的真实性、正确性、合法性；揭露和纠正盈利或亏损数据中存在的错误；审查中央银行内部控制制度的健全性、有效性，监督盈利总额的准确性并及时上划，是否真实反映了所发生的亏损	利息支出审计应当重点审查各项利息支出是否按国家规定的计息范围、利率档次计付各类存款利息，有无错计、漏记的情况，有无弄虚作假、转移利息的情况。业务支出审计应重点检查各项费用开支的范围和标准是否依据规定执行；各项费用支出是否按规定按实列支、费用计算比例是否按规定执行，有无擅自改变比例的情况；计算数据是否真实、准确，有无多计、错计等。审计个人经费时，注意是否按规定如实列支，有无扩大工资范围虚报多列，或不按规定比例和范围多提、重提、多用的情况。审计公用费用时，注意是否按规定正确列支，有无擅自扩大开支范围、提高开支标准、变相发放财物、挤占公用费用等情况。审计专项支出时，应当检查是否按中国人民银行总行核定的专项支出指标使用

注：符合性测试是指为了确定内部控制的设计和执行是否有效而实施的审计程序。实质性测试是指在符合性测试的基础上，为取得直接证据而运用检查、监盘、观察、访谈及函证、计算、分析性复核等方法，对被审计单位财务报表的真实性和财务收支的合法性进行审查，以得出审计结论的过程。

第三节　商业银行审计

一、商业银行概述

（一）商业银行

商业银行是市场经济的产物，它是为适应市场经济发展和社会化大生产需要而形成的一种金融组织。它是以追求利润最大化为目标，向客户提供多种金融服务的特殊的金融企业。盈利是商业银行产生和经营的基本前提，也是商业银行发展的内在动力。经过几百年的发展演变，商业银行现在已经成为世界各国经济活动中最主要的资金集散机构，其对经济活动的影响居各类银行与非银行金融机构之首。

（二）商业银行业务的特征

与其他行业的业务相比，商业银行的业务有如下特点：存在大量的货币性项目，包括现金和可转让的票据，容易发生挪用和舞弊；业务量大，交易次数多，涉及金额大，大量使用电子资金转账系统，会计系统复杂，对内部控制要求严格；经营网点众多、分散，操作规程和会计系统不统一；表外项目多，且由于该类业务属于承诺事项，一般不涉及资金转移，可能不涉及编写会计分录等相关处理，因而容易被审计人员疏忽，但这种表外业务具有给商业银行带来损失的可能性；高负债经营，债权人众多，与社会公众利益密切相关，因此受到政府有关部门的严格监管和法规的严格约束，政策法规对银行业务和会计实务影响较大；金融创新不断推陈出新，由此可能对现有会计处理方式提出挑战。

（三）商业银行的功能

商业银行在现代经济活动中具有信用中介、支付中介、信用创造、金融服务等功能，并通过这些功能在国民经济活动中发挥重要作用。商业银行的业务活动对全社会的货币供给有重要影响，并成为国家实施宏观经济政策的重要基础。

1. 信用中介

信用中介是指商业银行充当将经济活动中的赤字单位和盈余单位联系起来的中介人的角色。信用中介是商业银行最基本的功能，它在国民经济中发挥着多层次的调节作用：将闲散货币转化为资本；使闲置资本得到充分利用；将短期资金转化为长期资金。

2. 支付中介

支付中介是指商业银行借助支票这种信用流通工具，通过客户活期存款账户的资金转移为客户办理货币结算、货币收付、货币兑换和存款转移等业务活动。商业银行发挥支付中介功能主要有两个作用：一是节约流通费用；二是降低银行的筹资成本，扩大银行的资金来源。

3. 信用创造

信用创造是指商业银行通过吸收活期存款、发放贷款，增加银行的资金来源，扩大社会货币供应量。商业银行信用创造功能的作用主要是通过创造存款货币等流通工具和支付手段，既可以节省现金使用，减少社会流通费用，又能够满足社会经济发展对流通工具和支付手段的需要。

4. 金融服务

金融服务是指商业银行利用在国民经济中联系面广、信息灵通等特殊优势，利用其在发挥信用中介和支付中介功能的过程中获得的大量信息，并借助电子计算机等先进手段和工具，为客户提供财务咨询、融资代理、信托租赁、代收代付等各种金融服务。通过金融服务功能，商业银行既提高了信息与信息技术的利用价值，加强了与社会的联系，扩大了市场份额，同时也提高了盈利水平。

（四）商业银行的经营原则

商业银行作为一种特殊的金融企业，具有一般企业的基本特征，即追求利润的最大化。商业银行合理的盈利水平不仅是商业银行本身发展的内在动力，也是商业银行在竞争中立于不败之地的激励机制。虽然各国的商业银行在制度上存在一定的差异，但是在业务经营上通常都遵循盈利性、流动性和安全性原则。

1. 盈利性原则

盈利性原则是指商业银行作为经营型企业，追求最大限度的盈利。盈利性既是评价商业银行经营水平的最核心指标，也是商业银行最终效益的体现。影响商业银行盈利性指标的因素主要有存贷款规模、资产结构、自有资金比例和资金自给率水平以及资金管理体制和经营效率等。坚持贯彻盈利性原则对商业银行的业务经营有十分重要的意义：第一，只有保持理想的盈利水平，商业银行才能充实资本和扩大经营规模，并以此增强经营实力。第二，只有保持理想的盈利水平，商业银行才能提高信誉度。银行有理想的盈利水平，说明其经营管理有方，可以提高客户对银行的信任度，从而吸收更多的存款，增加资金来源，抵御一定的经营风险。第三，只有保持理想的盈利水平，商业银行才能保持和提高竞争能力。当今世界的竞争是人才的竞争。银行盈利能力不断增强，才有条件利用高薪和优厚的福利待遇吸引更多的优秀人才。同时，只有保持较高的盈利水平，银行才有能力经常性地进行技术改造、设备更新，增强竞争能力。第四，保持理想的盈利水平，不仅有利于商业银行本身的发展，还有利于商业银行宏观经济活动的进行。商业银行旨在提高盈利水平的各项措施，最终会反映到宏观的经济规模和速度、经济结构以及经济效益上，还会反映到市场利率总水平和物价总水平上。

2. 流动性原则

流动性是指商业银行能够随时应对客户提现和满足客户借贷的能力。这里的流动性有两层含义，即资产的流动性和负债的流动性。资产的流动性是指银行资产在不遭受损失的前提下随时变现的能力。负债的流动性是指银行能经常以合理的成本吸收各种存款和其他所需资金的能力。一般情况下，我们所说的流动性是指前者，即资产的变现能力。银行必须满足客户提取存款等方面的要求，因此在安排资金运用时，要力求负债结构合理，并保持较强的盈利能力。

影响商业银行流动性的主要因素有客户的平均存款规模、资金的自给水平、清算资金的变化规律、贷款经营方针、银行资产质量以及资金管理体制等。流动性是实现安全性和盈利性的重要保证。作为特殊的金融企业，商业银行保持适当的流动性是非常有必要的，因为作为资金来源的客户存款和银行的其他借入资金要求银行能够保证随时提取和按期归还，这主要靠流动性资产的变现能力；企业、家庭和政府在不同时期产生的多种贷款需求，也需要及时组织资金来源予以满足；银行资金的运动不规则性和不确定性，需要资产的流动性和负债的流动性来保证；在银行业激烈的竞争中，投资风险也难以预料，经营目标不能保证完全实现，需要一定的流动性作为预防措施。因此，在银行的业务经营过程中，流动性的高低非常重要。

事实上，过高的资产流动性可能会使银行失去盈利机会甚至出现亏损；过低的流动性可能导致银行出现信用危机、客户流失、丧失资金来源，甚至会因为挤兑导致银行倒闭。因此，对于商业银行来说，关键是要保持适度的流动性。这种“度”是商业银行业务经营的生命线，是商业银行经营成败的关键。而这种“度”

既没有绝对的数量之限，又要在动态的管理中保持，这就要求银行经营管理者及时果断地把握时机和作出决策。当流动性不足时，要及时补充和提高；在流动性过高时，要尽快安排资金运用，提高资金的盈利能力。

3. 安全性原则

安全性原则是指银行的资产、收益、信誉以及所有经营生存发展的条件免遭损失的可靠程度。安全性的对立面就是风险性，商业银行的安全性原则就是尽可能地避免和减少风险。影响商业银行安全性的主要因素有客户贷款规模的平均期限、贷款方式、贷款对象所处的行业和地区分布以及贷款管理体制等。

商业银行坚持安全性原则的主要意义在于：首先，风险是商业银行面临的永恒课题。银行在经营活动中面临多种风险，如信用风险、市场风险、政治风险等，这些风险直接影响银行本息的按时收回，必然会使银行减弱甚至丧失清偿能力，危及银行自身的安全。因此，银行经营管理者在风险问题上必须严格遵循安全性原则，尽量避免风险、减少风险和分散风险。其次，商业银行的资本结构决定其是否存在潜伏的危机。与一般工商企业的经营不同，商业银行自有资本所占比重很小，远远不能满足资金的运用需求，它主要依靠吸收客户存款或对外借款用于贷款或投资，所以负债经营是商业银行的基本特点。若银行经营不善或发生亏损，就要通过冲销银行自有资本来弥补，银行随时存在倒闭的可能性。最后，坚持稳定经营方针是商业银行开展业务所必需的，它有助于减少资产的损失，增强预期收益的可靠性。不顾一切一味追求利润最大化，其效果往往适得其反。事实上，只有在安全的前提下营运资产，才能增加收益。同时，只有坚持安全性原则的银行，才可以在公众面前树立良好的形象。一家银行能否立足于世的关键就是银行的信誉，而信誉主要来自资产的安全，所以维持公众的信任、稳定金融秩序，有赖于银行的安全经营。

由此可见，安全性原则不仅是银行盈利的客观前提，也是银行生存和发展的基础；不仅是银行经营管理本身的要求，也是社会发展和安定的需要。

二、商业银行审计概述

（一）商业银行审计的意义

商业银行审计在各国现代金融风险监管活动中起着重要作用，它与金融法规、金融监管当局的监管、商业银行内部控制以及商业银行内部审计稽核等共同构成一国银行大监管体系。有效的商业银行审计不仅能提高商业银行财务报表的可信度，促进商业银行加强内部管理，提高资产质量和效益，防范和化解金融风险，还能为各国金融监管当局实施有效的风险监管提供可靠的第一手资料，大大提高监管效率，为监管当局实施重点监管打下基础。

（二）我国商业银行审计模式发展轨迹

纵观我国商业银行审计 30 多年的发展历程，可从中窥见其审计模式发展的轨迹。作为金融审计重要组成部分的商业银行审计，其发展经历了三个阶段。

第一阶段是 1983—1994 年，审计署确立的审计目标是核实盈亏的真实性和财务收支的合规性，通过查错防弊、收缴罚款等，促进金融机构规范财经纪律。这一阶段的商业银行审计模式基本属于账项基础审计模式，审计方法是以大量的凭证、账簿、财务报表等为基础进行逐项审查的详细审计，审计内容局限于银行收支情况。在这一期间，以 1987 年我国历史上第一家向社会公众公开发售股票的商业银行——深圳发展银行的上市为标志，商业银行审计开始纳入我国注册会计师审计业务范围，包括资产负债表和利润表在内的财务报表审计和制度基础审计模式开始在我国商业银行中得到应用。

第二阶段是 1995—2000 年，以《审计法》的实施（1995 年 1 月 1 日实施）为标志，逐步探索完善对金融机构资产负债损益审计的新路子，金融审计逐步向法治化、规范化迈进。商业银行审计的内容从财务收支扩展到银行的业务经营、信贷资产质量，再到银行的风险，审计内容不断增加；审计方法从传统的手工审计逐步发展到计算机辅助审计；商业银行审计实务中开始重视对商业银行内部控制的有效性进行测试评价，但受审计力量和人员素质的限制，制度基础审计模式难以全面推广使用。

第三阶段是从 2001 年至今，在开展对金融机构资产负债损益审计的基础上，围绕风险、效益、管理，进一步深化审计内容，加大审计力度，对金融机构所从事的与财务收支有关的金融业务活动进行全面审计。随着上市银行由一家逐步发展为目前的多家，注册会计师审计中的商业银行审计业务范围不断扩大和内容不断增加，制度基础审计模式得到更广泛的运用，并且以《中国注册会计师审计准则》的出台为标志，风险导向的审计思想开始彰显。该阶段又分为两步：第一步是以防范金融风险为目标的风险审计。由于四大国有商业银行逐步上市，政府审计的主要任务是揭露金融领域存在的重大违法犯罪问题和风险隐患，维护正常的金融市场秩序，审计方法从以摸清家底为目的的全面审计转向揭露问题、防范风险的重点审计。第二步是以提高效益为目标的绩效审计。在维护金融市场的正常秩序和有效控制金融经营风险的前提下，审计重点转向审计机构的组织结构、金融品种与服务、风险管理措施、人力资源政策等管理活动的效率和效果。

总体来看，我国商业银行审计尚处在账项基础审计向制度基础审计和风险基础审计过渡的阶段。我国商业银行审计模式及特征见表 5-4。

表 5-4　我国商业银行审计模式及特征

项目	账项基础审计	制度基础审计	风险基础审计
时期	1983—1994 年	1995—2000 年	2001 年至今
标志	以 1987 年我国历史上第一家向社会公众公开发售股票的商业银行——深圳发展银行上市为标志，商业银行审计开始纳入我国注册会计师审计业务范围	以《审计法》的实施为标志，逐步探索完善对金融机构资产负债损益审计的新路子，金融审计逐步向法治化、规范化迈进	以《中国注册会计师审计准则》的出台为标志，风险导向的审计思想开始彰显

续表

项目	账项基础审计	制度基础审计	风险基础审计
审计目标	核实盈亏的真实性和财务收支的合规性	验证财务报表的真实公允性	第一步：防范金融风险 第二步：提高效益
审计内容和重点	局限于银行的收支情况	从财务收支扩展到银行的业务经营、信贷资产质量，再到银行风险，审计内容不断增加	第一步：揭露金融领域存在的重大违法犯罪问题和风险隐患，维护正常的金融市场秩序 第二步：审计重点转向审计机构的组织结构、金融品种与服务、风险管理措施、人力资源政策等管理活动的效率和效果
审计方法	以凭证、账簿、财务报表为基础，进行详细审计	从传统的手工审计逐步发展到计算机辅助审计	从摸清家底为目的的全面审计转向揭露问题、防范风险的重点审计

（三）我国商业银行审计制度及其不足

我国商业银行审计主要由审计署及各级审计机关负责。《宪法》《审计法》《中华人民共和国商业银行法》均规定，国有商业银行应接受审计署的审计，对其财务收支进行审计监督。

对于专门针对商业银行的社会独立审计，中国注册会计师协会于 2013 年 8 月印发了《关于提升注册会计师行业服务金融业发展能力的若干意见》，2016 年 4 月又制定了《商业银行审计指引》，以指导注册会计师执行商业银行财务报表和内部控制整合审计业务。

长期以来，金融审计除了对中央银行和金融监管机构加大审计力度外，资源主要集中在对国有资产占控股地位或者主导地位的银行业的审计上，而对证券、保险和其他非银行金融机构的审计力量尚显不足，虽然近几年这种状况有所改善，但仍存在许多审计盲区。

这种以政府审计为主体的金融审计制度安排是由目前商业银行管理的二元结构决定的，有积极的一面，但也存在不足，主要体现在：

1. 信息严重不对称

信息披露不足会导致信息严重不对称。由于国家对金融机构的审计结果并未被要求向社会公众披露，因此，广大存款人和投资者无法从市场上了解每家银行的真实财务状况和经营水平，无法准确判断各家银行的风险程度。这种信息的不透明导致了垄断性竞争和金融资源的浪费。

商业银行管理的二元结构简析

2. 委托代理关系不明

委托代理关系不能公平地反映所有关系人的利益。政府审计主要是对国有金融机构的财务收支的真实性、合法性和效益进行审计监督，代表的是国家利益。而国有商业银行要按现代企业制度进行股份制改造，意味着必须自负盈亏，并以保护投资者和存款人的利益为其主要经营目标。政府审计不能很好地反映这种委托代理关系。

3. 审计力量不足、审计监督缺乏连续性和系统性

审计力量不能满足社会要求，审计监督也缺乏连续性和系统性，防范金融风险的能力有限。按照《审计法》的规定，国有及国有控股商业银行都属于审计署及其派出机构的审计范围。我国地域辽阔、经济规模大和银行机构众多，审计力量相对薄弱。近年来，我国审计机关对四大国有商业银行进行了审计，但审计监督不连续，间隔期一般在 4 年左右，下一次很难利用上一次的审计成果。由于审计面窄和间隔时间长，不能及时发现和揭露商业银行经营存在的问题和风险隐患，因此削弱了审计监督的作用。

（四）商业银行审计的重点

1. 审查资产负债管理的有效性、真实性

国有商业银行的资产质量不高是十分突出的问题。审计人员主要对流动资产、固定资产、无形资产、流动负债、长期负债和所有者权益等项目进行审计，对商业银行的资产负债质量、盈亏状况，尤其是对资产负债比例的高低、流动资产比例的大小、支付能力的强弱、信贷资产质量的优劣等主要指标作出准确的审计判断。了解资产负债表上反映的各项资料是否真实可靠，防止资产被高估，确保资产质量，加强对不良资产的审计；了解负债结构的合理性，审查商业银行吸收的存款是否符合国家规定的范围，是否严格执行了利率政策，有无违规拆借资金等。

2. 审查损益的真实性

针对国有商业银行存在的家底不清、损益不实、会计核算不真实、造假现象严重等问题，应审查商业银行是否严格执行国家和行业的有关法律、法规，是否严格核算财务收支等。主要包括对营业收入与支出、成本费用和损益等项目进行审计。

3. 审查有价证券业务的合法性、真实性

审查证券和长短期投资项目中的有价证券发生额是否真实合法，有无利用信贷资金购买股票的现象；审查自营、代理或托管证券业务是否经过批准，有无超额代理发行，或以代理或托管之名行自营之实，尤其要审查代理股票买卖业务的操作是否符合国家的有关规定。

4. 审核财务报表填列的真实性、合法性

现行金融企业会计制度采用国际上通用的财务报表体系，由资产负债表、利润表、现金流量表、所有者权益变动表、有关附表及财务情况说明书等组成。金融审计重点审查商业银行的资产负债表是否真实、规范，有无隐瞒、虚报等人为调节数据的现象。中央银行通过商业银行的财务报表，了解整个金融业的运行状况，从而采取适当的调控措施。

5. 审查法定准备金和存贷款利率的真实性、合法性

法定准备金和利率是金融宏观调控的重要工具，因此应对法定准备金是否足额缴纳进行审计。对存贷款利率的审计主要包括存贷款利率是否正确、真实，有无为增加存款而采取不正当竞争手段等行为。

6. 审计与评价商业银行的内部控制

内部控制是商业银行防范金融风险的第一道防线，具有风险防控作用。良好的内部控制有助于增强商业银行的经营稳定性，降低商业银行的信贷风险，维持金融系统安全稳定和提升金融系统整体效率。①

审计部门在实施金融审计时，首先要对商业银行的内部控制，即对与商业银行经营与管理有关的规章制度是否完善、有效进行评价；其次要对商业银行主要业务环节内部控制实施审计，包括授信业务、资金业务、存款及柜台业务、中间业务、会计业务、计算机信息系统等。

三、商业银行审计内容

对商业银行进行审计时，可以按照商业银行的主要业务如存款、贷款、承兑汇票、提供担保等划分审计的工作要点。同时，由于商业银行的现金交易频繁、金额巨大，所以现金业务也应纳入审计的范围。

（一）现金业务审计

现金业务审计的内容包括对"库存现金""贵金属"科目的审计。之所以将贵金属归于此类，是因为贵金属的保存、流通特性与现金非常相似。

1. 基本风险

商业银行由于日常要处理大量的现金收付业务，因此会持有大量现金。另外，银行也会保存黄金、白银等贵金属。对现金的控制体现在现金收付、运送和保管的过程中，对贵金属的控制主要体现在其计量、计价、保管的过程中。容易出现的问题包括：现金短失；相关账目出现错误；相关业务的责任制有缺陷甚至缺失；在办理相关业务的过程中违反国家法规。近年来，在银行业数字化转型的大背景下，银行等金融机构线上交易笔数和额度不断增加，而线下业务交易活跃度相对较低。

【实例 5-1】商业银行数字化转型加快，部分商业银行停止办理现金业务

根据中国银行业协会统计数据，截至 2020 年，我国银行业金融机构离柜交易达 3 708.72 亿笔，同比增长 14.59%，行业平均电子渠道分流率为 90.88%。其中，手机银行交易达 1 919.46 亿笔，同比增长 58.04%。

在数字化时代，银行业的平均离柜率逐年升高，业务线上化趋势明显，商业银行加快数字化转型速度、加码线上业务力度，部分民营银行甚至开始停办现金业务。例如，2022 年 1 月初，作为民营银行的辽宁振兴银行发布公告称，该行将于 2022 年 3 月 1 日起停办柜面现金存取款、零钱兑换、残损币兑换、自助设备存取款等现金业务。该行同时表示，如果客户持有该行借记卡，可继续在带有"银联"标识的他行 ATM 机办理现金取款业务，也可以通过该行手机 App 等渠道办理资金转账业务。

① 其他教材认为，商业银行内部控制是商业银行为实现经营目标，通过制定和实施一系列制度、程序和方法，对风险进行事前防范、事中控制和事后评价的动态过程和机制。

又如，北京中关村银行也发布公告称，该行于 2022 年 4 月 1 日起停办现金收付业务，停办渠道包括营业网点柜面和该行 ATM 机自助渠道，客户可通过该行手机App、营业网点办理除现金收付以外的其他各类业务。确需现金服务的，客户可通过该行转账至他行办理，该行免收转账手续费。

资料来源：停办现金业务 民营银行全力备战线上 [DB/OL]. 中国经营报，2022-02-12.

2. 内部控制测试和评估内容

针对上述基本风险，对现金业务的内容控制测试和评估内容如下：

（1）金库管理。在非营业时间内，所有的货币、贵金属是否都锁进金库或保险柜；金库是否装备有合格的防盗防抢报警等装置；金库的开启是否由定时锁控制；金库是否在每个营业日最晚打开、最早锁闭；金库备用现金箱是否置于一个由双层锁保护的特别隔间内；金库中备用现金的动用是否由双人监管、共同记录等。

（2）出纳员岗位职责管理。各出纳员是否持有现金并对现金的货币名称和金额进行记录；出纳员是否在其经手的交易凭证和现金封条上签字或盖章；收到客户现金时，出纳员是否向客户提供收据；出纳员在工作上是否受到严格监督，是否实行出纳岗位轮换制度；出纳员的职责是否限制在办理出纳交易的范围内，是否禁止其办理自己私人支票的收付业务，是否允许其接收非本国货币作为现金的一部分，是否禁止出纳员接触除现金日记账之外的其他会计账簿等。

（3）现金岗位安全管理。每位出纳员的工作岗位是否都装备了防盗报警装置；每位出纳员在金库中是否都拥有属于自己的隔间，用来隔夜储存自己持有的现金；每位出纳员的工位上是否都备有上锁的现金保管设施，以供出纳员离岗时存放现金；客户存取现金的营业网点是否装有防弹玻璃等防弹设施；对运钞出纳员和大额现金交易网点是否进行了特别的安全防护等。

（4）资金限额管理。对出纳员是否建立和实施了现金限额制度；各分支机构所持有的现金总额是否维持在合理的最低水准；出纳员对其持有的超额周转现金是否进行特别的防护。

（5）现金核查管理。所有出纳员的现金总额是否每日都与中央复核部门所加总的现金总额核对相符；出纳员所持有的现金是否定期由指定专人进行突击核点，对核点情况是否记录并保存；在每位出纳员度假之前或突然离岗超过一天以后，是否对该出纳员的现金进行清点。

（6）长短款①管理。出纳长短款是否按日结清；是否记入按出纳员设置的出纳长短款账户，以反映各出纳员累计发生的出纳长短款总金额；出纳经理是否审核现金出纳长短款账户。

（7）贵金属的计价、记账管理。贵金属是否全部入账；初始及期末按成本与

① 现金长短款是指在盘点和核对库存现金时，发现的除挪用现金、白条顶库、超限额留存现金等情况以外，导致现金日记账余额与库存现金数额不符的情况。

可变现价值孰低计量时的计量、入账价值是否正确；期末按成本与可变现价值孰低计量时价格标准的判断依据是否充分。

3. 实施符合性和实质性测试

在对银行的内部控制进行测试之后，可以根据对内部控制的初步判断，开始安排符合性和实质性测试。测试内容如下：

（1）清点出纳系统的全部现金，对出纳员持有的现金及金库中的贵金属进行突击清点，观察和验证出纳员是否遵守安全和控制制度。

（2）清点备用现金并将其与出纳员报告的现金总额及“库存现金”总账余额进行试算平衡，将金库中清查到的贵金属种类和数量与明细账及总账进行核对。

（3）全面评价现金控制制度的充分性、有效性和效率性以及出纳运作的质量。

（二）存放同业和同业存放业务审计

“存放同业”科目核算银行存放于境内、境外银行和非银行金融机构的款项。“同业存放”科目核算银行吸收的境内、境外金融机构的存款。虽然“存放中央银行款项”科目与前两个科目在性质上并不完全相同，但因为它们均记录银行款项的对外存放，因此也将其归于这类业务，一同进行审计。

1. 基本风险

银行存放同业与同业存放业务中常常出现以下风险：挪用存放同业资金，并导致存放同业账户出现透支情况；账务上漏记存放同业资金或同业存放资金；备付金准备不足；存放同业账户上闲置资金过多；从同业存放账户或存放同业账户中错误付款或重复付款，且款项无法追回导致资金损失；未能识别伪造汇票。

2. 内部控制测试和评估内容

针对上述基本风险，对存放同业和同业存放业务的内部控制测试和评估内容如下：

（1）不相容职务及业务记录管理控制。是否指定专人负责支用存放同业账款；账户调节人员是否被禁止拥有支取存放同业账款的权力；是否禁止账户调节人员处理现金、现金项目或有价证券，是否禁止其进行账务处理；是否把资金调拨职责、授权职责和账户调节职责分离开来，一人一职；是否对空白汇票实行共同保管。

（2）业务授权管理控制。对各授权人员的身份及权限范围是否进行了明确的规定；所有汇票是否都进行事先编号，且根据不同的账户行（即汇票的付款行）编制不同序列的号码；在采用签字盖印机签署汇票的情况下，是否对签字机进行特别控制；本行关于存放同业事项的政策是否由董事会制定和批准执行；本行的开户行是否经董事会批准指定。

（3）往来业务管理控制。在同业存放账户下发生借记（即付款）事项时，是否向有关代理行（即在本行存入款项的其他银行）编发正式的借记通知书（即付款通知书）；在存放同业账户下发生贷记（即收款）事项时，是否向有关代理行编发正式的贷记通知书（即收款通知书）。

（4）对账管理控制。存放同业账户的收付款通知书、已付汇票和对账单是否直接寄给本行独立的账户调节部门（或岗位）；是否定期向代理行寄发对账单，将对账单直接寄给代理行的对账部门；是否建立日常的账户调节制度；是否指定一名职员或监督人员负责定期正确地调节账户；是否保持完整的账户调节记录，并由监督人员进行审核；利息支付，收入的计算、记录、审核是否有专人负责；对本行的每一开户行是否都设有一个明细存放同业账户与之对应；是否根据对账单定期对差异项目进行逐个调节，以列出每个差异项目的发生日期和金额；是否对对账单的更改进行审核。

（5）账户头寸分析管理控制。在存放同业账户中是否只存有有限的资金，以供代理行对盖印签字的汇票进行付款；是否由高级经理人员对本行头寸表进行审核，根据向代理行提供的服务范围对同业存放余额进行具体分析，确保本行从代理行账户中所获利益大于本行存放代理行资金的机会成本与本行的服务费用之和；是否在存放同业账户中保留必要的余额，并定期将余额情况向主管账户头寸的人员进行汇报，以便将多余的头寸进行投资，或对不足的头寸进行拆借补足；是否根据既定的频率计划，对存放同业账户定期进行调节；是否制定了账户平均余额方针，用以指导确定在每个开户行中存放的平均余额；对本行有关存放同业与同业存放的政策是否每年审议一次；是否按存款账户的控制制度来控制同业存放账户；是否对同业存放账户进行特别的控制；是否制定了有关核销调节项目的方针。

（6）汇票签发管理控制。审查汇票的签发、承兑签发后 6 个月未清偿的汇票是否有特别的控制；是否将已付汇票逐一或按总额与对账单进行比较核对。

3. 实施符合性和实质性测试

在对内部控制进行分析判断的基础上，再进行符合性和实质性测试。测试内容包括：

（1）通过分析内部控制决定实质性测试的范围和具体实施办法；

（2）确认“存放同业”“同业存放”“存放中央银行款项”账户总账、明细账余额及各账户余额是否合乎要求；

（3）确认存放同业账户的调节表相关金额；

（4）审核存放同业账户和同业存放账户的活期余额；

（5）确认存放同业账户定期余额产生的利息收入和同业存放账户定期余额产生的利息支出的实际金额与计算金额是否相符。

（三）投资业务审计

与投资相关的科目比较多，商业银行用到的科目包括“交易性金融资产”“债权投资”“其他债权投资”“其他权益工具投资”“衍生金融资产”“买入返售金融资产”“长期股权投资”“长期股权投资减值准备”“投资性房地产”“投资性房地产累计折旧（摊销）”“投资性房地产减值准备”“交易性金融负债”“衍生金融负债”“卖出回购金融资产款”“利息收入”“投资收益”“公允价值变动损益”等。

1. 基本风险

投资业务的基本风险包括：投资本金不能收回，甚至发生损失；对购入的有价证券保管不善，发生票券丢失或被盗的情况；对投资业务不按银行业或公认会计原则的要求进行会计处理，造成会计核算混乱；投资及其收益核算不规范，发生挪用、侵吞相关资金、利息的情况；挪用或侵吞用来购买有价证券的资金、出售有价证券所得的资金、证券到期收回的资金以及应收的证券利息。

2. 内部控制测试和评估内容

针对上述基本风险，对投资业务的内部控制测试和评估内容如下：

（1）授权制度管理。本行的总体投资战略和投资政策是否正式成文，并经董事会批准执行；董事会或其下属的投资委员会是否对投资证券的购买、出售和调换进行了正式授权；是否只有经董事会或投资委员会指定的人员才有权发起投资交易；在董事会或投资委员会的会议记录中是否记录了投资交易的批准决定；本行投资业务的经纪人是否经董事会慎重选择和正式批准。

（2）不相容职务的管理控制。负责试算平衡的职员是否与投资证券的交易授权、收发保管、账务记录等职责没有直接关联；投资明细账的记账职责是否与投资业务的实际执行职责相分离，即负责记账的职员是否被禁止发起投资交易或被禁止接触投资证券；投资会计报告的编报人员是否被禁止拥有投资权限；报告的内容是否经监督人员的复核和审查；每笔投资交易的原始凭证是否由不负责发起投资的职员进行审核。

（3）账务管理的控制。投资会计系统中所记录的数据是否能满足合理确定应计利息收益和证券利得或损失的需要；上述数据是否由来自独立渠道的充分证据（如经纪人开具的发票、代理行的通知等）进行证实；对投资证券是否进行了明细账记录，投资明细账是否按月与投资总账进行试算平衡；是否根据投资的性质将其记入相应的科目。

（4）证券安全管理的控制。购入的各种投资证券在可能的情况下是否都由代理行（或代保管机构）进行保管；在证券由代保管机构代为保管的情况下，本行是否持有代保管收据；存放在本行内的证券是否由双重锁锁存，并对其实行共同保管制度；对双重锁钥匙采取的防范措施是否达到任何一人都不可能同时拿到两把钥匙的安全程度；归本行拥有的证券是否与不归本行拥有但由本行持有的证券分开存放；对投资证券的移动是否实行了双重控制，如证券的入库或出库是否由两人签字等。

（5）投资收益核算管理控制。是否对投资收益作出预算；投资收益是否由独立于投资授权和明细记账这两项职责的职员负责收取和存放；投资证券的利得和损失是否在实现时进行计算和确认；对不能赎回的投资证券进行核销是否经过董事会批准；对持有的投资证券是否定期审查其信用级别和市场价值；是否及时、准确地反映和披露公允价值的变动；本行的投资业绩与其他投资机构相比，是否在证券的信用等级、到期期限和实际收益率上具有优势。

3. 实施符合性和实质性测试

在对内部控制进行分析判断的基础上，再进行符合性和实质性测试。测试内容包括：

（1）对有关的总账与所属的明细账进行试算平衡；

（2）核实已入账的各类投资实际存在情况及账务处理是否符合管理当局的投资意图；

（3）详细分析投资业务的处理过程是否符合企业会计制度的相关规定，对账户的分类是否正确；

（4）审查投资交易的审批手续是否合法、合规；

（5）审查各项投资的成本价及按公允价值计价的投资的公允价值变动的计算、处理是否合理；

（6）审查到期收回或售出的投资项目是否正确入账；

（7）审查投资利得和损失是否正确入账，与相关的投资记录是否相符；

（8）审查应收利息、累计折价摊销和累计溢价摊销金额是否正确，利息的相关计算与债券的相关账务是否相符；

（9）审查利息收益、折价摊销和溢价摊销金额是否正确；

（10）审查投资性房地产租金的计算是否正确，是否收回现金；

（11）审查双重控制是否有效，有关凭证是否健全，查证有关信息的准确性；

（12）对存在长期股权投资的企业，审查其应收股利中因长期股权投资应收回利润部分的计算、核算是否正确。

（四）商业贷款和抵押品管理业务审计

商业贷款是商业银行的重要业务。与之相关的科目主要有“拆出资金”“发放贷款和垫款”“向中央银行借款”“拆入资金”“吸收存款”“应收利息”“应付利息”“利息收入”“利息支出”等。

1. 贷款主要流程

（1）一般贷款流程如下：

①受理贷款申请，调查借款人的信用状况；

②办理贷款支付，建立会计记录；

③负责收贷收息；

④监控贷款的执行情况；

⑤建立和审查贷款档案。

商业银行一般贷款流程如图 5-3 所示。

（2）抵押贷款流程如下：

① 受理贷款申请，调查借款人的信用状况，以及对抵押财产进行评估，据此作出贷款决策；

② 办理贷款资金的支付，建立会计记录；

③ 妥善办理和保存与贷款有关的各种文件；

④ 负责贷款的会计核算和编制会计报告；

⑤ 监控贷款的执行情况；

⑥ 负责抵押品的收入、保管和发还工作。

商业银行抵押贷款流程如图 5-4 所示。

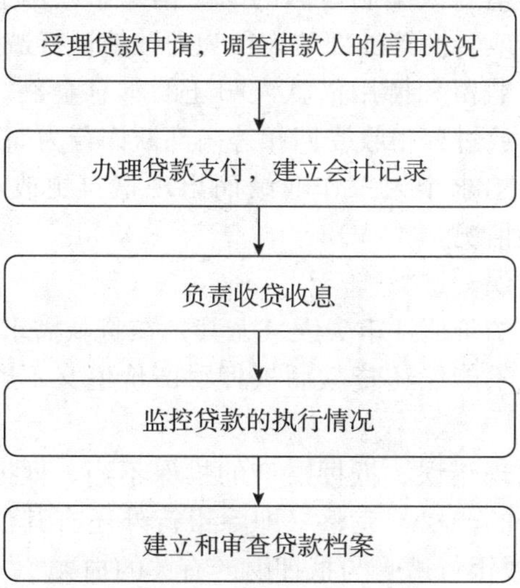

图 5－3　商业银行一般贷款流程

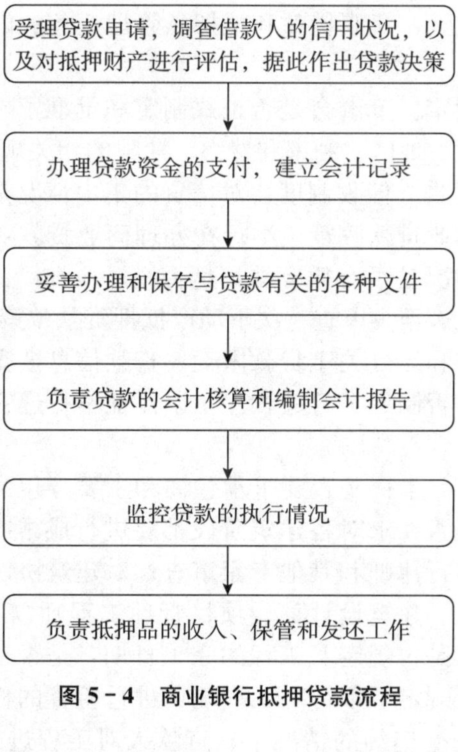

图 5－4　商业银行抵押贷款流程

2. 贷款及抵押品管理业务的基本风险

(1) 贷款政策制定不完善，执行不力，造成信贷过于集中，贷款信息不准确和不完整，银行遭受较大的信贷损失。

(2) 贷款使用监督不力或贷款发放监督不慎，致使贷款失去安全性。

(3) 因违法拆贷而受到法律或法规的处分、罚款或其他制裁。

（4）无法识别如借款人编制虚假的财务信息，以伪造的证券作为抵押品，以及对抵押品进行挪用或转换等外部欺诈行为而致使银行遭受损失。

（5）因内部人员截留和挪用借款人归还的本息金额，侵吞抵押品，捏造虚假贷款，以及在贷款发放过程中收受回扣等内部欺诈行为而致使银行遭受损失。

（6）个别职员为追求个人工作业绩而出现擅自更改与贷款账户有关的信息、隐瞒逾期贷款信息等情况。

（7）账务处理错误。

（8）对抵押财产的价值评审失误（尤其是在贷款需求较旺盛的情况下），导致贷款到期后，借款人不能偿还贷款而抵押财产价值又不够抵补贷款本息，使银行遭受损失。

（9）抵押契约出现错误、抵押财产的投保不当、抵押财产留置权税负由银行负担，以及抵押财产的产权不完整（即除银行外还有其他人对抵押财产享有优先留置权或权益），导致银行遭受与抵押财产有关的损失。

（10）保管措施不严造成质押财产的损害、灭失。

3. 内部控制测试和评估内容

针对上述基本风险，商业贷款和抵押品管理业务的内部控制测试和评估内容如下：

（1）贷款政策制定。董事会是否正式制定和批准了本行的总体贷款政策；是否有贷款限额、规模、地区、利率和费率、期限的相关规定及独立监督执行政策；对拖欠贷款是否有报告、催收制度；对信贷的集中情况是否进行定期报告；每年是否至少审查一次商业贷款政策；本行在办理商业贷款业务中是否遵守了有关的法律和法规，遵守情况是否有凭有据，是否经过检查；是否具有合适的不动产抵押贷款政策；每年是否至少审查一次不动产抵押贷款政策；是否制定了有关程序，以保证本行遵守国家和地方关于贷款限额、贷款信息披露以及反歧视和高利贷等内容的法律规定；是否制定了有关程序，以保证本行遵守贷款担保机构或贷款保险机构的要求。

以建筑贷款为例，本行是否要求承包商和主要分包商就其专业技能提交充分的证明文件；本行是否要求对各建筑阶段都要进行成本明细估算；建筑协议和贷款协议是否需要经本行律师和其他专家审查；对建筑协议的更改是否必须经过本行律师、长期贷款人、建筑设计商、项目管理工程师以及主要租户的书面批准；建筑协议和贷款协议是否规定了工程的完工日期，是否禁止在本行没有批准的情况下擅自开工，是否规定了本行对工程现场进行检查的权力和按工程进度支付贷款的权力，以及在发生违约的情况下，贷款人对工程进行及时全面控制的权力；是否只有在对工程的现场检查报告得到审查通过后，以及只有在承包商、借款人、现场检查员和信贷员进行书面授权后，才能对贷款按事先安排好的计划进行支付；本行是否持有承包商支付代扣的员工税款、建筑工程保险费、工人补偿保险费和公共义务保险费的凭证；在董事会或贷款贴现委员会的会议记录中是否记录了对抵押财产估价人员进行授权的内容；本行的律师是否对长期贷款人所作出的赎回承诺的可接受性进行了审查；本行是否审查长期贷款人的财务报表，以确定其承担财务责任的能力。

(2) 有关票据的管理。对借款人提交的贷款票据是否进行连续编号，并记入票据登记簿；在营业时间内，是否对票据进行安全保护；在非营业时间内，是否将票据存入保管库中妥善保管；所有的票据是否经信贷员签署；是否禁止本行职员持有借款人已签字的空白票据。

(3) 贷款支付的管理。贷款是否采用本票或采取转存借款人账户的方式进行支付。

(4) 贷款人信息管理。对所发放的每笔贷款，是否都相应地保存有经借款人签字的借款申请书；是否为每个借款人建立了信贷档案并保证规定内容齐全（一般包括借款目的、支付方式的说明，偿还计划，调查报告，财务报表等）；对信贷档案中更新、补充的信息（如借款人应提交最近一期的财务报表），是否有一定的控制程序予以保证；是否将已清偿贷款项下的票据或有关文件及时退还给借款人；是否在退回的票据或有关文件上加盖了“已清偿”戳记，表示票据或文件已经注销；对去向不明的文件，是否制定了系统追查程序；是否指定专人负责检查关闭贷款账户后所有文件的起草、执行及存档情况。

(5) 不相容职务管理。贷款的记账是否与票据签发分开；进行贷款明细账与总账之间的试算平衡同办理、记录商业贷款明细账的职能是否分开；对贷款余额进行查询的职员是否不接触现金；调整贷款的文件是否由不接触现金的职员进行核验；负责发出预期贷款通知的职员是否不接触收款；不动产抵押贷款明细账的建账和过账工作，是否由不接触现金或无权签发本票和汇票的职员负责；贷款明细账与总账之间的调节事项是否由不接触现金的职员进行查询；贷款明细账与总账之间的试算平衡是否经常进行，进行这项工作的职员是否不负责办理不动产抵押贷款业务和登记不动产抵押贷款明细账。

(6) 账务处理管理。贷款利息是否按期计算入账并与贷款相核对；贷款明细账是否按日记账、过账并与贷款总账进行核对调节；是否将商业贷款分录记入了日记账并每日与总账进行核对调节；对作为抵押品的证券所产生的利息，是否采取了及时、充分的会计处理；不动产抵押贷款明细账是否按日过账，是否按日与贷款总账进行核对调节；是否将不动产抵押贷款分录记入了日记账，是否每日将日记账与总账进行核对调节；本行已持有其产权证书的抵押财产是否在账务上转作本行拥有的其他不动产。

(7) 抵押程序管理。不动产抵押贷款承诺是否以书面形式发出；在贷款文件档案中是否保存有经借款人签字的每笔不动产抵押贷款申请书；是否设有专人负责不动产抵押贷款文件的档案工作；是否编制文件清单以保证贷款文件按要求收妥和存档；本行是否持有抵押财产所有者支付不动产税和灾害保险费的文件凭证。

(8) 抵押品管理。在收到借款人交来的抵押品时，是否开具一式多联和预编号码的抵押品记录单；记录单是否至少包括三联（一联作为客户的收据，一联作为抵押品的明细账记录，一联作为抵押品登记副本）；对可流通抵押品，是否由两人共同保管；两位保管员在抵押品的收发环节是否都在抵押品记录单上签字；是否把作为抵押品的股票与这种股票的授权转让书分开保存；从保管库里临时提取用来抵押的证券，是否采用了预编号码的出库单进行控制；对所有抵押品的价值和状况，是否采取了充分的程序进行监控；是否采取了充分的程序，以确保本行在必要时能立即对抵押品进行清算变现。

商业银行抵押品管理流程及内部控制审计要点如图 5－5 所示。

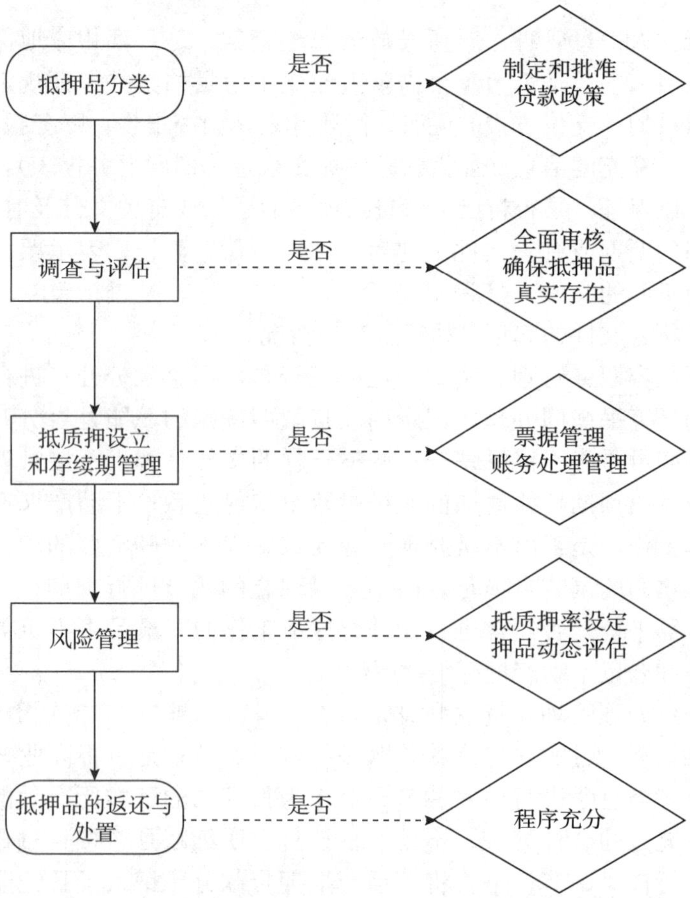

图 5－5　商业银行抵押品管理流程及内部控制审计要点

（9）逾期贷款管理。对逾期贷款，是否采取了系统的和不断强化的程序进行跟踪催收，如及时向逾期借款人发送逾期通知书；对于逾期贷款、有问题贷款和未清贷款承诺总额，是否采取了系统的程序向董事会进行报告。

4. 实施符合性和实质性测试

在对商业银行贷款内部控制分析评价的基础上，进行符合性和实质性测试。测试内容如下：

（1）对贷款余额进行试算平衡，核对明细账、总账余额；

(2) 选取具有代表性的贷款样本，核对有关文件、支付凭证、跟踪记录、利息收取凭证、本金收回凭证等内容；

(3) 直接与借款人确认抽样贷款余额；

(4) 审查所有的非正常贷款（包括逾期贷款、利息未按期收回的贷款、重整贷款以及商业贷款部门认定的有问题的贷款）；

(5) 对重要贷款项下的票据进行大比例抽查；

(6) 盘点贷款抵押品，并与抵押记录进行核对；

(7) 有重点地审查信贷档案。

除了对以上商业银行主要业务的审计之外，还要注意审计地方商业银行股份制运作的规范性。例如，组织机构中股东大会、董事会、监事会的设立和行长的任职资格问题；公司章程是否对公司股东、董事、监事、行长具有约束力的问题；股东大会的职权、议事方式、表决程序的合法、合规性问题。另外，还有所有者权益中各项资本成分的数量及比重、资本充足率问题；资本公积、盈余公积、公益金的获得、提取、使用是否符合法定要求；利润分配的行为是否合法、顺序是否合规；未分配利润是否真实等问题。

商业银行审计的主要内容见表5-5。

表5-5 商业银行审计的主要内容

审计内容	基本风险	内部控制测试和评估内容	符合性和实质性测试
现金业务审计	现金短失；相关账目出现错误；相关业务的责任制有缺陷甚至缺失；在办理相关业务的过程中违反国家法规	金库管理；出纳员岗位职责管理；现金岗位安全管理；资金限额管理；现金核查管理；长短款管理；贵金属的计价、记账管理	清点出纳系统的全部现金，对出纳员持有的现金及金库中的贵金属进行突击清点；清点备用现金并将其与出纳员报告的现金总额及“库存现金”总账余额进行试算平衡，将金库中清查到的贵金属种类和数量与明细账及总账进行核对；全面评价现金控制制度的充分性、有效性和效率性以及出纳运作的质量
存放同业和同业存放业务审计	挪用存放同业资金导致存放同业账户透支；漏记存放同业资金或同业存放资金；备付金准备不足；存放同业账户上闲置资金过多；从同业存放或存放同业账户中错误付款或重复付款，且款项无法追回导致资金损失；未能识别伪造汇票	不相容职务及业务记录管理控制；业务授权管理控制；往来业务管理控制；对账管理控制；账户头寸分析管理控制；汇票签发管理控制	通过分析内部控制决定实质性测试的范围和具体实施办法；确认“存放同业”“同业存放”“存放中央银行款项”账户总账、明细账余额及各账户余额是否合乎要求；确认存放同业账户的调节表相关金额；审核存放同业账户和同业存放账户的活期余额；确认存放同业账户定期余额产生的利息收入和同业存放账户定期余额产生的利息支出的实际金额与计算金额是否相符

续表

审计内容	基本风险	内部控制测试和评估内容	符合性和实质性测试
投资业务审计	投资本金不能收回，甚至发生损失；有价证券保管不善，出现丢失或被盗；对投资业务不按银行业或公认会计原则的要求进行会计处理，造成会计核算混乱；投资及其收益核算不规范，挪用、侵吞相关资金、利息；挪用或侵吞用来购买有价证券的资金、出售有价证券所得的资金、证券到期收回的资金以及应收的证券利息	授权管理制度；不相容职务的管理控制；账务管理的控制；证券安全管理的控制；投资收益核算管理控制	对有关的总账与所属的明细账进行试算平衡；核实已入账的各类投资实际存在情况及账务处理是否符合管理当局的投资意图；详细分析投资业务的处理过程是否符合企业会计制度的相关规定，对账户的分类是否正确；审查投资交易的审批手续是否合法、合规；审查各项投资的成本价及按公允价值计价的投资的公允价值变动的计算、处理是否合理；审查到期收回或售出的投资项目是否正确入账；审查投资利得和损失是否正确入账，与相关的投资记录是否相符；审查应收利息、累计折价摊销和累计溢价摊销金额是否正确，利息的相关计算与债券的相关账务是否相符；审查利息收益、折价摊销和溢价摊销金额是否正确；审查投资性房地产租金的计算是否正确，是否收回现金；审查双重控制是否有效，有关凭证是否健全，查证有关信息的准确性；对存在长期股权投资的企业，审查其应收股利中因长期股权投资应收回利润部分的计算、核算是否正确
商业贷款和抵押品管理业务审计	贷款政策制定不完善，执行不力；贷款使用监督不力或贷款发放监督不慎；因违法拆贷而受到法律或法规的处分、罚款或其他制裁；无法识别外部欺诈行为；因内部欺诈行为使银行遭受损失；个别职员擅自更改与贷款账户有关的信息、隐瞒逾期贷款信息等情况；账务处理错误；对抵押财产的价值评审失误；抵押契约出现错误，抵押财产的投保不当、留置权税负由银行负担、产权不完整等；质押财产的损害、灭失	贷款政策制定；票据管理；贷款支付的管理；贷款人信息管理；不相容职务管理；账务处理管理；抵押程序管理；抵押品管理；逾期贷款管理	对贷款余额进行试算平衡，核对明细账、总账余额；选取具有代表性的贷款样本，核对有关文件、支付凭证、跟踪记录、利息收取凭证、本金收回凭证等内容；直接与借款人确认抽样贷款余额；审查所有的非正常贷款；对重要贷款项下的票据进行大比例抽查；盘点贷款抵押品，并与抵押记录相核对；有重点地审查信贷档案

第四节 保险业务审计

一、保险业务概述

（一）保险与再保险

保险是指投保人根据合同约定，向保险人支付保险费，保险人对于合同约定的可能发生的事故所造成的财产损失承担赔偿保险金责任，或者当被保险人死亡、伤残、疾病或者达到合同约定的年龄、期限时承担给付保险金责任的商业保险行为。根据保险标的的不同，保险可分为人身保险和财产保险。再保险是指保险公司将其承担的保险业务，部分转移给其他保险公司的经营行为。

（二）保险公司及管理机构

保险业务一般由保险公司承担。保险公司是指经金融监管总局批准设立，并依照《中华人民共和国保险法》（简称《保险法》）和《公司法》登记注册的公司法人，是销售保险合约、提供风险保障的公司机构。按照经营方式分类，保险公司可分为直接保险公司和再保险公司；按照业务性质分类，保险公司可分为人身保险公司和财产保险公司。保险公司收取保险费后，将保险费所得资本投资于债券、股票、贷款等资产，建立保险费基金；当保险事故发生时，保险公司有义务运用上述资产所得收入支付按照保单所确定的保险赔偿，以弥补被保险人的经济损失。直接保险公司是指向投保人签发保单、直接承担保险责任的保险公司。再保险公司是指专门从事再保险业务、不直接向投保人签发保单的保险公司。再保险分出公司是指将其承担的保险业务，部分转移给其他保险公司的保险公司。再保险分入公司是指接受其他保险公司转移的保险业务的保险公司。分出业务是指再保险分出公司转出的保险业务。分入业务是指再保险分入公司接受分入的保险业务。

设立保险公司的条件主要有：有符合《保险法》和《公司法》规定的章程；有符合《保险法》规定的注册资本最低限额；有具备任职专业知识和业务工作经验的高级管理人员；有健全的组织机构和管理制度；有符合要求的营业场所和与业务有关的其他设施。

金融监管总局在审查保险公司的设立申请时，应当考虑保险业的发展和公平竞争的需要。

（三）保险业务

保险业务根据业务种类可分为财产保险业务和人身保险业务。两者在性质、形式、享有权利和承担责任的内容上，都具有各自的特点。

（1）财产保险业务。财产保险业务是指保险公司以财产及其有关利益为保险对象的业务。这里的财产既包括有形的财产，如房屋、汽车、商品等，也包括无形的财产，如财产权利、财产责任、预期收益等。财产保险业务以财产及其利益为保险对象，由投保人交付保险费，形成保险基金，当保险财产及其利益在保险事故中遭受损失时，由保险公司赔偿保险金。财产保险业务作为保险业务的两大基本类别之一，还可以进行细分，具体可分为财产损失保险业务、责任保险业务和信用保证保险业务。

（2）人身保险业务。人身保险业务是以人的寿命和身体为保险对象的保险业务，分为人寿保险业务、健康保险业务以及人身意外伤害保险业务等。

二、保险业务审计概述

（一）保险业务审计的内容

保险业务审计是审计机关依法对保险公司的会计资料及其所反映的相应业务、财务收支情况进行的监督和审查核实。保险业务审计包括以下内容：审查保险展业、防灾和理赔工作是否合法合理、真实有效；审查财务收支和各项经济活动是否正确、真实，以及是否管好用好流动资金；对固定资产管理进行监督检查；对专项基金进行监督检查；对保险公司偿付能力进行监督检查；对内部控制制度的健全性、有效性及执行情况进行监督检查。

（二）保险业务审计的主要风险

保险业务审计的风险来源于保险公司业务的特点。

首先，由于保险公司的产品是保险合同，而与合同相关的是一系列的不确定性问题，这些问题一直到保险合同到期才能有确定的答案。以寿险合同为例，寿险合同期限一般很长，与其相关的实际死亡率、投资回报率和通货膨胀率与订立保单时的预期常常会出现较大的差距，从而使保险公司的经营产生较大的风险；财险合同也面临预期损失率与实际损失率发生重大偏差的经营风险。这些业务的不确定性为审计判断带来了较大的风险。

其次，保险资金投资结构不断变化，投资渠道也日益多元化，这在加大保险资金投资风险和保险公司经营风险的同时也增加了审计风险。

再次，由于保险行业有准备金、其他负债准备金和再保险准备金的要求，保险公司需要充足、可靠、客观地提取各类准备金，以具备足够的偿付能力，并实现风险的有效转移。这是保险业务审计中的一个重要风险点。

最后，保险公司复杂的管理体制和业务经营模式既增加了保险公司的经营风险，也加大了审计风险，这是一个复杂的审计难点。

保险公司的风险识别应从风险源、风险标的、危害及危险因素四个方面入手。

第一，通过识别风险源，可以分析出保险公司所面临的外部环境风险，通常包括物质环境风险、社会环境风险、政治环境风险、法律环境风险、技术环境风险、经济环境风险，金融环境风险等。它们是保险公司风险的重要组成部分，因其来自外部，所以称为非保险风险。

第二，通过识别风险标的，可以认识到保险公司的主要受损标的是金融资产还是人力资本。

第三，通过识别各经营环节风险可能造成的危害，可以明确保险公司的销售、承保、定价、理赔及投资风险与危害之间的关系，从而了解整个保险公司的内部经营风险。对于保险公司而言，风险造成的最大危害就是企业破产。除此之外，风险还会使保险公司的实际收益与预期收益发生偏离，导致公司遭受损失或丧失额外收益。

第四，保险公司可以从危险因素入手，结合保险各经营环节进行风险分析。承保风险主要来自被保险人的逆向选择及道德风险，以及在外部环境作用下可保条件的弱化；定价风险的产生主要是因为违背了保险定价的基本原则，费率水平不能满足保险人支付的赔款及营业费用，以及获得合理预期利润的需要；理赔风险产生于保险理赔过程，包括审核单证、委托理赔代理人、确定赔偿责任和金额、理赔人员素质、通融赔付五个方面可能造成的损失；投资风险来自违背安全性、流动性和收益性的保险资金运用原则，保险投资后形成的金融资产组合结构风险受外界环境的影响较大，其中受利率风险的影响最大，而销售风险对保险公司的内部经营影响不大。

三、保险业务审计内容

（一）保险业务内部控制审计

1. 产品开发审计

在产品开发方面，主要审计是否成立产品开发领导和决策机构，并明确精算责任人和法律责任人的责任；是否建立并实施产品开发管理程序，对新产品的开发、论证、审核等进行控制，并对产品的销售、盈利和风险情况进行定期跟踪分析。

2. 销售管理审计

在销售管理方面，主要审计是否建立并保持书面程序，对销售人员或机构的甄选、签约、解约、薪酬、考核、档案、品质管理、宣传材料管理等进行控制；是否定期对销售人员进行专业培训和职业道德教育，建立销售人员失信惩戒机制；是否对销售过程中已识别的风险建立并保持控制程序，并将有关程序和要求及时通报销售人员或机构，确保其遵守公司相关的控制要求；是否建立并实施客户回访制度，按照有关规定确定客户回访范围和内容，对客户反馈信息进行分析整改并定期跟踪。

3. 核保核赔管理审计

在核保核赔管理方面，主要审计是否建立明确的核保核赔标准，并实施权责明确、分级授权、相互制约、规范操作的承保理赔管理机制；是否明确核保核赔人员的适任条件，定期对核保核赔人员进行培训，确保核保核赔人员具有职业操守并勤勉尽职。

4. 服务质量管理审计

在服务质量管理方面，主要审计是否建立并实施业务操作标准和服务质量标准，对销售、承保、保全、理赔等活动的服务质量进行规范管理；是否建立客户服务质量考评机制和咨询投诉处理程序，对咨询投诉处理中发现的问题进行核实、分析、反馈，以便整改和跟踪监督。

5. 再保险管理审计

在再保险管理方面，主要审计是否建立并实施科学的分保管理流程，建立职责分明、互相制约的分保机制，以合理确定自留额和分保方式，确保及时、足额进行分保。具体包括：保险经纪人是否按照与再保险分出公司的约定，及时寄送账单、结算再保险款项以及履行其他义务；是否有挪用或者截留再保险费、摊回赔款、摊回手续费以及摊回费用的问题；保险经纪人是否按照与再保险分出公司的约定，将其知道的再保险分出公司的自留责任以及直接保险的有关情况及时告知再保险分入公司等。

6. 单证、印鉴、档案管理审计

在单证、印鉴、档案管理方面，主要审计是否建立并保持控制程序，对保险单证的印刷、保管、领用、作废和核销，印鉴的刻制、保管、使用范围、使用审批、使用登记、作废和核销以及档案的保管实施控制；是否对伪造重要单证、仿制印鉴等违法违规行为进行责任追究。

7. 业务处理系统审计

在业务处理系统方面，主要审计是否建立能够对业务提供全面功能支持的稳定高效的业务处理系统；是否制定业务处理系统的管理规章、操作流程、岗位手册和风险控制制度；是否实施操作权限管理，并及时根据业务和控制需要对业务处理系统进行改进。

8. 会计处理审计

在会计处理方面，主要审计是否对不相容职务进行规定并实施定期或不定期轮岗制度；是否保持完整、准确的会计记录，并及时、完整、准确地提供会计信息，建立健全财务会计系统；是否妥善保管现金、有价证券、空白凭证、密押、印鉴等；会计处理是否遵循国家财政部门的统一规定；是否对资金进行统一管理，严格控制费用开支，实行财务双签制度；是否定期核对现金和银行存款账户，保证现金和银行存款的安全；是否建立独立的内部稽核审计部门，制定完善的稽核审计制度，并配备一定比例的专职稽核审计人员。

（二）实施符合性和实质性测试

在对保险业务内部控制分析评价的基础上，进行符合性和实质性测试，具体包括：对各账户余额进行试算平衡，核对明细账、总账余额；选取具有代表性的保险样本核对有关保险合同，保险费收取凭证，理赔、退保支付凭证，跟踪记录，投资业务有关凭证等内容；直接与经纪人、客户确认保单相关金额；审查所有的大额非正常项目（包括退保、理赔及与客户发生纠纷的项目）；对重要保险项下的合同、单据进行大比例抽查；对保费收入、赔款支出、未决赔款、险种结构、责任限额、案均赔款、损失率等数据进行核实和分析，对经营状况、险种盈亏、业务流程的管理情况作出客观评价。

此外，对保险准备金的审计要作为一项专门的重要内容进行。在《企业会计准则》所规定的会计科目中，对保险业务的准备金有比较详细的划分，包括“长期健康险责任准备金”“应收分保未到期责任准备金”“应收分保未决赔款准备金”“应收分保寿险责任准备金”“未到期责任准备金”“未决赔款准备金”“寿险责任准备金”“应收分保长期健康险责任准备金”“存出资本保证金”“一般风险准备”等科目。在对这些科目进行审计时，除了要注意核对科目金额外，还应该计算、分析其提取比例是否正确，并与相关规定进行对照，审核其合规性。

【实例5-2】中国人寿保险公司资产负债损益情况的审计

中国人寿保险股份有限公司于1949年10月设立，是国内最早经营保险业务的企业之一，也是国内寿险行业的龙头企业，总部位于北京，注册资本为282.65亿元。

本案例介绍的是，审计署在2015年对中国人寿保险（集团）公司的资产、负债、损益情况进行的审计。

中国人寿保险（集团）公司2014年度资产负债损益审计结果

（2016年6月29日公告）

根据《中华人民共和国审计法》的规定，审计署在2015年对中国人寿保险（集团）公司（简称国寿集团）2014年度资产负债损益情况进行了审计，对有关事项进行了延伸和追溯；重点审计了国寿集团本部及中国人寿保险股份有限公司、中国人寿财产保险股份有限公司、中国人寿养老保险股份有限公司、中国人寿资产管理有限公司、国寿投资控股有限公司（分别简称国寿股份、国寿财险、国寿养老、国寿资管、国寿投控）等5家子公司。

一、基本情况

国寿集团为国有独资公司，下设7家子公司和1家直属机构，其中，国寿股份在纽约、香港、上海三地上市。合并财务报表反映，国寿集团2014年年底资产总额27 467.95亿元，负债总额25 602.58亿元，所有者权益1 865.37亿元；当年实现营业收入5 375.83亿元，净利润206.24亿元。

审计结果表明，国寿集团能够贯彻落实国家经济金融政策，不断提升经营管理水平，多项业务位居行业前列，但在财务收支、重大决策制定和执行、业务经营、风险管理和内部控制以及廉洁从业方面存在一些薄弱环节。

二、审计发现的主要问题

（一）财务收支方面

（1）至2014年年底，国寿集团本部对股改中承接的历史存量保单业务，未按会计准则规定的方法计提保险合同准备金。

（2）2012年3月至2014年年底，国寿集团本部和国寿股份等5家子公司超国家规定的上限为职工缴存住房公积金共计31 519.99万元，其中2014年为11 564.22万元。审计指出后，国寿集团已于2015年7月停止超上限缴存住房公积金。

(3) 2013年至2015年6月，国寿集团本部和国寿股份、国寿资管、国寿投控3家子公司及个别下属机构在“福利费”科目中列支职工家庭财产保险费、物业费等7 462.84万元，且未纳入工资总额核算，其中2014年为2 557.53万元。

(4) 至2014年年底，国寿集团本部有65套住房长期闲置或被不符合条件的职工低价租用。

(5) 2012年至2014年，国寿股份所属江苏、上海、广东、深圳4家省级分公司通过投保后退保的方式，累计虚增保险费收入13.03亿元，其中2014年为2.68亿元。

(6) 2014年，国寿股份违反权责发生制原则，将应在2014年和2015年分摊的广告费全部在当年列支，造成2014年多计支出3 588.97万元。

(7) 2013年，国寿财险合肥、南京2家中心支公司通过退保再投保的方式拆分保单，将应计入2012年保险费收入的632.47万元人为调节至2013年。

(8) 2012年4月至2014年年底，国寿财险、国寿养老、国寿投控和中国人寿电子商务有限公司通过购买商业保险违规为职工设立补充养老保险，累计支出4 833.87万元（单位承担3 877.7万元），其中2014年为1 482.77万元。

（二）重大决策制定和执行方面

(1) 2012年4月，国寿集团违规将债权投资计划审批流程予以简化，至2014年年底，共有5个债权计划未经集体审议直接由相关领导审批通过。

(2) 至2014年年底，国寿集团有4个信托计划投资未按规定流程审批，涉及金额107.82亿元。

(3) 2012年4月至2015年4月，国寿集团本部有11个单笔100万元以上的采购事项未履行规定的集体决策程序，涉及金额2 999.96万元，其中2014年为850万元。

(4) 2013年至2015年6月，国寿集团、国寿股份、国寿投控和国寿资管等公司的部分重大投资项目存在前期调查未尽职、项目未按规定程序审议、投资款被借款单位挪作他用等问题，涉及金额84.1亿元。

(5) 至2014年年底，国寿股份未按集团要求制定“三重一大”事项实施细则。

（三）业务经营方面

(1) 国寿集团未严格按照有关政策要求积极发展农业保险、小微企业贷款保证保险和投资养老服务领域，其中2014年承保的农业保险仅占当年全国市场份额的0.97%；33家财险分支机构中只有7家开展了小微企业贷款保证保险业务，2014年保费收入仅484.84万元；2013年启动投资的4个养老项目，其中有3个项目至2015年6月尚未开工。

(2) 2013年至2014年，国寿财险郑州、南京、南通3家中心支公司通过虚挂中介业务、虚列费用等方式违规支付手续费2.33亿元，其中2014年为2.32亿元。

(3) 2012年至2014年，国寿股份北京、广东2家省级分公司存在代客户签字、未尽告知义务等销售行为，涉及保单477件。

(4) 至2014年年底，国寿股份北京、广东、深圳3家省级分公司部分员工通过个险、银保和电销渠道违规领取佣金845.98万元，其中2014年为788.06万元。

(5) 2014年，国寿财险北京市分公司承保的8笔团体意外险中，有8 634笔赔付对象不在承保名单内，涉及赔付金额564.65万元（占赔付总额的34%）。

(6) 2014年，国寿养老将2.39亿元企业年金投资于财务公司存款，超出国家规定的可投资品种范围。

(7) 2013年至2014年，国寿股份上海市分公司虚列会议费176.19万元，并将其用于销售支出，其中2014年为83.6万元。

（四）风险管理和内部控制方面

(1) 至2014年年底，国寿投控董事会未按规定设独立董事。

(2) 至2014年年底，国寿资管独立董事占董事会成员的比例未达到规定的三分之一以上；监事会成员2人，不符合监事会成员不得少于3人的要求。

(3) 至2015年6月，国寿集团本部及国寿资管等公司未按照国家相关要求及时制定完善公务接待、出国出境等管理办法。

(4) 至2015年6月，国寿集团集中采购项目评审人员未按规定从成员库中随机选择，而是由采购申请部门提出建议名单后，由相关部门直接指定。

(5) 至2015年6月，国寿集团尚未按照监管部门的要求及时建立健全保险资金风险容忍度、资产质量量化指标等风险管理措施。

(6) 在信息系统建设方面，存在数据中心建设部分功能未达到监管要求、信息系统未有效利用，以及信息系统管理不能有效防范人为调节数据风险等问题。

此外，国寿集团未能严格执行其自身制定的责任追究制度等管理制度。

（五）廉洁从业方面

(1) 2014年，国寿养老将265平方米办公室改造为内部接待餐厅，总投资277.34万元，装修费标准达每平方米8 962元。

(2) 2014年，国寿财险在原青岛保监局局长退休后聘任其担任独立董事，并违规发放独立董事津贴。

三、审计处理及整改情况

对审计发现的问题，审计署已依法出具了审计报告，下达了审计决定书。国寿集团正在组织进行整改，已制定、完善相关规章制度28项，并对相关责任人进行了处理。具体整改结果由国寿集团向社会公告。

本次审计发现的违法违纪问题线索，已依法移送有关部门做进一步调查处理。

第五节　证券业务审计

一、证券业务概述

（一）证券的含义

证券是各类财产所有权或债权凭证的通称，是用来证明证券持有人有权依票面所载内容，取得相关权益的凭证。因此，证券的本质是一种交易契约或合同，该契约或合同赋予合同持有人根据合同规定，对合同规定的标的采取相应的行为，并获得相应收益的权利。

（二）证券公司及其业务范围

根据我国2021年修订的《中华人民共和国证券法》（简称《证券法》）的规定，与证券业务有关的机构包括证券交易场所、证券公司、证券登记结算机构、证券服务机构和证券监督管理机构等。投资者按规定与证券公司签订证券交易委托协议，并在证券公司开立证券交易账户，以书面、电话以及其他方式，委托该证券公司代其买卖证券。

证券公司
主要业务内容

证券公司是指依照《中华人民共和国公司法》和《证券法》的规定设立的经营证券业务的有限责任公司或者股份有限公司。证券公司的主要业务包括证券经纪、证券投资咨询、与证券交易和证券投资活动有关的财务顾问、证券承销与保荐、证券融资融券、证券做市交易、证券自营及其他证券业务。证券交易场所是为证券集中交易提供场所和设施，组织和监督证券交易，实行自律管理的法人。证券登记结算机构是为证券交易提供集中登记、存管与结算服务，不以营利为目的的法人。因此，对证券业务的审计主要针对证券公司进行。

二、证券业务审计概述

（一）证券业务审计

实施市场经济，就必须构建证券市场。建立发展稳健、秩序井然、运行安全的证券市场，对于我国优化资源配置、调整经济结构、筹集更多社会资金、促进国民经济发展具有重要作用。但是，对于证券市场中存在的消极因素和风险，我们必须保持清醒的头脑和深刻的认识。鉴于证券业务具有的金融性特征，国家必须对证券业务进行严格的审核和监管，因此证券业务审计显得尤为必要。

《证券法》第八条规定，国家审计机关依法对证券交易场所、证券公司、证券登记结算机构、证券监督管理机构进行审计监督。因此，证券业务审计是社会主义市场经济深化发展的必然要求。

（二）证券业务审计的风险

1. 政策不完备引发的风险

我国证券业发展起步较晚，相关政策、法规尚不完善且变动频繁，这不仅导致证券公司在经营过程中面临较大的风险，同时也在很大程度上增加了审计依据的不确定性、方法的复杂性和标准的模糊性，从而进一步加大了审计风险。

2. 证券公司违规引发的风险

我国证券业在特殊的历史条件下发展，相关法律建设尚不完善，加上证券业巨大利润的诱惑，共同导致我国证券市场发育尚不成熟，证券公司有意或无意违规的现象并不少见。这势必会使审计人员面临更大的审计风险。

【实例 5-3】国泰君安“砸盘”新三板

2015 年 12 月 31 日 14:50，为执行本部门“卖出做市股票、减少做市业务当年浮盈”的交易策略，国泰君安证券股份有限公司（简称国泰君安）做市业务部对圆融科技、凌志软件等 16 只股票以明显低于最近成交价的价格进行卖出申报，造成上述股票尾盘价格大幅波动。其中，13 只股票当日收盘价跌幅超过 10%，跌幅最大达 19.93%。上述行为严重影响了多只股票的正常转让价格，扰乱了正常市场秩序，市场影响恶劣。

对于上述行为，王仕宏作为做市业务部负责人，是做市业务的直接主管人员，同时具有向他人透露做市交易策略的行为，负有主要责任。陈扬作为场外市场部总经理，召集了讨论并决定交易策略的部门会议，负有领导责任。李仲凯作为交易总监，直接指示交易员执行了当日的交易行为，负有直接责任。

故 2016 年 1 月，全国中小企业股份转让系统有限责任公司给予国泰君安公开谴责，并给予王仕宏公开谴责，给予陈扬、李仲凯通报批评的处分。2016 年 2 月 16 日，国泰君安公告称收到了上海证监局《行政监管措施事先告知书》，监管措施包括限制新增做市业务三个月等。

资料来源：国泰君安砸盘新三板股票被公开谴责 [N/OL].（2016-02-04）. 搜狐网.

请思考：

1. 新三板做市商常见的违法行为包括哪些？
2. 国泰君安及有关责任人涉嫌哪些违法行为？
3. 结合案例谈谈你对证券公司违规的个人理解。

3. 证券业务本身的风险

根据我国法律规定，证券公司必须将其证券经纪业务、证券承销业务、证券自营业务、证券做市业务和证券资产管理业务分开办理，不得混合操作。由于证券公司内部管理薄弱，这一原则得不到完全、严格的遵循，因此也会产生风险。

4. 因避税产生的风险

我国各地政府有一定的税收优惠政策自主制定权，因此一些证券公司会将收入转到亏损的总部或营业部，或将收入转到对证券公司的所得税有优惠政策的城市的营业部，而在经营所在地不办理任何手续，以达到隐藏经营收入和其他应税收入的目的。这些做法给审计人员的相关工作带来了风险隐患。

5. 计算机技术带来的审计风险

计算机技术在证券业务中的广泛应用，一方面对审计人员的计算机水平提出了较高的要求；另一方面计算机程序的人为编程错误或设计缺陷也加大了审计风险。

三、证券业务审计内容

按照财政部门的要求，从2007年起，证券公司也应根据《企业会计准则》组织自己的会计工作。

（一）证券业务内部控制审计

1. 公司经营的合规性审计

公司经营的合规性审计主要包括：审查公司（包括证券营业部，下同）是否具有经营经纪业务的许可；重要岗位（如证券营业部负责人、财务主管和信息技术主管等）是否在回避的基础上实行委派制和定期轮换制；公司负责经纪业务管理的高级管理人员是否有相应的证券从业资格；公司拨付下属证券营业部的营运资金总额是否超过其注册资本金的80%；公司对下属营业部的客户交易结算资金的管理模式是否适合公司的实际经营状况并能保证资金安全；公司的网络系统是否能随时反映或掌握所属营业部的交易情况（及时的或隔天的）；公司下属证券营业部是否以合资、合作方式设立，是否存在以承包、租赁方式经营的情况，是否有伪造、涂改、出租、出借、转让许可证的行为；公司下属证券营业部是否下设证券服务部，下设的证券服务部是否获得中国证监会的批复；公司是否下设其他远程服务终端，其远程服务终端是否以合资、合作方式设立，是否存在以承包、租赁方式经营的情况，其他远程终端是否有演变成营业场所的情况等。

2. 经纪业务控制情况审计

经纪业务控制情况审计主要包括：审查开户客户的开户证件是否合法，开户手续是否齐全；客户资料的保存是否完备；是否存在法人以个人名义开立账户的情况，是否存在个人开立多个股票账户或资金账户的情况，客户的股票账户和资金账户是怎样的对应关系，对应关系是否明确；公司有无以个人名义开立账户的情况；开户资金的存取程序和授权有无审批制度；开户取款是否要求三证齐全；公司有无为客户保密的具体措施，包括开户账户加密、清密程序；公司银证通业务的运行方式；公司办理经纪业务时，是否有统一制定的证券买卖委托书供委托人使用，采取其他委托方式的是否作出委托记录；公司接受证券买卖的委托时，是否根据委托书载明的证券名称、买卖数量、出价方式、价格幅度等，按照交易规则代理买卖证券；买卖成交后，是否按规定制作买卖成交报告单交付客户或定期寄送对账单并保证其真实性；公司接受委托卖出的证券是否为客户证券账户上实有的证券；公司接受委托买入证券是否以客户资金账户上实有的资金支付；公司办理经纪业务时，有无接受客户的全权委托而决定证券买卖、选择证券种类、决定买卖数量或者买卖价格的情况；公司有无以任何方式对客户证券买卖的收益或者赔偿证券买卖的损失作出承诺；是否存在以交易佣金分成（返佣）等不正当竞争方式吸引投资者的情况；证券交易的收费是否合理，是否公开收费项目、收费标准和收费办法；是否有不在规定时间内向客户提供交易的书面确认文件的情况，是否有挪用客户所委托买卖的证券或者客户账户上的资金的情况，是否有私自买卖客户账户上的证券或者假借客户的名义买卖证券的情况；是否有为牟取佣金收入，诱使客户进行不必要的证券买卖的情况；交易是否如实进行记录，是否有虚假记载；客户的证券买卖委托记录是否真实，并按规定的期限保存于证券公司；是否由交易经办人员以外的审核人员逐笔审核，以保证账面与实际持有的证券相一致；营业部是否存在向客户融资的行为；网上交易是否获得中国证监会的批准；公司是否与客户就网上交易安全问题签订协议；公司网上交易有无保密措施；公司对下属营业部是否实施法人集中清算；公司清算是否及时；客户的交易结算资金是否全额存入指定的商业银行，并单独立户管理；客户交付公司代管的证券有无妥善保管；公司是否存在将客户的证券借与他人或作为担保物的行为。

证券经纪业务流程及审计要点见图 5－6。

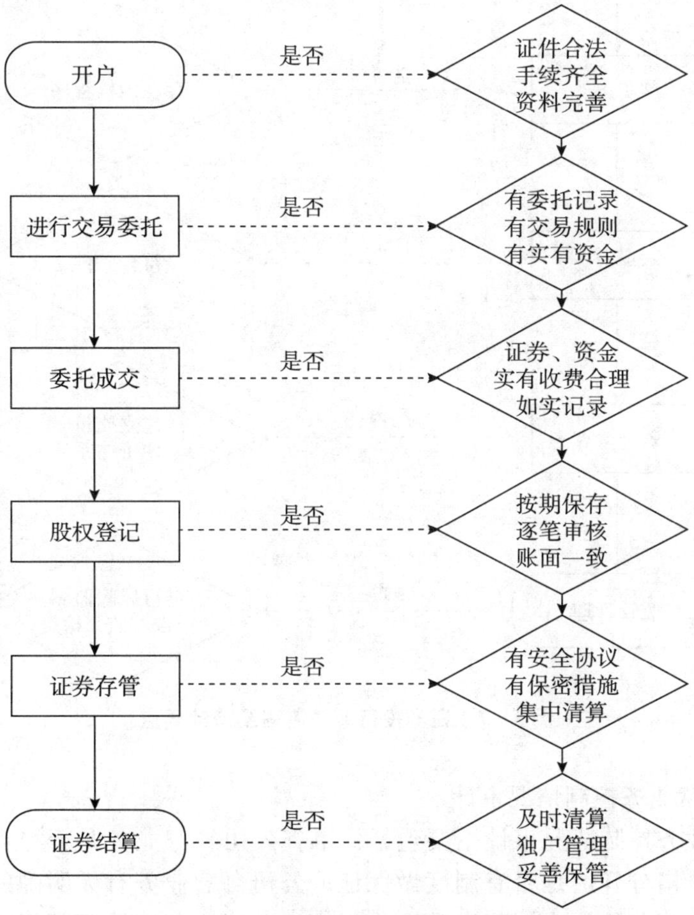

图 5－6　证券经纪业务流程及审计要点

3. 投行业务控制情况审计

投行业务控制情况审计主要包括：审查公司是否建立投行业务的风险责任制；公司是否根据投行业务和证券品种的不同而制定不同的操作流程、作业标准和风险防范措施；公司投行业务是否存在内核程序；公司是否建立发行人质量评价体系；公司在承揽业务时是否为客户提供资金或替客户贷款提供担保。

证券投行业务流程及审计要点见图 5-7。

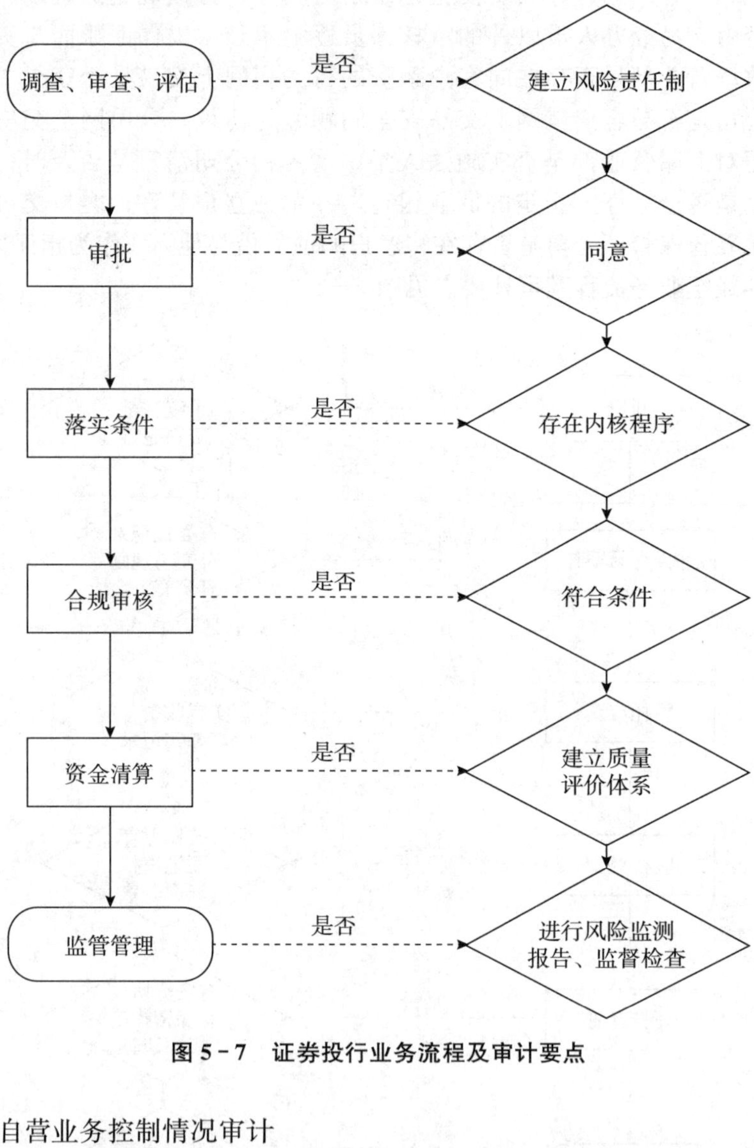

图 5-7 证券投行业务流程及审计要点

4. 自营业务控制情况审计

自营业务控制情况审计主要包括：审查公司经纪业务是否与自营业务、资产管理业务严格分开，是否有制度做保证；公司自营业务有无明确的授权、审批程序；公司自营业务的决策程序和操作程序，自营业务的管理部门、操作部门以及资金结算部门与会计核算部门是否相互分离、相互监督；公司自营业务所使用的账户是否以个人名义建立；公司有无挪用客户交易结算资金用于自营业务；公司自营业务的核算方法是否符合准则要求；公司转入下属营业部的自营资金和自营证券是否单独核算；公司有无做庄的情况；公司国债买卖是否通过公司自己的法人账户进行；公司有无出借法人账户为客户买卖国债的情况；公司自营业务有无保密措施；公司是否进行新股申购；公司是否从事过买入返售和卖出回购业务，是否还存在余额；公司是否从事过以发售代保管单等形式向个人融资的业务，是否存在余额；公司有无从其他金融机构或企业拆借资金的情况；公司是否按照监管部门和证券交易所的要求及时报送自营业务信息，报告内容是否真实、准确、完整。

证券自营业务流程及审计要点见图 5-8。

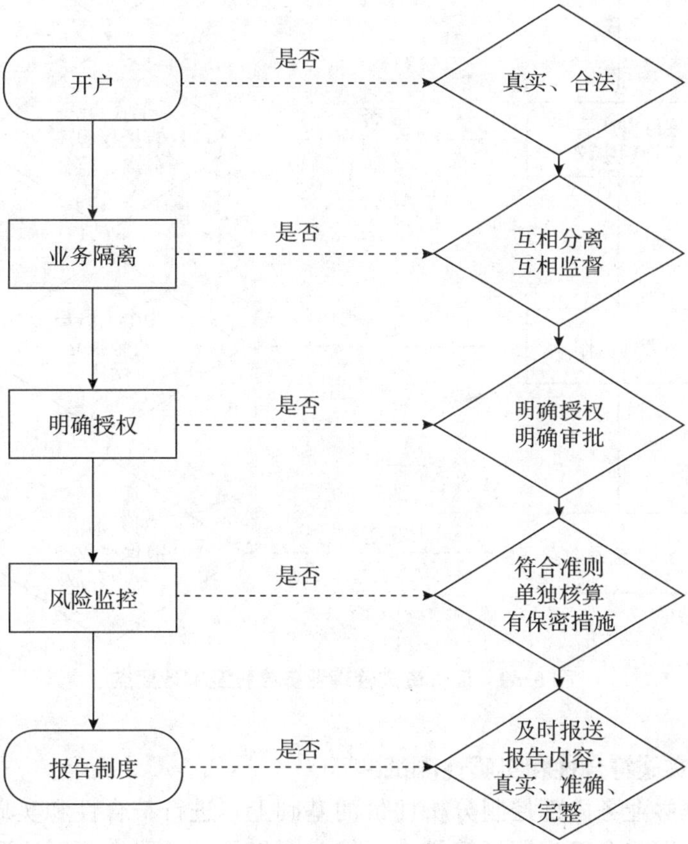

图 5-8　证券自营业务流程及审计要点

5. 资产管理业务控制审计

资产管理业务控制审计主要包括：审查公司有无专门部门负责资产管理业务，其是否统一承揽业务；公司有无以任何方式对客户受托资产的收益或者代管理资产的损失作出承诺；受托资金的投资形式是否合法；公司受托资金投资是否有明确的授权、审批程序；资产管理业务的管理部门、操作部门、资金结算部门与会计核算部门是否相互分离、相互监督；公司受托资产投资股票、债券所使用的账户是否以个人名义建立；公司转入下属营业部的用于投资的受托资金和投资证券是否独立管理；公司有无利用受托资金做庄的情况；公司有无用受托资金对外拆借的情况；公司资产管理业务的收益分成方式，是否有保底收益；公司受托资金是否专户存放，并与股民保证金分开管理。

证券资产管理业务流程及审计要点见图 5-9。

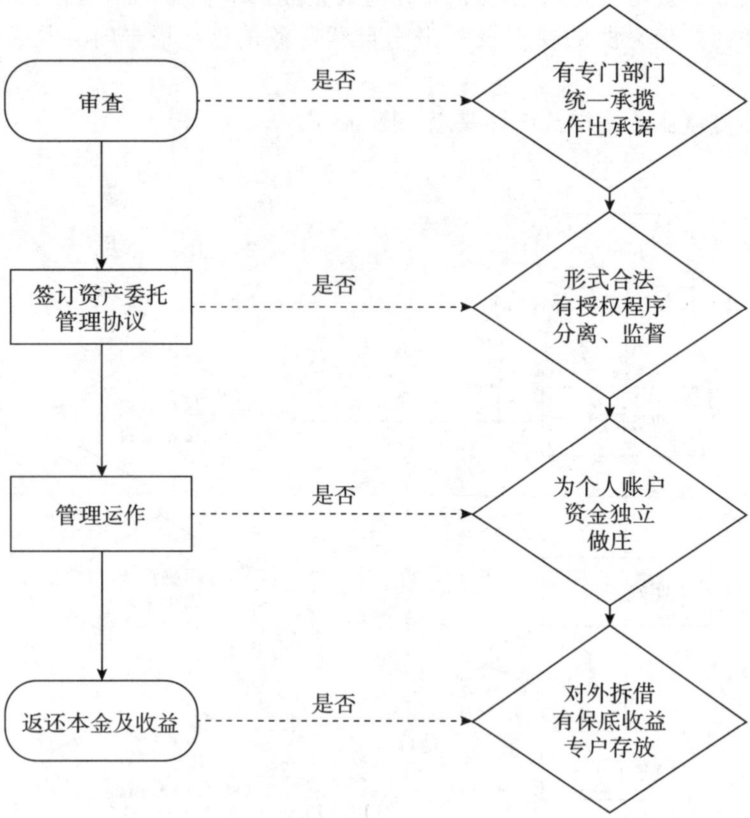

图 5-9　证券资产管理业务流程及审计要点

（二）实施符合性和实质性测试

在对证券业务内部控制分析评价的基础上，进行符合性和实质性测试，具体包括：对各账户余额进行试算平衡，核对明细账、总账余额；选取具有代表性的业务样本，核对开户、投资、保管、跟踪记录有关凭证的内容；直接与相关银行、经纪人及客户确认相关金额；审查所有大额非正常项目（包括开户、交易项目）；对大额客户的交易单据、记录进行大比例抽查、核对；对证券承销业务收入、受托客户资产管理业务收入、利息收入、投资收益等收入的金额、结构进行核实和分析，对经营状况、业务盈亏、业务流程的管理情况作出客观评价。

□ 习题

简答题

1. 简述金融审计的总体目标和具体目标。

2. 简述金融审计与金融监管的联系与区别。

3. 简述以政府审计为主体的金融审计制度安排存在的不足。

4. 简述对商业银行现金业务进行审计的必要性。

5. 简述商业银行现金业务的实质性测试内容。

6. 简述商业银行抵押品管理业务中存在的主要风险（分贷前、贷中和贷后三个环节）。

即测即评

第六章

国有企业审计

知识框架

- 国有企业审计
  - 国有企业审计概述
    - 国有企业范围
    - 国有企业审计的含义和内容
    - 国有企业审计的目标
    - 国有企业审计的方法
    - 国有企业审计的程序
  - 国有企业财务收支审计
    - 国有企业财务收支审计内容
    - 销售与收款循环审计
    - 采购与付款循环审计
    - 生产与存货循环审计
    - 筹资与投资循环审计
    - 货币资金循环审计
    - 审计案例分析与思考

本章导读

本章主要介绍国有企业和国有企业财务审计等相关内容，在全书体系中属于重点章节。通过本章的学习，学生要认识国有企业的范围以及国有企业审计的含义、内容和目标，加深对国有企业审计流程的了解，掌握各种审计方法在业务流程中的应用。国有企业领导人经济责任审计在第十章中有详细介绍，因此本章只做初步介绍；国有企业内部控制审计因与其他课程内容重复，本书不再单独编写。

引　例

“简单”的企业，“复杂”的财务收支审计

某区审计局为加强对区属国有企业的监督管理，完善国有资本监管，确保国有资本保值增值，派出审计组对区属G企业的财务收支情况进行审计。

一、审前调查，梳理“简单”企业

G企业的前身成立于1958年，是一家老牌国有企业。其下属各类企业共22家，其中，国有及国有控股企业10家，集体企业10家，挂靠管理企业2家。集体企业及挂靠企业中只涉及党政及人事监管权，不纳入区国资监管考核范围。

截至审计日，其下属国有及国有控股企业中只有1家坚持原有制造生产，其余7家企业均通过出租原有房产或资产获取收益。经调查，G企业及其下属企业仍然采用较为原始的手工记账方式，整体的财务体量也不大。审计组结合上述情况，初步梳理出G企业“简单”的组织形式，决定以手工查账为主，对G企业本部及其下属仍运营的8家企业进行财务收支审计，并对重要事项进行必要的追溯和延伸。

二、延伸下属公司，发现“复杂”问题

审计组针对G企业“简单”的业务开展审计时，主要以核查手工账为主，并对G企业本部的整体情况逐项开展审计，然而审计组并未发现问题。于是审计组决定将审计重点放在G企业的下属公司上。

S公司是G企业的下属国有全资公司，公司原主营业务属于北京市清理的“两高一低”产业，然而目前S公司已无实际经营业务，以出租房产为主。审计组在对S公司的账务审查过程中发现，S公司曾向H公司注资，且S公司与H公司存在多笔数额不等的往来款项挂账未清理，但是由于S公司财务管理水平低下，部分财务资料已丢失，导致无法核实相关业务。基于上述疑点，审计组决定对这些往来款项进行详细追查，通过进一步调查得知。H公司是一家民营企业，但是其企业法人是S公司的原法人代表。H公司已无实际经营业务，处于长期持续亏损和停业状态，这些情况进一步引起了审计人员的高度重视。

审计组随后前往S公司，通过与公司主要负责人访谈发现，S公司与H公司的多笔资金往来并未经过其上级G企业和区国资主管部门的审批。同时，由于H公司持续亏损，S公司难以及时收回与H公司之间的往来款项，国有资产有流失风险。在审计时，审计组陆续收到S公司内部人员的匿名举报信，检举S公司与H公司之间存在不

正当利益分配情况。审计组顺藤摸瓜，在已有审计证据的基础上，结合群众举报，对H公司的有关账务进行了必要的审查，掌握了S公司主要负责人参与H公司私分钱款问题的有关线索。

三、深挖审计线索，审计成果突显

审计组基于在S公司获取的证据，与G企业的管理层进行了沟通。G企业的主要领导人也承认未对下属企业建立合适的考核机制，导致部分下属企业侵吞国有资产。为防止国有资产流失，确保国有企业稳定经营，审计组决定将审计中发现的G企业及其下属公司问题移交至同级纪检监察部门及国有资产主管部门。

针对审计组发现的问题，G企业召开相关会议，研究下属企业的整改工作；同时，邀请专业的社会审计机构辅助调查，对出现问题的企业重新开展了系统的专项审计，并对下属企业制定合适的考核机制，以弥补企业管理中的漏洞。

至此，某区审计局对G企业及其下属公司的财务收支审计告一段落。此次审计，审计组从看似“简单”企业的“简单”财务收支审计入手，审查出了一连串重大而又“复杂”的企业监管问题，帮助企业完善了管理制度，确保了国有资产不流失。

资料来源：百度百科。

从以上案例可得出以下启示：一是审计细节的关注。随着审计全覆盖的推进实施，基于国有资产管理的重要性，审计机关无论开展何种类型的审计项目，也无论审计内容是简单还是复杂，都要始终保持高度的审计敏感度，做到“于细微处见真知”，善于抓住细节，就能够从“简单”的线索中发现“复杂”的问题。二是审计证据的获取。在对国有企业进行审计时，应根据被审计单位的实际情况，有针对性地开展审计，多渠道展开，多措并举，多种方法并用（如座谈法、实地走访法、综合分析法等），只有这样才能获得更多有价值的审计证据。三是审计责任的追究。因为审计权限和手段的限制，审计机关需要与相关部门大力配合（如纪检监察部门等）。只有各部门通力合作，才能发现更多的审计证据，也才更容易取得审计成果，追究相关违法违纪人员责任。

第一节　国有企业审计概述

一、国有企业范围

国有企业是指政府代表国家履行出资人职责的国有独资企业、国有独资公司以及国有资本控股公司等，包括中央和地方国有资产监管机构和其他部门所监管的企业本级及其逐级投资形成的企业。

国有企业是一种特殊的企业模式，它的全部或者主要的资本由政府代表国家投入，其全部资本或主要股份归国家所有，这同其他全部或主要由民间组织或个人投资的企业有所区别。正是这种区别使得国有企业的职责相对于民营企业来说有不同之处：民营企业等以营利作为从事生产经营活动的主要目的；国有企业从事生产经营活动虽然也有营利目的，但也有非营利目的，甚至有时不以营利为目的。国有企业肩负着管理和调控国家经济的重任，虽然部分重要的行业如基础设施建设行业的投资回收期长，但为了调控经济或促进区域经济社会发展，需要国有企业发挥一定的非营利性职能。当然，无论是国有企业还是民营企业，均应重视并回应利益相关者的关切，在保障民生、保护环境、促进就业等方面承担应有的社会责任。国有企业和民营企业的对比见表 6－1。

表 6－1　国有企业和民营企业的对比

项目	国有企业	民营企业
资本投入	全部或者主要的资本由政府代表国家投入	全部或主要由民间组织或个人投资
企业规模	一般而言，经营规模较大，也有部分中小型企业	绝大部分是中小型企业，大型企业占比较小
经营目的	既有营利目的，也有非营利目的	以营利为主要目的

由于上述原因，国有企业同时具备商业性和公益性两种属性。其商业性体现在国有企业作为国有资产的管理者，追求国有资产的保值和增值；其公益性体现在国有企业作为国民经济的重要支柱，通常为实现国家调节经济的目标，起到调和、推动国民经济各方面发展的作用。我国国有企业覆盖金融、军工、电网电力、石油化工、电信、煤炭、民航、航运等重要经济领域，它们构成了中国特色社会主义的重要物质基础和政治基础。

新中国成立初期，国家为了优先发展重工业和加速国家的工业化过程，集中发展国有企业。国有企业作为我国经济发展的动力引擎，为我国的经济建设作出了巨大的贡献。随着社会主义经济体系的建立与初步完善，国家拥有国有资产和发展国有企业的目标更多地转化成促进经济发展和维护社会稳定。在这种情况下，为了更有利于国有资本的保值增值、提高国有经济竞争力以及更充分发挥国有资本的特定功能，部分国有企业的改制、改革逐渐展开，涌现了混合所有制企业等企业形态。

2020 年 6 月，为深化面向新发展阶段的国有企业改革，中央全面深化改革委员会第十四次会议审议通过了《国企改革三年行动方案（2020—2022 年）》这一纲领性文件。我们应深刻认识到实施这一行动方案的重大意义，努力推动国有企业改革向纵深发展。通过改革创新，引领国资国企高质量发展，使国资国企在构建新发展格局中展现新作为，从而为全面建设社会主义现代化国家作出重要贡献。

二、国有企业审计的含义和内容

（一）国有企业审计的含义

国有企业审计是政府审计监督的重要组成部分。政府审计的范围是根据相关公共资源是否使用来确定的，只要使用了公共资源，就有义务接受审计部门对公共资源的经营管理和使用状况的检查与监督。国有企业作为国有资产公共资源的管理者，有义务就其对公共资源的履责情况向审计部门报告，并接受其监督。为了提高公共资源的使用效率，国有资产监管部门接受政府委托，专门设立并以代行“出资人”身份对国有企业进行监督管理；而审计机关作为第三方，具有更高的独立性和权威性。因此，其对国有企业进行审计能够提升、强化国有企业会计信息的真实性、合法性及效益性，对于国有资产的保值增值、风险管控和管理优化升级等有显著的促进作用。

国有企业审计是审计机关依据法律、法规和政策规定，对国有以及国有资本占控股地位或主导地位的企业财务和经营管理的真实、合法和效益情况进行的审计监督。国有企业审计要牢牢抓紧“经济体检”的工作定位，以维护国有资产安全、推动国有企业科学有序发展为目标，加强对相关责任人权力和责任的审计。同时，加强国有企业审计有利于国有企业落实宏观政策、深化机制改革、转变发展方式、加强经营管理、防控重大风险、推进反腐倡廉、促进提质增效等。

（二）国有企业审计的内容

国有企业审计主要审查国有企业开展各项活动的真实性、合法性和效益性。审查真实性的目的在于确保会计信息与国有资产的实际管理情况相符合；审查合法性的目的在于确保国有企业在经营过程中的行为符合相关的法律法规；审查效益性的目的在于评估国有资产的保值增值情况和程度。

国有企业的活动可以分为业务活动、财务活动以及管理活动三类（郑石桥，2021）。业务活动主要是指国有企业使用国有资产开展的各种活动，例如，中国石油天然气集团有限公司的主营业务涉及石油、天然气勘探开发，炼油化工，管道运输，油气炼化产品销售，石油工程技术服务，石油机械加工制造，石油贸易等各个领域。财务活动主要是为了支持业务活动的开展所进行的关于资金及财务管控方面的活动，包括资金的筹集、投资、营运以及分配等活动。除了业务活动、财务活动外的各种活动就是管理活动。

本书主要探讨国有企业审计的两个主要方面：一是对企业财务收支（资产、负债、损益等）的真实性、合法性和效益性审计，即对国有企业财务活动进行审计；二是对国有企业及国有控股企业主要领导人的经济责任审计。

1. 财务收支审计

《审计法》第二十二条规定，审计机关对国有企业、国有金融机构和国有资本占控股地位或者主导地位的企业、金融机构的资产、负债、损益以及其他财务收支情况，进行审计监督；第二十四条规定，审计机关对国有资源、国有资产，进行审计监督。财务收支审计是《审计法》赋予审计机关的重要职责，也是审计机关对国有企业实施审计监督的一项重要审计任务，其作用主要是揭露和处罚国有企业在财务收支方面的违规违纪违法行为，确保资金管理和使用的真实、安全、有效，促进财务收支行为的制度化、规范化、科学化。由于国有企业主要领导人的任期经济责任审计的开展也是建立在财务收支审计的基础上，因此，落实好财务收支审计至关重要，也是各级审计机关审计业务能力和水平的具体体现。

具体而言，审计机关对国有企业财务收支审计的主要内容包括以下方面：一是对国有企业的会计资料，包括财务报表、会计账簿和会计凭证的真实性、合法性进行审计；二是对企业资产状况，包括流动资产、长期投资、固定资产及其累计折旧、在建工程、无形资产和其他资产的安全完整、保值增值进行审计；三是对企业负债，包括流动负债与长期负债的情况进行审计；四是对企业所有者权益，包括实收资本、资本公积、盈余公积和未分配利润的真实性、合法性进行审计；五是对企业损益，包括收入、成本、费用和利润的情况进行审计等。

上述财务收支审计内容是审计机关对国有企业进行审计监督的重要方面。由于国有企业需要向政府和其他信息使用者提供可靠、完整、准确的财务会计信息，审计机关据此依法审计国有企业所提供的相关信息，并对其真实性、合法性等进行监督。

2. 经济责任审计

依据《党政主要领导干部和国有企事业单位主要领导人员经济责任审计规定》，对于国有企业领导人实施经济责任审计，其对象针对国有和国有资本占控股地位或者主导地位的企业（含金融机构，以下统称国有企业）的法定代表人或者不担任法定代表人但实际行使相应职权的主要领导人员。

对国有企业开展经济责任审计主要有两个目的：一是对国有企业领导人的工作进行全面评价，以决定并兑现奖惩；二是划清经济责任的界限。可以说，做好国有企业经济责任审计，就是坚持党对审计工作的集中统一领导，聚焦领导干部的经济责任，强化对权力运行的制约和监督。通过对领导干部强有力的管理监督，可以促进领导干部履职尽责、担当作为。

根据审计内容，经济责任审计可划分为目标经济责任审计和破产经济责任审计；按照审计时间，经济责任审计可划分为事前经济责任审计、事中经济责任审计和事后经济责任审计。

三、国有企业审计的目标

（一）财务收支审计的目标

《“十四五”国家审计工作发展规划》对国有企业资产负债损益审计提出了严格任务，要求审计机关围绕国有企业资产负债损益的真实性、合法性、效益性进行审计。国有企业财务收支审计的目标是对国有企业开展业务活动而使用国有资产进行效益性评估，对其业务活动的合法性进行督查，对围绕业务活动而开展的财务活动进行真实性审计。

审计机关通过系统监督国有企业的财务状况、经营成果，对国有资产的管理状况、运营情况以及国有企业的营业收入、成本、费用等进行详细分析，对被审计单位反映和披露的会计信息作出客观、公正评价，重点关注国有企业重大投资项目、资产处置以及风险管控等情况，促进企业提升会计信息质量和经营及财务管理水平、提高经营绩效并实现国有资产保值增值。

（二）经济责任审计的目标

对国有企业进行经济责任审计，是为了加强对国有企业领导人员的管理和监督，进而提高领导干部积极履职尽责的能力及强化对领导干部的廉洁自律监管。主要体现在：一是在国有企业领导人员任职期间，对国有企业的财务真实性、合法性开展审计，对领导人员经济责任的履行情况作出正确评价，厘清企业领导人员的管理责任和直接责任；二是通过对企业重大经济决策管理活动及成本、费用、利润等效益指标的审计，促进国有企业加强自身经营管理能力，保障国有资产的保值增值；三是将审计结果同干部考核、监督相结合，将其作为干部考核、任免、奖惩或依法追究责任的重要参考依据。

四、国有企业审计的方法

（一）财务收支审计方法

国有企业财务收支审计方法是指审计机关在整个财务收支审计过程中采用的各种手段，包括了解被审计单位及其环境、评估被审计单位内部控制建立和运行是否有效以及进行实质性测试所采取的相应方法。

了解被审计单位及其环境，包括其行业状况、法律环境与监管环境等，主要目的是评价财务报表的重大错报风险，包括财务报表层次重大错报风险和各类交易、账户余额和披露的认定层次重大错报风险；最终目的是制订科学、合理的审计实施方案，顺利开展后续审计流程。了解被审计单位及其环境所采用的方法包括调查、询问被审计单位的管理层和员工，实地察看被审计单位的主要经营场所等。对国有企业内部控制制度的有效性进行测试是国有企业财务收支审计的重要方式，其目的在于确定实质性测试的范围。内部控制测试的方法包括询问、观察、检查、重新执行等。实质性测试是在内部控制测试的基础上，检查财务报表项目或账户余额的真实性。实质性测试的方法包括检查记录与文件、检查有形资产、观察法、询问法、函证法、计算法和分析性程序等。

（二）经济责任审计方法

前已述及，国有企业领导人经济责任审计是以财务收支审计为基础进行的，因此，国有企业财务收支审计的方法在经济责任审计中也适用。除上述方法外，在经济责任审计中还需要使用线索筛选等其他审计方法。审计时应把握好以下几点：一是从财务报表出发，对国有企业的财务状况、经营成果等进行全面分析，准确把握审计范围；二是从内部控制出发，分析国有企业内部控制设计是否合理以及是否得到有效执行；三是通过实地走访，询问调查被审计单位的管理层和相关员工，采用评分法等对有关领导人的管理素质、管理成效等进行审计。

五、国有企业审计的程序

（一）现代风险导向审计的内容与特点

国有企业财务审计取证模式与上市公司财务审计取证模式应保持一致，采用现代风险导向审计模式（郑石桥，2021）。审计机关可根据现代风险导向审计的特点，对国有企业的内部控制和各业务循环流程进行审计。在现代风险导向审计模式下，审计人员更关注企业整体的经营环境（包括内外部环境），同时从“自上而下”“自下而上”两种不同的审计视角（郑子远，2011），对被审计单位进行风险识别、风险判断，评价被审计单位的重大错报风险，确定剩余风险和检查风险，然后实施进一步的审计程序，将审计风险降低到可接受的水平。相比传统的风险导向审计，现代风险导向审计在形式上更加简化，但对于风险的认定范围显著扩大了，这种区别主要体现在重大错报风险上。在现代风险导向审计模式下，审计风险＝重大错报风险×检查风险，重大错报风险属于报表整体层次的风险，而不单单只与某一科目相关联，它涉及战略风险、经营流程风险、控制风险等，可用其更准确地判断财务报表存在重大错报的可能性。

综合而言，现代风险导向审计有以下特点：第一，以风险评估程序为中心，按照战略分析—经营分析—财务报表剩余风险分析的基本思路来评价被审计单位财务报表的重大错报风险，为确定实质性程序的性质、时间和范围提供依据，其中审计计划阶段的风险评估促使审计重要工作前移；第二，在审计视角上，首先“自上而下”地对企业进行战略、内部控制、行业状况和经营分析，识别重大错报风险，并实施进一步的审计程序，然后“自下而上”地归纳和判断整个财务报表的风险，并形成最终的审计意见；第三，对于凌驾和超越企业内部控制的关注，现代风险导向审计要求关注企业的经营活动、战略目标以及行业情况等，这样更易发现串通舞弊等内部控制风险，并以此为导向来设计和执行后续的风险应对程序。

（二）现代风险导向审计在国有企业财务收支审计中的具体应用

现代风险导向审计在国有企业审计中的具体应用主要包括四个步骤：了解被审计单位及其环境、了解被审计单位的内部控制、评估重大错报风险、针对重大错报风险进行实质性测试。

1. 了解被审计单位及其环境

这是审计部门对国有企业实施财务收支审计的基础，可以帮助确定审计重要性水平、选择和应用合适的政策，为后续审计程序提供重要依据。其主要内容包括识别内部环境和外部环境：对于外部环境，主要需识别行业状况、法律法规、监管要求和其他外部因素；对于内部环境，需要识别和判断被审计单位对会计政策的选择和应用是否合理，以及被审计单位的目标、战略和经营风险等。

2. 了解被审计单位的内部控制

这是为了判断其内部控制设计的合理性和运行的有效性。内部控制程序设计合理的标志是该项内部控制能够有效防止财务报表的重大错报。评估其有效性实质是评价内部控制为相关目标的实现提供的保证水平是否达到或者超过合理保证的水平，如果保证的水平处于有效控制的区间内，则该项内部控制就是有效的。如果国有企业的内部控制设计合理且正在实施运行，那么应该直接进行有效性测试。如果内部控制本身设计得不合理，则可不依赖内部控制（谨慎继续进行内部控制测试）。

3. 评估重大错报风险

无论国有企业的规模、性质以及所处环境如何，都会面临内外部风险。对国有企业进行风险评估，就可以在识别、分析、评价的过程中发现和解决风险。如果这些风险可能导致国有企业财务报表发生重大错报，无论是整体层面还是各类交易、账户余额、列报与披露认定层面，都要考虑在审计工作底稿中记录这些风险。

4. 针对重大错报风险进行实质性测试

实质性测试是指根据内部控制测试的结果，为取得直接证据，运用检查、监盘、观察、查询及函证等方法进行的测试，其目的是检查各业务循环流程所涉及的主要账户是否真实、合法，最终实现审计目标。实质性测试为审计机关得出审计结论提供了重要依据。

现代风险导向审计的主要步骤见图 6-1。

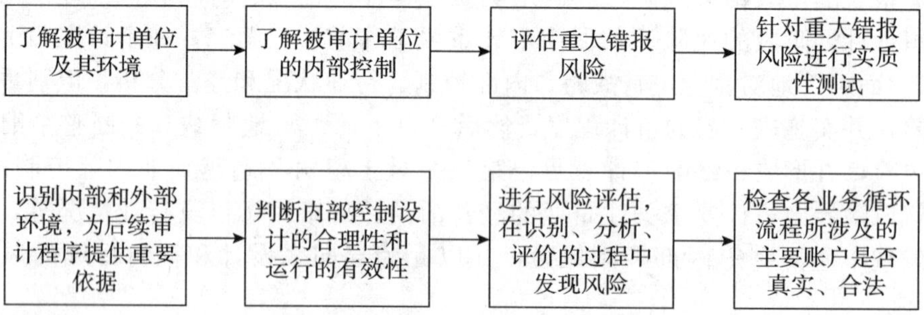

图 6-1 现代风险导向审计的主要步骤

在审计机关对国有企业实施审计的过程中，还需要注意以下几点：一是要做充分的审前调查，详细了解被审计单位，从而制订全面细致的审计方案；二是改进审计项目组织和管理方式，把控审计程序和审计质量，降低审计工作风险；三是注意与内部审计、外部审计以及其他财政、财务监督力量的工作协作。

（三）经济责任审计程序

根据《党政主要领导干部和国有企事业单位主要领导人员经济责任审计规定》，国有企业主要领导人员经济责任审计的内容包括：一是贯彻执行党和国家经济方针政策、决策部署情况；二是企业发展战略规划的制定、执行和效果情况；三是重大经济事项的决策、执行和效果情况；四是企业法人治理结构的建立、健全和运行情况，内部控制制度的制定和执行情况；五是企业财务的真实合法效益情况、风险管控情况、境外资产管理情况、生态环境保护情况；六是在经济活动中落实有关党风廉政建设责任和遵守廉洁从业规定情况；七是以往审计发现问题的整改情况；八是其他需要审计的内容。

基于上述内容所进行的经济责任审计，其审计程序主要包括：

1. 审计准备阶段

在此阶段，审计机关应成立审计组，了解被审计单位情况，同时还应根据审计目标和内容重点编制审计项目计划。审计项目计划必须详尽清楚，明确审计范围、内容以及人员职责的划分。为了更好地了解被审计单位情况，审计组成员应当向被审计单位和被审计人送达审计通知书，提前告知其应准备的资料，比如相关人员负有直接责任或主管责任的有关事项的书面材料，同时要求被审计单位和相关人员对其提供资料的真实性、完整性作出书面承诺。对提供虚假材料的单位和人员，可建议组织人事部门、纪委监察部门给予处理。

2. 审计实施阶段

在对国有企业领导人员实施经济责任审计之前，应当听取组织人事、纪检监察等有关部门对被审计人所在单位及被审计人本人的意见。这对于后面审计组把握审计侧重点和关键审计事项有较大帮助。

具体而言，审计组在实施阶段应着重开展以下工作：一是进驻被审计单位，收集与经济责任相关的资料，并要求被审计单位对其出具资料的真实性、完整性等作出承诺；二是评价被审计单位的内部控制，包括且不限于进行内部控制分析和有效性检查，并根据测试结果进行实质性测试；三是针对已掌握的情况对凭证、账簿等会计资料进行审阅和检查；四是审计组成员沟通交流审计中所出现的问题，并对获取的审计证据进行汇总。

3. 审计终结阶段

审计终结阶段是审计组总结审计结果、提供审计报告的阶段。审计结束后，审计组出具相应的经济责任审计报告，在征得被审计单位同意后，应向委托部门提交报告；对于审计过程中发现的违法违规问题，需要依法移送，由相关单位给予处理和处罚。

具体而言，审计组在审计终结阶段的工作主要包括：一是审计组负责人对所取得的审计证据和编制的审计底稿进行审核；二是根据审计底稿和与被审计单位的沟通情况撰写审计报告，报告一般可分为初稿、征求意见稿和定稿；三是书面征求被审计单位领导干部及其所在单位对审计报告的意见；四是审计机关根据《审计法》及其他相关规定对审计报告进行复核，最终定稿。

第二节 国有企业财务收支审计

一、国有企业财务收支审计内容

“十四五”期间，我国开启了全面建设社会主义现代化国家的新征程。我国经济正处于由高速增长转向高质量发展的关键时期，国有企业的发展面临新机遇和新挑战。做强、做优、做大国有资本和国有企业，能够充分发挥国有经济的战略支撑作用，推动国有经济进一步聚焦优化战略安全、产业引领、国计民生、公共服务等功能的优化。

在这种背景下，研究和开展国有企业财务收支审计，揭露和反映国有企业资产、负债、损益情况，对国有企业财务收支的合法性、真实性以及制度健全有效性等作出评价，揭露国有企业财务收支方面存在的问题，并根据审计情况和审计结果提出合理化建议，可以促进被审计单位强化财务管理、提高资金使用效益。

本节主要探讨如何在国有企业各业务循环流程中开展财务收支审计，具体包括各流程的审计目标、内部控制以及相应的内部控制测试和实质性测试。

二、销售与收款循环审计

（一）销售与收款循环审计的目标

销售与收款循环审计的目标是，核实国有企业在此业务循环中营业收入的真实性、完整性以及其计价分类的正确性；核实应收账项的真实性、计价与分类的正确性、记录截止期的正确性、坏账损失的真实性、过账和汇总的正确性以及销售退回、折让与折扣的合法性等。

（二）销售与收款循环的内部控制

销售与收款循环内部控制是指为了规范企业的销售与收款活动，防范差错与舞弊的发生，在保证资产安全完整与销售相关程序有效执行的前提下，最大限度地提高企业经济效益而采取的一系列控制措施。审计组应沿着企业销售业务流程加以追踪，并进行相关的检查与验证。企业销售与收款流程及相关内部控制要点见图 6-2。

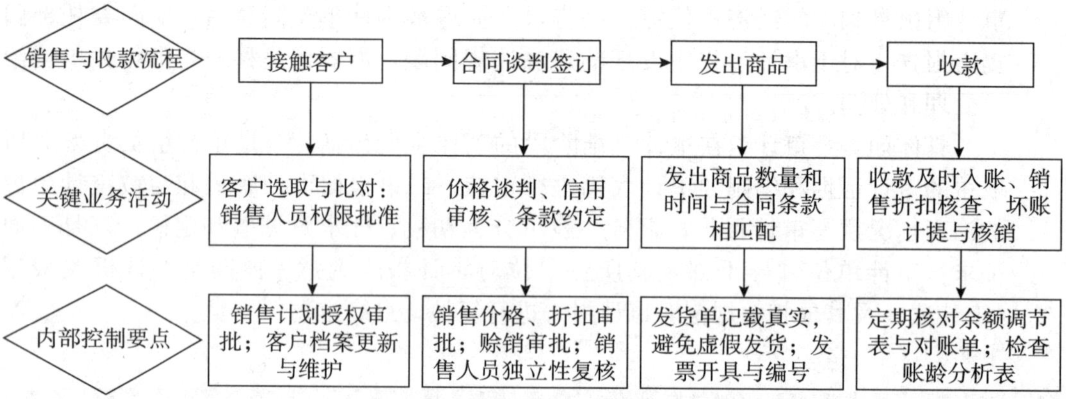

图 6-2　企业销售与收款流程及相关内部控制要点

企业应该根据销售与收款流程，对于不同的关键活动采用不同的控制方法。具体而言，国有企业销售与收款循环中的内部控制如下：

（1）适当的职责分离。将销售与收款循环中不相容的职位进行职责分离，可以防止管理者权力过大而损害国有企业的利益。例如，企业应该将销售、收款、发货三项业务职责分开设置，销售人员应该避免接触销货现款，编制销售发票通知单的人员与开具销售发票的人员应相互分离，销售人员在与客户就销售价格、销售折扣等进行谈判时至少有两人在场。

（2）合理的授权审批。对于销售与收款循环中的授权审批，应该关注下列方面：确保赊销在销售发生前已经得到合理授权；对于未经审批的货物不得发货；安排专门的人员对于销售价格的确定、销售折扣的制定以及货款结算方式进行审批，同时还应有管理者对该审批事项进行复核；相关人员只能在授权范围内开展业务活动等。

(3) 凭证的正确编号。企业应该对各种销售或收款凭证进行预先连续编号，以避免出现漏开、多开凭证等情况，对于已编号的凭证应定期开展审核。

(4) 按月寄出对账单。由不负责现金出纳、销售以及应收账款记账的人员按月向客户寄发对账单，促使客户与企业双重复核销售与收款交易的准确性和完整性。

(5) 内部审查程序。由被审计单位内部审计人员或其他独立人员检查销售交易的处理和记录是否恰当。例如，检查登记入账的销售交易所附的原始凭证（如发货单、签收资料等），检查开票员所保管的未开票发运凭证，确定是否存在未在恰当期间及时开票的发运凭证。

（三）销售与收款循环的内部控制测试

销售与收款循环的内部控制测试主要包含以下方面：

(1) 订单处理。审计机关应该检查是否所有的销售单据均附有对应的客户订购单，并抽取一定数量的销售发票进行检查。销售发票是记录销售账户和应收账款总账及明细账的依据，应确保销售发票编号的连续性，保证销售发票上所记载的产品信息与实际销售情况相符。

(2) 发运商品。审计机关应该询问并观察发运时有关人员的放行检查，确保已发出的商品已向客户及时开具发票，避免出现销售收入漏记以及虚假发货等情况；检查发运凭证上相关员工和客户的签名，并将其作为发货证据；检查例外报告和暂缓发货的清单。

(3) 开具发票。对于企业而言，其发票管理和处理一般都是通过财务信息系统完成。因此，审计人员应审查系统的访问控制机制，对系统中数据的完整性和准确性进行测试，评估系统的内部控制流程。

(4) 记录赊销环节。检查赊销业务是否有信用部门相关人员核准赊销的审批签字，确认赊销额度是否与被审计单位的记录符合；检查超过信用额度的赊销，确保其有相应的审批手续。

(5) 应收账款收款环节。检查核对每日收款汇总表、电子版收款清单和银行存款清单的核对记录和核对人签名；检查银行存款余额调节表，确认其是否得到恰当的处理和授权人员签名；检查客户质询信件并确定问题是否已解决，确保应收账款收款账面记录与银行对账单相匹配；抽查一定数量的应收账款明细账记录，并与相应的原始记账凭证进行核对，看时间、金额是否一致。

(6) 坏账准备计提与核销。审计机关应检查账龄分析表是否填制正确，询问管理层计提坏账准备的依据，并检查是否有复核人员的签字；抽取相应的原始凭证，并将其与账务记录进行核对，分析坏账核销是否合乎规定的标准，有无主管人员的审批。

(7) 现金销售管理。审计机关应该实地观察企业收款流程，检查在这些流程中是否存在充分的物理监控，同时检查现金盘点记录和结算记录上负责现金业务的员工是否留有正确签名，证明复核实施情况。

（四）销售与收款循环的实质性测试

审计组应该根据上述内部控制测试的结果，决定实质性测试的性质与范围，进而获取充分、适当的审计证据来验证交易和账户余额的错报。实质性程序包括对各类交易、账户余额和披露的细节测试以及实质性分析程序。本部分主要列示账户余额的实质性测试。与销售与收款循环相关的账户主要包括“主营业务收入”“应收账款”“其他应收款”“坏账准备”等，具体如下：

（1）主营业务收入审计。审计组应该重点关注报表中所记载的收入是否按权责发生制原则在当期取得，是否存在虚假的销售收入，同时关注与销售退回以及销售折扣等相关的金额是否从收入中准确扣除。

（2）应收账款和其他应收款审计。重点关注企业应收账款账户是否存在虚构债权以及虚增应收账款等情况。对与之相关的原始凭证，应严格审查其明细账和总账，检查是否有坏账以及坏账是否得到恰当处理。在审计过程中，应特别注意应收账款中的“其他”“其他科目往来”等二级科目，确保其核算正确；关注长期不发生变化的往来账项和偶尔发生的大宗交易。

（3）坏账准备审计。审计组应取得或自行编制坏账准备明细表，复核加计是否正确，并核对坏账准备明细账合计数是否与总账一致；执行分析性程序，通过计算坏账准备余额占应收账款余额的比例，并与以前期间的相关指标进行比较，分析有无异常以及产生重大差异的原因；核对应收账款坏账准备本期计提数与资产减值损失相应明细项目的发生额是否相符；检查坏账准备的计提与转销是否正确，同时确定坏账准备的列报与披露是否恰当。

三、采购与付款循环审计

（一）采购与付款循环审计的目标

企业采购的产品，既可能形成固定资产，又可能被继续加工成其他产品，采购行为会影响企业的资产、负债、主营业务成本等。采购与付款循环审计的目标是核实被审计单位的采购与付款业务记录的完整性、真实性和正确性，确定应付账款的归属方以及相关业务的分类、表达和披露的恰当性等。

（二）采购与付款业务中的风险

随着市场经济的逐步发展和法律法规的不断完善，国有企业越来越重视采购与付款业务的风险控制，而其内部控制的重点是预防和控制采购风险。采购与付款业务中的风险主要分为两类：

1. 内部风险

（1）采购计划风险。主要表现在：采购计划与其日常经营或投资计划不相符；企业未按照实际需求进行采购或者任意超计划采购；采购计划未经合理授权审批；采购过量或不足导致企业存货超量或供应中断。

（2）采购过程风险。主要表现在：未经授权越权签订采购合同；重大采购未经相应层级审核批准；没有书面采购合同，合同履行难以保障；采购后没有及时对合同履行情况进行有效的跟踪和事后检查，缺乏对履约情况的有效监督。

（3）验收入库与存储风险。主要表现在：企业验收流程不标准，没有对货物进行有效的审查；对验收流程中发生的异常情况拖延处理甚至不处理；未采取合适的措施或程序对存储的货物进行检查，对损耗的货物没有进行合理计提。

2. 外部风险

包括：缺乏充分的市场调研导致实际成交价格高于市场价格的风险；采购人员接受供应商商业贿赂导致采购质劣价高商品的风险；由于市场信息的不对称，企业对于供应商的询价比选可能出现失误；对供应商缺少相应的约束及黑名单体系管理等。除此之外，还可能存在一些意外风险，如运输途中遭遇自然灾害（暴雨、泥石流等）导致原材料损毁或运输时间延误。

（三）采购与付款循环的内部控制

采购与付款循环内部控制是指为了规范企业的采购与付款活动，防范差错与舞弊的发生，在保证满足生产和销售的前提下，最大限度地降低采购成本而采取的一系列控制措施。审计组应沿着企业采购业务流程加以追踪，并进行相关的检查与验证。企业采购与付款流程及相关内部控制要点如图 6－3 所示。

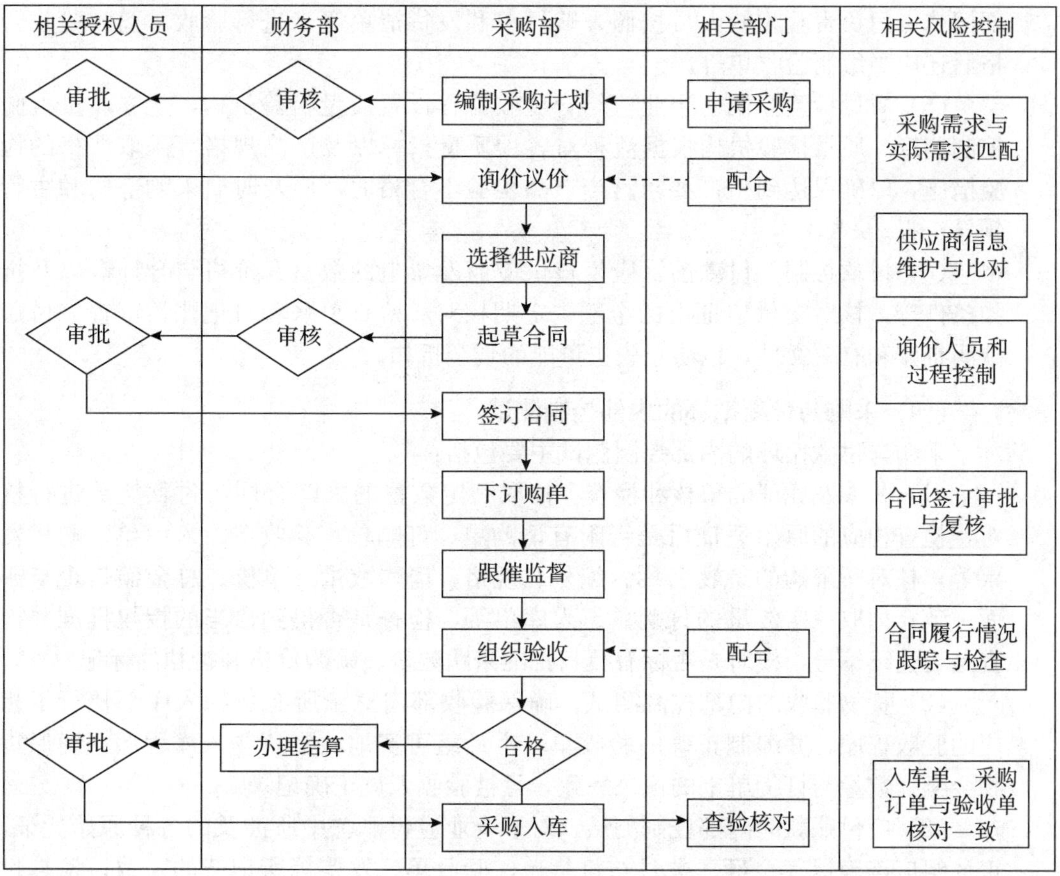

图 6－3 企业采购与付款流程及相关内部控制要点

具体而言，国有企业采购与付款循环的内部控制如下：

（1）恰当的职务分离。企业的采购与付款循环应至少涉及生产部门、采购部门、仓储部门以及财务部门四个部门，对应的业务流程分别为请购、订货、验收、付款。不相容职务是指那些若由一人担任则可能发生错误和舞弊、又极易掩盖其行为的职务，如同时负责货物购买和订购价格审批的职务。

（2）采购申请与审批控制。企业的采购申请必须以实际需求为基础，根据采购制度要求，以生产订单为依据填写采购申请单，报送相关负责人审核审批。此外，可以根据采购金额的大小，分配给采购部门负责人一定权限，使其能够在权限内快速决策审批，从而提高采购效率。

（3）采购过程控制。企业的采购过程中所涉及的内部控制涵盖采购预算的制定与额度审批、对供应商资质进行审核、采购合同审签等整个采购流程。企业对于上述流程，必须制定各种控制规范和措施，限制采购人员的职权，确保企业利益不受损害。

（4）验收环节控制。由于企业采购人员负责与供应商保持联系，在长期交往合作中可能会产生一些私人关系，若由采购人员负责验收，则其很可能会与供应商串通而对不合格的商品视而不见。因此在验收环节，应当由不负责采购的验收部门或专门负责验收的人员按照采购订单和发货清单等来进行验收，商品验收合格后还应当编制验收单等。

（5）质量检验控制。企业应结合验收流程设置质量检验机构，建立质量检验控制制度。质量检验机构根据流程对各项质量指标以及产品规格等采取严格的检验措施，以确保达到生产要求；当产品检验不合格时，应及时向采购部门和主管领导汇报。

（6）付款控制。付款前，应复核供应商发票上的数量、价格与合计数以及折扣条件等，核对支付票证上的金额。定期核对、检查总账和日记账，审查应付账款明细账和有关文件，以防止失去可能的现金折扣。

（四）采购与付款循环的内部控制测试

采购与付款循环的内部控制测试主要包括：

（1）所涉及凭证的审核和检查。抽取一定数量的采购合同与付款凭单进行核对，检查相应的原始凭证后是否附有请购单、订购单、验收单、入库单、购货发票等，核对所采购的货物名称、编号、规格、请购数量、单价、总金额是否与账面一致；抽取一定数量的订购单、入库单等，检查是否得到恰当的授权批准并检查是否连续编号，核对是否标有授权批准采购数量、采购价格和折扣的标记。

（2）货物验收的内部控制测试。确保验收部门对于所有货物入库都执行了相应的验收程序，并编制正确的验收单。审计组可实地检查货物入库程序，确保货物金额、数量与订货单上的记录一致，且被验收人员正确记录。

（3）应付账款的内部控制测试。对于企业应付账款中所涉及的各种原始凭证，审计组应该确保其金额、数量与订货单、验收单、发票等所记载的一致；检查付款凭证是否有专门的人员进行核销；可抽查部分购货发票，注意有关人员是否在现金折扣期限内按原发票价格支付货款，然后从供货方处取得退款支票或现金。

(4) 固定资产和在建工程内部控制测试。检查固定资产的预算控制是否经过授权，若预算控制制度执行良好，审计组可适当减少针对固定资产实施的实质性程序的样本量；检查授权批准制度、账簿记录制度、职责分离制度、固定资产处置及定期盘点制度、折旧制度等是否得到一贯执行；抽查已完工在建工程转入的固定资产是否办理竣工验收和使用移交手续等。

(五) 采购与付款循环的实质性测试

采购与付款循环中涉及的账户主要包括“应付账款”“其他应付款”“固定资产”等。本部分主要针对应付账款与固定资产进行实质性测试分析。

(1) 应付账款审计。检查应付账款的金额和账户方向是否正确，如果存在借方余额，审计组应查明其原因，视情况要求被审计单位做调整；结合预付账款的明细余额，查明是否存在应付账款和预付账款两边同时挂账的问题；注意检查未标明欠款单位的无主账款，分析有无利用应付账款转移、隐瞒销售收入的问题；检查应付账款在资产负债表上的披露是否恰当。

(2) 固定资产审计。审计组应实地观察购入的固定资产，重点审查本年新增加的较重要的固定资产，检查其会计计量、记录是否准确；确定被审计单位估计的固定资产使用期限和净残值是否合理、合规，折旧是否计提正确；对于租赁的固定资产，是否按照现有规定进行确认和会计处理。

四、生产与存货循环审计

(一) 生产与存货循环审计的目标

生产与存货循环主要涉及企业生产经营过程中的产品生产与存货管理环节。其审计目标是核实所生产产品成本构成的真实性，成本计算方法是否合理、准确，存货增减变动情况以及期初期末结余情况的真实性、合法性等。

(二) 生产与存货循环的内部控制

生产与存货循环涉及的主要业务活动包括：计划和安排生产；原材料的发出；生产产品；产成品成本的核算；产成品的仓储保管等。上述业务活动通常涉及生产计划、仓储、生产、人事、销售、财会等部门。生产与存货循环与前述其他循环的内容有部分交叉。

具体来说，生产与存货循环内部控制的要点包括：

(1) 编制领料单。生产部门根据生产通知单填制一式四联的领料单，并交仓储部门领料，仓储部门发料后留用一联，一联连同材料交还生产部门，另外两联交至财会部门进行材料收发核算和成本计算。

(2) 产成品入库。产成品验收入库时，验收人员应检查验收单，清点产成品的实际数量是否与记录相符，并填写预先连续编号的产成品入库单，将其交由更高一级的管理人员复核。

(3) 核算产成品成本。财会部门应该根据仓储部门提交的入库单以及生产车间生产用主要材料、生产工人工资以及其他耗用的相关单据，验算产成品实际成本，并与成本计划进行比较、分析，对发现的异常情况及时查明原因。

(4) 存货保管。产成品及存货需要经过质量检验部门验收签字后才能由仓储部门进行签收。仓库管理员将产成品相关信息输入存货管理信息系统，该系统会自动更新产成品明细台账；仓储部门应该根据产成品品质特征进行分类存放，并填制标签。

(5) 计提存货跌价准备。企业应定期检查存货，对存货账龄进行分析，并结合存货实地盘点的结果，对出现毁损、滞销、价格下跌等影响存货价值的情况进行分析，计提相应的存货跌价准备。

(三) 生产与存货循环的内部控制测试

审计组对于上述内部控制执行的具体测试包括：

(1) 关注原材料发出的授权情况。选取一定数量的领料单，核对其是否有生产部门主管的签字授权。

(2) 关注产品成本的计算。选取产品成本计算表及相关资料，询问复核情况，检查财务经理的复核记录。

(3) 关注存货的安全存放和时效。可抽样进行实地考察，确保存货的安全存放，检查存货存放情况和时间，分析库存账龄。

(4) 关注产成品入库情况及入库后的相关记录。主要检查存货的验收和结存情况，观察存货盘点的过程，检查存货盘点记录。

(5) 关注存货跌价准备。询问被审计单位如何识别存货减值风险和确定存货减值准备的过程，检查管理层相应的复核批准记录。

(四) 生产与存货循环的实质性测试

生产与存货循环的实质性程序主要包括实质性分析程序以及生产与存货交易和相关余额的细节测试。存货审计是指对存货增减变动及结存情况的真实性、合法性和正确性进行的审计，其意义在于审查存货是否真实存在并在报表中正确记录和反映，存货计量以及相关跌价准备计提是否合理，存货成本计算是否准确等。具体如下：

(1) 检查“材料采购”“生产成本”“主营业务成本”等账户，对材料采购和存货发出及其计算和结转等进行审查。

(2) 存货截止期审计。检查截至 12 月 31 日所购入并已包括在 12 月 31 日存货盘点范围内的存货，查明有无提前入账或延期入账的问题。

(3) 存货监盘。审计人员可向被审计单位申请参与存货盘点工作，并对企业在盘点过程中所使用的方法和程序进行适当的监督和抽查，同时确保已纳入存货盘点范围的存货均已进行盘点，以获取存货真实存在的证据。将盘点结果与存货账面数量进行核对，调查差异并进行适当调整。

(4) 存货跌价准备审计。审计人员首先应获取或编制存货跌价准备明细表，继而审查存货跌价准备的真实性、转销的合理性、会计记录的完整性、期末跌价准备余额的正确性和披露的完整性等。

五、筹资与投资循环审计

(一) 筹资与投资循环审计的目标

筹资与投资循环审计的目标是核实筹资与投资业务的真实性、合法性以及准确性，相关记录是否完整，金额是否正确，披露是否恰当，所记录的筹资业务是否全部应由被审计单位承担，所筹集资金的使用是否符合相关法律法规，已记录的投资业务是否属于被审计单位等。

(二) 筹资与投资循环的内部控制

筹资与投资循环涉及资金筹集、资金投入与使用等过程，其业务流程具体包括确定资金需求量、选择筹资方式、审批授权、签订筹资协议、取得资金、还本付息或发放股利、选择并决定投资项目、签订投资协议并执行、投资项目管理、收回投资本息等。筹资与投资循环的内部控制涉及职责分工、授权、文件和记录、审核制度和实物控制等。

(三) 筹资与投资循环的内部控制测试

筹资与投资循环的内部控制测试主要包括：

(1) 相关审批环节。审计组需要查阅被审计单位筹资与投资相关的内部管理规定、合同记录，确保企业的筹资与投资符合企业相关章程、制度、文件资料以及相应的法律法规。筹资必须得到有关负责人的批准并安排专人进行定期复核，筹集的资金必须用于规定合法用途。

(2) 相关记录环节。审计组应该审核企业筹资和投资过程中经办人员与记录人员是否相互独立，抽查筹资和投资项目的文件记录和会计记录，关注相关计算、记录过程是否真实准确，人员分工是否恰当。

(四) 筹资与投资循环的实质性测试

与筹资与投资循环相关的账户包括“实收资本”“资本公积”“盈余公积”“未分配利润”“长期股权投资”“投资收益”等。审计组需要对上述账户进行相应的实质性测试，核实相关账户的真实性、准确性和合法性。具体包括：

(1) 实收资本审计。实收资本审计是企业所有者权益审计的组成部分，主要是对企业资本金制度执行情况的审计，有助于明晰企业净资产的所有权，并帮助判断国有资产的保值增值情况。实收资本审计可以分析资本的投入比例结构和增减变动是否符合有关规定，记录是否完整，年末余额是否正确，披露是否恰当等。

(2) 资本公积审计。资本公积审计是指对企业按规定取得的资本公积金进行的审计，审计组应重点核查资本公积计算的准确性以及相应的入账流程是否符合规定。

(3) 盈余公积审计。应关注被审计单位的盈余公积是否按照规定比例提取，使用是否符合相关规定。

(4) 未分配利润审计。重点审查企业利润分配的决议，分析年末未分配利润的合法性、公允性，关注本年利润和利润分配的核算是否正确，资产负债表的未分配利润项目的填写是否正确等。

（5）长期股权投资审计。应获取或编制长期股权投资明细表，复核加计是否正确，并与总账数和明细账合计数进行核对；根据有关合同和文件，确认股权投资的股权比例和持有时间，检查股权投资核算方法是否正确；对于重大的投资，向被投资单位函证被审计单位的投资额、持股比例以及被投资单位发放的股利等情况；期末对长期股权投资进行逐项检查，以确定长期股权投资是否已经发生减值；检查长期股权投资在资产负债表上的列报是否正确等。

（6）投资收益审计。审计中应注意投资收益确认的时间、是否及时入账，数额的计算是否真实、正确，账务处理是否正确等。

六、货币资金循环审计

（一）货币资金循环审计的目标

货币资金循环审计的目标是核实企业账面上的货币资金是否真实存在，其收支记录是否完整，是否为被审计单位拥有或控制，余额是否正确（包括外币计价的准确性），在财务报表上的披露是否恰当等。

（二）货币资金循环的内部控制

企业的货币资金包括库存现金、银行存款和其他货币资金。那么，相关的内部控制就是要确保上述资金的取得和支出符合相关的规定，验证其业务交易的合理性和合法性。具体的内部控制包括：

（1）严格执行相应的规章制度。严格执行现金和银行存款管理制度，建立对货币资金业务的安全保护和监督检查制度。

（2）职责分工和职权分离制度。货币收支由出纳人员和记账人员分工负责、分别办理，确保职责分明以及职权分离。

（3）授权和批准制度。确定各级管理人员的职责范围和业务处理权限，货币资金的经济活动必须按权限进行调查批准，并有专门的管理人员进行复核。

（4）内部记录和核对制度。货币资金的经济业务必须按会计制度规定进行记录。应采取一系列措施和方法，按照规定的程序办理货币资金支付业务。货币资金的账面数字和实际数字应进行定期核对。

（5）严密的收支凭证和传递手续。货币资金的收支事项均应附有一定的收支凭证和传递手续，以使各项业务按正常流程运行。

（三）货币资金循环的内部控制测试

货币资金循环的内部控制测试主要包括：

（1）关注货币资金的安全。审计组应该实地考察被审计单位与货币资金相关的职责分工情况是否恰当，参与被审计单位的现金盘点，查看其货币资金的报告情况，是否定期与银行进行核对。

（2）关注货币资金的付款环节。审计组应该询问相关业务部门的经理和财务经理在付款业务中执行的内部控制，观察财务经理复核付款申请的过程，检查付款申请与付款凭证的相关审核签字，核对支出的用途、金额及后附单据。

（3）关注对账。审查相关付款凭证是否与银行账户实际支出相符，检查库存现金日记账、银行存款日记账与总账，检查银行存款余额调节表，追踪未达账项的原因，并对大额未达账项进行期后收付款的检查。

（四）货币资金循环的实质性测试

主要包括对“库存现金”“银行存款”“其他货币资金”等账户的审计。

（1）库存现金审计。审计组应该重点检查现金日记账的余额与总账上库存现金的余额是否相符，如果发现不相符，应查明原因并处理。同时，还应对库存现金进行盘点，包括已收到但尚未存入银行的现金等，将库存现金盘存数与现金日记账的余额相核对，如果发现不相符，应查明原因并处理。审查企业现金收支凭证与现金日记账所记录的经济业务的真实性、合法性。

（2）银行存款审计。银行存款审计是对银行存款的收入、支出和结存情况，以及执行结算制度等进行的审计。审查银行存款收支的正确性、合理性、合法性，应重点审查银行存款日记账的余额与总账上银行存款的余额是否相符，索取对账单、银行存款余额调节表，查明未达账项，向开户银行函证余额是否相符，抽查大额收支情况。

（3）其他货币资金审计。重点审查被审计单位其他货币资金的真实性，检查其明细账的期末余额与总账上该科目的余额是否相符；确定其他货币资金在特定时期内的收支有无适当的审批授权，记录是否完整；抽取资产负债表日后的大额收支凭证进行截止测试，如有跨期收支事项应做适当调整；检查其他货币资金的披露是否恰当。

七、审计案例分析与思考

中国轻工集团有限公司 2016 年度财务收支等情况审计结果①

根据《中华人民共和国审计法》的规定，2017 年 5 月至 6 月，审计署对中国轻工集团有限公司（简称中轻集团）2016 年度财务收支等情况进行了审计，重点审计了中轻集团总部及所属中国海诚工程科技股份有限公司、中国造纸装备有限公司（分别简称中国海诚、造纸装备公司）等 7 家二级单位，对有关事项进行了延伸和追溯。

（一）基本情况

中轻集团于 1999 年由中国轻工物资供销总公司更名而来，主要从事轻工产品及装备研发与制造、相关工程承包与设计、贸易物流与服务等。其 2016 年度合并财务报表反映，中轻集团 2016 年年底拥有全资和控股子公司 86 家、参股公司 75 家；资产总额 145.75 亿元，负债总额 97.8 亿元，所有者权益 47.95 亿元，资产负

① 审计署. 2018 年第 28 号公告：中国轻工集团有限公司 2016 年度财务收支等情况审计结果. [2018-06-20]. https://www.audit.gov.cn/n5/n25/c123544/content.html.

债率67.1%；当年营业总收入135.89亿元，利润总额1.98亿元，净利润1.02亿元，净资产收益率2.14%；国有资本保值增值率103.5%。致同会计师事务所（特殊普通合伙）对此合并财务报表出具了标准无保留意见的审计报告。

审计署审计结果表明，中轻集团加强产业链整合重组，强化专业化经营，推进设计单位转型发展，开拓节能环保产业新业务；参与制订修订国际、国家及行业标准，鼓励企业参与国际科技合作项目，实施国际合作和援建项目，不断拓展境外业务和合作；完善企业制度，加强内部管理，建立内部控制体系和全面风险管理机制。审计也发现，中轻集团在财务管理和会计核算、经营管理、落实中央八项规定精神及廉洁从业规定等方面还存在一些问题。

（二）审计发现的主要问题

1. 财务管理和会计核算方面

（1）2016年，所属中国中轻国际控股公司（简称中轻控股公司）未按规定对已竣工结算的承包项目确认收入和成本，少计利润4 300万元。

（2）至审计时，所属中国轻工业广州工程有限公司私设的“小金库”结余924.38万元。

（3）2016年，中轻集团合并财务报表编制不准确，涉及资产1 176.42万元，少计利润340.52万元。

（4）2016年，所属中国海诚等4家企业列支的404.88万元奖金等工资性支出未纳入工资总额核算。

（5）2016年，所属中国海诚国际工程投资总院将员工安置补贴等支出计入其他应付款，少计费用358.71万元。

（6）2016年，所属中国制浆造纸研究院（简称造纸院）违规将25.33万元科研专项资金用于发放职工工资。

2. 经营管理方面

（1）2014年至2016年，所属一家企业未报上级公司批准，累计办理经营透支性贷款融资4.44亿元，支付利息3 378.4万元。

（2）2011年至2015年，所属中国轻鑫工程厦门有限公司（简称轻鑫厦门公司）因未对贸易风险进行有效控制等，煤炭销售业务累计亏损3.77亿元。

（3）2010年，所属中国轻工业对外经济技术合作公司（简称中轻对外公司）将总承包的一个建设项目违规分包给集团内部无建筑施工安全生产许可的单位，项目层分包形成差价共计2.45亿元。

（4）2012年，所属中国食品发酵工业研究院（简称食品院）未对市场风险、营销模式进行充分调研即投资建设营养餐项目，至审计时累计亏损2亿元。

（5）2014年，所属造纸装备公司未经集团批准，与外部单位签订具有担保性质的融资租赁设备回购协议，涉及设备价款1.8亿元。

（6）2012年，所属食品院违规改变一栋科研生产楼的规划用途，将其整体对外出租，至审计时共收取租金1亿元。

（7）2011年至2013年，所属造纸装备公司未按规定将一个项目的概算调整方案及时报集团审批，超批复概算投资 9 755 万元。

（8）2010 年，所属中轻对外公司在核准文件已失效的情况下开工建设一个投资项目，建设过程中调增投资 5.62 亿元，至 2016 年年底该项目累计亏损 8 379 万元。

（9）2014 年至 2015 年，所属造纸装备公司未充分考虑尽职调查报告提示的风险意见，投资一家濒临破产的企业。2017 年，被投资企业破产，造纸装备公司 5 342.74 万元的投资款及预付货款等已形成损失，另有 3 955.56 万元货款面临损失风险。

（10）2012 年至审计时，所属中国轻工业武汉设计工程有限责任公司垫资建设房地产项目，在开发商资金不足的情况下未按合同约定及时采取措施，5 659 万元的垫资存在损失风险。

（11）2010 年，所属长沙长泰智能装备有限公司在对市场需求预估不足等情况下，投资 3 224.27 万元实施一个切纸机研发项目。至 2016 年年底，该公司一直未发生切纸机销售业务。

（12）中轻集团及部分下属企业财产保护内部控制不健全，其中所属轻鑫厦门公司、中轻外经国际工程有限公司（简称中轻外经公司）未定期实施存货盘点等，致使 9.25 万吨煤灭失，形成损失 3 129.48 万元。

（13）2012 年至审计时，所属中轻控股公司未按规定在产权交易所公开挂牌处置 23 项资产，涉及金额 2 702.31 万元，其中 2016 年为 553.25 万元。

（14）2015 年，所属造纸装备公司违规对外出借资金 2 000 万元，至审计时仍未收回。

（15）2017 年，所属广东中食营科生物科技有限公司高管人员擅自对外出借企业资金 2 000 万元，2017 年 7 月收回本息。

（16）2015 年，所属轻鑫厦门公司未经资产评估，按出资额 1 106.25 万元回购员工持股，实际已支付 296.92 万元。

（17）2011 年，所属中国轻工建设工程有限公司（简称中轻建设公司）陕西分公司未经授权对外签订两个建设项目合同，至审计时项目建设成本中发生不合规支出 1 437.45 万元。

（18）2013 年，所属中轻外经公司未严格执行集团内部合同审查和业务回款的规定，煤炭购销业务损失 944.4 万元。

（19）2012 年至 2014 年，所属中轻建设公司未充分进行风险评估、未报上级公司批准，签订融资租赁协议，造成损失 769 万元。

（20）2012 年，所属中国轻工业西安设计工程有限公司在总承包造船项目成本中列支不合规支出 307 万元。

（21）至审计时，所属造纸院未按规定报送 4 个科研项目决算及完成情况报告，涉及资金 354 万元。

（22）至 2016 年年底，中轻集团未按要求完成应收账款压控、低效无效资产清理处置等工作。

3. 落实中央八项规定精神及廉洁从业规定方面

(1) 2013 年至审计时，中轻集团未按规定在业务招待消费清单中列明招待对象等内容，总部及所属两家子公司购买或消费高档酒水 88.37 万元，其中 2016 年为 3.44 万元。

(2) 2015 年至审计时，中轻集团 9 名高管人员在核定薪酬外报销物业供暖费 28.1 万元，其中 2016 年为 12.1 万元。

(3) 2014 年至 2016 年，所属中国食品工业（集团）公司一名高管人员违规使用公务用车，并违规报销个人停车位费用 4 700 元。

关于对审计署就
中国轻工集团有限公司
2016 年度财务收支
等情况审计结果
整改情况的公告

(三) 审计处理及整改情况

对以上审计发现的问题，审计署依法出具了审计报告、下达了审计决定书。中轻集团通过调整有关会计账目和财务报表、建立健全相关制度、对相关人员追责问责等方式进行整改，具体整改情况由其自行公告。

习题

一、简答题

1. 简述国有企业审计的含义。

2. 简述国有企业财务收支审计的目标。

二、论述题

论述货币资金循环审计的主要内容。

三、案例分析题

请阅读中国轻工集团有限公司财务审计案例，思考本案例中审计的关注重点是什么。如果你是该项目的审计主管，如何规划项目的审计流程？

即测即评

第七章

行政事业单位审计

知识框架

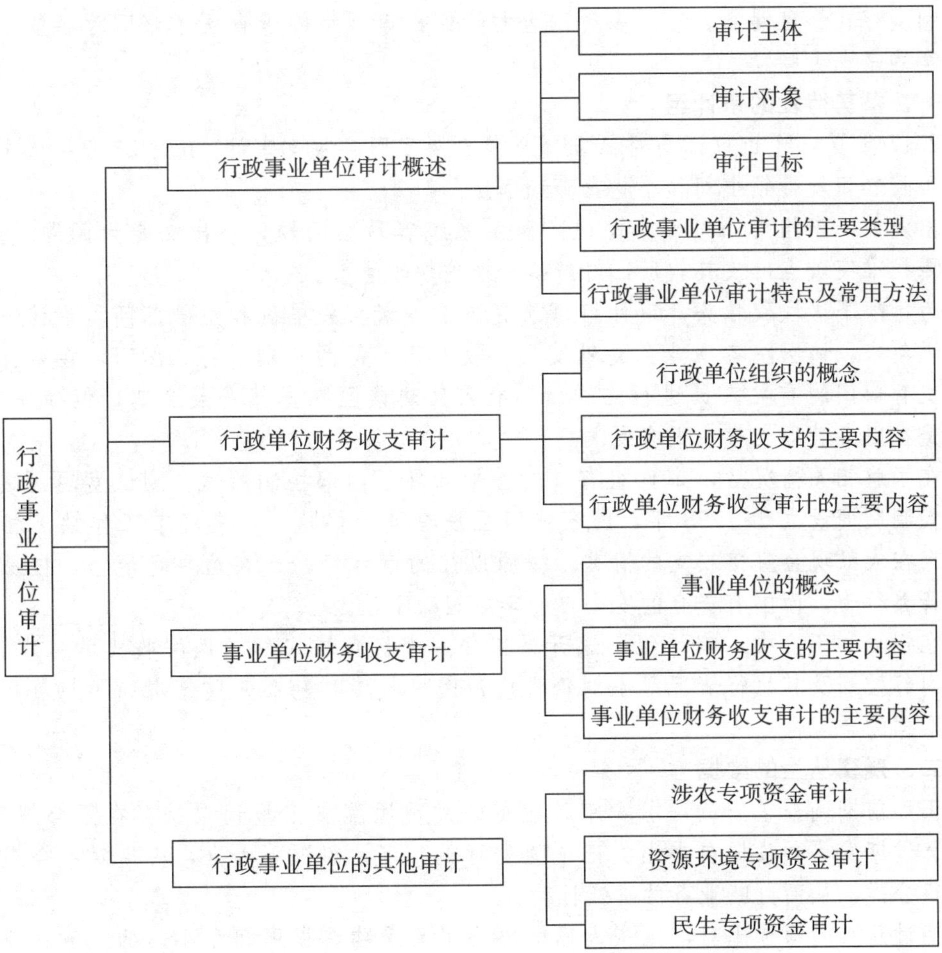

本章导读

本章主要介绍行政事业单位审计的概念、行政单位和事业单位财务收支审计、行政事业单位的其他审计等相关内容，在全书体系中属于重点章节。通过本章的学习，学生要了解行政事业单位审计的含义和目标；掌握行政事业单位财务收支审计的内容；熟悉行政事业单位审计的主要类型、特点和方法，以及行政事业单位常见问题的审计方式；了解行政事业单位的其他审计类型，以及其在国家经济社会发展中的作用。

引　例

拍“蝇”扫“霾”审计揭开843万元贪污大案

2017年6月，H市审计机关对辖区A县某医疗事业单位开展了财务收支审计。审计组通过事前走访，在掌握了该医院的经营情况后，实施了内部控制测试，发现该医院的内部控制运行无效；在进一步延伸取证的过程中，又发现医院支出报销发票内部控制制度存在严重漏洞。经过多番调查和询问，审计组终于查明了该医疗事业单位贪污大案的来龙去脉。

一、蓄势待发的审计组

2017年夏，H市审计局对A县某医院开展了财务收支审计。6月23日一大早，审计组组长李姐就带领小刘和小赵直奔该医院。

出发前，李姐对小刘、小赵说：“医院系统容易出问题，一出必是大问题。这次，我们要找准突破点，攻其软肋，好好啃一啃这块硬骨头。”

为了啃下这块硬骨头，审计组事前走访了多家相关单位和主管部门。审计组了解到，近年来，该医院各项业务蓬勃发展，收入几乎每两年翻一番。然而，在审计组与行业主管部门的有关人员进行沟通时，有人反映该医院虽然发展迅速，但管理混乱，特别是在财务管理上存在很多漏洞。

在了解相关情况后，审计组有针对性地开展了内部控制测试。测试发现，该医院内部控制制度设立于1998年，内容陈旧且没有被严格执行，各环节工作缺乏相互制约，存在大额现金直接收支的情况。按照以往的审计经验，在这种环境下，极易滋生违法舞弊行为，而国有资金的安全更让李姐担心不已。

在担心和不安中，审计组迅速开展工作。李姐负责了解该医院收支的基本情况、相关内部控制及其执行情况；小刘负责摸清医疗收费和药品采购情况；小赵负责审查支出票据的合规性。

二、疑窦丛生的票据

正如前期调查了解的一样，审计组很快发现医院支出报销票据存在不合规现象，白条、过期发票和收据在支出凭证中随处可见。审计组沉下心来，决定对不合规的支出进行分类，从而判断业务的真实性。

经过几天的筛选比对，几张大额的办公用品采购票据引起了小赵的注意。他有些不解地自言自语："一次性买了几十万元的办公用品，使用的都是过期的货物销售统一发票，且后面也没有附采购清单，究竟买的是什么啊？"仔细查看了一番后，他又发现了一些端倪，说道："采购用品很频繁，4月份报销了几笔大额办公费用，5月份又采购了几十万元的办公用品。"

李姐听小赵一说，顿感其中有"故事"，快速拿过发票仔细核对了一遍，发现发票上显示的支出都由医院办公室主任许某经手。李姐判断，这其中可能存在利用虚假业务套取资金的违法违规行为。于是，李姐吩咐小赵和小刘对2012年1月至6月间许某报销票据上的编号、供货商名称和金额进行逐笔统计。

经过细心查验，审计组发现了不少疑点：报销票据编号比较集中，在连续编号票据中，竟然出现了鸿途公司等4家供货商。这立刻引起了审计人员的警觉！连续编号的票据一般由一家供货商填写，为何会出现鸿途公司等4家供货商？难道这4家供货商共用一本票据？另外，在不同的购物时间，开具的票据编号比较集中，好像是专为该医院提供的，难道供货商的货物只卖给这家医院，而不卖给他人吗？这显然不可能。经笔迹比对，审计人员又发现，票据填写人的笔迹与报销经办人的笔迹相似。票据是经办人自己填写的吗？带着疑问，审计组又了解到该医院对采购物品缺乏验收、登记、保管等内部控制流程。

三、原形毕露的关键人

此时，李姐决定正面接触经办人许某，寻找突破口。许某如约而至，李姐省去客套，开始了谈话："知道您是名牌大学毕业，并且是医院的业务骨干，想找您先了解一下医院采购办公用品和招待业务的具体情况。您的具体职责分工是什么？"

许某侃侃而谈起来："这几年医院各项业务突飞猛进，我主要负责办公用品采购和业务招待。你们有所不知，办公室工作非常烦琐，责任也很大……"

不等他把话说完，李姐迅速"插话"切中要害："2015年1月至6月，您经手购买了哪些办公用品和耗材？"

许某闻言一愣，神色也有些异样，支支吾吾地说："嗯，这个……时间有点长了，记不清了……"说完还煞有介事地挠了挠头。

这个细微变化被李姐看在眼里，她立刻用掌握的线索提醒许某："鸿途公司等4家供货商具体位置在哪里？连号票据为何对应4家供货商？票据又是谁填写的？"许某的表情瞬间凝固了，半天说不出话来。

这时，李姐开始给许某讲政策，说道理。许某反反复复翻看自己经手的票据，承认这4家供货商实际上只有1家是真实的，其他3家都是虚构的。然后，他解释道："我毕竟不是搞财务的，不知道发票还有编号的规则，没有察觉到连号票据对应4家供应商的问题；所谓购买办公用品和耗材的支出，其实都是医院不方便处理、变相处理的费用。"听到这里，李姐这些天一直紧绷的神经终于得到短暂的放松，她知道，真相即将浮出水面。

李姐继续问道："支出情况还挺复杂的，您那里应该有账本吧？共有多少资金是这样转换的？"许某怀有疑虑地说："我那里有一张统计表，具体金额记不清楚了，需要回去看看。"

经过面对面的交锋，许某的心理防线被彻底击垮。当天晚上10点，他向医院领导承认，通过虚开发票的方式，骗取、贪污了单位60多万元的资金。第二天一早，许某在医院领导的陪同下，来到审计组，将事情和盘托出："我利用负责单位办公用品采购、业务招待等职务之便，盯上了单位报销程序上的漏洞。我从文体商店处购买发票和收据，并从朋友那里私刻公章，以公务招待费用和办公用品采购为由进行报销，共骗取、贪污单位资金60多万元。"说完，许某交给审计组一张存有60多万元现金的银行卡。

至此，审计任务中盘根错节的复杂头绪已经基本厘清。审计组还发现了医院在医疗设备采购、药品进销方面存在管理不规范问题。李姐立即把问题线索向审计局领导进行了汇报。局领导认为案情重大，立即安排人员对线索进行了整理，随后将线索移送至相关部门。经查证，许某通过虚列开支、伪造票据的方式，累计骗取、贪污单位资金843万元。许某最终也因贪污罪、巨额财产来源不明罪，被判处有期徒刑十二年零六个月。

这是该县自建立以来涉案金额最大的一起贪污案，在社会中产生了强烈影响。在本案中，审计组抽丝剥茧、明察秋毫，通过一系列审计方法、程序，最终发现该医院内部控制制度严重缺失，票据的真实性、合规性审核以及货物验收、保管也存在重大管理漏洞，这给了许某可乘之机。审计部门应继续坚持问题导向，提高审计效能，督促行政事业单位举一反三、引以为戒，加强财产物资的采购、验收、保管等工作的监督管理，严格执行各项内部控制制度，从源头上阻止违法、违规、违纪行为的发生。

资料来源：合肥审计案例故事选编（五）：拍"蝇"扫"霾"审计揭开843万元贪污大案. [2020-09-30]. https://www.sohu.com/a/421964143_391393.

第一节 行政事业单位审计概述

《宪法》第九十一条规定，国务院设立审计机关，对国务院各部门和地方各级政府的财政收支，对国家的财政金融机构和企业事业组织的财务收支，进行审计监督。这是《宪法》对国家审计机关设置和审计监督地位的规定。行政事业单位审计是国家审计的重要组成部分，是审计机关依法对行政事业单位的财政预算执行、财政决算、财务收支及其相关经济业务活动进行审查，以监督、评价其真实性、合法性和效益性所进行的经济监督活动。进行行政事业单位审计，有利于维护财政经济秩序，促进廉政建设，保障行政计划和各项事业的顺利实现。

一、审计主体

行政事业单位审计的主体以国家审计机关为主。国家审计机关是国务院及县级以上各级人民政府所设立的审计机关，包括审计机关派驻地方和政府有关部门的审计机构。与本级人民政府财政部门直接发生预算缴款、拨款关系的国家机关、军队、政党组织、社会团体和事业单位，其审计主要由国家审计机关进行，这是国家审计机关的法定职责。行政事业单位可以设置内部审计机构进行内部审计，内部审计机构在一定程度上可以协助国家审计机关对政府部门和事业组织进行监督。在特定情况下，经国家审计机关授权或行政主管部门委托，社会审计机构可对行政事业单位进行审计。

二、审计对象

行政事业单位审计的对象或客体是各级行政机关、事业单位和其他组织等各部门、各单位的财政财务收支活动和其他经济、管理活动。其中，各部门是指与本级政府财政部门直接发生预算缴拨款关系的国家机关、政党组织、事业单位、社会团体和其他单位，各单位是指部门所属预算单位。由于履行或代为履行政府职能，因此与本级人民政府财政部门直接发生预算缴拨款关系或有财务收支关系以及存在其他按国家有关规定收取、提取和安排使用相应资金的部门、单位和组织均应接受审计。

三、审计目标

行政事业单位审计的目标是审查行政事业单位财政财务收支和其他经济活动的真实性、合法性和效益性。具体如下：

（1）真实性是指所提供的会计资料是否真实、全面、系统地反映了政府部门和事业组织的财政财务收支及有关经济活动。真实性为揭露违法违规问题打下了基础，为综合评价财政收支提供了标准和依据。

（2）合法性是指政府部门与事业组织的财政财务收支及有关经济活动是否符合国家的各项法律、法规。通过查处违法违规问题，有助于规范政府部门的经济与行政行为，对权力形成制约，促进依法行政。

（3）效益性是指财政财务收支及有关的经济活动实现的经济效益、社会效益和环境效益。对财政财务收支及有关的经济活动进行绩效评价，有利于促进完善财政政策制度、健全预算管理机制、增强预算透明度、提高预算资金的使用效益。

四、行政事业单位审计的主要类型

（一）按业务活动分类

业务活动是行政事业单位履行职责所必须开展的主要活动。不同的行政事业单位，由于其职责不同，业务活动的具体内容也不尽相同。从整体层面看，行政事业单位审计可分为行政单位审计和事业单位审计。从具体业务层面看，分类则比较复杂，如事业单位可分为文化事业单位、教育事业单位、科技事业单位、卫生事业单位、社会福利事业单位等，这些单位均应接受审计监督。

（二）按财务活动分类

财务活动是行政事业单位预算资金及其他资金的筹集、分配和使用活动。从预算及资金使用层面看，行政事业单位审计可分为预算编制审计、预算执行审计、资产管理审计、经费使用效益审计等。从报表要素项目层面看，行政事业单位审计则可分为货币资金审计、应收及预付款项审计、存货审计、对外投资审计、固定资产审计、无形资产审计、负债审计、所有者权益审计、收入审计、支出审计等。

（三）按其他管理活动分类

其他管理活动是指除业务活动和财务活动之外，行政事业单位的其他管理活动，如人力资源管理活动、行政管理活动、物业管理活动等，这些管理活动与业务活动、财务活动和内部控制密切相关，也应接受审计监督。

行政事业单位审计的主要类型见表 7－1。

表 7－1 行政事业单位审计的主要类型

<table>
<tr><th>分类标准</th><th>具体分类</th><th>主要类型</th></tr>
<tr><td rowspan="3">业务活动</td><td rowspan="2">整体层面</td><td>行政单位审计</td></tr>
<tr><td>事业单位审计</td></tr>
<tr><td>具体业务层面</td><td>如事业单位审计可分为文化事业单位审计、教育事业单位审计、科技事业单位审计、卫生事业单位审计、社会福利事业单位审计等</td></tr>
<tr><td rowspan="5">财务活动</td><td rowspan="4">预算及资金使用层面</td><td>预算编制审计</td></tr>
<tr><td>预算执行审计</td></tr>
<tr><td>资产管理审计</td></tr>
<tr><td>经费使用效益审计</td></tr>
<tr><td>报表要素项目层面</td><td>货币资金审计、应收及预付款项审计、存货审计、对外投资审计、固定资产审计、无形资产审计、负债审计、所有者权益审计、收入审计、支出审计等</td></tr>
<tr><td colspan="2">其他管理活动</td><td>如人力资源管理活动审计、行政管理活动审计、物业管理活动审计等</td></tr>
</table>

五、行政事业单位审计特点及常用方法

（一）行政事业单位审计的特点

1. 强制性

行政事业单位审计在国家审计中居于主体地位，是国家审计发挥作用的主要载体。对行政事业单位进行审计的权力是由国家法律规定的，是国家意志的体现，不以任何单位或个人的意志为转移。一切国家机关、社会团体、企业事业组织等都必须遵守法律规定，都应依法接受审计监督，否则就要受到相应的责任追究。

2. 权威性和政策性

国家审计所依据的监督权是由宪法予以确立的，并由《审计法》等法律法规进行明确。作为国家审计的一部分，行政事业单位审计是落实法律法规和政府有关政策、对公共财政资源进行的审计监督活动，具有很强的权威性和政策性。

3. 公共性

政府行为是一种公共行为，行政事业单位是履行一定责任的公共经济组织，其依托于公共受托责任关系。行政事业单位审计体现了国家意志，以公共利益为

基础，旨在对公共受托责任履行情况的真实性、合法性和效益性进行审核和评价。

（二）行政事业单位审计的常用方法

基于前述政府审计基本方法，本部分主要介绍两类方法，即审查书面资料的方法和证实客观事物的方法。

1. 审查书面资料的方法

审查书面资料的方法，按照审查技术，可分为核对法、查询法、比较法、分析法等；按照审查顺序，可分为顺查法和逆查法；按照审查范围，可分为详查法和抽查法。

（1）核对法。核对法是指根据被审计单位会计凭证、会计账簿、财务报表的有关数据及其他相关数据之间的逻辑关系，利用专门的查核手段进行审查，以验证其内容是否一致、计算是否正确的方法。主要包括对被审计单位会计资料以及与其有业务往来的其他单位的有关联的数字进行核对，从中发现疑点，查明问题。当缺乏直接佐证证据时，可查看多个数据是否可以通过不同途径取得并相互印证，从而验证其真实性和准确性。

（2）查询法。查询法是向被审计单位和其他单位及有关人员进行调查问询，了解被审计单位书面资料所未能详细提供的信息，或有书面资料但存有疑问、需要重新查实核对的问题，目的是使审计证据切实可靠。查询法可采用当面询问、电话询问、电子邮件询问、传真询问或函询等方式。当面询问需做成书面记录，并经被询问人员签字证实。

（3）比较法。比较法是通过对比分析被审项目，检查有无异常情况和可疑问题，以便跟踪追查，取得审计证据。如将本期和前期的有关项目相比或将被审项目与其他单位的相同项目相比，都可以分析情况，发现问题。

（4）分析法。分析法是通过分解被审项目内容，以了解其构成要素的本质和关系、各要素的变化及对项目的影响程度。分析法是揭露问题的有效手段，通常包括报表分析法、账户分析法、动态分析法、平衡分析法、制度分析法、因素分析法等。

（5）顺查法。顺查法是指按会计业务处理程序依序进行检查的审计方法，即从检查行政事业单位的原始凭证开始，继而检查记账凭证、日记账、明细账、总分类账，最后检查财务报表。在被审计单位出现账证不符、账账不符、账表不符，尤其是存在低估风险的情况下，一般采用顺查法。

（6）逆查法。逆查法是指按照会计业务处理程序的相反次序进行审查的审计方法，即从检查行政事业单位的财务报表开始，根据所发现或所预计的问题，有重点地追查总分类账、明细账和日记账，并有目的地检查记账凭证和原始凭证。审计中若预计被审计单位存在高估风险，一般采用逆查法。

（7）详查法。详查法是指对某类或全部经济活动无一遗漏地加以审查的方法。详查法的好处是可以取得证明被审计单位错弊的全部证据，所以这种审计方法检查全面、结论可靠、说服力强，但它实际上要重复验证会计人员和有关专业人员先前所做的全部工作，审计工作量大。

(8) 抽查法。抽查法是指利用一定的抽样方法从被审计单位一定时期内的大量的会计资料或有关经济业务资料中抽取一部分进行审查的方法。由于是抽取一部分项目来进行审查，而不是全面审查，因此抽样要尽可能科学合理，以反映客观情况。抽取的样本应具有一定的针对性和代表性，以最大限度地避免各种人为因素的影响。抽查法可分为任意抽样法、判断抽样法和统计抽样法三种。

2. 证实客观事物的方法

证实客观事物的方法是指收集书面资料以外的信息，以证实客观事物的形态、性质、所有权、存在地点、数量和价值等的方法，包括盘点法、调节法、观察法和鉴定法等。

(1) 盘点法。盘点法是指对财产物资等实物进行实地盘点的方法。通过实地盘点，可以查明库存现金、材料物资、固定资产等实物的实存数与账面数是否一致，收、发、存相关的制度和手续是否健全、严密和科学。

(2) 调节法。调节法是指为了证实某一时点的数据是否正确，利用已发生的增减变化对该时点的数据进行调整，并与需证实的数据相对照，以确定其是否正确的一种方法。例如，在审查库存现金时，就应将盘点日的现金库存调节为账面结存日的库存数，以审查调节后的现金库存数与账面结存日的现金余额是否一致。实际工作中也可对账证、账账、账表、账实不符以及弄虚作假的资料、数据等作出调整，以便进行进一步的分析和评价。

(3) 观察法。观察法是指审计人员亲临现场，对业务活动的进行、财产物资的保管、内部控制制度的执行等进行实地观察检查，以核实其是否符合相关规范和书面资料的记载，借以查明事实真相并取得审计证据的方法。

(4) 鉴定法。鉴定法是指会计资料、实物以及经济活动的合理鉴别已超过审计人员的能力，而邀请专门人士运用专门技术或专业经验进行确定、识别的方法。例如，对于书面资料的真伪鉴定，实物性能、质量、价值的鉴定以及经济活动的合理性、有效性的鉴定等。

第二节 行政单位财务收支审计

一、行政单位组织的概念

与行政单位组织相关的概念有行政组织、行政机关和行政单位等。行政组织是指以实现国家行政职能为目的，以行政职位为基本构成单位的组织，具体包括行政机关、行政内部机构、由法律法规规章授权的组织、受行政机关委托的组织。行政组织的最主要的形态是行政机关。

行政机关是指依宪法和有关组织法的规定设置的，行使国家行政职权，负责对国家各项行政事务进行组织、管理、监督和指挥的国家机关。在我国，行政机关根据其管辖范围可分为中央行政机关和地方行政机关。

行政单位是进行国家行政管理、组织经济建设和文化建设、维护社会公共秩序的单位，主要包括国家权力机关、行政机关、司法机关、检察机关以及实行预算管理的其他机关、政党组织等。行政单位主要是财政上的概念，其人员实行公务员体制管理，经费、工资福利等全部由政府拨付。

二、行政单位财务收支的主要内容

（一）行政单位的收入

行政单位收入是指行政单位依法取得的非偿还性资金，包括财政拨款收入和其他收入。财政拨款收入是指行政单位从本级财政部门取得的预算资金。其他收入是指行政单位依法取得的除财政拨款收入以外的各项收入。

行政单位的收入实行统一核算、统一管理，未纳入预算的收入不得安排支出。所有收入都必须归口到单位财务部门，并全部纳入单位预算，不得少报、虚报和瞒报，不得转移收入和私设“小金库”，严禁设立账外账。各项收入中，国家规定有专门用途的资金，要专款专用；收入与支出有对应关系的，要划清界限，避免相互挤占、挪用。行政单位应根据国家有关规定和自身实际情况，合理设置收入业务岗位，明确相关岗位的职责权限，确保收款与会计核算等不相容岗位相分离，从而在收入业务方面形成制衡机制，有效防范收入的截留、坐支和挪用等风险。

（二）行政单位的支出

行政单位支出是指行政单位为保障机构正常运转和完成工作任务所发生的资金耗费和损失，包括基本支出和项目支出。基本支出是指行政单位为保障其机构正常运转和完成日常工作任务所发生的支出，包括人员经费和公用经费。项目支出是指行政单位为完成其特定的工作任务所发生的支出。

行政单位支出定义的解释包括：（1）行政单位支出的目的是保障机构正常运转和完成工作任务两部分；（2）这里的损失是指行政单位受各种因素影响的损毁丧失；（3）支出的范围除行政运行经费外，还包括基本建设支出、社会保障支出等行政单位发生的所有支出。

行政单位的各项支出由单位财务部门按照批准的预算和有关规定进行审核办理。行政单位应当严格执行国家规定的开支范围及标准，不得擅自扩大开支范围、提高开支标准。同时，行政单位应建立健全支出管理制度，合理安排支出进度，并严格控制一般性支出。

（三）行政单位的结转结余

行政单位的结转结余，即行政单位全部收入与全部支出相抵后的余额，它分为结转资金和结余资金。结转资金是指预算未全部执行或未执行，下一年度需要按照原用途继续使用的资金。结余资金是指项目实施周期已结束、项目目标已完成或项目提前终止，尚未列支的项目支出资金；因项目实施计划调整，不需要继续支出的资金；项目实施周期内，连续两年未用完的资金。对于财政拨款结转和结余的管理，应当按照国家有关规定执行。

三、行政单位财务收支审计的主要内容

行政单位财务收支审计是评价国家各级各类行政单位的财政、财务收支及其相关经济活动的过程与会计记录的结果是否真实、合法并具有效益的经济监督活动。主要包括以下内容：

（一）预算编制审计

预算编制是政府以及行政事业单位制订的筹集和分配年度预算资金计划的主要活动，是预算管理的起点。对行政单位预算编制情况的审计，需要围绕政策性、可靠性、合理性、完整性、绩效性、统一性（罗海东，2009）等方面来进行。

1. 政策性

在政策性方面，审查预算编制的依据是否符合国家的大政方针。行政单位的预算编制应当以国家有关方针、政策和各项财政财务制度为依据，根据计划和工作任务的需要，正确处理资金需求与供给之间的矛盾，实事求是、科学预测，合理安排和分配预算资金。

2. 可靠性

行政单位预算具有一定程度的刚性，因此要审查预算是否量入为出、收支平衡；预算编制方法是否正确、科学；预算是否依据确切可靠的资料和收支变化的规律，进行了认真测算，切实做到各项数据真实可靠并予以细化。

3. 合理性

预算编制要正确处理整体与局部的关系，做到科学、合理地安排各项资金，使有限的资金产生最大的效益。在进行预算编制审计时，既要审查是否优先保证重点支出，又要审查是否妥善安排其他各项支出。

4. 完整性

行政单位在编制预算时，必须将单位取得的财政拨款和其他各项收入以及各项支出完整、全面地反映在单位预算中，不得在预算之外另留收支项目。因此，在进行预算编制审计时，应逐项分类核实，审查是否存在遗漏。

5. 绩效性

应建立绩效考评制度，对预算的执行过程和完成结果实行全面的追踪问效，不断提高资金的使用效益。通过绩效监督，纠正部门之间的苦乐不均、分配不公等情形，预防和避免因为预算编制不合理，导致一部分单位因资金不足不能全面履行职能，而另一部分单位资金闲置、损失浪费甚至滋生腐败隐患。

6. 统一性

审查预算编制时，是否采用国家统一设置的预算表格和统一的口径、程序以及计算方法填列有关收支数字指标。

（二）预算执行审计

预算执行审计是指各级审计机关对本级财政及各预算执行部门和单位在预算执行过程中筹集、分配和使用财政资金的情况，组织政府预算收支任务完成情况

以及其他财政收支的真实性、合法性、效益性所进行的审计监督。各行政单位是本单位的预算执行主体，负责本单位的预算执行，并对执行结果负责。主要审计方法和内容如下：

1. 测试预算是否依法依规按程序执行

审查行政单位预算执行是否遵守《预算法》和其他法律法规的规定，业务部门是否在明确的预算指标下按规定提出申请，支出是否在预算审批和支出发生后按规定进行记账和反映。

2. 检查预算是否按批复额度和支出范围执行

审查预算的批复情况以及有无随意调整预算项目、调增调减预算金额、擅自改变资金用途等问题，是否存在无预算、超预算支出等问题，严格控制超过额度和支出范围等违规执行预算的行为。

3. 检查预算执行的进度是否合理

跟踪是否按进度拨款，是否存在资金拨付不及时、滞拨、欠拨、截留应拨预算资金的情况；及时了解预算执行的进度，分析其影响因素；预算资金拨付与执行是否按照规定及时进行了记录和反映。

4. 观察预算执行中有无随意调整标准

由于部分费用在报销中涉及的类型较多，标准不一，容易超范围超标准报销，需要观察预算执行过程中有无随意调整标准的情况。

5. 检查并询问违规责任的追究

对于违反《预算法》等法律法规以及会计制度规定的预算执行行为，要追究相应责任。

6. 检查并询问预算执行情况总结

行政单位应当建立健全预算执行情况报告制度。通过运用财务信息和其他相关资料，监控预算执行情况，采用恰当方式及时报告和反馈预算执行进度、执行差异及其对预算目标的影响，及时反映预算执行中存在的各种问题。

例如，某机关2023年公务用车运行费列支486万元，超预算列支54万元；工会经费列支75万元，超可计提标准列支37万元。上述事项违反了2020年10月施行的《中华人民共和国预算法实施条例》（国务院令第729号）第六十条“各级政府、各部门、各单位应当加强对预算支出的管理，严格执行预算，遵守财政制度，强化预算约束，不得擅自扩大支出范围、提高开支标准；严格按照预算规定的支出用途使用资金，合理安排支出进度”和2020年6月施行的《工会预算管理办法》（总工办发〔2019〕26号）第四十六条“县级以上工会必须根据国家法律法规和全国总工会的相关规定，及时、足额拨付预算资金，加强对预算支出的管理和监督。各预算单位的支出必须按照预算执行，不得擅自扩大支出范围，提高开支标准，不得擅自改变预算资金用途，不得虚假列支”等规定。

（三）资产管理审计

部分行政单位在资产管理上存在重钱轻物、重购置轻管理的现象，因此需要做好行政单位资产管理审计。

1. 资产管理制度审计

主要检查资产的请购采购、验收登记、核算入账、领用移交、维修保管、清查盘点、出租出借、对外投资、回收处置、绩效管理等重点环节的管理制度建设与执行情况，以及资产的归口管理和相关追责制度的建立和执行情况。

2. 资产购置审计

行政单位资产预算和采购是资产管理的起点，因此要加强资产预算审查，重点审核增量资产计划中项目申报依据是否正确，理由是否充分，与单位实际需要是否相适应，防止资产超标准配置；在资产采购中，关注资产采购方式是否合规等问题。

3. 资产使用审计

从财政财务预算着手，检查资产账簿设置与核算，以及增减变动和会计处理；定期加强资产登记审查并抽取部分资产进行账实核查，揭示资产是否实际存在，资产权属，品名、规格型号是否一致，账实是否相符，有无违规出借、出租、私用资产等问题；加强存量资产审查，关注资产的使用情况，揭示资产长年闲置、低效使用、缺乏维护，造成财力物力浪费等问题。

4. 资产处置审计

行政单位资产处置包括对资产的调拨、报损、报废等，应检查资产内部处置程序是否符合规范，处置行为是否按规定履行报批程序，揭示未履行集体决策程序、超权限审批、违规违纪处置和账务处理不正确等问题。

例如，对某行政机关进行审计时发现，该单位实际使用车辆 1 台。经检查，该车是 2022 年上级主管部门划拨的车辆，车辆行驶证所有权人为上级主管部门，截至 2023 年 12 月 31 日，该车辆未入账。上述事项不符合自 2021 年 4 月施行的《行政事业性国有资产管理条例》（国务院令第 738 号）第十五条“资产使用人、管理人发生变化的，应当及时办理资产交接手续”的规定，因此，该单位及其上级主管部门应及时办理资产交接手续，并进行相应的账务处理。

（四）内部控制制度评价

内部控制制度评价可有效帮助确定财务收支审计的重点。行政事业单位内部控制是指单位为实现控制目标，通过制定制度、实施措施和执行程序，对经济活动的风险进行防范和管控。行政事业单位内部控制分为单位层面内部控制和业务层面内部控制。单位层面内部控制包括组织架构设置、决策机制与职责分工、关键岗位控制、人员资质和能力要求、信息技术手段的应用等。业务层面内部控制包括预算控制、收支控制、采购控制、资产控制、建设项目控制、合同控制等。

行政事业单位只有建立有效的内部控制体系，严格执行内部控制流程，才能从根本上保证各项法律法规等有关制度的实施效果。如果行政事业单位的管理架构中缺少对权力的监督，未能通过不相容岗位设置以及授权审批、预算管理、会计控制、信息公开等手段来约束权力，那么相关职责的履行可能会处于缺乏约束和无效状态，这不仅影响组织运行的效率和质量，甚至会滋生严重的腐败现象，损害公众利益。

行政单位内部控制制度评价的目标是合理保证单位经济活动合法合规、资产安全和使用有效、财务信息真实完整，监督各项制度包括财务收支制度是否得到合理设计并有效执行，有效防范舞弊和预防腐败，提高公共服务的效率和效果。

例如，某局现行的财务管理制度中，对会计主管的岗位职责规定为“负责组织单位财务收支审计、领导干部任期经济责任审计、离任审计等各类财务审计”。实际上，单位应设置专门审计岗位，会计主管的岗位职责可规定为“负责单位各部门之间的沟通协调工作，加强与审计部门的对接和联络，促进财务收支审计、领导干部任期经济责任审计、离任审计等各类财务审计工作的有序开展”。

（五）经费使用效益审计

经费使用效益审计的目标是核实行政单位的经费使用在过程和结果上是否经济、高效，查明存在的问题，以帮助其进行改善。经费使用效益审计主要有两方面内容：一是审查行政单位对经费的使用是否贯彻了勤俭节约原则，经费使用过程中有无改变经费用途、滥支乱用和损失浪费等情况；二是经费的使用是否达到了预期的绩效目标，即行政单位是否履行了其法定职责，向社会提供了有效的服务。

行政单位财务收支审计的主要内容见表 7-2。

表 7-2 行政单位财务收支审计的主要内容

主要内容	考虑因素	审计程序
预算编制审计	政策性	审查预算编制的依据是否符合国家有关方针、政策和各项财政财务制度
	可靠性	审查预算编制是否依据确切可靠的资料和收支变化的规律，方法是否正确、科学
	合理性	审查预算是否使有限的资金产生最大的效益；是否在优先保证重点支出的同时，妥善安排好其他各项支出
	完整性	审查收支是否完整、全面地反映在单位预算中，不得在预算之外另留收支项目
	绩效性	对预算的执行过程和完成结果实行全面的追踪问效，提高资金的使用效益
	统一性	审查预算编制是否采用国家统一设置的预算表格和统一的口径、程序以及计算方法填列有关收支数字指标
预算执行审计	执行程序	测试预算是否依法依规按程序执行
	执行范围	检查预算是否按批复额度和支出范围执行
	执行进度	检查预算执行的进度是否合理
	执行标准	观察预算执行中有无随意调整标准
	执行问责	检查并询问违规责任的追究
	执行总结	检查并询问预算执行情况总结

续表

主要内容	考虑因素	审计程序
资产管理审计	资产管理制度	检查资产重点环节的管理制度建设与执行情况，资产的归口管理和相关追责制度的建立和执行情况
	资产购置	重点审核项目申报依据是否正确，理由是否充分，与单位实际需要是否相适应，资产采购方式是否合规
	资产使用	检查资产账簿设置与核算，审查存量资产，关注资产的使用与权属以及账实是否相符
	资产处置	检查资产内部处置程序是否符合规范，处置行为是否按规定履行报批程序
内部控制制度评价	单位层面	审查单位组织架构设置、决策机构与职责分工、关键岗位控制、人员资质和能力要求、信息技术手段的应用
	业务层面	审查单位预算控制、收支控制、采购控制、资产控制、建设项目控制、合同控制等制度设计与执行情况
经费使用效益审计	使用情况	审查行政单位经费使用过程中有无改变经费用途、滥支乱用和损失浪费等情况
	预期目标	审查行政单位是否履行了其法定职责，向社会提供了有效的服务

第三节　事业单位财务收支审计

一、事业单位的概念

事业单位是指国家为了社会公益目的，由国家机关举办或者其他组织利用国有资产举办的，从事教育、科技、文化、卫生等活动的社会服务组织。事业单位一般不直接从事物质资料生产，但直接或间接为生产建设和改善人民生活提供服务。

事业单位与行政单位的差别体现在：（1）从内涵上看，行政单位是国家机关，而事业单位是实施政府某项公共服务的部门，是社会服务组织；（2）从职责上看，行政单位负责对国家各项行政事务进行组织、管理和指挥；而事业单位是为了社会公益目的，从事教育、文化、卫生、科技等活动；（3）从经费来源上看，行政单位使用行政编制，其经费由财政全额负担；事业单位使用事业编制，由财政提供全部或部分经费，也有部分事业单位的经费依靠自收自支。

二、事业单位财务收支的主要内容

（一）事业单位的收入

事业单位收入是指事业单位为开展业务及其他活动依法取得的非偿还性资金，主要包括财政补助收入、事业收入、上级补助收入、附属单位上缴收入、经营收入、其他收入等。

事业单位应当将各项收入全部纳入单位预算，统一核算、统一管理，未纳入预算的收入不得安排支出。

（二）事业单位的支出

事业单位支出是指事业单位开展业务及其他活动发生的资金耗费和损失，主要包括事业支出、经营支出、对附属单位补助支出、上缴上级支出及其他支出。

事业单位应当将各项支出全部纳入单位预算，实行项目库管理，建立健全支出管理制度。事业单位的支出应当厉行节约，严格按照国家有关财务规章制度规定的开支范围及开支标准执行。事业单位从财政部门和主管部门取得的有指定项目和用途的专项经费，必须单独核算，专款专用，并按照规定报送专项资金使用情况的报告，接受财政部门或者主管部门的检查、验收。

（三）事业单位的结转结余

结转和结余是事业单位年度收入与支出相抵后的余额。结转资金是指当年预算已执行但未完成，或者因故未执行，下一年度需要按照原用途继续使用的资金。结余资金是指当年预算工作目标已完成，或者因故终止，当年剩余的资金。经营收支的结转和结余应当单独反映。

事业单位应当严格区分财政拨款结转结余和非财政拨款结转结余。财政拨款结转结余的管理，应当按照国家有关规定执行。非财政拨款按照规定结转下一年度继续使用；非财政拨款结余可以按照国家有关规定提取职工福利基金，剩余部分用于弥补以后年度单位收支差额。事业单位应当加强非财政拨款结余的管理，盘活存量，统筹安排、合理使用，支出不得超出非财政拨款结余规模。

三、事业单位财务收支审计的主要内容

（一）预算编制审计

事业单位预算是指事业单位根据事业发展目标和计划编制的年度财务收支计划。事业单位预算由收入预算和支出预算组成。国家对事业单位实行核定收支、定额或者定项补助、超支不补、结转和结余按规定使用的预算管理办法。

事业单位应参考以前年度预算执行情况，根据预算年度的收入增减因素和措施以及以前年度结转和结余情况，测算并编制收入预算；根据事业发展需要与财力可能，测算并编制支出预算。事业单位预算应当力求收支平衡，不得编制赤字预算。

因此，对事业单位预算编制的审计主要关注预算编制的科学性、合理性，重点审查是否将各项收入和支出全部纳入部门预算管理，以及预算编制是否完整。应以《预算法》等为准则，有效提升事业单位预算编制的整体质量。

例如，某事业单位于2023年12月拟购置4个车库，总金额为48万元，该事项未经当年的预算批复。经检查，发现该单位的预算编制存在明显的缺项和漏项。上述事项违反了《预算法》第五条“一般公共预算、政府性基金预算、国有资本经营预算、社会保险基金预算应当保持完整、独立”的规定，因此，该单位在预算编制上应进行充分的评估测算，严格按照事业发展计划和重点任务编制预算，

强化预算编制的预见性和预算的约束意识。

（二）预算执行审计

事业单位应当严格执行批准的预算。在预算执行中，国家对财政补助收入和财政专户管理资金的预算一般不予调剂，确需调剂的，由事业单位报主管部门审核后报财政部门调剂；其他资金确需调剂的，按照国家有关规定办理。

预算执行审计是对事业单位在预算执行过程中对财政收支的真实性、合法性、效益性所进行的审计监督。在预算执行审计中，主要审查事业单位对所属单位拨款是否严格按照预算管理的要求办理；资金支出是否按照批复的预算执行，是否存在无预算、超预算支出，有无擅自扩大开支范围或提高标准；重点检查专项资金的来源、用途和去向，有无挤占、挪用、截留项目资金，或与基本支出相互交叉使用，或不同项目间自行调剂使用等问题；有无因项目准备不充分导致资金闲置以及经费使用是否达到了预期绩效目标等。

例如，某事业单位于2023年在预算之外新增了以下维修项目：办公区楼顶维修，维修费77万元；停车场硬化和办公楼大门更换等维修项目共28万元。上述事项违反了2020年10月施行的《中华人民共和国预算法实施条例》第五十七条“除预算法第五十四条规定的在预算草案批准前可以安排支出的情形外，不得办理无预算、无用款计划、超预算或者超计划的资金拨付”和《党政机关厉行节约反对浪费条例》第八条“党政机关应当遵循先有预算、后有支出的原则，严格执行预算，严禁超预算或者无预算安排支出，严禁虚列支出、转移或者套取预算资金”的若干规定。该单位不应安排无预算支出，对于零星的维修支出应安排在日常公用支出中列支，对实际执行过程中确因情况特殊需调整增加预算的，应当依法依规履行审批手续。

（三）结转、结余及结余分配审计

结转、结余及结余分配审计的重点是审查结转、结余及结余分配的真实性、合法性和合规性。

需要摸清预算年度及上年度账面结转和结余的总体情况，对比分析其构成、发展趋势和形成原因；审查年终各项收入是否如数转入相关科目，有无应转未转或转移收入以减少结余的问题；经营收支结余是否单独反映，会计核算是否符合相关制度规定；对大额资金进行重点审查和分析，揭示是否存在结转和结余不实、财政资金闲置等问题。

事业单位对结余的分配涉及国家、单位及职工利益，因而对结余分配的审计是事业单位审计的重点之一。应重点审查结余分配是否符合国家的有关规定，如有无将按规定应结转使用的专项资金结存转入结余分配，有无超出规定的分配范围，结余分配的计算是否正确，账务处理是否符合规定等。

（四）资产管理审计

1. 资产购置审计

重点关注：事业单位购置资产时是否有计划和审批手续，有无超预算、超标准配置办公用房、公务用车、办公设备和家具等，在建工程完工交付使用后是否及时转入固定资产，达到固定资产标准的是否已作为固定资产进行管理和核算等。

2. 资产使用及处置审计

重点关注：事业单位在资产验收、领用、保管、报废、调出、租用、变卖等环节是否按照规定的程序办理并报有关部门审批、备案，有无违规出租出借或处置资产造成资产流失，有无多记、少记、漏记资产，资产的账账、账卡、账实是否相符，是否按规定定期或不定期进行资产清查盘点，资产盘盈、盘亏是否及时处理，资产管理责任是否清晰，是否存在人员调离或退休未移交资产、资产闲置浪费等问题。

例如，2023 年 6 月，某事业单位上级部门将其采购的价值 270 万元的特种专业设备交由该事业单位使用，但该单位未将该资产记入固定资产，也未办理相应的移交手续和权属登记。上述事项不符合自 2021 年 4 月施行的《行政事业性国有资产管理条例》（国务院令第 738 号）第三十条“各部门及其所属单位应当按照国家规定设置行政事业性国有资产台账，依照国家统一的会计制度进行会计核算，不得形成账外资产”、第四十条“各部门及其所属单位对需要办理权属登记的资产应当依法及时办理”、第五十三条“各部门及其所属单位有下列行为之一的，责令改正，情节较重的，对负有直接责任的主管人员和其他直接责任人员依法给予处分……（三）未按照规定办理国有资产调剂、调拨、划转、交接等手续”的规定。因此，为避免出现主管部门在单位之间相互调拨资产但不办理相关手续而形成未能入账的“账外游离资产”等情况，该单位对于需要办理权属登记的资产应当依法及时办理，并按财务会计制度规定及时进行账务处理。

3. 其他资产审计

以对外投资为例，应重点关注事业单位是否未经批准或未经集体决策即对外投资、担保，以实物或无形资产对外投资时是否按规定进行资产评估，有无在往来款中挂账、少记对外投资，对外投资企业是否长期严重亏损，投资收益账务处理是否合规、正确。

（五）往来款项管理审计

部分事业单位在往来账款管理方面存在较多问题，具体表现为：对往来款项不及时清理，长期挂账；在往来账户中核算本单位应列为收入或支出的经济业务；核算不规范，不设置具体明细科目等。因此，需要从以下几个方面加强审计。

1. 审查往来款项的真实性

审查往来款项业务内容是否属于本单位正常业务需要，是否符合单位有关往来款项管理的规定和程序，有无签订合同或协议，是否具有法律效力。选择金额较大和有异常的明细账户余额，通过查看原始凭证、向有关单位函证等方式，查明有关经济业务是否真实发生、是否使用无效票据入账、是否虚列往来款项等问题。

2. 审查往来款项的完整性

审查确认有无漏列情况，比如针对应付账款，应审查确认有无漏列应付账款、虚减负债余额的情况，必要时需要进行零余额函证，即向明细账余额为零的经常性供货单位进行函证。

3. 审查会计核算的合规性

通过对照被审计单位的财务报表、账簿、凭证，详细梳理往来款项类型，进行分类汇总，必要时向以前年度追溯调查，查明其是否正确设置相关核算主体，是否规范使用明细科目，账务处理是否正确、合规、及时，是否利用往来账户列支单位日常经费。重点关注其有无利用往来账户隐瞒、截留收入，转移、挪用专项资金等问题。

4. 审查往来款项管理制度建设

通过实地检查、询问、观察等方式，了解和掌握事业单位会计制度、财务流程的健全规范程度，看其是否建立了完备的往来账款核准制度、定期清理制度和责任管理制度等。

例如，2023 年 3 月，某事业单位将捐赠收入在往来款项中列支。此做法不符合自 2022 年 3 月施行的《事业单位财务规则》（财政部令第 108 号）第十八条“事业单位应当将各项收入全部纳入单位预算，统一核算，统一管理，未纳入预算的收入不得安排支出”的规定。根据上述规定，该单位应予以纠正，及时按规定列支收入。

（六）经费使用效益审计

在财政支出中，用于发展社会公益的事业支出占有较大比重。对事业单位经费使用效益的评价，要以经费使用的真实性、合法性为基础，主要审查经费的使用效益情况，具体包括：经费使用是否达到了预期目的，即单位是否履行其法定职责，向社会提供了有效服务；经费使用是否节约合理，有无明显不当和损失浪费情况；开展业务活动所产生的经济效益、社会效益和生态效益等。

比如，在专项资金审计中，应以资金运行轨迹为主线，确保专项资金发挥更大效益。因此，应审查政策的执行情况，看是否按规定分配、拨付专项资金，有无挤占、截留或挪用情形；审查管理使用情况，看管理制度是否健全有效，跟踪监督机制是否到位，有无管理不善造成损失浪费的问题；审查效益发挥情况，将实际结果与可行性报告进行对比、与同行业进行对比，看项目的经济效益、社会效益和生态效益的发挥情况，并对资金运用情况进行总体评价和提出改进建议。

又如，在重点投资项目审计中，主要从项目建设、管理、运行等方面揭示问题，提高资金使用效益。因此，应在投资决策上，重点审查投资决策程序是否规范，可行性研究是否全面、具体，审批手续是否齐全；在项目管理和财务管理上，审查项目管理制度、财务管理制度的建立与运行情况；在投资效果方面，看项目运行效果、效益是否达到可行性研究的目标，并从中发现问题、提出改进建议，使项目的经济效益、社会效益和生态效益等得到有效发挥。

事业单位财务收支审计的主要内容见表 7 - 3。

表 7-3　事业单位财务收支审计的主要内容

主要内容	考虑因素	审计程序
预算编制审计	合规性	审查是否以《预算法》等为准则，严格执行了预算管理制度和办法
	科学性、合理性	重点审查是否根据事业发展目标和计划编制，是否将各项收入和支出全部纳入部门预算管理，预算编制是否科学、合理
预算执行审计	真实性	审查事业单位对所属单位拨款是否严格按照预算管理的要求办理；资金支出是否按照批复的预算执行，是否存在无预算、超预算支出，有无擅自扩大开支范围或提高标准
	合法性	重点检查专项资金的来源、用途和去向，有无挤占、挪用、截留项目资金，或与基本支出相互交叉使用，或不同项目间自行调剂使用
	效益性	审查有无因项目准备不充分导致资金闲置以及经费使用是否达到了预期绩效目标
结转、结余及结余分配审计	真实性	对大额资金进行重点审查和分析，揭示是否存在结转和结余不实
	合规性	重点审查有无将按规定应结转使用的专项资金结存转入结余分配，结余分配的计算是否正确，账务处理是否符合规定
资产管理审计	资产购置	审查购置资产时，是否有计划和审批手续，有无超预算、超标准配置，账务处理是否及时、准确
	使用及处置	审查资产的使用及处置等重点环节是否按照规定的程序办理并报有关部门审批、备案，账实是否相符
往来款项管理审计	真实性	选择金额较大和有异常的明细账户余额，审查有关经济业务是否真实发生、是否使用无效票据入账、是否虚列往来款项
	完整性	审查确认有无漏列应付账款、虚减负债余额的情况，必要时需要进行零余额函证
	合规性	重点关注其有无利用往来账户隐瞒、截留收入，转移、挪用专项资金
	管理制度建设	通过实地检查、询问、观察等方式审查事业单位相关会计制度、财务流程的健全规范程度
经费使用效益审计	职责履行	审查经费使用是否达到了预期目的，即单位是否履行其法定职责，向社会提供了有效服务
	使用情况	审查经费使用是否节约合理，有无明显不当和损失浪费情况
	使用绩效	审查开展业务活动所产生的经济效益、社会效益和生态效益等

第四节 行政事业单位的其他审计

行政事业单位审计还包括其他一些审计类型，主要包括专项资金审计、行业审计及专项审计调查（刘三昌，2016），本节不拟对这些概念展开分析。2021 年 6 月，中央审计委员会办公室、审计署联合发布了《“十四五”国家审计工作发展规划》（简称《规划》）。《规划》指出，要做好“十四五”时期的审计工作，必须围绕国家经济社会发展主要目标，把党的领导落实到审计工作全过程各环节，依法全面履行审计监督职责，治已病、防未病，发挥好审计机关对推进国家“十四五”规划纲要实施的监督作用。《规划》强调，要继续扎实推进农业农村审计、资源环境审计、民生审计等各领域的审计工作，本节主要阐述与这三个方面密切相关的涉农专项资金审计、资源环境专项资金审计和民生专项资金审计。

一、涉农专项资金审计

《规划》指出，农业农村审计是以促进提高农业质量效益和竞争力，保障国家粮食安全，推动巩固拓展脱贫攻坚成果和全面推进乡村振兴为目标，聚焦惠农政策落实和涉农资金安全绩效，加强对农业农村相关专项资金、项目和政策落实情况的审计。主要包括粮食和重要农产品稳产保供相关政策落实情况审计、乡村建设行动实施情况审计、农业农村改革任务推进情况审计、巩固拓展脱贫攻坚成果同乡村振兴有效衔接情况审计四个方面。

对于行政事业单位来说，农业农村审计旨在对国家和集体设置或成立的与涉农有关的行政事业单位的经费收支账目进行检查。加强农业农村审计，有利于规范与农业农村相关行政事业单位的财务核算，检查农业综合开发资金、农机补贴专项资金、村级公益事业建设财政奖补资金和扶贫及其他专项资金等的使用和管理，形成审计结论，并对发现的违规违纪行为进行处理。

专项审计：扶贫审计案中案

涉农专项资金审计是指国家审计机关对被审计单位或部门以及其他经济组织履行其职责时所管理和使用的涉农专项资金的情况进行审查与评价的活动。涉农专项资金具有点多面广、层级多、专业性强和涉农利益直接等特性，是人民群众最关心、最现实的问题，上述特性决定了涉农专项资金审计具有延伸力度要求高、风险大、涉及领域广、专业性强等特点。这就要求必须围绕工作重点，不断加大涉农专项资金审计力度，促进农业农村事业振兴。具体包括：（1）加强重点涉农行政事业单位审计，将财务收支审计和经济责任审计紧密结合，着重审查这些部门和单位是否存在乱收费、乱摊派、乱罚款或挤占、挪用涉农专项资金等重点问题；（2）既要对涉农专项资金的性质、来源、分配、使用、效益等情况进行全面检查，又要重点开展保障粮食安全相关审计、乡村振兴政策落实和资金分配使用情况审计等重点项目和重点资金的审计，界定和解决重大疑难问题；（3）既要关注涉农专项资金的真实性、合法性，确保涉农资金专款专用、各项政策落到实处，又要提出整改建议，指明努力方向，循环提高涉农专项资金的使用效益；（4）注重创新审计方法，根据涉农专项资金的特点，既要采取调研、查阅、延伸审计、专家协助等传统形式，又要积极探索大数据审计，综合分析涉农专项资金投入和政策扶持所产生的实际效果，揭示在项目规划、资金管理、效益评估、后续管理等方面存在的突出问题，立足体制、机制、制度发展提出改进意见，提高涉农专项资金审计的精准和高效。

二、资源环境专项资金审计

《规划》指出，资源环境审计是以加快推动绿色低碳发展，改善生态环境质量，提高资源利用效率，助力美丽中国建设为目标，全面深化领导干部自然资源资产离任审计，加强对生态文明建设领域资金、项目和相关政策落实情况的审计。重点包括领导干部自然资源资产离任审计、资源环境专项资金审计和生态文明建设政策落实情况审计三个方面。

资源环境审计分为资源审计和环境审计。资源审计主要涉及资源开发、利用和保护及相关资金征管情况等内容，包括土地资源审计、矿产资源审计、能源节约利用审计、水资源保护审计、森林资源保护审计等。环境审计主要涉及污染防治、监督、保护和改善环境及相关资金征管情况等内容，包括水污染防治审计、大气污染防治审计、固体废弃物污染防治审计、重金属污染防治审计、污染物减排审计等。加强资源环境审计，有利于审查与之相关的重大事项审批及政策的落实情况、自然资源资产的管理开发利用情况、环境保护和环境改善及生态修复情况、法律法规遵守和责任履行情况、资金征管和使用以及项目建设运行情况等。

资源环境专项资金审计主要围绕节能减排、污染防治、生态保护修复、资源开发利用等财政专项资金的投入、分配、管理和使用情况展开。重点关注生态环境保护修复重大工程、环境基础设施、资源循环利用等重点项目的实施效果，以保障资金管理使用的规范、安全、高效使用，并促进政策目标的实现。在审计中应做到：（1）明确重点问题。资源环境领域具有行业关注度高、项目牵涉广、基础工作弱、廉政风险大等特点。实际工作中存在预算资金执行率低、项目储备不足、项目备案不受重视、全程监管较混乱、建设项目超期等问题，这些问题需引起高度重视。（2）建立专项资金的审计规则体系。目前虽然相关法规及审计准则在一定程度上为审计实施提供了一些依据，但是仍需重点查找资金监管的薄弱环节，制定更为有效的制度和监管措施。只有这样，才能更好地把项目组织管理好，使资金使用更规范、效益发挥更明显。（3）加强资源环境专项资金绩效评价指标体系建设，反馈情况，监测项目决策、资金流向、管理及结果，扭转管理松弛、使用不规范、效益不明

虚假造林现形记

显的局面，以绩效提标准、以绩效促整改。（4）打破组织壁垒，统筹形成区域结合、专业领域融合、专业覆盖面广、知识结构合理、经验丰富的审计队伍，并借力行业专家提供的专业知识、技术方法等，有效提高现场工作效率。

三、民生专项资金审计

《规划》指出，民生审计是以提高保障和改善民生水平，确保兜牢基本民生底线，推动民生领域相关改革任务落实落地，促进健全多层次社会保障体系，维护好最广大人民根本利益为目标，加强对就业、社会保障、住房、教育和卫生健康等重点民生资金、项目和相关政策落实情况的审计。重点包括就业优先政策落实情况审计，社会保险基金审计，社会救助、社会福利等兜底保障政策落实和资金使用情况审计，住房保障体系建设和改革推进情况审计，高质量教育体系建设和改革推进情况审计，卫生健康体系建设和改革推进情况审计。

民生问题涉及劳动就业、教育、社会保障、医疗卫生、住房、社会救助、生产生活水平等多个方面，这些问题与群众利益密切相关，因此民生领域历来是审计工作关注的重点。加大对重点民生资金和项目的审计力度，以资金和项目的绩效作为切入点，着力揭示民生领域的重要问题，促进堵漏洞、补短板，才能保障民生政策落到实处、切实提升民生资金的使用效益。

被封存的棚改安置房

民生专项资金审计主要针对涉农补贴、低保补助、残疾人补助、社会救济补助、扶贫补助、教育补贴、农村危房改造等。具体举措如下：（1）由于民生专项资金项目种类繁多、管理部门多头、涉及范围广、去向分散、监管缺位等，因此在审计中需要发现并分析一些不可忽视的问题，如拨付不及时、擅自改变资金用途、账目管理不清晰、资金使用界限模糊、弄虚作假套取民生资金等，并从机制、体制等层面寻找问题原因。（2）强化规范管理和绩效导向，加强制度和流程建设。对民生专项资金下放落实的每个环节加强管理，严格管控收支过程和资金流向。推进对相关工作的绩效评价，尤其关注民生专项资金使用后产生的社会效益，切实保障民心、民生工程政策落到实处。（3）强化审计调查，以相关政策文件为根基，把握政策的目标、实现途径和重点内容。了解专项资金的构成，以资金为主线，沿资金流向跟进。采取实地走访察看、询问等方式，及时收集基层问题，并将发现的问题汇总移交，督促相关部门和单位及时整改，落实追责机制。（4）随着民生资金涵盖范围越来越广以及信息化程度的提高，审计人员需要不断拓展工作思路，学习大数据等先进技术。强化民生专项资金数据的录入与监管，对数据进行比对、筛选并形成问题清单。通过应用新方式、新方法有效开展民生专项资金审计工作，及时发现资金使用中存在的违纪违规现象，推进整改落实到位，提升审计效率和效果。

□ 习题

一、简答题

1. 简述行政事业单位审计的主体。
2. 简述行政事业单位审计的目标。
3. 简述如何审计事业单位结转、结余情况。

二、论述题

1. 论述行政单位预算执行审计的主要内容。
2. 论述事业单位应如何做好往来款项管理审计。

三、案例分析题

2021 年 11 月至 2022 年 2 月，审计署依法审计了 41 个中央部门及其所属单位 2021 年度的预算执行情况，并对下属单位层级多、数量大的部门进行了重点延伸审计，共抽查财政拨款 2 100.16 亿元。审计发现，7 个部门和 24 家所属单位的无预算、超预算支出等达 6 908.34 万元。请分析上述审计发现的问题并提出审计建议。

即测即评

第八章

涉外审计

知识框架

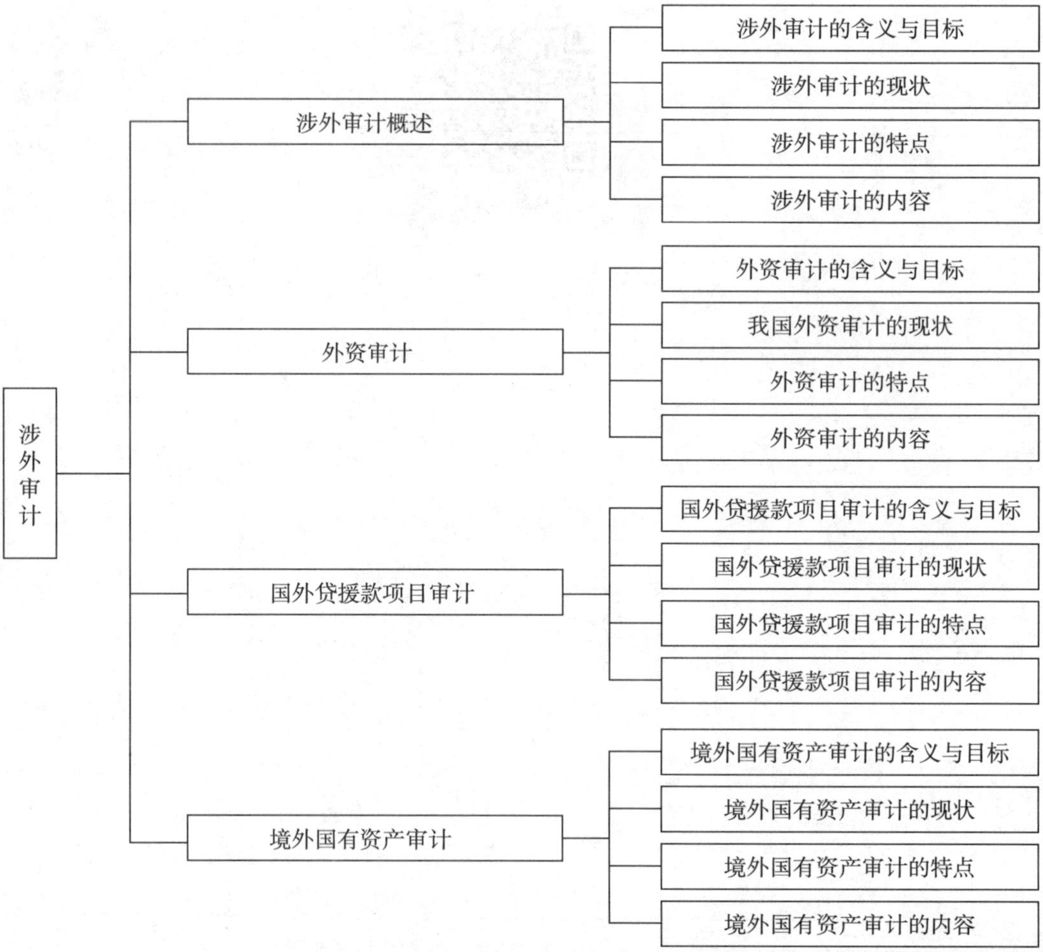

本章导读

本章主要介绍涉外审计的概念以及外资审计、国外贷援款项目审计、境外国有资产审计等内容，在全书体系中属于次重点章节。通过本章的学习，学生要了解涉外审计的基本概念与主要内容，明确涉外审计“对内进行审计监督，对外提供审计公证”的双重职责以及外资审计的目标，熟悉国外贷援款项目审计的含义、目标，掌握境外国有资产审计的目标和主要内容。

引　例

关于亚投行贷款新型冠状病毒肺炎疫情防控紧急援助项目 2020 年度财务收支和项目执行情况审计结果的解读

根据《中华人民共和国审计法》和国外贷援款协议，北京市审计局遵照中国国家审计准则和国际审计准则，于 2021 年对北京市执行的亚洲基础设施投资银行贷款新型冠状病毒肺炎疫情防控紧急援助项目 2020 年度执行情况进行了审计，并向相关单位出具了无保留意见的公证审计报告。

一、基本情况

亚洲基础设施投资银行（简称亚投行）贷款新型冠状病毒肺炎疫情防控紧急援助项目（简称疫情防控项目）于 2020 年 6 月 15 日签订，贷款总额为 14 亿元。项目内容为：抗击新冠疫情相关的应急物资、设备购置，以及提升市级医院、疾病预防控制中心等应对疫情防控的能力建设。项目单位为市卫生健康委、市医管中心和市药监局，市卫生健康委项目由市急救中心和市疾控中心负责具体实施、市医管中心项目由 22 家市属医院负责具体实施。

截至 2020 年 12 月 31 日，项目累计支出 141 060.18 万元。

二、审计结果与评价

审计结果表明：除个别事项外，项目执行单位能够认真执行国家财经法规，履行贷赠款协议，真实、公允地记录和反映了项目经济活动。

三、审计发现的主要问题及整改情况

本次审计发现项目在执行中存在如下问题：

（1）北京老年医院 6 项设备采购项目未按招标文件条款要求收取供应商的履约保证金或履约保函，存在质保履约风险。截至 2021 年 7 月，项目执行单位针对上述问题，已要求 6 家中标企业通过提交履约保函或缴纳保证金方式进行了整改。

（2）市疾控中心检测试剂盒采购不规范，采购合同签订滞后，财务记账原始凭证不规范。2021 年 6 月，市疾控中心针对上述问题，全面梳理核对了 2020 年利用亚投行资金采购药品的合同、入库单及结算单据，补齐了相关资料和手续；针对疫情期间紧急采购需求，制定出台了《关于做好新型冠状病毒肺炎

亚投行贷款新型冠状病毒肺炎疫情防控紧急援助项目 2020 年度财务收支和项目执行情况审计

疫情防控期间采购与物资发放管理工作的通知》，明确紧急物资采购的审批流程及权限，规范采购合同签订工作，做到采购流程的全程可控，保证采购工作质量，有效控制采购风险。

(3) 部分设备采购核算和固定资产账簿登记不规范。此类问题相关单位在审计期间及时进行了整改，调整了相关科目。

根据审计结果可以看出，除个别事项外，项目执行单位认真执行国家财经法规，履行贷赠款协议，对于审计问题积极整改，真实、公允地记录和反映了项目经济活动。整个项目中存在的主要问题有：部分采购项目未按招标文件条款要求收取供应商的履约保证金或履约保函，存在质保履约风险；部分采购不规范，采购合同签订滞后，财务记账原始凭证不规范；部分设备采购核算和固定资产账簿登记不规范。审计机关通过执行有效的审计程序，揭示了项目管理特别是采购的流程和风险控制方面存在的问题。通过审计整改，被审计单位加强了合规管理意识，强化了内部控制举措，对审计所发现的问题进行了积极整改。

资料来源：北京市审计局. 关于亚投行贷款新型冠状病毒肺炎疫情防控紧急援助项目 2020 年度财务收支和项目执行情况审计结果的解读.

第一节　涉外审计概述

一、涉外审计的含义与目标

（一）含义

涉外审计是指审计机关依据法律、法规和政策规定，对涉外领域的国家重大政策措施贯彻落实情况，国有企业和国有金融机构、国务院规定的国有资本占控股或主导地位的企业和金融机构的境外国有资产投资、运营和管理情况，国家驻外非经营性机构的财务收支，国际组织和外国政府援助、贷款项目，对外援助资金和接受委托的国际组织开展的相关审计。涉外审计是国家审计的重要内容之一，是贯彻新发展理念、促进高质量发展的重要保证。

（二）目标

根据我国对外开放的战略方针，涉外审计以促进完善对外开放战略布局、保障国家利益、维护项目顺利进行和资产安全为目标，及时揭示本领域存在的重大违法违规、违反贷款协议、项目管理不规范等问题。具体项目目标必须与项目批准时的目的一致，审计工作为实现项目的目的服务。如果具体情况发生较大变化，就要客观、实事求是地认真分析，重新定义项目目标。总之，涉外审计需要在服务我国对外开放、提高利用外资质量、维护国家信誉、保障国家经济安全等方面发挥积极作用。

二、涉外审计的现状

涉外审计是随着我国对外开放的深化逐步产生和发展的。1983 年审计署组建后，就陆续开展了相关工作，虽然初期审计的范围有限，但也起到了明显的作用。党的十八大以来，审计署不断拓展涉外审计领域，深入落实境内境外审计一体化，积极运用大数据等手段，对涉外项目和中央企业与金融机构境外资产及其运用情况开展审计，找出项目运行以及管理人员在遵守法律法规和廉政建设规定等方面存在的问题，并给出总体意见以完善体制机制。

2021 年，审计署着重聚焦国外贷援款项目管理，组织全国各级审计机关对国外贷援款项目进行审计。以安徽省为例，该省开展了 13 个国外贷援款项目审计。通过审计监督，确保国际金融组织贷款程序规范；对 11 个项目资金使用不规范等情况进行及时调整、规范管理，要求闲置资金、资产及时投入使用并发挥效益，提高国外贷款资金利用效率；加快推进 5 个建设进程较慢项目的执行进度，提高提款报账率和贷款协议执行率；查出 10 个国外贷援款项目执行过程中的招标采购、基建建设、资金使用、项目绩效等多个方面的问题共 67 个，极大提升了外资项目的管理水平。为了更好发挥审计监督作用，提升涉外审计成果的运用，从 2021 年开始，安徽省审计厅将国外贷款项目执行情况纳入省人大监督范围。通过有效统筹涉外审计和财政审计，在确保审计质量的基础上，涉外审计项目实施时间整体前移。审计发现的国外贷款项目履行相关手续不严格、提款报账手续不规范及周期较长、超合同或计划工期及资金设备闲置等问题在《2020 年度省级预算执行和其他财政财务收支审计工作报告》中列示，并作出每年上半年向省人大报告并反馈问题整改情况的决定，极大改善了涉外审计监督效果，整体提升了涉外审计的影响力，对“稳外资”发挥了积极作用。①

在联合国审计和受托国际组织审计方面，各相关任务的圆满完成扩大了中国审计的国际影响力。自 2016 年 1 月起，我国开始履行国际核聚变能源计划组织财务审计委员会主席职责。审计署接受科技部委托，派员担任主席并牵头对该组织进行审计。我国审计人员认真履行国际义务，高效完成了审计任务，在积极推动国际组织完善治理方面取得了突出成效，审计质量得到充分肯定，展示了中国审计形象。2021 年 12 月 6 日，审计署审计长侯凯还受邀以视频方式参与联合国审计委员会第 51 次特别会议，审议讨论新冠疫情对审计工作的影响，并与其他各国共同商议制订并通过了 2022 年审计委员会的预算调整方案和项目计划。

整体来说，涉外审计模式在不断创新，涉外审计覆盖面在逐年扩大。我国应坚持走创新发展之路，不断探索境内与境外一体化的审计组织模式，持续推动大数据审计在涉外审计领域的运用。通过对境外投资和境外国有资产、国外贷援款项目进行数据采集和分析，有效运用现代技术，以境内大数据审计为引领，可以进一步扩大境外国有资产、国外贷援款项目审计的覆盖面。

三、涉外审计的特点

涉外审计具有以下主要特点：②

① 参见审计署网站 https://www.audit.gov.cn/n4/n20/n524/c10136155/content.html.

② 参见审计署网站 https://www.audit.gov.cn/n6/n37/c131577/content.html.

一是审计目标的多重性。涉外审计具有“对内进行审计监督，对外提供审计公证”的双重职责，其目标既包括依法履行涉外审计公证职能，对项目财务报表的真实性、合法性发表意见，又包括监督外资运用各个环节经济活动的合法性和有效性，提高外资运用效益。

二是审计标准的国际性。其所适用的审计标准既包括我国外资管理的法律法规和方针政策，也包括对我国提供援助和贷款的国际组织贷援款使用、管理方面的特定规定和要求，以及境外经营地的法律法规和经营管理要求。比如，联合国审计需要充分考虑联合国业务工作特点，遵循联合国审计工作规范和相关国际法规。

三是审计工作的长期性、连续性。比如，对境外国有资产和国有企业境外投资的审计需要长期密切关注；外资项目贷援款期限一般较长，短则几年，长则十几年甚至几十年，每年都要进行跟踪审计，并且其结果长期有效，对今后该项目的年度审计业务都会产生影响。

涉外审计的主要特点汇总如表 8-1 所示。

表 8-1 涉外审计的主要特点汇总

主要特点	具体阐释
审计目标的多重性	对内进行审计监督，对外提供审计公证
审计标准的国际性	我国外资管理的法律法规和方针政策
	对我国提供援助和贷款的国际组织贷援款使用、管理方面的特定规定和要求
	境外经营地的法律法规和经营管理要求
审计工作的长期性、连续性	期限一般较长，每年都要进行跟踪审计
	结果长期有效，对今后该项目的年度审计业务会产生影响

四、涉外审计的内容

（一）涉外审计的范围界定①

按照相关法律法规，涉外审计的范围可分为以下六大类：

一是与贯彻落实国家涉外领域重大政策措施相关的部门和单位。包括发展改革、商务、财政、外汇管理等部门。

二是国外贷援款项目执行机构。国外贷援款是指国际组织、外国政府及其机构，向我国政府及其机构、受政府委托管理有关基金与资金的单位提供的贷款、援助和赠款；向我国企事业单位组织及其他组织提供的、由我国政府及其机构担保的贷款等。

三是国有企业及国有金融机构。包括国有独资、国有资本占控股或者主导地

① 参见审计署网站 https://www.audit.gov.cn/n9/n1639/c131575/content.html.

位的国有企业、国有金融机构及其在境外设立的具有法人资格的独资、合资企业和非法人资格的分支机构、办事处、项目部等。

四是驻外非经营性机构。包括我国驻外使领馆，商务、教育、科技、文化等甲类处，中央人民政府驻香港、澳门特别行政区联络办公室，地方人民政府驻外办事处，党政工作部门、事业单位和人民团体驻外联络和办事机构等。

五是对外援助涉及的部门和单位。包括管理、分配和使用我国政府无偿援助、无息贷款、优惠贷款的部门和单位及其有关境外机构、单位和企业等。

六是接受委托审计的国际组织。

（二）涉外审计的主要内容①

一是境外国有资产审计。主要监督检查国有企业和国有金融机构贯彻执行“走出去”战略部署情况；有关境外投资和境外国有资产管理运营的内部控制制度的建立健全及执行情况；与境外投资和经营管理活动有关的重大经济决策情况；境外大额资金使用、佣金支付等财务收支的真实、合法、效益情况；境外投资和境外国有资本运营的风险管控、境外国有资产保值增值情况等。

二是利用外资情况审计。主要监督检查贯彻执行国家利用外资等政策措施情况；遵守国家扩大开放领域、放宽准入限制等相关政策以及法律法规情况；国外贷援款项目管理和资金使用以及对外履约、关注新兴国际金融组织总体发展战略与业务开展等情况。

三是驻外非经营性机构审计。例如，针对我国驻外使领馆及各类驻外机构等，由有审计管辖权的审计机关进行审计监督。主要监督检查预算执行和其他财政收支、财务收支的真实、合法和效益情况；国有资产的购建、管理、使用和处置等情况。

四是对外援助资金审计。主要对我国负责对外无偿援助、无息贷款、优惠贷款的政府主管部门、国有金融机构、对外援助管理机构以及在境内外实施援助项目的中方实施单位等进行审计。监督检查贯彻执行国家对外援助方针政策和决策部署情况；对外援建项目资金管理使用及项目建设等情况；对外援助资金预算执行情况；项目资金管理使用及项目建设等情况。

五是接受委托对国际组织开展审计。主要根据联合国审计委员会等机构的委托对相关国际组织开展监督检查。审计内容和标准以委托内容为准。

第二节　外资审计

一、外资审计的含义与目标

（一）外资审计的含义

外资审计是审计机关依据法律、法规和政策规定，对审计职责范围内利用国

---

① 参见审计署网站 https://www.audit.gov.cn/n9/n1639/c131576/content.html.

外资金的经济活动以及相关财政财务收支的真实、合法、效益情况进行的审计监督。《审计法》第二十五条规定，审计机关对国际组织和外国政府援助、贷款项目的财务收支，进行审计监督。

外资审计在概念上有广义和狭义之分（刘三昌，2020）。在狭义上，外资审计是我国政府向国际组织、外国政府及金融机构的直接借款和担保借款，以及使用上述资金的项目和其他经济活动提供的审计公证。在广义上，外资审计是对所有政府部门、国有金融机构和企事业组织利用外方直接或间接投资的投资项目和其他经济活动进行的审计监督活动。我国审计部门开展的外资审计主要是狭义上的外资审计。

（二）外资审计的目标

外资审计人员依法对我国政府利用国外资金建设的投资项目和其他经济活动以及这些资金的管理和潜在风险进行审计。外资审计是审计机关的法定职责，是我国国家审计的一项重要内容。它以促进积极、合理、有效利用外资为目标，在服务我国对外开放、提高利用外资质量、维护国家信誉、保障国家经济安全等方面发挥了重要作用。

二、我国外资审计的现状

随着我国对外开放的不断深入，经济飞速发展，我国利用外资的项目越来越多，规模越来越大。审计部门在外资审计中更新观念、理清思路、改进方法、开拓创新，有效防范和降低了外资审计风险，提高了外资审计的质量和水平，提升了国家审计的机关在国际上的形象和声誉。然而，外资审计工作仍然存在一些问题。

一是对外资审计工作的目标理解有偏差。不少人片面理解审计公证，将国家审计完全等同于社会中介鉴证，认为外资审计就是提供一个报告以帮助把贷款提回来的一种“公证”活动，这说明思想上存有误区。

二是在外资审计的内容和范围上，部分审计人员仍然认识模糊。审计范围还集中在对财务收支和项目的执行上，没有对利用外资的整个过程进行全面审计。对项目立项的科学性、合理性以及项目效益目标的实现等方面缺乏全面深刻认识，在内容和范围上尚存有监督空白。

三是外资审计工作量大，且与人力资源缺乏的矛盾突出。审计项目覆盖面广、规模大，但审计人员数量少、变动较频繁、业务素质参差不齐。与此同时，外资审计要求年年进行，时间紧、标准高、工作量大，且出具审计报告又有严格的时间限制。这使得审计任务重与人力资源缺乏之间的矛盾尤为突出。另外，部分基层审计机关还存在审计深度、力度不够，项目审计多、深层分析少，按部就班工作多、讨论探索少等问题。

四是“内外有别”的观念在部分审计中仍然存在。有些审计机关对查出的问题不能如实披露，存在审计报告多、揭露问题少，或者重视对违法违规行为的查处、对违反协议的行为处罚较少等不足。

三、外资审计的特点[①]

我国外资审计具有以下几个特点：

（一）审计目标的多重性与标准的国际性

就审计目标来看，外资审计具有依法履行公证职能、监督外资运用等多重目标。借用和接受国外贷援款之初，我国政府就向有关国际组织承诺，将会一直秉持“对内进行审计监督，对外提供审计公证”的理念。政府审计机关代表国家对影响外资运用的各个因素进行审计，对外反映资金的运行状况和执行结果的真实性、公正性，以提高我国外资运用的信誉；对内监督其经济活动的合法性和有效性，促进管理，维护财经法纪，提高外资运用的效益。

就审计标准来看，理论界普遍认为外资审计的标准主要涉及两方面。以国外贷援款项目审计为例，其标准既包括我国法律、法规和方针政策，也包括对我国提供援助和贷款的国际组织关于贷援款使用、管理等方面的特定规定和要求。又如以联合国审计为例，既需要充分考虑联合国业务工作特点，又要遵循联合国审计工作规范和相关国际法规标准。

（二）审计对象的复杂性

与其他政府审计项目相比，外资审计以项目资金为主要对象，即按项目资金的流向安排和实施审计，所有项目资金的管理和使用单位都是审计对象或被审计单位。这些单位分布广泛、情况各异，既包括项目协调工作主管部门，也涉及执行资金配套的地方财政部门；既有行政单位，也有企事业单位，甚至还包括民营经济组织。在具体项目执行中，既有专门负责项目执行的单位，也有既从事其他经营活动，又负责执行项目业务活动的经济组织。这都体现了审计对象的广泛性和复杂性。

（三）审计业务的规范性

外资审计规范化程度较高。《世界银行贷款项目审计操作指南》（简称《操作指南》）在2000年即已制定，审计署外资运用审计司还编印了《国外贷援款项目审计规范文件汇编》《世界银行贷款项目审计手册》等，这些文件在规范外资审计业务方面发挥了重要作用。

从实践来看，外资审计的规范性在审计报告上有所体现。政府审计中的其他项目审计报告一般是长式报告，又称详式审计报告，格式和内容比较灵活。而外资审计报告需要对外公证，因此是格式化的，一般使用简式审计报告，内容包括审计程序、审计师意见、已审定的财务报表、对执行政策及协定的评价等。审计师意见包括无保留意见、保留意见、否定意见和拒绝表示意见等四种类型，每种格式类型大体上都有范围段、意见段、说明段等常规段落，每一段的内容、表述

① 参见审计署网站 https://www.audit.gov.cn/n6/n1558/c112175/content.html；MBA智库 https://wiki.mbalib.com/wiki/外资审计.

及措辞都讲求一定的规范，如存在“公允”“合理保证”等表述。

从审计过程来看，审计人员在审计的不同阶段都有较为明确、具体的参考范式。《操作指南》的内容涵盖了整个审计工作过程，并提供了具体模板，包括审计程序表、审计工作底稿或审定表等。规范记录有助于提升统一性与标准化，对于审计软件的推广和应用也有帮助，同时也为审计结果向社会公告起到积极作用。

（四）审计业务的长期性、连续性

目前在政府审计领域，由于受审计资源限制，无法对所有审计对象每年都进行审计。而外资审计，如贷援款项目审计，期限一般较长，短则几年，长则数十年，并且要求每年都要进行跟踪审计。外资审计业务长期性、连续性的特点要求审计机关要保持外资审计人员的相对稳定，这样才能较好地保证审计质量。

（五）审计业务的时效性

出于对外公证的需要，外资审计报告不仅有较规范的质量要求，还有严格的时间限定。虽然国内其他审计项目也有时间要求，但在项目实施过程中，如确需延长时间，可通过规定程序予以调整。但外资审计中如果延长审计报告提供时间，便涉及外事业务，所以其时间限定较为严格，一般不能延长。因此，客观上要求各级参与外资审计的审计机关及相关人员必须有更强的时间观念，避免造成较严重的不良影响。

目前，外资审计业务面临着新形势和新问题。外资审计人员要在总结过去实践经验的同时，审时度势，找准新定位、适应新变化，不断提高思想素质和业务能力，实现“五个转变”，即从侧重于审计公证向依法审计、助力政府加强管理转变、从侧重于审外资向内外资一起审转变、从侧重于项目执行期审计向项目全过程审计转变、从侧重于项目的财务审计向项目的绩效监督审计转变、从侧重于国外贷援款项目审计向全面履行外资审计职责转变。

四、外资审计的内容

外资审计的内容主要包括国外贷援款项目审计，对利用外资工作的主管部门以及有关企业外商直接投资的审计①，另外还包括政府在境外发行的政府债券审计和政府提供还款担保境外贷款审计等其他外债审计。

（一）国外贷援款项目审计

利用国外贷援款建设的项目绝大部分是国家重点建设项目或社会发展项目。国外贷援款项目审计是国家审计机关依据审计法律、法规及有关规定，向世界银行、亚洲开发银行等国际金融组织和外国政府对我国贷款项目和无偿援助项目的财务收支活动及项目执行情况的真实性、合法性以及效益性所进行的审计监督活动。

国外贷援款项目审计的主要内容包括：评审项目内部控制系统，验证和评价

---

① 参见审计署网站 https://www.audit.gov.cn/n9/n489/n501/c15082/content.html.

内部控制系统的健全性和有效性；审查项目资金来源是否真实、合法；审查项目资金运用的真实性、合法性和效益性；评审项目管理情况和资金使用效益，重点关注项目建设情况，建成后使用或运营的经济效益、社会效益、环境效益和外债偿还能力，以及对优化经济结构、促进经济科学发展的影响等；审查项目财务报告，对资金平衡表、项目进度表、贷款协定执行情况表、专用账户报表等财务报表的公允性、合法性进行审计等具体内容。对此类项目的审计，审计机关需要根据项目协定要求履行对外公证审计职责，并出具对外公证审计报告。

（二）对利用外资工作的主管部门以及有关企业外商直接投资的审计

主要包括：一是调查了解我国利用外资的基本情况，包括利用外资的规模、结构和成效等；二是揭示并反映利用外资在立项审批、政策制定与落实、日常监管、招商引资政策等方面存在的问题；三是调查评估利用外商直接投资对我国产业安全、民生安全及环境安全的影响；四是关注外资并购过程中逃避监管、审查不严、国有资产流失等问题。

另外，除直接借用国际金融组织和外国政府的贷款外，政府在境外以外币形式发行的政府债券，政府提供还款担保的国有金融机构和企事业单位借入的外国政府贷款和境外商业性贷款等其他外债，也都属于审计机关的审计范围。主要审计内容包括：审查直接借款单位外债收支以及直接借款单位财务状况和还债能力、外债项目财务收支以及用款单位财务状况和偿债能力，以避免政府担保风险；审查借款单位等的贷款许可、提供担保的条件、还本付息情况、外债项目执行情况等。

第三节 国外贷援款项目审计

一、国外贷援款项目审计的含义与目标

（一）国外贷援款项目审计的含义

国外贷援款项目审计是自 1979 年以来，我国实行对外开放政策的产物。审计机关接受国际金融组织和外国政府的委托，承担国外贷援款项目的审计任务为其法定审计职责之一。国外贷援款项目包括国际组织、外国政府及其机构向我国政府及其机构提供的贷款项目，向我国企事业组织以及其他组织提供的由我国政府及其机构担保的贷款项目，向我国政府及其机构提供的援助和赠款项目，向受我国政府委托管理有关基金、资金的单位提供的援助和赠款项目以及国际组织、外国政府及其机构提供援助、贷款的其他项目。

《“十四五”国家审计工作发展规划》指出，我国国外贷援款项目审计主要是围绕我国政府与国际金融组织和外国政府签订协议约定的职责，在项目执行期内每年开展 1 次审计，重点关注国外贷援款项目财务收支、项目执行和绩效情况，以及债务管理情况，促进提高项目质量和外资使用效益，推动实现高水平对外开放。

（二）国外贷援款项目审计的目标

结合苏衡（2015）的相关论述，国外贷援款项目审计的目标一般包括合规性、

内部控制、绩效和前瞻性等，需要结合项目的实际情况加以分析，确定具体审计目标。

1. 合规性目标

在国外贷援款项目中，要审查项目的具体执行过程与国际法律法规和贷款协定、项目协定等项目计划文件是否一致；已发生或将发生的支出是否符合有关的法律法规、合同或者赠款协议；相关获利人的收入是否符合有关的法律法规、合同或者赠款协议。

2. 内部控制目标

重点审查：是否建立和完善了组织结构，形成科学的决策机制、执行机制和监督机制；是否建立了风险控制系统，强化风险管理，确保业务活动的健康运行；有无及时堵塞、消除内部控制存在的漏洞及隐患；信息是否真实完整和有无及时披露等。

3. 绩效目标

绩效审计是审计治理体系中不可或缺的一部分，绩效目标包括：国外贷款项目是否按时并保质保量完成；项目单位是否采取了适当的措施以最小的成本取得更大的收益和规避风险；项目是否能取得足额的经济效益以满足项目单位的运营需求；项目成果是否与立项时与国外贷款机构所签订的贷款协定和项目协定、项目备忘录等合同文书中所规定的项目目标一致；评价绩效衡量标准的可靠性、正确性和相关性等。

4. 前瞻性目标

在评估国外贷援款项目的经济效益和社会效益时，不仅要关注短期效益，更应关注长期效益和可持续发展能力。审计人员应根据项目的实施情况，基于不同的假设来分析项目各种可能的结果，结合政策和未来市场走势，提出相应的建议。

二、国外贷援款项目审计的现状

我国的外资审计以往多是围绕需要公证审计的项目进行，根据《审计法》和《“十四五”国家审计工作发展规划》中对国外贷援款项目审计的要求，外资审计的职能不再仅仅是公证，更重要的是依法审计，重点要加强贷援款项目建设管理情况的监督，加强政府外债管理情况的审计调查，以促进提高项目质量和外资使用效益，推动实现高水平对外开放，因此，必须进一步深化改革创新，依法对国际组织和外国政府援助、贷款项目进行审计监督，防范政府外债风险，提升国外贷援款项目管理的效益和效果。

近几年，审计署和各地审计机关在环保、农业、交通等各个领域的国外贷援款审计项目中积极开展审计工作。它们从做实做细审前调查入手，组织参审人员开展国外贷援款资金运用和外资审计相关政策研究，并详细梳理被审计单位的履职、业务运行和管理模式等情况；进一步优化审计组织方式和审计手段方法，缓解项目多、人手少的矛盾，提高了审计效率；按时并保质完成对外出具公证审计报告、对外公告审计结果等任务；针对发现的制度执行、合同履行、资金运用、设备管理和项目工程建设等方面的问题，提出审计建议，从跟踪、落实问题整改角度突出审计绩效，充分发挥了审计效能。

但是，我国的国外贷援款项目审计在某些方面还需要进一步改进和完善。审计工作量过大的问题在短期内还难以彻底解决，实际中普遍存在审计任务过重的情况。另外，在项目投资运行中，仍存在套取、挪用、滞留项目资金，会计核算不规范，施工单位票据不合规，账务处理不准确等问题。审计机关不得不将大量的人力、物力、财力投入财务审计工作中，因此，国外贷援款项目审计的其他综合目标有时因投入不够而不能完全实现。加上目前国外贷援款项目审计在审计评价体系和指标、相关的技术方法等方面的成熟度有所欠缺，这些都降低了审计工作的效率，增加了审计工作的难度。

三、国外贷援款项目审计的特点

国外贷援款项目审计具有以下特点：

（一）审计项目的复杂性较高

国外贷援款项目涉及农业、环保、医疗卫生、水利、能源、铁路、机场、电力等众多领域，对这些领域进行审计需要审计人员具备较广的专业技术知识。然而，一般来说，外资审计人员知识结构较单一，各审计机关缺乏一专多能的复合型人才，并且在国外贷援款项目中，一个主审往往需要负责不同行业的项目审计，对审计风险控制提出了更高的要求。

（二）审计工作的综合性较强

国外贷援款项目审计不仅包括财务收支方面的审计，还包括整个项目执行情况的审计，如项目立项是否符合规定、项目单位的内部控制是否健全、项目执行过程中的招投标规范程度、项目执行单位的职责履行情况以及项目是否达到预定的目标、能否发挥预定效益等。这种环节多、内容复杂的审计客观上较容易产生审计盲点，带来审计风险。

（三）公证审计具有特殊性

国外贷援款项目审计在公证审计的组织方式上已形成了一定模式，但是受审计资源和审计时间的限制，这种公证审计往往采取抽查的方式。因此，针对项目进展速度慢、工程管理和财务管理不规范等问题，应进一步完善制度，优化流程，加强业务培训，建立审计部门纵横向紧密联系以及项目建设单位与主管部门和国外贷援款机构的便捷沟通机制，从而降低审计方式带来的潜在审计风险。

（四）审计评价方法具有多样性

国外贷援款项目的绩效评价主要采用综合分析方式。在审计实践中，可以使用评分法、成本效益法、目标评价法等不同的评价方法。结合评价因素和评价方法，可以实现既关注财务信息的真实性、资金使用和管理的合规性，又关注国外贷援款项目总体目标实现的经济性、效率性和效果性等。

四、国外贷援款项目审计的内容

国外贷援款项目审计的内容如下：

（一）审查财务收支活动是否真实、合理、合法

一是对项目投资完成情况和项目单项工程投资完成情况进行核实。二是对资金拨付、使用情况进行确认，检查是否有虚报冒领、骗取资金等问题，确保各项资金都用于本项目规定的建设范围。三是审计外币资金的收支。四是审计货币资金。五是对往来账款进行函证、查询、核实，查阅有关协议、合同，检查有无虚挂债务、隐瞒收入的情况，并进行账龄分析；检查有无长期挂账未及时清理而造成呆账、坏账但未履行相应手续的情况。六是检查项目单位财务报表的正确性和完整性。

（二）审查项目计划的执行完成情况

一是评价当年资金来源和资金运用的目标完成情况，检查当年投资完成额，对执行进度提出审计处理意见和审计建议。二是审计土建工程和设备投资完成情况，检查核实土建工程投资设计、概算的批复文件、施工图，设备采购的清单、质量、规格要求等是否符合规定，招投标程序是否合规，中标单位的资质是否符合要求，必要时可以延伸审计到施工单位或供应商。三是对其他相关事项进行审计检查和评价。

（三）审查被审计单位是否存在重大违纪违规情况

一是检查项目建设资金有无截留、挤占、挪用，有无人员出现私设“小金库”，甚至贪污或私分等重大违纪违规问题。二是检查项目工程、设备物资的招投标程序是否合规，是否存在商业贿赂等重大违纪违规问题。三是检查采购的设备、物资等是否为项目所需，质量是否达标，是否有挪用、低价变卖甚至私分等严重违纪违规问题。四是对其他相关事项进行审查。

（四）对审计情况进行总结并出具审计报告，下达审计决定和审计意见

根据审计法律法规以及审计署出台的相关规定，审计现场工作结束后，审计组要在 30 日内起草审计报告初稿，经主管领导签发后送被审计单位征求意见；在收到反馈并修改完善后，将报告送至单位审查复核处审核，根据复核意见进一步修改并出具代拟审计报告稿；最后，经单位审计委员会审核后，向审计部门和国外贷援款机构出具中英文审计报告，提出审计意见和建议，并对违规问题进行处理处罚，下达审计决定。

第四节　境外国有资产审计

一、境外国有资产审计的含义与目标

（一）境外国有资产审计的含义

境外国有资产是指我国境内企事业单位、各级政府及政府有关部门向境外投资设立的企业和非经营性机构中归属国有的各项资产。境外国有资产审计是指审计部门依据我国和所在国（地区）相关法律法规、国际惯例及项目合同、企业管理规定等，为促进境外机构健全公司治理、维护合法权益、改进内部控制、提高经济效益，对其经济活动的真实性、合法性和效益性进行监督和评价的活动。

（二）境外国有资产审计的目标

审计作为有效的监管方式，应当服务于国有资产管理的根本目标，服务于社会主义经济社会发展需要。《“十四五”国家审计工作发展规划》指出，在境外投资和境外国有资产审计方面，要围绕境外投资和境外国有资产安全、规范、高效运营，重点关注国有企业贯彻落实党中央、国务院关于“走出去”和“一带一路”建设决策部署、境外重大投资风险防范和重大项目建设管理、境外国有资产经营绩效和安全完整等情况，促进提升企业国际化经营和抗风险能力，实现安全、规范、高效走出去，更好服务国家发展大局。因此，境外国有资产审计目标应是监督境外国有资产的经营管理情况，督促国家和内部管理规定的贯彻执行，维护境外国有资产的安全完整，健全内部管理制度，提高经济效益，实现国有资产保值增值，防止国有资产流失。一般来说，境外国有资产审计主要包括财务收支审计、合规性审计、经济责任审计和绩效审计等。

二、境外国有资产审计的现状

在将改革开放不断深化的背景下，我国在全球配置资源的能力不断增强，国际竞争力显著提升。随着“走出去”战略和“一带一路”倡议的深入实施，我国政府部门和国有企业均加大了投资力度，国有资产对外投资总额不断提高。相关数据显示，截至 2020 年 5 月，仅中央企业的境外单位就达到 9 000 多家，分布在 190 多个国家和地区，境外资产超过 7 万亿元，年创利润 1 000 多亿元。中央企业在“一带一路”沿线合作共建项目超过 3 000 个，已开工和计划开工的基础设施项目中，中央企业承担的项目数占比超过 60%，合同金额占比接近 80%。[①] 可见，在加快构建国内大循环为主体、国内国际双循环相互促进的新发展格局中，我国企业境外投资力度将进一步加大，境外国有资产的体量也将进一步增大。

随着投资规模的增加，境外资产监管的重要性也日益凸显。虽然我们在“走出去”的过程中十分重视加强境外国有资产监管，但仍然存在一些盲点和弱点，如内部控制机制不完善、风险控制滞后、管理责任没有压实、监督管理手段乏力等。加强境外国有资产管理、完善境外国有资产监管制度及相应的体制机制已成为高水平“走出去”的重中之重。

以中央企业境外国有资产监管为例，2011 年，国务院国资委陆续出台了《中央企业境外国有资产监督管理暂行办法》《中央企业境外国有产权管理暂行办法》等多个文件，以构建境外资产监管体系；2017 年 1 月，国务院国资委发布《中央企业境外投资监督管理办法》；2018 年 9 月，国务院办公厅将国有重点大型企业监

---

① 郑凯平．境外国有资产公开交易是完善国资监管的重要内容［J］．产权导刊，2021（5）．

事会职责划归审计署；2020 年 9 月，国务院国资委印发《关于深化中央企业内部审计监督工作的实施意见》；2021 年 1 月，国务院国资委发布《关于进一步加强中央企业境外国有产权管理有关事项的通知》。我国陆续出台了一系列规章制度，旨在提高中央企业境外国有资产管理水平，优化境外国有产权配置，规范境外投资行为，完善风险管控体系，保障境外投资和境外国有资产管理安全、规范、高效。

三、境外国有资产审计的特点

与境内国有资产审计相比，境外国有资产审计具有以下特点（李淼，2010）：

第一，跨境审计具有挑战性。以境外投资企业审计为例，境外投资企业处于异地，在经营过程中可能由于种种困难，未将集团公司的管理方法、会计机构和员工设置以及内部控制制度等全部落实到位，导致审计难度增加。

国家开发投资集团有限公司驻外机构经营审计

第二，环境差异使审计难度增大。境外被审计单位的经营管理会受到投资国和东道国的政治环境、经济环境、法律环境等的影响，在审计时，可能遇到因两国环境差异审计工作无法开展的情况，使审计面临更多的挑战。

第三，审计策略需灵活调整。对境外国有资产进行审计时，需要考虑东道国的政治经济环境和国际惯例等因素。例如，不同国家的会计审计准则存在差异不仅增加了会计处理的复杂性，同时也为财务操纵提供了空间。因此，在境外审计中，所采取的审计程序、方式和方法与境内审计不完全相同，应灵活调整并采用具有针对性的审计策略、审计程序、审计方法、审计组织方式。

四、境外国有资产审计的内容

（一）境外国有资产面临的风险①

境外国有资产面临的风险主要有：

一是境外投资违规决策造成的风险。部分项目前期论证不充分、可行性研究报告编制流于形式，规划、论证等重大事项和关键环节的管控薄弱，盲目决策或未履行必要决策程序即开展境外投资，造成国有资产损失。

二是违反相关规定，擅自从事高风险经营活动的风险。如未遵守负面清单和投资红线，违规从事非主业投资经营，违规出借资金、提供担保，通过股票、期权等进行金融市场投机，造成国有资产损失。

三是内部管理不到位的风险。财务管理制度和内部控制制度建立健全滞后，风险管控能力不足，境外资金管理使用不规范，如违规进行大额资金支付、公款私存、违规出借境外账户、违规支付佣金等，造成国有资金脱离监管，存在损失风险。

四是其他风险。境外国有资产运营效益不佳，甚至遭受侵蚀；对境外资产所在国的政治、法律、社会、安全等各类风险预估不足，未采取有效措施进行规避，造成国有资产损失等。

---

① 参见审计署网站 https://www.audit.gov.cn/n6/n1558/c127258/content.html.

（二）境外国有资产审计的内容

我国正加速完善境外国有资产审计制度，内容包括重点审计国有企业境外投资、合资合作等国际化经营有关决策机制的建立健全及执行情况，境外国有资产财务管理制度、内部控制制度、合规管理制度的建立和执行情况，境外国有资产安全完整、运营效益、风险管控和保值增值等多个方面。《北京注册会计师协会专业技术委员会专家提示〔2020〕第 9 号——国有境外资产检查》从境外资产总体控制检查、境外投资并购检查、境外工程承包及劳务检查程序、境外采购及招投标检查、境外融资检查、境外资金管控检查等六个方面指明了检查的内容和程序。我国当前需建立更为全面的审计制度，全覆盖、常态化地加强对境外国有资产的审计监督。境外国有资产审计的主要内容包括：

一是投资政策执行审计。关注是否遵守国家关于境外投资的相关政策规定；是否存在未批先投、未评先投等情况，是否存在属于负面清单规定的禁止类项目，清单中特别监管类项目是否报核；与投资项目相关的融资情况及风险管控等。

二是内部控制审计。关注相关境外资产面临的政治、法律、商业环境，内部管理等主要风险以及可能对项目造成的影响；对照相关境外投资规范，检查境外管控制度是否健全，有无存在重大缺失；关注经营管理决策过程、资金筹措及运用、招投标、预算控制、财务会计、成本核算、境外人员管理等制度是否有效执行；检查被审计单位是否采取应对方案保护国有资产安全完整和保值增值，降低国有资产流失风险等。

三是主要负责人经济责任审计。检查主要负责人任期内单位的财务状况与经营成果及财务信息的真实性；重大投资经营决策、国有产权管理、资金管控等重大经济事项的决策程序的合规性和决策效果；公司治理结构和财务管理、内部控制制度的建立健全和执行的有效性；重大风险管理和国有资产保值增值责任的履行情况；廉洁自律情况；遵守我国和所在国或地区的法律法规情况以及环境保护等社会责任的履行情况等。

四是经营与绩效审计。检查境外国有资产经营管理制度、绩效评价制度的建立健全及执行情况；对比分析实际执行与可行性研究报告、申报文件、批准文件中的效益效果差异，揭示产生差异的主要原因；结合项目背景、投资决策过程、财务负担情况等，对绩效完成情况进行综合分析与评价；结合经营、管理、投资等绩效完成情况，强化责任追究等。

□ 习题

一、简答题

1. 简述涉外审计的目标和内容。
2. 简述我国外资审计的含义和主要内容。
3. 简述国外贷援款项目审计的特点。

二、论述题

论述境外国有资产面临的风险和审计的主要内容。

即测即评

第九章

政府绩效审计

知识框架

- 政府绩效审计
  - 政府绩效审计概述
    - 政府绩效审计的产生与发展
    - 政府绩效审计的含义
    - 政府绩效审计的特点
  - 政府绩效审计的主要内容和评价指标
    - 政府绩效审计的主要内容
    - 政府绩效审计的评价指标
  - 政府绩效审计的基本程序和方法
    - 政府绩效审计的基本程序
    - 政府绩效审计的方法

本章导读

本章主要介绍政府绩效审计的相关内容，在全书体系中属于次重点章节。通过本章的学习，学生要了解我国政府绩效审计的概念和发展，掌握政府绩效审计的内容和评价指标，熟悉政府绩效审计的程序和方法。

引　例

残疾人保障专项资金审计

2010 年，某区审计局对 2008 年度和 2009 年度该区的残疾人联合会（简称区残联）残疾人保障专项资金的使用情况进行了审计。在分析该项目的具体情况后，审计局提出了完善政策的措施。该项审计不仅实现了真实性、合法性审计目标，还实现了绩效审计目标。

区残联是全区残疾人代表组织和主管残疾人工作的事业团体，承担政府委托的部分职能，是中国残疾人联合会的地方组织。2008 年和 2009 年，省、市残联和区财政实际拨付残疾人保障资金分别为 2 488 000 元和 3 493 530 元；这两年投入使用的残疾人社会保障资金分别为 2 747 166 元和 2 941 198 元，连续两年保持一定的增幅。区残联残疾人保障专项资金主要用于康复工作、教育就业工作、社会保障及事业工作等。该专项资金涉及面广，既涉及区财政局、残联，又涉及各街道、各社区的服务社，但使用具体落实到了街道，有些项目则通过街道落实到了社区，因此审计组将街道和社区对资金的使用情况作为审计的重点。审计组审查了开办费的使用是否合理、有无挤占挪用；人员工资的发放是否及时，发放标准是否符合规定，是否存在克扣工资现象；是否存在虚报冒领、截留专项资金的情况；同时，审查组还审查了每个项目、每个街道是否都制定了专门的管理制度及考核办法，以及这些制度和办法的执行是否有效；是否建立相应的人员管理档案，人员录用手续是否合规完整，录用的人员是否符合规定，录用程序是否规范、公平；残疾人员对项目是否满意，项目是否达到了预期效果。

审计组针对审计中发现的残疾人保障专项资金会计核算不规范、配套资金不到位、违规发放补贴等问题，提出了建立统一的残疾人保障专项资金专户，将全部资金纳入专户管理，按具体用途进行分账核算等加强财务管理的建议。建议区残联制定聘用人员岗位工作考核标准与奖惩办法，以激发残疾人就业管理所人员的工作积极性。同时，建议在财务管理、采购和公务招待方面加强管控，完善审批程序。此外，还建议各街道组建一个残疾人保障项目综合管理机构，改变原来的项目主管部门牵头管理的模式，统一对残疾人保障项目和人员进行专项管理，启动具有区域特点的残疾人保障项目，让更多的残疾人得到更多的照顾和就业机会。

从项目实施情况看，该次审计以推进社会事业改革和发展为目标，重点评价了专项资金在保障国民经济和社会发展方面所发挥的作用和程度，评价了各部门使用资金的效果，以及各项管理控制制度的健全性和有效性，揭示了存在的问题，提出了改进意见和建议。但由于审计的环境条件限制，本项目在政策执行评价等方面还存在一定的局限性。虽然项目方案中包括政策贯彻落实情况的审计内容，但由于缺乏统一的审计判断和绩效评价标准，造成对全区政策绩效情况的综合分析还不够深入和宏观。

上述案例中的审计工作是将绩效审计与财务审计相结合，真实性、合法性和效益性相统一开展的。审计内容不仅涵盖反映财务收支方面的详细核查，还拓展至效益、效果方面的评估，但是由于没有有效利用绩效审计方法，绩效评价的标准和指标不明确，加上审计人员主观上对绩效审计不重视，存在畏难情绪，所以审计实施主要突出了合法性内容，对政策分析的关注不够，政策效果审计调查点到为止，绩效审计的目标未能完全实现。

第一节　政府绩效审计概述

一、政府绩效审计的产生与发展

（一）西方政府绩效审计的产生与发展

国外政府绩效审计萌芽于 20 世纪 40 年代，但当时各国绩效审计的开展并没有得到法律的明确支持，在实践中也只有少数国家实行。而真正现代意义上的绩效审计形成于 20 世纪六七十年代，以各国法律赋予审计机关进行绩效审计为标志。尤其是在 20 世纪 70 年代以后，政府绩效审计在美国、加拿大、英国等得到了广泛的应用。

1. 美国政府绩效审计的产生与发展

美国是世界上最早将绩效审计融入政府审计的国家。从 20 世纪 40 年代中期起，美国审计署扩大了审查范围，开始进行效益审计。20 世纪 70 年代，美国的绩效审计走向了准则化和法定化。1972 年，美国审计署发布《政府组织、计划项目、活动与职责的审计评价标准》，该文件强调了“3E”审计（即绩效审计，是对一个组织利用资源的经济性（economy）、效率性（efficiency）、效果性（effectiveness）进行的评价）的重要性，是明确阐述与绩效审计有关的审计目的的首个法规文件。美国审计署发布的机关刊物《观察报告》反映出 20 世纪 70 年代政府审计人员 85%以上的工作是从事“3E”审计，“3E”审计已经成为美国政府审计最主要的工作。

2004 年，具有 80 多年历史的美国审计署更改了其机构名称，即由 General Accounting Office 变为 Government Accountability Office，这体现了美国审计工作重心由会计审计向责任审计的变更。目前，美国审计署把工作重点转向了监督政府履行受托责任的情况和监控危及国家安全与利益的高风险领域。它每年要发布上千份审计结果，其中对联邦政府进行绩效审核、项目评估以及政策分析等占审计项目总量的 85%以上。这说明美国政府绩效审计已发展到对受托责任、风险治理和综合治理进行评价的阶段。

从美国政府绩效审计的发展中可以看出，“3E”审计拓宽了政府审计的范围，打破了传统财务审计的框架，丰富了政府审计的内容。20 世纪 70 年代以后，美国制定了非常完善的政府绩效审计准则体系，政府绩效审计逐步走上准则化和法治化的轨道。美国政府绩效审计的先进理念和实践对全世界政府绩效审计的发展产生了巨大影响。

2. 加拿大政府绩效审计的产生与发展

加拿大的政府审计采用"综合审计"这一表述，其中包括绩效审计的基本内容。1977年，加拿大颁布了《审计长法》，国会将审计长的任务扩展到审查经济性、效率性和效果性。1980年，加拿大成立了加拿大综合审计基金会（CCAF），其中心任务就是在联邦公共部门、省及地方政府以及医院和学校的审计活动中传播综合审计经验。在审计长和CCAF的联合影响下，加拿大政府审计范围大大拓展。据统计，加拿大审计长公署的审计资源中，用于政府审计的部分约占65%，其中一半以上用于审计经济性、效率性和效果性。

3. 英国政府绩效审计的产生与发展

英国的政府绩效审计称为货币价值审计，开展的历史比较久，但以法律形式确认其为政府审计署的工作内容则是在20世纪80年代以后。1982年，英国颁布《地方政府法》，规定绩效审计属于审计委员会的工作范畴。1983年，英国颁布《国家审计法》，授权主计审计长可以检查任何部门、机构或其他团体履行职能过程中使用资源的经济性、效率性和效果性。这是第一部正式授权英国政府审计部门实施绩效审计的法律文件。

英国的绩效审计走在世界审计的前列。绩效审计的类型多种多样，英国国家审计署开展的绩效审计工作中，包含对项目效果的审计、对产出的审计、对工作程序的审计、对工作效率的检查和对成本效益的分析等诸多内容。绩效审计范围涉及国防、交通、教育、环境、养老、卫生、文化、法律、财政、农业等众多领域。英国绩效审计主要关注政府的项目、方案和举措是如何实施的，以及财政管理和财政报告的改进。

与美国"3E"审计不同的是，英国在绩效审计实践中往往将经济性、效率性和效果性三个方面结合起来，对某个项目或某项活动进行综合评价，主要是检查和评价政策的执行结果，对政策本身并不提出批评意见。

目前，广泛开展绩效审计的国家还有瑞典、德国、澳大利亚、芬兰、新加坡、日本等，其中绩效审计已经占其审计资源的60%～80%。许多国家和地区的政府审计机关也总结出一些相对成熟的绩效审计方法和规律。

（二）我国政府绩效审计的产生与发展

1. 政府绩效审计思想萌芽阶段

20世纪80年代初，随着中华人民共和国审计署的设立，我国开始探索绩效审计。在审计署成立之初，其对绩效的关注就有所体现，如1984年在全国范围内开展试审，充分关注经济效益问题。试审对改善单位经营管理、提高经济效益、增收节支起到了积极作用。1991年，在全国审计工作会议上，审计署首次提出，在开展财务审计的同时，逐步向检查有关内部控制制度和效益审计（绩效审计）的方面延伸。这是我国政府部门首次提出绩效审计的有关概念。

20 世纪 90 年代，我国的一些专家学者开始从经济效益审计的角度开展对绩效审计的理论研究，取得了可喜的成果，形成了绩效审计概念、绩效审计内容、绩效审计种类、绩效审计标准及绩效审计方法等一系列的研究成果。需要指出的是，1998 年，中国审计学会将绩效审计（经济效益审计）确定为重点研究课题，由北京市、上海市、重庆市和四川省审计学会牵头组织讨论这一课题，并在南京市举办了绩效审计学术研讨会，取得了一些积极的成果。这些努力及成果都有力地推动了我国政府绩效审计理论研究的发展。该阶段针对政府绩效审计的理论研究是零散的、不系统的，是政府绩效审计思想的萌芽。这一系列研究成果有待实践的检验，也有待不断丰富和完善。与此同时兴起的领导干部经济责任审计和专项资金审计在一定程度上体现了政府绩效审计的思想。

2. 政府绩效审计试点探索阶段

新形势下，国家提出了建立高效、精干、廉洁的政府机构的目标。提高财政支出绩效、有效利用有限资源以及推动政府审计发展等方面的要求使得政府绩效审计在实践上的探索变得同样迫切。与以理论探索为主要特征的思想萌芽阶段不同，政府绩效审计试点探索阶段以实践探索为主要特征。这一阶段政府绩效审计的发展，主要体现在以深圳市和青岛市为试点代表的政府绩效审计的尝试与探索上。

深圳市是我国最早制定法规并实施绩效审计的城市。2001 年，深圳市通过市人大立法出台了《深圳经济特区审计监督条例》。该条例规定，审计机关应当加强对本级各部门的绩效审计工作。2002 年，深圳市审计局首次开展了对市卫生系统医疗设备采购及大型医疗设备使用和管理情况的绩效审计试点；2003 年，深圳市审计局在试点的基础上，拓宽了审计领域；2004 年，深圳市审计局的绩效审计项目增加到了 8 项，并首次对部门预算进行了绩效审计。

与此同时，审计署为推动政府绩效审计在我国的发展也在不断作出努力。2003 年，审计署发布《审计署 2003 至 2007 年审计工作发展规划》，明确提出未来五年审计工作的主要任务之一就是“积极开展效益审计，促进提高财政资金的管理水平和使用效益”。时任审计长李金华在 2003 年全国审计理论研讨会上提出，我国目前已经初步具备探索和开展绩效审计的条件。

深圳市政府绩效审计的试点成功及审计署由以财务审计为主转为财务审计与绩效审计并重的审计基调，为政府绩效审计在我国的探索奠定了一定的基础。2003—2004 年是我国审计工作取得重大成果的两年，不仅查出了数百亿元的违规资金、处理了千余名违法违规人员，还从经济性、效率性和效果性方面考察，揭露了工作制度上的诸多漏洞。2005 年，在全国审计工作会议上，审计长李金华专门总结了绩效审计的实践成果：一是注重投资效益，加大了对政府重大投资项目的审计力度；二是关注财政专项资金使用效益，加大了对专项资金的审计和审计调查力度；三是选择特定项目，开展了专门的绩效评估。

为进一步贯彻《审计署 2003 至 2007 年审计工作发展规划》，2006 年，审计署在审计项目的安排上，对于绩效审计有所侧重，绩效审计项目所占比重比往年有大幅提高。在审计署统一组织的 22 个项目中，绩效审计项目有 14 个，占比达 64%。绩效审计项目以促进提高财政资金管理水平和使用效益为目标，广泛关注资金的经济效益、社会效益和环境效益，重点揭露决策失误和管理不善造成的损失浪费问题。

从试点探索的情况看，部门预算执行情况审计、专项资金审计、政府投资项目审计、经济责任审计都可以在真实性的基础上，进一步对经济性、效率性和效果性进行检查和评价，这体现了政府绩效审计的特征。这些探索一方面从实践上检验并丰富了思想萌芽阶段形成的关于政府绩效审计的一系列理论研究成果，另一方面为政府绩效审计在我国的全面推行奠定了坚实的基础。总体而言，政府绩效审计的试点探索成效显著。

3. 政府绩效审计全面推进阶段

为进一步推进政府绩效审计在我国的发展，审计署在《审计署 2006 至 2010 年审计工作发展规划》中提出，将“全面推进效益审计，促进转变经济增长方式，提高财政资金使用效益和资源利用效率、效果，建设资源节约型和环境友好型社会”作为审计工作的主要任务；在审计内容和审计方式上，将坚持“两个并重”（即坚持财政财务收支的真实合法审计与效益审计并重、坚持审计与专项审计调查并重）作为完成该项任务的保障。这标志着政府绩效审计已经成为今后审计工作的重点内容和发展方向，政府绩效审计进入了全面推进阶段。

2008 年，时任审计长刘家义在中国审计学会五届三次理事会暨第二次理事论坛上作了题为《以科学发展观为指导推动审计工作全面发展》的报告，指出财政审计应紧紧围绕“管理、改革、绩效”六个字来开展工作，推进财政体制改革，推进财政绩效预算的建立，推动问责机制的健全。

2008 年，审计署发布的《审计署 2008 至 2012 年审计工作发展规划》（简称《规划》）提出，到 2012 年，每年所有的审计项目都开展绩效审计。在强调继续“查办大案要案”的同时，审计署逐步将绩效审计评价纳入审计报告，即先是对中央部门预算执行进行绩效审计评价，随后农业、金融、财政等专业审计领域也相继引入了绩效审计评价。《规划》指出，要用 5 年时间建立起符合我国实际的绩效审计方法体系。具体的路径：2009 年建立起中央部门预算执行绩效审计评价体系，2010 年建立起财政绩效审计评价体系，2012 年基本建立起符合我国发展实际的绩效审计方法体系。

2011 年审计署发布的《审计署“十二五”审计工作发展规划》明确了全面推进绩效审计的重要战略目标，指出审计工作的主要任务之一就是“全面推进绩效审计，促进加快转变经济发展方式，提高财政资金和公共资源管理活动的经济性、效率性和效果性，促进建设资源节约型和环境友好型社会，推动建立健全政府绩效管理制度，促进提高政府绩效管理水平和建立健全政府部门责任追究制”。

2016 年审计署发布的《“十三五”国家审计工作发展规划》指出，着力推动提高发展质量和效益。要把绩效理念贯穿审计工作始终，综合分析经济效益、社会效益和环境效益，促进加快转变经济发展方式，实现更高质量、更有效率、更加公平、更可持续的发展。

2021年中央审计委员会办公室和审计署发布的《"十四五"国家审计工作发展规划》指出，一方面要围绕重点领域预算绩效管理，促进重点专项资金提质增效；另一方面要重点关注地方政府债务风险防控、隐性债务化解和地方政府债券资金使用绩效等情况，推动健全政府债务管理制度，遏制地方政府隐性债务增量、稳妥化解存量，提高政府债券资金使用绩效。

总体来看，自1983年我国建立社会主义审计制度至今，政府绩效审计从思想萌芽、试点探索直至现在的全面推进，成效显著。政府绩效审计在提高财政支出绩效，促进高效、精干、廉洁政府机构的建立等方面起到了重要作用。政府绩效审计在我国的尝试探索取得了一定的成功，但是，由于政府绩效审计在我国起步较晚，无论是在理论上还是实践上都很不成熟，还存在诸多问题亟待解决。因此，我国政府绩效审计的发展任重而道远。

二、政府绩效审计的含义

"绩效审计"这一概念最早见于1948年3月阿瑟·肯特在美国的《内部审计师》杂志上发表的《经营审计》一文。关于政府绩效审计，早期有诸多叫法，如在加拿大被称为综合审计，在英国被称为货币价值审计，在瑞典被称为效果审计，在澳大利亚被称为效率审计。1986年，最高审计机关国际组织在第十二届国际会议上发表《悉尼总声明》以后，绩效审计成为通用叫法。最高审计机关国际组织在其发布的《审计准则》中，明确将经济性、效率性和效果性审计称作绩效审计，它包括审计管理活动的经济性，审计人力、财力和其他资源的利用效率，审计被审计单位的业绩效益。美国的《政府审计准则》将绩效审计定义为：对照客观标准，客观、系统地收集和评价证据，对项目的绩效和管理进行独立的评估。在我国早期，绩效审计一般被称为经济效益审计，直到2008年在审计署制定的工作规划中才明确采用"绩效审计"一词。

虽然政府绩效审计在不同国家的表述不同，采用的方式方法以及所涵盖的内容也有一定差异，但其本质基本相同。我们可以将政府绩效审计定义为：政府审计机关及其审计人员按照一定的法律和标准，综合运用各种技术与方法，对公共机构的财政经济管理活动的经济性、效率性和效果性进行审查，并作出独立、客观、系统的评价，以检查公共资源责任和提高绩效为目标的一种独立的经济监督活动。

综上所述，政府绩效审计的基本内涵包括三方面：经济性审计、效率性审计和效果性审计。

（一）经济性审计

经济性审计是指评价被审计单位资源的使用和耗费是否节约和经济，考虑在哪些环节出现了浪费资源或不经济的现象。重点检查被审计单位人力、财力、物力资源配置是否科学、合理，是否做到了量入为出、发挥资金的最大可支配效率、实现低投入高产出。

（二）效率性审计

效率性审计是指对资源的投入与产出关系进行评价，考虑以一定数量的资源投入是否获得最大的产出。重点检查被审计单位的管理效率、工作效率和资源利用率，评价被审计单位管理的有效性。

（三）效果性审计

效果性审计是指对计划的完成情况或预期效果的实现情况进行评价，考虑的是预期目标与实际程度之间的关系。重点检查预期目标是否实现，是否达到了预期的经济效益和社会效益。

三、政府绩效审计的特点

绩效审计作为一种以进一步改善经济管理工作，提高政府部门、单位或项目绩效为目的的独立的经济监督活动，与传统的财务审计相比，在审计目的、对象、方法、作用和标准等方面都具有自己的独特之处。

（一）审计目的在于提高绩效

传统的财务审计主要是为了查错防弊，保证财务收支的真实和合法；而绩效审计则是为了评价各项投入资源的经济和有效程度，并借以寻找进一步提高绩效的途径，实现通过查处来控制和提高的目的。

（二）审计对象具有广泛性

财务审计的对象主要是被审计单位的财务收支及其有关的经济活动；而绩效审计的对象则更为广泛。绩效审计中的被审计单位不仅包括政府部门及其所属单位，还包括其他使用公共资金的单位。因此，其审计范围既包括物质生产部门，又包括非物质生产部门，还包括投资项目等；既包括被审计单位的各项业务活动，又包括其他非经济范畴的管理活动。

（三）审计方法具有科学性和综合性

在审计方法上，财务审计主要采用的是对会计资料的检查法和对财产物资的清查法，如顺查法、逆查法、详查法、抽查法、审阅法、复核法、核对法、调节法、盘点法等；而绩效审计方法更具有科学性和综合性。绩效审计方法视不同情况而异。对于经济性、效率性审计，可借鉴财务审计所采用的方法，如顺查法、逆查法、抽查法等；对于效果性审计，除了可以借鉴财务审计使用的方法外，还可以采用费用效益分析法和多项目系统评价方法，如矩阵评价法、最小费用法或综合评价法等。因此，审计人员需要针对不同的审计项目制订不同的审计方案，选择适当的审计方法。

（四）审计作用侧重于建议

财务审计主要保证会计资料的真实、正确、合法，保护国家和集体资财的安全完整，其职能是保护性的。而绩效审计不仅要监督行政机关、事业单位的财务收支及其有关经济活动的真实、合法，更重要的是要全面评价其经济活动和业务活动的经济和有效程度，揭示影响绩效水平高低的原因所在，向被审计单位提出改进建议，指出进一步提高绩效的具体途径和办法。其建议性作用尤为突出。

（五）审计标准具有多样性

财务审计的标准主要是与财政、财务、会计等相关的法令、制度、规章、规范；而绩效审计的标准具有多样性。政府部门及其行政事业单位均属于非营利机构，其业务活动的绩效既有经济效益，又有社会效益。衡量经济效益可使用价值指标，而社会效益则很难根据数量衡量，只能运用定性标准，并考虑分析每个项目的具体情况来进行综合评定。因此，绩效审计需依据有关的政策、决策、计划、方案、法规，以及经济合同、管理制度等多种因素来进行。

第二节 政府绩效审计的主要内容和评价指标

一、政府绩效审计的主要内容

《审计署2008至2012年审计工作发展规划》明确提出要全面推进绩效审计，并计划到2012年所有的审计项目都开展绩效审计。近年来，各级审计机关开展了绩效审计的探索，绩效审计在理论和实践上都有了显著的发展。在审计全覆盖的推进过程中，绩效审计的内容不再局限于财政资金的使用和各部门的预算支出情况，公共政策的效益效果、自然资源资产的管理、公共工程项目的监管、政府基金的运行等也都被纳入了绩效审计的评价范畴。按照审计对象的不同，政府绩效审计可以分为以下四类。

（一）公共财政资金绩效审计

公共财政资金绩效审计主要检查和评价相关政府和公共部门筹集、分配和使用公共资金的经济性、效率性和效果性，旨在揭示各级政府、部门和单位在公共资金筹集、分配和使用中存在的浪费和重大决策失误行为，提出审计建议，以提高公共资金使用效果。同时，它也为国家宏观决策提供可靠信息，推动国家财政政策和管理制度的完善。

各级财政部门和各预算部门（单位）是财政资金绩效审计的客体。因此，公共财政资金绩效审计在实践中主要表现为项目支出绩效审计和预算部门（单位）整体支出绩效审计。

（二）公共投资项目绩效审计

公共投资项目绩效审计主要检查和评价公共投资项目的建设和运营的经济性、效率性和效果性，客观评价项目预期目标的实现程度，找出项目决策、实施和运营中存在的主要问题及其原因，以促进有关部门和建设单位纠正违法违规行为，提高投资水平和效益，完善政策，推动投资体制改革。这些公共投资项目不仅包括政府直接投资的项目，还包括各级政府以补助、转贷和贴息等方式投入的项目，以及通过依法享有的一些优惠政策如豁免土地出让金、税收、特许经营权等建设的项目。

（三）国有企业经营绩效审计

国有企业是一种特殊企业，它的资本全部或主要由国家投入，其全部资本或主要股份归国家所有。审计机关通过对国有企业经营活动的经济性、效率性和效果性进行审计，在评价企业绩效状况的基础上，对国有企业经营活动的合法性及合理性进行监督，同时对于存在的问题提供专业建议。

（四）公共政策执行绩效审计①

公共政策执行绩效审计是指审计机关遵循审计程序，使用审计方法，对公共政策执行情况和效果进行的评估。根据相关授权，审计机关只对政策执行及其效果进行审计，一般不涉及政策的产生背景、制定过程等内容。这些政策主要包括经济领域和社会领域的政策，如财政政策、税收政策、金融政策、产业政策、土地政策、环保政策、教育政策、社保政策等。

二、政府绩效审计的评价指标

政府绩效审计的核心内容是绩效评价。绩效评价是依据某些标准来判断绩效测量结果，并赋予这种结果一定的意义和价值的过程。在政府绩效审计中，需要选用多个绩效指标，从不同的角度或侧面进行综合评价，即需要构建政府绩效审计的评价指标体系。

（一）公共财政资金绩效审计评价指标

1. 项目支出绩效审计评价指标

为提升中央部门项目支出绩效目标编制质量，推动加强和改进绩效自评工作，财政部于2021年制定了《中央部门项目支出核心绩效目标和指标设置及取值指引（试行）》。该文件指出，绩效指标包括成本指标、产出指标、效益指标和满意度指标四类一级指标。原则上，每一项目均应设置产出指标和效益指标。根据中央部门项目支出绩效考核目标，结合绩效审计的基本内容，项目支出绩效审计指标体系可以围绕成本、产出和效益这三个方面进行构建，具体指标见表9-1。

《中央部门项目支出核心绩效目标和指标设置及取值指引（试行）》

① 公共政策绩效审计实际上属于公共政策审计中公共政策执行审计的一部分。具体而言，公共政策审计包括公共政策制定审计、执行审计与终结审计。其中，公共政策制定审计包括公共政策的合法合规性审计、科学性审计、民主性审计；公共政策执行审计包括政策执行的合法合规性审计、民主性审计、绩效审计；公共政策终结审计主要是对整个公共政策的制定、执行效果进行最终的反馈，将最终的执行效果和政策制定的初衷进行对照审查，评价整套公共政策是否有价值，是否存在无效、过时或脱节的公共政策。本书并未将公共政策执行审计单独作为一章进行讲述，而仅在本章对公共政策绩效审计进行具体的阐述。

表 9-1 项目支出绩效审计评价指标体系

一级指标	二级指标	三级指标
成本指标	经济成本	(1) 单位成本 (2) 资金节约率或超支率
	社会成本	实施项目对社会发展、公共福利等方面可能造成的负面影响
	生态环境成本	实施项目对自然生态环境可能造成的负面影响
产出指标	数量指标	(1) 建设规模 (2) 营运能力
	质量指标	(1) 设备故障率 (2) 项目竣工验收合格率
	时效指标	工程按时完工率
效益指标	经济效益	(1) 预期收益率 (2) 预期年化收益率 (3) 预期直接经济效益 (4) 预期引领行业带来的间接经济效益 (5) 预期投资回收期
	社会效益	(1) 预期就业贡献率 (2) 预期财政贡献率
	生态效益	预期生态效益

资料来源:《中央部门项目支出核心绩效目标和指标设置及取值指引(试行)》。

(1) 成本指标。成本指标反映预期提供的公共产品或服务所产生的成本。在项目支出中,首先要强化成本的概念,加强成本效益分析。成本指标包括经济成本指标、社会成本指标和生态环境成本指标等二级指标,这些二级指标分别反映了项目实施过程中产生的各方面成本的预期控制范围。

(2) 产出指标。产出指标是对预期产出的描述,包括数量指标、质量指标、时效指标等二级指标。数量指标反映预期提供的公共产品或服务的数量,应根据项目活动的具体内容设定相应的指标。质量指标反映预期提供的公共产品或服务达到的标准和水平。时效指标反映预期提供的公共产品或服务的及时程度和效率情况。

(3) 效益指标。效益指标是对预期效果的描述,包括经济效益指标、社会效益指标、生态效益指标等二级指标。经济效益指标反映相关产出给经济效益带来的影响和产生的效果,包括相关产出在当年及以后若干年持续形成的经济效益,以及项目自身创造的直接经济效益和引领行业带来的间接经济效益。社会效益指标反映相关产出给社会发展带来的影响和产生的效果,体现项目实施当年及以后若干年在提升治理水平、落实国家政策、推动行业发展、服务民生大众、维持社会稳定、维护社会公平正义、提高履职或服务效率等方面的效益。生态效益指标反映相关产出给自然生态环境带来的影响和产生的效果,即给生产、生活条件和环境条件带来的有益影响和产生的有利效果,包括相关产出在当年及以后若干年持续形成的生态效益。

2. 预算部门（单位）绩效审计评价指标

预算部门（单位）（简称预算部门）是指与财政部门有预算缴拨款关系的国家机关、政党组织、事业单位、社会团体和其他独立核算的法人组织。根据《项目支出绩效评价管理办法》，结合绩效审计的基本内容，预算部门的绩效审计评价指标体系主要围绕经济绩效、社会绩效和管理绩效三方面来构建。由于预算部门的类型比较复杂，本节设置的绩效审计指标具有一般性，指标体系如表 9-2 所示。

《项目支出绩效评价管理办法》

表 9-2 预算部门绩效审计评价指标体系

一级指标	二级指标	三级指标
经济绩效指标	资金使用的经济性	（1）经费的结余和自给：经费结余率、财政补助比率 （2）经费支出：人均经费、单位工作经费、公用经费支出比率、公用经费支出结构比例、人员工资下降率 （3）资产使用：人均资产 （4）预算执行：支出预算完成率、收入预算完成率、预算收支平衡率
	公共管理的效率性	（1）内设机构合规率 （2）人员精简率 （3）工作完成情况：人均完成工作指数、计划期内工作完成率 （4）公共资源使用成果率
	项目效果性	（1）项目资金：项目资金到位率、项目资金使用率、项目超支率、未完工程设施占用率 （2）工程完成进度：项目实施进度、平均建设工期 （3）工程成本：支出项目成本收益率、项目成本降低率 （4）项目质量：项目质量优良品率、项目质量合格率
社会绩效指标	公共服务	（1）基础设施建设 （2）信息公开程度 （3）公民满意度
管理绩效指标	组织结构与人员配备	（1）组织结构设置的合理性 （2）人员的编制及超缺编情况 （3）人员的业务水平以及职业道德水平
	内部控制	单位的内部控制制度的建立与执行情况
	业务流程	业务流程制度的合法合理性以及执行效果

资料来源：肖霞．政府绩效审计评价指标体系的探索与构建［J］．新经济．2016（C1）：6-7.

【实例 9-1】××中医院 2016 年度绩效审计

一、背景

××中医院建院 20 多年，是一所以中医为主，中西医结合，集预防、医疗、教学、科研为一体的二甲医院。该中医院常年开放床位 240 张，设有中医骨伤科、中西医结合肾病科等特色专科，是当地重点医院。医疗卫生是事关老百姓切身利益的重大民生问题，市审计局高度重视民生审计，将该中医院列入 2016 年度绩效审计范围。

二、审计目标

在财务收支审计、经营管理分析的基础上，对该中医院进行全面评价，以进一步提高其医疗服务质量和服务水平。

三、审计重点

（一）内部管理方面，重点分析和评价：

1. 药品管理：是否全部实行集中采购；是否将不属于医保范围的药品纳入医保支付，从而造成医保基金流失。

2. 医疗收费：收费标准是否正确；是否存在擅自设立收费项目、过度检查、过度用药等问题。

3. 卫生专用材料：消耗的金额、增幅与医疗收入金额、增幅是否匹配。

4. 医疗纠纷赔偿：当年医疗纠纷赔偿与上年及全市医疗纠纷赔偿总额进行比较的情况。

（二）经济效益方面，重点分析和评价：

1. 经济效益指标：业务收入、药品收入占业务收入的比例。

2. 综合管理水平指标：百元医疗收入消耗卫生材料等。

3. 发展能力指标：人均业务收入、固定资产收益率等。

4. 负债比例指标：资产负债率、流动比率、速动比率等。

（三）社会效益方面，重点分析和评价：

1. 走访市卫计委等部门，了解群众对医院的满意度。

2. 门诊每人次收费、门诊每人次药品收费、住院每床日收费、住院每床日药品收费等指标。

（四）中医特色方面，重点分析和评价：

中草药的使用率、中草药收入等指标是否达到市卫计委的指标要求。

（五）大型医疗设备投入产出效率方面，重点分析和评价：

抽查部分大型医疗设备近3年来的治疗人数、治疗收入等指标，评估其是否达到投资的预期目标。

四、审计评价标准

（一）财政部发布的《医院会计制度》《医院财务制度》。

（二）省卫计委发布的《中医医院管理评价规定》。

（三）省物价局、卫计委发布的《医疗服务价格目录》。

（四）××市发布的《药品集中采购规定》。

（五）病患者满意度。

五、审计发现问题

（一）内部管理存在薄弱环节

1. 违规多收医疗费，2016年多收……

2. 将部分不属医保范围的药品纳入医保支付，导致医保基金多支付32.80万元。

3. 药品管理不规范，2016年有8批次价值426万元的药品库存账实不符。

（二）部分费用增长较快

1. 2016年卫生专业材料费消耗1 426.60万元，比上年增长22.30%，而同期医疗收入只增长7.42%。

2. 2016年医疗纠纷赔偿126.60万元，比上年增长32.50%，同期全市医疗纠纷赔偿增长10.08%。

（三）药占比及治疗平均费用偏高

1. 药占比偏高，高出2015年2.21个百分点，高出全市医院平均水平4.79个百分点，没有达到相关要求。

2. 病人治疗的平均费用偏高，门诊每人次收费比上年高……

（四）短期偿债能力不强

分析流动比率、速动比率等指标，发现它们分别下降了7.50%和4.16%，说明短期偿债能力降低。

（五）中医特色不够明显

该中医院现有中医骨伤科、中西医结合肾病科等5个特色专科，但中草药收入占全部药品收入的7.45%，达不到《中医医院管理评价规定》10%的要求。

（六）大型医疗设备投入未达预期效果

2013年总投资1 250万元的设备，近三年实际治疗人数只有预期的53.40%，治疗收入只有预期的62.50%，设备投入使用的实际效果没有达到预期目标。

（二）公共投资项目绩效审计评价指标

政府投资建设项目的支出占政府财政支出比重较大，因而在政府绩效审计中，政府投资建设项目的绩效审计具有举足轻重的地位。政府投资项目绩效评价工作贯穿整个项目周期，具体内容包括项目前期、项目建设期、项目竣工运营期。根据《项目支出绩效评价管理办法》，结合绩效审计的基本内容，公共投资项目绩效审计指标体系主要围绕经济绩效、社会绩效、管理绩效、生态环境绩效和可持续发展绩效五个方面来设置。在绩效审计评价中，常用的一般性指标见表9－3，各部门、各单位可结合投资项目的不同特点和具体目标来设置特定指标。

1. 经济绩效评价指标

经济绩效是对项目建成投产（或交付使用）后实际取得的经济效益进行综合评估、评价。主要从是否达到了预期目标或达到目标的程度、成本效益等方面进行分析评价。经济效益最大化是经济绩效评价的主要目的之一，其主要指标包括成本控制指标、财务收益指标、投资效果指标和财政贡献指标。

2. 社会绩效评价指标

社会绩效评价是在调查和预测拟建项目产生的社会效益时，分析项目对所在地社会环境的适应性与可接受程度，评价项目对社会的贡献。

3. 管理绩效评价指标

项目管理活动主要包括立项审批、管理和监督、招投标和采购、项目实施、竣工验收等。对管理活动和效果进行评价，就是根据法律法规、管理办法等，评价在岗人员履行职责情况、解决问题的能力以及达到的管理效果。

表 9-3　公共投资项目绩效审计评价指标体系

一级指标	二级指标	三级指标
经济绩效指标	成本控制指标	(1) 建安工程费用增减率=(建安工程实际发生费用−建安工程合同规定费用)/建安工程合同规定费用×100% (2) 设备购置费用增减率=(设备购置实际发生费用−设备购置合同规定费用)/设备购置合同规定费用×100% (3) 建设投资增减率=(建设投资实际完成额−建设投资计划完成额)/建设投资计划完成额×100%
	财务效益指标	(1) 财务净现值（现金净流量） (2) 财务净现值率（现值指数） (3) 财务内部收益率
	投资效果指标	(1) 实际投资回收期：项目投产后所取得的年纯收益（含折旧）抵偿项目建设总投资所需要的时间 (2) 实际动态投资回收期：以项目各年净收益现值之总和来回收实际投资总额所需要的时间
	财政贡献指标	投资利税率：反映项目达到设计生产能力以后一个正常生产年度的利润和税金与投资总额（包括固定资产投资和流动资产投资）的比率。
社会绩效指标	就业效益指标	单位投资就业人数=新增总就业人数（包括本项目与相关项目)/项目总投资（包括直接投资与间接投资）
	资源利用指标	(1) 项目的单位净产值综合能耗=项目的年综合能耗/项目的净产值 (2) 单位投资占用耕地=项目占用耕地面积（亩)/项目总投资（万元） (3) 单位产品生产耗水量=项目年生产耗水量/主要产品生产量
	社会和谐程度指标	(1) 对利益相关者的影响：对直接利益受损群体的影响，是否改善居民生活条件等 (2) 对文物古迹的影响：对当地文物古迹造成破坏的程度 (3) 对社会安全的影响：对社会稳定程度的影响 (4) 对文教卫环境的影响：项目实施前后对所在区域文体、教育、医疗、环卫机构的影响
管理绩效指标	资金管理指标	(1) 资金到位率=实际到位资金/计划到位资金×100% (2) 财政资金依存度=财政资金到位数/整个项目计划投资数×100%
	工程质量指标	(1) 工程质量合格品率=单项工程合格数量/全部单项工程数量×100% (2) 工程质量优良品率=单项工程优良数量/全部单项工程数量×100%

续表

一级指标	二级指标	三级指标
管理绩效指标	建设工期指标	(1) 工程提前(延期)完成时间=工程计划完成时间-工程实际完成时间 (2) 实际达到能力年限：项目从建成投产之日起到达到设计生产能力(或营运能力)为止所需要的全部时间
生态环境绩效指标	环境影响指标	环境质量指数
	生态影响指标	(1) 对生态平衡的影响 (2) 对动植物种群的影响 (3) 耕地比重 (4) 绿地覆盖率 (5) 水土流失面积
	资源开发利用指标	(1) 资源丰富程度 (2) 资源永续性 (3) 资源利用效率
可持续发展指标	经济增长可持续指标	(1) 区域投资 GDP 系数 (2) 社会平均投资收益率 (3) 区域生产力布局情况 (4) 区域产业变化、发展情况
	环境与资源可持续指标	(1) 单位 GDP 能耗指标 (2) 自然资源人均拥有量变动情况 (3) 清洁能源消耗比例

资料来源：徐绪宝，周君，洪璐. 公共投资项目绩效评价体系的研究[J]. 铁路工程造价管理，2015 (3)：5-8.

4. 生态环境绩效和可持续发展绩效评价指标

生态环境绩效和可持续发展绩效是指投资项目要使国民经济、资源、环境和社会稳定协调发展，在资源和环境得到合理利用和保护的条件下，取得最大的经济效益和社会效益。

（三）国有企业经营绩效审计评价指标

2006年国务院国资委颁布了《中央企业综合绩效评价管理暂行办法》，规定企业综合绩效评价由财务绩效定量评价和管理绩效定性评价两部分组成。该套指标体系以资本运营效益为核心，但是由于其选择的核心指标是净资产收益率，它并未能摆脱我国传统企业业绩评价体系的一些弊端。因此，结合绩效审计的基本内容，国有企业经营绩效审计评价指标体系可以在结合企业战略发展规划的基础上围绕以下三个方面进行构建。

《中央企业综合绩效评价管理暂行办法》

1. 管理绩效评价指标

管理绩效评价涵盖企业发展战略的确立与执行、经营决策、发展创新、风险控制、基础管理、行业影响等多个方面。

2. 经济绩效评价指标

经济绩效评价是对企业经营者的业绩评价，其主要指标包括盈利能力、偿债能力、营运能力和发展能力。

(1) 盈利能力。盈利能力是指企业获取利润的能力，反映企业的财务结构状况和经营绩效。

(2) 偿债能力。偿债能力是指企业以资产偿还其债务的能力。企业偿还债务能力的强弱，是企业经济实力和财务状况的重要体现，也是衡量企业是否稳健经营、财务风险大小的重要尺度。通过对企业偿债能力的评价，可以得知企业财务杠杆水平，分析企业的资产负债率是否适度，促进企业合理举债。

(3) 营运能力。营运能力是反映企业资产管理水平和使用效率的一个重要指标。企业加强资产营运管理的主要目的就是加快资产的周转速度，谋求用等量资产创造更多的收益。资产利用率的提高在一定程度上等同于资产的节约和资产的增加。

(4) 发展能力。企业的长远发展潜力是企业通过自身的生产经营活动，不断扩大、积累而形成的。企业发展能力的形成主要依赖于资本积累的程度以及资本的投资等。因此，企业绩效评价将发展能力作为主要的评价内容之一。发展能力反映了企业持续发展的能力。

3. 社会责任绩效评价指标

社会责任绩效是指企业履行社会责任的能力和效果，即企业在一定时期内履行社会责任所创造的社会价值，主要通过社会责任绩效评价指标来体现。根据社会经济观，企业的社会责任是指企业不能仅以最大限度地为股东盈利作为唯一的存在目的，而应当最大限度地增进包括股东利益在内的所有社会利益。因此，社会责任绩效评价是对企业履行社会责任的能力和效果进行的评价。

国有企业经营绩效审计评价指标体系见表 9-4。

表 9-4　国有企业经营绩效审计评价指标体系

一级指标	二级指标	三级指标
经济绩效指标	盈利能力指标	(1) 净资产收益率＝净利润总额/平均净资产×100% (2) 总资产报酬率＝(利润总额＋利息支出)/平均资产净额×100%
	偿债能力指标	(1) 资产负债率＝负债总额/资产总额×100% (2) 速动比率＝速动资产/流动负债×100% ＝(流动资产－存货－待摊费用－预付费用)/流动负债×100%
	营运能力指标	(1) 总资产周转率＝销售收入净额/平均资产总额×100% (2) 存货周转率＝销售成本/平均存货总额×100% (3) 应收账款周转率＝销售收入净额/平均应收账款净额×100%
	发展能力指标	(1) 资本积累率＝期末所有者权益增长额/期初所有者权益×100% (2) 总资产增长率＝(年末总资产－年初总资产)/年初总资产×100% (3) 销售收入增长率＝(本年销售收入－上年销售收入)/上年销售收入×100%

续表

一级指标	二级指标	三级指标
社会责任绩效指标	承担环保责任指标	(1) 环保投入比率＝环保投入支出额/投资支出总额×100% (2) 能源消耗比率＝当年能源消耗总量/年度产品（服务）总量×100%
	支持地方和社会发展指标	(1) 就业贡献率＝雇佣当地员工人数/企业员工总数×100% (2) 公益投资比率＝公益事业投资支出额/主营业务收入净额×100%
	对利益相关者的责任指标	(1) 利税增长率＝当年利税增长额/上年利税总额×100% (2) 工资增长率＝当年工资增长额/上年工资总额×100%
管理绩效指标	企业目标指标	(1) 目标的落实率 (2) 目标管理制度的有效性、科学性
	战略管理指标	(1) 战略制定的科学性 (2) 战略的保障措施 (3) 战略的实际效果
	风险控制指标	(1) 风险控制活动 (2) 风险控制程序的有效性
	基础管理指标	内部控制制度的建立与执行情况
	行业影响指标	(1) 核心业务的市场占有率 (2) 关键产品的受欢迎程度

资料来源：《中央企业综合绩效评价管理暂行办法》。

【实例 9-2】××市化肥有限公司绩效审计

××市审计局根据市政府的指示，于 2017 年对××市亏损严重的重点国有企业——××市化肥有限公司的经济效益进行了审计。

一、背景

××市化肥有限公司是一家生产化肥的重点企业，具有年产 15 万吨化肥的生产能力。截至 2017 年年末，全公司职工人数为 1 820 人，固定资产原值为 1.8 亿元，净值为 1.14 亿元，流动资产总额为 9 100 万元。公司主要生产设备包括 20 台煤气生产炉、10 台变换炉、25 台氢氮压缩机、16 台碳化塔、6 座合成塔、4 台 30 吨锅炉。2017 年实际开工 256 天，生产液氨 23 400 吨、化肥 11.66 万吨。然而，该年度亏损达 2 200 万元，比上年增亏 950 万元。至 2017 年年底累计亏损额达 1.15 亿元。

二、审计目标

本次审计旨在发现企业在生产、经营、管理过程中存在的问题，分析企业亏损的主要原因，提出有针对性的审计意见，以促进企业加强管理、提高经济效益。

三、审计重点内容

在企业财务收支和经营活动真实性、合法性审计的基础上，重点围绕以下内容进行审计：

（一）经济效益方面

1. 成本费用效益审计。详细审查企业的成本费用，并将其与同行业水平进行比较，找出企业成本费用的差距，分析原因，评价其合理性。

2. 销售活动效益审计。从销售计划的制定、销售方案的实施等方面入手，检查销售渠道是否畅通，分析销售活动的效益。

3. 资产质量效益审计。重点审查三年以上的应收款项，分析企业资产的质量和结构，评价其对企业经济效益的影响。

4. 企业原材料、能源消耗效益审计。了解企业原材料和能源的消耗情况，与同行业的差距，分析其对经济效益的影响。

5. 主要设备运行、利用率、技术水平效益审计。审查主要设备的运行情况、利用率和技术水平，分析未充分利用的原因，以及企业技术、工艺指标的现况。

6. 内部控制制度审查评价。一是检查企业是否建立了科学、合理的内部控制制度；二是检查企业内部控制制度是否得到了切实有效的执行。

（二）社会效益方面

了解化肥公司的生产情况，评估其能否满足市场需求，评价企业为农业生产作出的贡献；分析企业生产规模扩大对当地就业产生的影响。

（三）环境效益方面

检查企业环境污染治理情况，揭示污染治理中存在的问题，分析污染问题产生的原因，评价污染对环境造成的影响。

四、审计发现的问题

（一）主要产品化肥的成本较高……

（二）销售网点分布不合理……

（三）公司的不良资产较多……

（四）原材料、能源消耗较高……

（五）设备运行效率低，工艺水平落后……

1. 设备运行状况不佳……

2. 生产技术落后，工艺指标不达标……

（六）污染治理不利……

（七）内部控制制度不健全……

（四）公共政策执行绩效审计评价指标

公共政策执行绩效审计主要是检查政策执行的效果和效率情况。具体而言，一是检查政策执行所花费的成本是否超出预定的预算限制，即评估政策执行的经济性；二是检查政策执行是否达到预期效果，即评估政策执行的效果性；三是结合成本和收益两个方面，综合评价政策执行的绩效，即评估政策执行的效率性。

自 2008 年以来，我国开展的公共政策执行审计多以跟踪审计或结合型审计为主，重点关注项目实施的经济性、效率性和效果性。然而，由于公共政策绩效审计在我国还处于一个新兴的审计领域，目前还没有形成一套通用的绩效审计评价指标。在实践中，可以运用政府绩效审计的“5E”评价标准，结合政策的生命周期对政策执行的绩效进行评价。公共政策执行绩效审计评价指标体系可以围绕以下几方面构建。

1. 经济性指标

经济性指标评价的是在公共政策执行过程中所投入的各项资源的质与量以及分配状况。

2. 效果性指标

效果性指标评价的是公共政策执行结果是否实现公共政策的预期目标及其实现程度，是否解决了公共政策问题等。重点审查公共政策目标的实现程度，以及公共政策投入的资金效益、生态效益和社会效益。这里的效益不仅指狭义上为实现公共政策目标所投入的资金效益，还要考量广义上的政策目标是否实现及实现程度、与预定目标是否相符，以及公共政策的生态效益、社会效益的实现程度等。

3. 效率性指标

效率性指标评价的是政策投入产出比率。最有效的政策是以最低成本获得最大收益。但是公共政策的收益大多无法用货币衡量，因此，对公共政策实施效率的审计主要在于评价公共政策是否以最低成本最有效地实现公共政策的预期目标，而非仅仅关注公共政策投入产出比率的高低。

4. 公平性指标

公平性指标评价的是公共政策所投入的工作量，以及产生的绩效在社会不同群体间公平分配的程度。公共政策的类型不一样，其所反映的公平性的角度与观点也不一样。

5. 适当性指标

适当性指标评价的是公共政策目标和所表现出的价值偏好，以及所依据的假设是否合适。具体地说，就是评估公共政策追求的目标是否是社会所期望的，公共政策的成本与利益分配是否公平、公正。

重大公共政策执行情况可能涉及多方面的政策类型，针对不同类型政策的特点，评价指标的确定重点也应有差别。

第三节 政府绩效审计的基本程序和方法

一、政府绩效审计的基本程序

政府绩效审计的程序是指从审计立项开始，直到完成项目审计全过程的工作内容和顺序。我国绩效审计程序本着体现依法审计的要求、审计工作效率的要求、绩效审计建设性特点的要求，主要包括准备、实施、报告和整改检查四个主要阶段。

（一）准备阶段

1. 选择绩效审计领域

绩效审计的对象和内容广泛且多样。按照审计的管辖范围，可审计的机构包括各级政府及所属下级政府、政府部门单位及其所属机构。鉴于这些机构繁杂的工作内容，可以列出数不胜数的审计项目。由于部分被审计单位的业务活动具有广阔的辐射面，审计人员不得不相应扩大工作范围和增加工作量。但审计资源是有限的，常常是缺乏的，因此要尽可能合理、有效地使用审计资源，合理安排和分配好一定时间（如一个年度）的工作量，做好政府绩效审计的战略规划。

审计部门应从两个方面考虑选择审计项目：第一，进行一般性考察，收集和评估被审计单位的有关资料，了解它们的主要活动及资源状况，以此为基础制订绩效审计规划。除了考虑被审计单位的基本情况，制订规划时还要充分考虑政府、媒体、公众的意见和要求，并参考以往的审计计划及执行情况。规划是滚动式的，可将其视为一个审计项目库。这样就为未来的审计工作指明了一个方向，形成了长期任务，有利于以此为基础在年度和项目方面合理分配审计资源，也有利于用发展的眼光筹集和优化审计资源。第二，在规划的基础上，制订每年的审计工作计划表。选择的年度审计项目应符合以下五个标准：（1）重要性，即在政府管理、资源运用或社会需求等方面较为重要；（2）风险性，即较有可能存在问题；（3）时间性，即更需要及时解决；（4）增值性，即可以改善或节约的空间比较大；（5）可行性，即可根据现有审计资源适当安排审计工作，分配审计资源。

按照这五个标准对项目进行评分，排出项目的优先次序，制订下一年度的项目计划。规划和年度计划自下而上提出，最后由审计机关的高级领导人员研究确定。

绩效审计的战略规划是适应绩效审计内容比较广泛、未来不确定性较大以及时间较长等特点的审计项目的安排与策划，因此就需要做好与之相关的准备工作：一是考虑绩效审计项目立项和项目背景，了解审计授权人或委托人所关注的问题；二是进行审计立项的论证，确定战略规划首先要收集相关信息，获知被审计单位基本情况及所面临的问题，对潜在问题进行分析与排序（依据重要性、风险性、时间性、增值性、可行性），结合审计机关可利用资源确定年度审计重点和所需经费预算，制订战略计划书；三是审计机关与被审计单位讨论并确定绩效审计工作的目标与范围。

2. 进行审前调查

审计调查的目的是为编制具体的审计计划提供依据。应根据审计项目的规模和性质，安排适当的人员和时间，采取面谈、电话询问等方式对项目的基本情况进行审前调查，取得审计项目的背景资料（包括被审计单位或项目的一般沿革），收集有关文件资料，了解熟悉有关政策法规以及业务管理和财政财务状况等。

审前调查应考虑成本效益因素，并找到最为合适的渠道。一般而言，审前调查的渠道主要包括：查阅法律文件和政府方针政策文件；参考近期的审计报告和评估结果；利用科学研究和相关调查的成果；研究项目可行性研究报告和机构章程；分析年度报告和管理层会议记录；与被审计单位的管理层或利益相关者进行讨论；利用相对应的管理信息系统等。

3. 编制审计计划

审计计划又称审计方案，一般由审计工作方案和审计实施方案组成。审计计划的内容主要包括审计依据、审计目标、审计范围、审计的重要性水平、审计风险、审计方法、审计标准、审计时间安排、审计人员要求（包括聘请专家）和审计证据等。当然，由于有些绩效审计的范围较大，内容复杂，需要编制多层次的审计计划，因此审计计划可能被细化为审计项目计划大纲、项目实施计划、项目现场作业计划等。

一般而言，在确定审计目标、掌握审计项目基本情况的基础上，先进行初步的分析性复核，然后编制审计计划，其中主要包括编写审计工作方案和审计实施方案。审计工作方案主要说明审计工作目标、审计范围、审计对象、审计内容和重点、审计组织的结构与分工、审计工作要求等；审计实施方案主要说明编制依据、被审计项目基本情况、审计目标、重要性水平的确定和审计风险的评估、审计范围、审计内容和重点、对审计目标有重要影响的审计事项的审计步骤和审计方法、预定的审计工作起止时间、审计组组长和审计组成员及其分工、方案编制时间及其他有关内容。审计实施方案应在实施审计前经审计组所在部门领导和审计机关分管负责人的批准。

4. 初步研究并发出审计通知书

一旦审计项目被选定并编制了审计计划，审计组就要进行初步研究以便进一步了解审计所要进行的具体活动，明确审计过程中应注意的重大事项（审计目标、范围和重点，估计可能产生的影响，制定时间表和资金预算等），出具一份及时、完善的审计方案，并正式发出审计通知书，随后进驻被审计单位。

（二）实施阶段

政府绩效审计的实施阶段又称执行阶段，是审计主体直接作用于审计客体，用审计标准衡量被审计事实的关键阶段。它是指审计人员从开始进点至完成审计方案提出的任务为止的过程，这一阶段约占整个审计程序的60％～70％。在这一阶段，审计人员要完成检查、取证、分析、评价等多项工作。

1. 详细调查、测试制度、核实资料

审计人员在进入被审计单位后，需根据审计方案要求对审计对象的（包括准备阶段掌握的和被审计单位提供的）有关制度和数据资料进行调查审阅，并有重点地进行检查测试。使用的技术方法主要有访谈、问卷调查、案例研究、文献研究、研讨会、专家（或公众）听证会等。通过这些方法，审计人员可以获取第一手数据信息或者第二手数据资料。检查测试的内容包括：一是对公共管理控制制度进行测试，尤其是对有关绩效控制的测试；二是对数据信息可靠程度进行测试，验证绩效审计所依据的财政财务与管理信息资料的真实性、准确性和可靠性；三是对客观实际情况（如决策与宏观调控程序执行等）进行测试，可采用座谈会、个别了解、现场观察等形式收集补充信息资料。

2. 围绕专题深入调查

专题是根据审计方案中所确定的重点和初步调查测试的结果综合确定的，一般围绕审计重点展开。影响政府绩效的问题往往有多个重点，每个重点又由多个因素组成。在实施阶段，审计人员可根据审计判断，围绕典型专题深入现场进行详尽调查。审计人员可将调查结果列成问题式调查表，分清内外、主次和因果，并针对审计目标做好审查取证工作，对关键因素与问题的检查取证要力求充分、详尽、准确。

3. 对审计证据进行测试和评价

审计人员在获取大量资料和分析证据的基础上，对经调查的数据资料进行测试、计算，并通过归纳、综合分析和对照标准，揭示矛盾，找出差距。一般的测试、分析手段主要包括：

（1）程序分析，是指按照既定的标准和合理的控制规模对管理程序进行检测，以确定其完整性、合规性、内部一致性和有效性等。

（2）利用现有数据和证据进行分析，是指对公共管理机构信息系统中的数据或从单个项目中收集的数据进行分析。

（3）结果分析，是指对被审计单位某一特定领域内一些活动的检查结果进行分析，评估其活动是否符合审计标准的要求。

（4）案例研究，是指以特定案例为研究对象，进行深入分析和全面考察，探讨某一现象在实际生活环境中的状况。绩效审计中的案例研究是在宏观把握整个领域的前提下，对某一案例进行大量说明和分析。

（5）问卷调查，通过问卷调查可以对被审计单位活动的成因、分布和各种事项的相互关系进行评价。

（6）抽样评价，对抽样对象运用绩效审计程序，并对抽样结果进行评价，以便获得足够且有效的审计证据。

将经过测试分析得到的结果与审计评价标准进行对照，得出综合评价意见。

4. 提出意见并实地检验

经过综合分析评价，找出问题的症结后，审计人员可会同专家与被审计单位有关人员提出改进的建议和办法。比较理想的情况是进行公开的、建设性的对话，并协助被审计单位预测建议的可行性及其实施效果。

5. 形成要点式审计工作底稿

在实施阶段，必须要做好记录，并根据审计专题进行小结，综合各专题的初步评价意见，形成要点式审计工作底稿。

（三）报告阶段

政府绩效审计程序中的报告阶段是指审计任务完成之后，根据实施阶段的检查评价情况与发现的问题，提出改进建议和措施，编写正式审计报告，并作出审计决定的过程。审计报告阶段是形成和扩大审计成果、体现审计目的、总结审计工作的过程。

1. 归纳分析，综合提高

现场工作完成后，应对审计取得的数据和资料进行汇总，将各专题的调查分析、评价意见加以集中，进行综合归纳与分析，从中找到影响公共资金使用绩效的问题和公共事业管理绩效中的薄弱环节，对照评价标准，并与被审计单位和有关专家交换意见，形成政府绩效审计结果和初步审计结论。在此基础上，由审计组开始撰写审计报告初稿。

2. 撰写审计报告

审计组在进行全面综合分析的基础上，对被审计单位绩效现状作出客观评价，提出切实可行的措施建议，撰写绩效审计报告。审计报告通常应包括：

（1）内容摘要。它是绩效审计报告的第一部分。由于绩效审计报告通常不会很短，因此有必要在审计报告前面专门编写一份内容摘要，便于读者通过阅读摘要了解审计报告的主要内容，并根据需要决定是否继续仔细阅读下面的内容。

（2）被审计事项的背景。它主要包括被审计事项或单位的基本情况、资金来源和使用情况、目前的状况等。编写这部分的目的是使读者对被审计事项有一个清晰的理解。

（3）审计项目实施情况。它主要用于向读者说明审计的范围和性质，便于读者使用报告内容并进行判断。主要包括该项目的审计依据、目标、范围、方法，审计起止时间，审计准则的遵循情况，审计方和被审计方的责任等。

（4）审计评价意见或结论。它是针对审计目标，以审计发现的情况为基础，总括性地发表的审计意见或得出的审计结论。

（5）审计发现的情况。它是“审计评价意见或结论”的证明，是所取得证据的汇总结果，包括审计发现的事实、导致上述结果的原因、产生的影响。但是，它只是针对具体审计目标，用于说明得出“审计评价意见或结论”的根据，不说明发现的违反法律法规的具体事实。

（6）发现的违法违规问题和处理处罚意见。这是对审计过程中发现的具体违法违规问题及处理处罚意见的逐项列示，包括审计过程中查出的被审计单位违反国家法律法规规定的财政收支和财务收支行为的事实、处理处罚决定以及有关移送处理的决定等。

（7）审计建议。它是绩效审计项目的核心内容之一，是审计结论和审计发现的情况及分析的逻辑体现，一般应该针对产生问题的原因提出，在内容上与报告中的其他内容相呼应。审计建议应该有针对性、可操作性，便于检查和衡量。

（8）被审计单位的反馈意见。它主要包括被审计单位对审计报告的看法、被审计单位针对审计意见修改审计报告的情况、审计组织不同意被审计单位的意见的理由、被审计单位拟采取和已经采取的改正措施。

除上述八个方面外，对于绩效审计中发现的优秀管理方法或实践，审计报告中还应单独对其进行评论和肯定。通过公开的审计报告，将好的做法或审计经验进行推广。

3. 审计报告的公开

绩效审计报告应向社会公开。在保证遵循国家相关保密制度的前提下，应尽可能将政府绩效审计报告全文公开，特别是要注意公开被审计单位的目标实现情况和存在的偏差，以及被审计单位的反应。

某县中医院新增债券资金项目绩效评价报告

审计报告的公开形式有多种选择：一是通过审计署主办的纸质媒体向社会披露；二是通过审计署网站或地方审计机关网站公布政府绩效审计报告；三是在年度中期或期末汇总各地绩效审计报告，并集中、公开地发布。

（四）整改检查阶段

政府绩效审计程序中的整改检查阶段是指审计结论下达后，对被审计单位执行审计结论的情况进行审查评估的过程。在这一阶段，审计人员通过后续审计来检查审计结论的质量，监察审计建议是否为被审计单位所接受，是否切合实际，是否获得应有的绩效。

整改检查阶段又分为两个步骤：第一步，审计人员应确认被审计单位已经对报告中提出的意见采取了行动，并评价了这些行动的效果；第二步，当被审计单位没有对报告中提及的某些或全部事项采取行动时，审计人员要确认被审计单位已经承担了不采取行动的风险。审计人员应及时出具报告，向被审计单位的主管部门或有权监督被审计单位的部门反映，以有效保证报告中审计意见的落实。后续审计的步骤通常包括取得被审计单位的书面回复，通过面谈等方式与被审计单位探讨回复中的有关问题，对纠正行动和与重大发现有关的事项进行现场审计，报告后续审计的发现。

二、政府绩效审计的方法

绩效审计过程主要包括数据资料的收集、分析和评价工作。本节所述的政府绩效审计方法是指收集和分析数据的技术方法。

（一）政府绩效审计方法的分类

关于审计方法的分类，国内外有多种观点。英国国家审计署将审计方法分为定量分析法和定性分析法；瑞典国家审计局认为应该适应审计发展的要求，将其分为常规的审计方法和独特的绩效审计方法；还有部分国家认为应该按照审计程序、审计目的来划分。绩效审计工作复杂且综合性强，要完成一个审计项目，往往需要多种方法交叉使用或同时使用。因此，凡是有利于绩效审计开展的方法，都应归入绩效审计方法体系，分类的不同并不影响方法的选用。

（二）常用的绩效审计方法

常用的绩效审计方法大致可以分为两大类，即数据收集方法和数据分析方法。

1. 数据收集方法

实践中使用较多的数据资料收集方法有文件检查法、调查法、访谈法和现场观察等。

(1) 文件检查法。文件检查法是审计人员获取审计证据的一种重要方法。审计人员要检查的文件包括与审计项目相关的知识文件、法律法规、行业资料、合约合同、会议记录、会计账簿、财务报告等。对于绩效审计来说，重点是通过文件检查所获取的资料来进行评价和建议，而不是花时间核实资料的真伪。资料的真实性、合法性和有效性应由被审计单位保证。

(2) 调查法。调查法既可以用来调查事实、收集信息，也可以用来调查对特定问题的看法。调查形式有实地调查、电话调查、信函调查、抽样调查等。审计人员在进行绩效审计时可以根据需要选择不同的调查方法。虽然调查法简单易行，但其准确性相对较差，需要审计人员进行专业判断，比如进行抽样调查时要保证足够的样本量。

(3) 访谈法。访谈法一般用于获取一些背景资料和审计线索，常用于揭示有关问题，为审计结论提供支持，是进行绩效审计较常使用的一种审计方法。访谈可分为直接访谈和间接访谈。由于访谈受被采访者个人立场等客观因素的影响较大，因此获取的资料有时准确性和代表性较差，使用时可与其他方法结合运用。

(4) 现场观察法。现场观察法是指审计人员实地察看被审计单位的经营场所、实物资产和有关业务活动及其内部控制的执行情况等，以获取证据的方法。通过现场观察，有助于审计人员对被审计单位的经营状况、特征、存在的问题有一个感性认识。采用这种方式获取的证据通常用来印证审计人员从其他途径取得的证据。它经常与调查法和访谈法结合使用。

2. 数据分析方法

在绩效审计中，为了检查、评价审计对象的经济性、效率性和效果性，审计人员始终需要对资料和数据进行分析和研究。其中，专门用于绩效审计的方法包括：

(1) 管理分析方法。管理分析方法是一种定性分析方法。它是指审计人员通过对被审计单位的内部管理控制系统的了解、分析、研究，揭露被审计单位存在的管理问题，挖掘表象背后的深层次原因，对被审计单位的管理作出评价的方法。管理分析方法在大多数的绩效审计中都可被采用，并常常与其他方法结合使用。它要求审计人员有很强的综合分析能力，做大量细致入微的研究工作。

(2) 可行性研究报告评价方法。对公共资源管理和使用的经济性、效率性和效果性作出检查和评价，是绩效审计的核心目标和首要内涵。研究表明，大多数国家的审计重点正在由日常活动向项目转移，可行性研究报告评价逐渐成为绩效审计的关键环节。它是指审计人员通过对项目可行性研究报告进行详细分析，评价可行性研究报告是否全面、项目立项程序是否规范、项目资金管理是否合规、项目成本核算是否标准等，揭示项目决策、管理方面存在的问题，找出原因，提出意见建议的方法。

(3) 盈亏平衡分析法。这种方法是从管理会计学中借鉴来的，是本量利分析的一项基本内容。它是指审计人员通过确定盈亏临界点，研究有关因素变动对盈亏临界点的影响，对各项边际指标进行对比分析，进而得出审计结论的方法。这是绩效审计对象多样性特征衍生出来的专业方法，其用数理计算分析来说明问题，很有说服力。

（4）问题解析法和碰头会法。问题解析法是一种通过确定一个总括性问题、相关子问题以及用来解答这些问题的具体审计任务来规划绩效审计工作的方法。审计人员按照严密的、结构化的步骤、遵循“互相排斥，融合为一”的原则，把审计要回答的总括性问题分解为多个层次的子问题。这种自上而下的问题分解，可描述为逻辑结构树。通过不断延伸逻辑结构树直至最低层，审计组就能确定审计任务，进而确定完成审计工作所需的资源，合理分配审计人员的工作。

碰头会是指把审计证据整理成任何人都能理解的一系列提纲性观点的审计组会议。通常情况下，在审计收尾阶段应用碰头会法，即以现场审计的证据为基础，通过对问题解析法设计的问题逐个作出肯定或者否定的回答，形成审计结论。

审计人员运用问题解析法和碰头会法组织审计工作有一定的工作量，需要付出辛勤的劳动。但是运用此方法，审计现场工作会更加有组织、更加严密，形成的审计报告会非常精练，观点非常明确，从而有很强的影响力。它的优点在于能确保所有审计组成员全程参与审计，使现场审计工作更加严格规范，审计资源使用更加合理，进而降低审计成本。

除以上方法外，绩效审计的专门方法还包括工程概预算评价法、化学试验法、成本效益分析法、体制分析法等专业衍生方法。国外还有机构分析法、向第三方咨询法、建立模型法等。审计人员通常根据具体情况决定采用哪一种技术和方法，结合定性分析和定量评价，以保证审计结果的客观性和公正性。

习题

一、简答题

1. 简述政府绩效审计的特点。
2. 简述国有企业社会责任绩效评价指标。
3. 简述选择的年度审计项目应符合的五个标准。
4. 简述在政府绩效审计中，常用的数据收集方法。

二、论述题

1. 如何认识政府绩效审计？
2. 论述如何对国有企业经济绩效进行评价。

即测即评

第十章

经济责任审计

知识框架

- 经济责任审计
  - 经济责任审计概述
    - 经济责任审计的产生与发展
    - 经济责任审计的概念
    - 经济责任审计的特点
    - 经济责任审计的组织形式
  - 经济责任审计的主要内容与评价指标体系
    - 经济责任审计的主要内容
    - 经济责任审计的评价指标体系
    - 责任界定
  - 经济责任审计程序
    - 计划审计项目
    - 审前准备阶段
    - 审计实施阶段
    - 审计终结阶段
    - 审计整改阶段
  - 经济责任审计结果的报告与运用
    - 经济责任审计结果的报告
    - 经济责任审计结果的运用

本章导读

本章主要介绍领导干部经济责任审计的相关内容，在全书体系中属于次重点章节。通过本章的学习，学生要了解经济责任审计的发展和结果的运用，理解经济责任审计的概念和特点，掌握经济责任审计的主要内容和责任界定，熟悉经济责任审计的评价指标体系和程序。

引　例

港航捉“虫”记

某市审计局在2017年5月至7月对该市交通运输局开展了领导干部离任经济责任审计。在审计过程中，审计组延伸审计了下属单位港航管理局，发现了港航干部骗取旧船拆解补助资金91万元的问题线索并将其移交市纪委立案查处。2018年6月，该市港航管理局副科长杨某，C城港航管理处副处长任某、科长刘某三人因此事被依法逮捕。

一、精准寻锚找疑点

在确定对市港航管理局进行延伸审计后，审计组考虑到人手少、时间紧的情况，将国家专项资金确定为审计重点。港航专项资金主要有燃油补贴资金与旧船拆解补助资金两项。由于燃油补贴涉及各县市区较多的人员，核查难度大，而旧船拆解补助资金主要针对各县市区的船运企业，范围相对较小，因此其被进一步锁定为审计突破口。

二、数据分析查疑点

进入市港航管理局后，审计组调取了拆解档案、申报补贴数据及船籍登记信息。自2013年以来，市辖C城的某公司申报拆解的船舶多达11只，而其他县市区的申报量很少，这一异常情况引起了审计组的注意。审计组通过网上公开资料对该公司进行了调查，发现其注册地与C城港航管理处一致。审计组迅速调取了C城港航管理处人员信息与船籍登记信息进行比对，发现曾有C城港航管理处人员担任过船主，而该公司的法人代表及多名管理人员又是C城港航管理处的正式工作人员。拆解档案显示，该公司申报的多只拆解船舶的吨位被异常变更改大，而吨位是计算补贴的重要依据。至此，发放至该公司的补助资金疑点重重，该公司是否利用是自己人的便利进行了虚假申报？其申报信息的真实性令人怀疑。

三、内查外调破疑点

为了搞清补助资金的真实情况，审计组首先核查了C城港航管理处对该项资金的发放资料，然后对船主账户进行了协查。结果发现，竟有账户尾款转至C城港航管理处人员的账户内。审计组初步认定，存在补助资金实际由C城港航管理处人员掌握的可能。为了进一步理清情况，审计组对定点的拆解船厂进行了走访。他们了解到，拆解的所有手续均由C城港航管理处提供，船厂只是负责盖章认可。甚至用于证明旧船进行了拆解的现场照片也是受C城港航管理处委托进行拍摄的。审计组拷贝了C城港航管理处业务经办人员保存的拆解现场照片，并经仔细辨认，发现多个不同船号的拆解现场完全相同，而有的船舶现场照片与船籍登记照片中的外形结构明显不同。据此，审计组认定该公司存在申报造假、拆解现场造假的行为。至此，C城港航管理处人员虚假申报骗取旧船拆解补助资金案浮出水面。

这起案件让广大领导干部清楚地认识到，在履行经济职责中什么能干，什么不能干。同时，它也向广大领导干部敲响了警钟，提醒他们要时刻绷紧财经纪律这根弦，保证用好纳税人的钱。

资料来源：湖北省襄阳市审计局官网，2018-12-21.

第一节　经济责任审计概述

一、经济责任审计的产生与发展

政府审计是建立在公共受托经济责任关系基础上的一种经济监督制度。我国特定的社会经济体制为经济责任审计的产生和发展提供了土壤。经济责任审计作为我国特有的一种审计监督制度，萌芽于20世纪80年代，其发展可以分为三个阶段：初步发展时期、全面发展时期和深化发展时期。

（一）初步发展时期

20世纪80年代后期至90年代前期是经济责任审计的产生和初步发展阶段。厂长（经理）离任审计是经济责任审计的最初形式。1985年，部分省市审计机关开始探索国营企业厂长（经理）的承包兑现公证审计和离任审计。国营企业厂长（经理）在调离工作岗位时，由审计部门审查其任职期间企业的财务会计账目、报表，鉴定其经济效益的真实性、合法性，检查厂长（经理）责任制的落实情况及其实际效果。我国经济责任审计的雏形由此产生。此后，一些县市审计机关开始尝试对党政领导干部进行经济责任审计。1997年9月，胡锦涛同志对经济责任审计作出重要批示，从1998年开始全国逐步推行经济责任审计。

（二）全面发展时期

经济责任审计的全面发展时期主要是在1999年至2005年。1999年5月，中共中央办公厅、国务院办公厅印发《县级以下党政领导干部任期经济责任审计暂行规定》和《国有企业及国有控股企业领导人员任期经济责任审计暂行规定》，标志着我国经济责任审计制度的初步确立。2000年6月，全国启动县级以上党政领导干部经济责任审计试点工作。2004年11月，中央纪委、中央组织部、监察部、人事部和审计署联合发文，将党政领导干部经济责任审计范围扩大到地厅级。

（三）深化发展时期

2006年至今是经济责任审计的深化发展阶段。2006年2月，经济责任审计正式写入《审计法》。2010年10月，中共中央办公厅、国务院办公厅印发《党政主要领导干部和国有企业领导人员经济责任审计规定》，标志着经济责任审计逐步走向法治化轨道。2014年7月，由中央纪委机关、中组部、中央编办、监察部、审计署、人力资源和社会保障部、国资委等7个中央经济责任审计工作联席会议成员单位联合印发了《党政主要领导干部和国有企业领导人员经济责任审计规定实施细则》，在审计对象、审计内容、审计评价、责任界定、审计结果运用以及组织领导和审计实施等方面，首次进行了明确、细化和完善。党的十八届四中全会的决定明确提出，要对领导干部履行经济责任情况实行审计全覆盖。依法治国、依法行政深入推进，加强干部监督和反腐倡廉工作面临新形势，审计部门承担越来越重的经济责任审计任务。这就要求审计机关改进原有的审计内容、审计方式，在审计覆盖面、审计重点、审计深度和审计结果运用上，积极探索实现有深度、有重点、有步骤、有成效的经济责任审计全覆盖。

《党政主要领导干部和国有企事业单位主要领导人员经济责任审计规定》

2016年5月，审计署印发的《“十三五”国家审计工作发展规划》（简称《规划》）明确提出，审计工作的基本原则之一是坚持问题导向。《规划》强调要严肃查处损害国家和人民利益、重大违纪违法、重大履职不到位、重大损失浪费、重大环境污染和资源毁损、重大风险隐患等问题，对以权谋私、假公济私、权钱交易、骗取财政资金、失职渎职、贪污受贿、内幕交易等违法犯罪问题，做到“零容忍”。另外，《规划》也明确提出，以促进领导干部守法、守纪、守规、尽责为目标，坚持“全面推进、突出重点、健全制度、规范管理、提高质量、深化发展”的工作思路，深化领导干部经济责任审计，完善经济责任审计结果运用机制，不断提高经济责任审计的质量和水平。为适应新形势新要求，完善经济责任审计制度，党中央对2010年10月两办印发的《党政主要领导干部和国有企业领导人员经济责任审计规定》进行了修订，并于2019年7月印发了《党政主要领导干部和国有企事业单位主要领导人员经济责任审计规定》。该项规定深入贯彻了习近平新时代中国特色社会主义思想和党的十九大精神，坚持党对审计工作的集中统一领导，聚焦领导干部经济责任，既强化对权力运行的制约和监督，又贯彻“三个区分开来”要求，对于加强领导干部管理监督，促进领导干部履职尽责、担当作为，确保党中央令行禁止具有重要意义。

二、经济责任审计的概念

经济责任审计是我国特有的一种审计模式，它是对党政机关领导干部，国有或国有控股企业、事业单位主要负责人个人经济责任履行情况进行检查和鉴证，以评价其个人业绩为主要内容的一种审计制度。研究经济责任审计，首先要准确理解和把握经济责任的内涵。

（一）经济责任的内涵

经济责任是指领导干部在任职期间，对其管辖范围内贯彻执行党和国家经济方针政策、决策部署，推动经济和社会事业发展，管理公共资金、国有资产、国有资源，防控重大经济风险等有关经济活动应当履行的职责。

经济责任是被审计领导干部任职期间因其特定职务应当履行的职责和义务，

是与其经济权力相对应的。领导干部经济权力主要包括经济决策权、经济管理权、经济政策法规执行权和监督权。因此，领导干部经济责任应主要包括科学发展责任、经济决策责任（科学决策责任）、经济管理责任（监督管理责任）、依法行政责任（执行责任）、廉洁从政责任（执行责任，也是个人经济行为责任）。其中，决策、管理、执行责任都服务于发展责任，即地区、部门、单位的经济社会和事业发展责任。

（二）经济责任审计的内涵

要全面、深入地理解经济责任审计的概念，必须明确经济责任审计的主体、客体（对象）、依据。

经济责任审计的主体，即审计人，是指各级人民政府审计机关、部门或单位内部审计机构以及纪检监察机关的审计部门。目前，经济责任审计主要由政府审计机关来负责。

经济责任审计的对象具有双重性，既是对人的审计又是对事的审计。也就是说，经济责任审计对象是指党政领导干部及其任职期间本地区、本部门、本单位的财政收支、财务收支以及有关经济活动。根据《党政主要领导干部和国有企事业单位主要领导人员经济责任审计规定》，领导干部经济责任审计对象主要包括：(1) 地方各级党委、政府、纪检监察机关、法院、检察院的正职领导干部或者主持工作一年以上的副职领导干部；(2) 中央和地方各级党政工作部门、事业单位和人民团体等单位的正职领导干部或者主持工作一年以上的副职领导干部；(3) 国有和国有资本占控股地位或者主导地位的企业（含金融机构，以下统称国有企业）的法定代表人或者不担任法定代表人但实际行使相应职权的主要领导人员；(4) 上级领导干部兼任下级单位正职领导职务且不实际履行经济责任时，实际分管日常工作的副职领导干部；(5) 党中央和县级以上地方党委要求进行经济责任审计的其他主要领导干部。

目前，我国开展经济责任审计的主要依据是：《审计法》《党政主要领导干部和国有企事业单位主要领导人员经济责任审计规定》和各省市制定的一系列规章制度。《审计法》第五十八条规定，领导干部经济责任审计和自然资源资产离任审计，依照本法和国家有关规定执行。《党政主要领导干部和国有企事业单位主要领导人员经济责任审计规定》第一章第五条明确规定，领导干部履行经济责任的情况，应当依规依法接受审计监督。经济责任审计可以在领导干部任职期间进行，也可以在领导干部离任后进行，以任职期间审计为主。

三、经济责任审计的特点

经济责任审计与财政、财务收支审计和专项审计调查相比，除了共有批判性、建设性、服务性、宏观性等特征外，也有自身的特点。

（一）审计评价和责任追究针对领导干部本人

党政领导干部或企业领导人员经济责任审计，顾名思义，主要是针对领导干部本人。审计目的是准确评价领导干部的业绩和廉洁自律情况，合理界定其所承担的经济责任，最终形成书面审计报告和个人鉴定材料，为相关部门考核任免干部提供合理、科学、可靠的参考依据。

（二）审计监督与干部监督管理相结合

经济责任审计既是审计机关的法定职能，又是干部监督管理的重要环节和组成部分。经济责任审计的结果是干部监督管理部门选拔、任用、奖惩干部的重要参考依据，在干部监督管理工作中发挥着重要作用；而其他审计工作作为审计机关的法定职能，通常与干部监督管理工作没有直接的关联，这是经济责任审计有别于其他审计工作的重要特征之一。

（三）经济责任审计需要各方的支持和配合

经济责任审计由审计机关与纪检、组织、监察等部门共同组织实施。首先要由干部监督管理部门提出审计建议，经同级行政首长批准后，再由审计机关开展审计。审计机关接受干部监督管理部门的委托后负责具体实施。在具体审计过程中，干部监督管理部门有义务协助和支持审计机关完成审计工作，审计机关应将经济责任审计结果报告抄报有关部门，作为监督管理被审计领导干部的参考依据。可见，经济责任审计不单是审计机关的工作，而是审计机关与纪检、组织、监察等部门共同参与的工作。

（四）审计内容的综合性强

经济责任审计是财务收支审计对“事”的监督与直接对领导干部“人”的监督的有机结合。经济责任审计不仅要审计财政财务收支、国有资产的保值增值、债权债务的增减变动情况，还包括对被审计人的重大经济决策、经济管理状况及其个人的遵纪守法、廉洁自律行为进行审计监督，审计时间跨度一般较长。

四、经济责任审计的组织形式

（一）领导机制

各级党委和政府应当加强对经济责任审计工作的领导，建立经济责任审计工作联席会议（简称联席会议）制度。联席会议由纪检、组织、审计、监察、人力资源社会保障和国有资产监督管理等部门组成，召集人由审计委员会办公室主任担任。联席会议在同级审计委员会的领导下开展工作。

联席会议下设办公室，该办公室与同级审计机关内设的经济责任审计机构合署办公，负责联席会议的日常工作。联席会议办公室主任由同级审计机关的副职领导或者同职级领导担任。

联席会议的主要职责是研究制定有关经济责任审计的政策和制度，监督检查、交流通报经济责任审计工作开展情况，协调解决工作中出现的问题。

（二）组织实施

领导干部的经济责任审计按照干部管理权限确定。遇有干部管理权限与财政财务隶属关系等不一致时，由对领导干部具有干部管理权限的部门与同级审计机关共同确定实施审计的审计机关。

【实例 10-1】山东省启动 22 名省管党政领导干部经济责任审计

2022 年，山东省审计厅启动了对 22 名市县党委和政府主要领导干部的经济责任审计，这些领导干部来自 4 个设区市和 14 个县（市、区）。

此次审计紧紧围绕黄河重大国家战略，重点关注新旧动能转换、乡村振兴、开发区改革发展、重点区域生态治理等重大政策落实、重大项目推进、重大经济事项效果等情况，旨在揭示有令不行、有禁不止等问题，促进政令畅通、令行禁止；重点关注财政管理情况，审查政府“过紧日子”、存量资金统筹盘活、保障重点支出、预算绩效管理以及行政事业性国有资产管理等情况，揭示资金滞留闲置、挤占、挪用等问题，以促进提高财政资金使用绩效；重点关注经济风险防范情况，聚焦地方政府债务风险防范化解、地方金融领域风险防控等，以促进守好发展安全关；重点关注保障和改善民生方面，聚焦教育、城镇老旧小区改造、困难群体救助等民生政策的执行及实施效果，揭示漠视侵害群众利益的问题，以促进民生福祉的提升；重点关注生态文明建设，统筹实施领导干部自然资源资产审计、沿黄生态保护审计，着重反映生态文明建设项目、资金管理使用和效益方面存在的问题，以促进走深走实生态优先、绿色发展道路。

为提升审计项目质效，审计机关坚持统一组织领导、统一审计时限、统一处理口径、统一法规审理等“八统一”原则，并采取了省厅主导、市县联合、异地交叉、同步实施的组织方式。同时，审计机关还强化了项目的统筹融合，嵌入开展地方债务管理、高标准农田建设管护、惠民惠农补贴“一本通”等 5 个专项审计项目，一体推进揭示问题、规范管理、促进改革，客观审慎作出审计评价和结论，用好容错免责机制，以激励担当作为、干事创业。

为提升监督成效，对于沿黄的 4 市 13 县（市、区），审计机关将与省委黄河流域生态保护和高质量发展专项巡视组同步联动开展监督。巡审双方将着眼于推进巡视权威性和审计专业性的深度融合，紧密协作配合，相互借势借力，实现贯通协同、资源共享、信息互通、优势互补、效应叠加。

资料来源：山东省审计厅官网，2022-06-23.

第二节 经济责任审计的主要内容与评价指标体系

一、经济责任审计的主要内容

经济责任审计的内容是指在经济责任审计过程中直接查证的具体对象。《党政主要领导干部和国有企事业单位主要领导人员经济责任审计规定》第十六条指出，经济责任审计应当以领导干部任职期间公共资金、国有资产、国有资源的管理、分配和使用为基础，以领导干部权力运行和责任落实情况为重点，充分考虑领导干部管理监督需要、履职特点和审计资源等因素，依规依法确定审计内容。不同类型的领导干部，其经济责任审计内容的侧重点各有不同。

（一）地方各级党委和政府主要领导干部经济责任审计的主要内容

在职能分工方面，党委主要负责管理党务以及对政府管理的行政事务实行监督；政府主要是在党委领导下管理地方行政经济事务。虽然党委、政府主要领导干部的经济责任各有侧重，但经济责任审计的内容有很多相同之处，都主要侧重于经济决策、宏观经济管理活动、财政收支活动的审计。审计的主要内容包括：

（1）贯彻执行党和国家经济方针政策、决策部署情况；

（2）本地区经济社会发展规划和政策措施的制定、执行和效果情况；

（3）重大经济事项的决策、执行和效果情况；

（4）财政财务管理和经济风险防范情况，民生保障和改善情况，生态文明建设项目、资金等的管理使用和效益情况，以及在预算管理中执行机构编制管理规定情况；

（5）在经济活动中落实有关党风廉政建设责任和遵守廉洁从政规定情况；

（6）以往审计发现问题的整改情况；

（7）其他需要审计的内容。

（二）党政工作部门、审判机关、检察机关、事业单位和人民团体等单位主要领导干部经济责任审计的主要内容

对于部门领导干部的任期经济责任审计，应当在单位财政、财务收支审计的基础上，以重大经济行为、重大经济事项和重大资金流向为主线，突出领导干部任期内对部门、单位财政、财务收支的真实性、合法性、效益性及有关经济活动应承担的责任。审计的主要内容包括：

（1）贯彻执行党和国家经济方针政策、决策部署情况；

（2）本部门本单位重要发展规划和政策措施的制定、执行和效果情况；

（3）重大经济事项的决策、执行和效果情况；

（4）财政财务管理和经济风险防范情况，生态文明建设项目、资金等的管理使用和效益情况，以及在预算管理中执行机构编制管理规定情况；

（5）在经济活动中落实有关党风廉政建设责任和遵守廉洁从政规定情况；

（6）以往审计发现问题的整改情况；

（7）其他需要审计的内容。

（三）国有企业领导人员经济责任审计的主要内容

对于国有企业及国有控股企业领导人员的任期经济责任审计，要以资本运行轨迹为主线，关注国有资产是否保值、增值，揭示决策失误带来的风险和企业资产状况方面存在的重大隐患，反映企业管理上存在的主要问题和漏洞。审计的主要内容包括：

（1）贯彻执行党和国家经济方针政策、决策部署情况；

（2）企业发展战略规划的制定、执行和效果情况；

（3）重大经济事项的决策、执行和效果情况；

（4）企业法人治理结构的建立、健全和运行情况，内部控制制度的制定和执行情况；

（5）企业财务的真实合法效益情况，风险管控情况，境外资产管理情况，生态环境保护情况；

（6）在经济活动中落实有关党风廉政建设责任和遵守廉洁从业规定情况；

（7）以往审计发现问题的整改情况；

（8）其他需要审计的内容。

二、经济责任审计的评价指标体系

《党政主要领导干部和国有企事业单位主要领导人员经济责任审计规定》第三十八条指出，审计委员会办公室、审计机关应当根据不同领导职务的职责要求，在审计查证或者认定事实的基础上，综合运用多种方法，坚持定性评价与定量评价相结合，依照有关党内法规、法律法规、政策规定、责任制考核目标等，在审计范围内，对被审计领导干部履行经济责任情况，包括公共资金、国有资产、国有资源的管理、分配和使用中个人遵守廉洁从政（从业）规定等情况，作出客观公正、实事求是的评价。

审计评价是经济责任审计的核心组成部分，应当围绕审计内容展开，坚持"审计什么就评价什么"的原则，确保审计评价与审计内容相统一。因此，审计机关应根据不同领导职务的职责要求来设计评价指标体系。

（一）地方各级党委和政府主要领导干部经济责任审计的评价指标

1. 贯彻执行党和国家经济方针政策、决策部署情况，促进本地区经济社会科学发展

（1）评价区域经济、社会发展总体情况。评价区域经济发展总体情况的主要指标：国内生产总值及其增长情况，财政收支总体变化情况，资源的利用与消耗情况，环境保护情况。评价区域社会发展情况的主要指标：区域内城乡居民收入及其增长情况；就业情况；社会保障体系的完善情况；公共服务的提供情况。

（2）评价产业政策措施的执行情况。重点是考察被审计领导干部任职期间地方重点发展的行业和产业是否符合国家宏观调控政策。主要指标：一、二、三产业的产值所占比重及其对经济增长的贡献率；高新技术产业产值所占比重。

（3）评价环保政策措施的执行情况。主要指标：环境保护政策措施的制定是否符合国家有关规定和要求；关停、淘汰落后产能等目标任务的完成情况；综合规划和开发区、工业园区等专项规划是否存在未按规定开展环评的问题，重大建设项目环评是否存在越权审批、违规审批的情况。同时，还需关注被审计领导干部任职期间发生的重大污染事件及其后续处理情况。

（4）评价民生政策措施的执行情况。重点关注农业、教育、科技支出是否达到法定增长要求，此外还需审查责任制的落实情况。主要指标：政府对义务教育的投入情况；政府在保障和改善民生方面的投入情况。

2. 重大经济决策情况

(1) 评价任期内重要经济决策的总体状况。主要指标：重大决策的数量和涉及的金额。

(2) 评价决策管理情况。主要指标：是否建立了决策的管理制度；决策管理制度的执行情况等。

(3) 评价重要决策项目情况。主要指标：重要决策的合法性；重要经济决策的决策过程是否符合科学论证、民主决策的要求；重要经济决策的执行和效果。

3. 财政收支情况

评价被审计领导干部任职期间所在地区的财政预算管理、财政收支等总体情况，重点评价本级财政收支的真实性、管理的规范性和使用的效益性。

(1) 评价本级预算编报及执行情况。主要指标：预算编报完整率；决算编报完整率；预算公开程度；决算公开程度；机动财力审批公开程度；财政年初代编预算资金占年初本级预算总额的比重；预算执行终了时未细化的年初代编预算比重。

(2) 评价财政收支情况。主要指标：财政收入总额；财政收入结构；财政支出总额；财政支出结构；财政虚收比率；违规乱收费、乱摊派、乱集资、乱罚款总额；违规支出比率；一般预算支出挂账比率。

(3) 评价财政转移支付资金管理使用情况。主要指标：财政转移支付资金总额；一般性转移支付金额；专项转移支付金额；挤占、截留、挪用上级财政转移支付资金总额。

(4) 评价其他财政管理情况。主要指标：出借财政资金总额；长期未收回出借财政资金总额；财政周转金总额；财政存量资金银行开户数量；违规设立财政、税收过渡户数量。

4. 政府债务情况

评价政府性债务管理监督制度的建立健全情况，政府性债务的举借、管理和使用情况，政府性债务的偿债能力、债务风险控制情况。

主要指标：政府性债务管理制度的建立及健全情况；政府性债务管理制度出台的数量；政府性债务总额和结构；漏报、少报的政府性债务金额；政府性债务管理使用违纪违规率；任职期间债务增长率、偿债率。

5. 国有资产资源管理情况

评价被审计领导干部任职期间对国有资产资源的决策、管理情况，具体包括：国有资产资源管理制度建设情况，重大国有资源资产处置情况，国有企业改制重组、产权转让等情况及土地管理情况。

主要指标：国有资产（资源）管理制度的建立健全情况；国有资产（资源）管理制度的数量；国有资产（资源）管理使用违纪违规问题总金额；国有资产（资源）开发经营使用权转让违纪违规率；国有企业改制重组违纪违规问题金额；耕地保护目标责任完成率；新增建设用地超年度计划比率；土地违规审批率；基本农田减少率；土地出让金财政专户管理比率；土地出让金违规减免率；土地出让金欠缴率以及土地出让金违规使用率。

6. 政府投资项目管理情况

评价投资项目的立项决策、管理制度和建设效益情况。主要指标：政府投资项目管理制度的建立健全情况；政府投资项目管理制度的数量；违反国家宏观调控和产业政策项目的比率；违反基本建设程序项目的比率；建设资金违规率；违反招投标规定资金的比率；建设项目预期目标实现情况。

7. 遵守廉洁从政规定情况

关注被审计领导干部履行经济责任过程中是否存在利用职权和职务上的影响谋取不正当利益、违规私自从事营利性活动等不符合廉洁从政规定的问题。

（二）党政工作部门、审判机关、检察机关、事业单位和人民团体等单位主要领导干部经济责任审计的评价指标（以政府部门为例）

1. 部门单位贯彻执行党和国家经济方针政策、决策部署情况

（1）评价部门方针政策落实情况。主要指标：政策措施落实率。

（2）评价部门任务完成情况。主要指标：事业任务完成率；专项任务完成率。

（3）评价部门事业发展总体状况。主要指标应选取能够体现部门事业发展情况的数量或者比率。

2. 重大经济事项的决策、执行和效果情况

（1）评价决策机制。主要指标：决策机制健全率。

（2）评价决策制度。主要指标：决策制度完备率。

（3）评价决策程序。主要指标：决策程序合规率。

（4）评价决策完成情况。主要指标：决策完成率。

（5）评价决策效果。主要指标：决策结果有效率。

3. 重要管理制度的建立和执行情况

（1）评价内部管理制度建立情况。主要指标：管理制度的数量、种类。

（2）评价内部管理制度的执行情况。主要指标应涉及在财务管理、资产管理等方面取得的管理效果。

4. 预算的执行及财务收支情况

（1）评价部门预算编报情况。主要指标：预算编报完整率；政府采购预算编报完整率。

（2）评价预算执行情况。主要指标：预算执行率；决算编报完整率。

（3）评价财政收支的真实性、合法性。主要指标：财务信息的真实率；违规违纪资金比率。

5. 国有资产管理情况

主要指标：资产反映完整率；资产违规处置率。

6. 领导干部廉洁从政和个人廉洁自律情况

主要指标：个人违规收入占比；领导班子成员及分管单位违反廉洁自律规定的人员占比。

（三）国有企业领导人员经济责任审计的评价指标

1. 企业贯彻执行国家经济政策情况

（1）评价政策落实情况。主要指标：政策措施落实率。

(2) 评价发展战略。主要指标：发展规划是否科学；发展规划的执行程度。

(3) 评价目标完成情况。主要指标：目标责任完成率。

2. 企业重大经济决策情况

企业领导人员在任职期间所作出的对企业当前乃至今后的发展有极其重要和深远影响的经济决策，包括企业对外投资、经济担保、出借资金、大额采购、重大收购、兼并、股权转让和合资联营等。

(1) 评价经济决策程序的合规性。主要指标：决策是否坚持集体讨论、科学论证、严格审查和民主决策等程序。

(2) 评价经济决策的有效性。主要指标：决策的成效指标，比如投资项目回报率；违规决策或决策失误的损失。

(3) 评价重大决策的完成情况和成效。主要指标：重大决策的数量和金额；企业大额资金运作、大额采购事项的合规性；重大决策的成效。

3. 财务收支情况

审计企业的资产、负债和所有者权益的真实性、合法性和效益性，包括国有资产的安全、完整和保值增值情况；企业对外投资和资产的处置情况；企业收益的分配情况等。在审计基础上，应围绕会计信息质量指标体系进行审计评审，具体指标包括资产、负债、所有者权益、收入、成本、费用、利润失真率等指标；领导人员任职期间与企业资产、负债、损益有关的各项经济指标的完成情况。具体审查和评价哪些指标，要与企业领导人员任期目标结合起来。不同类型单位有不同的具体情况，应有所侧重。

4. 企业内部控制制度情况

(1) 评价内部管理制度的建立情况。主要指标：管理制度的数量、种类。

(2) 评价内部管理制度的执行情况。主要指标应涉及在财务管理、资产管理等方面取得的管理效果。

5. 审计任期内领导干部个人廉洁自律的情况

对领导干部个人遵守国家财经法纪及廉洁自律情况的审计，应当与领导干部所在单位或所分管部门、单位的财政、财务收支情况结合起来，在法定的职权范围内进行。审计内容主要包括：任职期间的工资、奖金及补贴等收入情况；使用的汽车、通信工具等资产情况；有无借支大额公款长期拖欠不还的情况；有无以权谋私、侵占国家或企业资产、行贿受贿，以及欺上瞒下、弄虚作假、骗取经营成果或荣誉等其他违法违规行为。

三、责任界定

责任界定是审计机关针对被审计领导干部在履行经济责任过程中存在问题所应当承担的责任进行的，不存在问题则不需要进行责任界定。根据《党政主要领导干部和国有企事业单位主要领导人员经济责任审计规定》，对领导干部履行经济责任过程中存在的问题，审计委员会办公室、审计机关应当按照权责一致原则，根据领导干部职责分工，综合考虑相关问题的历史背景、决策过程、性质、后果和领导干部实际所起的作用等情况，界定其应当承担的直接责任或者领导责任。

1. 直接责任

所谓直接责任，是指领导干部对履行经济责任过程中的下列行为应当承担的责任：

(1) 直接违反有关党内法规、法律法规、政策规定的；

(2) 授意、指使、强令、纵容、包庇下属人员违反有关党内法规、法律法规、政策规定的；

(3) 贯彻党和国家经济方针政策、决策部署不坚决不全面不到位，造成公共资金、国有资产、国有资源损失浪费，生态环境破坏，公共利益损害等后果的；

(4) 未完成有关法律法规规章、政策措施、目标责任书等规定的领导干部作为第一责任人（负总责）事项，造成公共资金、国有资产、国有资源损失浪费，生态环境破坏，公共利益损害等后果的；

(5) 未经民主决策程序或者民主决策时在多数人不同意的情况下，直接决定、批准、组织实施重大经济事项，造成公共资金、国有资产、国有资源损失浪费，生态环境破坏，公共利益损害等后果的；

(6) 不履行或者不正确履行职责，对造成的后果起决定性作用的其他行为。

2. 领导责任

领导干部对履行经济责任过程中的下列行为应当承担领导责任：

(1) 民主决策时，在多数人同意的情况下，决定、批准、组织实施重大经济事项，由于决策不当或者决策失误造成公共资金、国有资产、国有资源损失浪费，生态环境破坏，公共利益损害等后果的；

(2) 违反部门、单位内部管理规定造成公共资金、国有资产、国有资源损失浪费，生态环境破坏，公共利益损害等后果的；

(3) 参与相关决策和工作时，没有发表明确的反对意见，相关决策和工作违反有关党内法规、法律法规、政策规定，或者造成公共资金、国有资产、国有资源损失浪费，生态环境破坏，公共利益损害等后果的；

(4) 疏于监管，未及时发现和处理所管辖范围内本级或者下一级地区（部门、单位）违反有关党内法规、法律法规、政策规定的问题，造成公共资金、国有资产、国有资源损失浪费，生态环境破坏，公共利益损害等后果的；

(5) 除直接责任外，不履行或者不正确履行职责，对造成的后果应当承担责任的其他行为。

【实例 10－2】聚焦科研领域经济责任，促进科研资金绩效提升

湖北省武汉市审计局在开展某科研单位经济责任审计时，紧盯政策落实、资金管理、资产安全，着力提升经济责任审计的监督实效。

一是紧盯科研政策贯彻落实。围绕市委市政府的决策部署安排，促进被审计单位强化责任管理、狠抓工作落实，推动重大政策措施落地生根、惠企利民。重点关注科技领域“放管服”改革落实情况，审查国家科技惠民、创新创业等政策措施是否执行到位，助力优化科技创新环境；重点关注支持科技型中小微企业发展的各项优惠政策落实情况，审查科技企业孵化培育机制是否健全、孵化绩效是否达到预期目标，助力提升服务实体经济的能力；重点关注事业单位分类改革任务推进情况，审查机构、职责、人员是否调整到位，助力完善科研机构职能体系。

二是紧盯科研资金使用绩效。以技术研究与开发资金为主线，以科研项目为重点，围绕资金的使用、管理、绩效开展跟踪审计，促进盘活预算资金、优化支出结构、提高资金效益，更好地为科技产业高质量发展服务。在资金使用环节，审核科研经费支出是否符合项目批复的预算范围和标准，经费开支是否符合国家科研经费管理办法的规定，是否存在挤占、挪用科研经费等情况；在资金管理环节，审核科研项目资金、配套资金、自筹资金是否及时足额到位，科研资金是否实行"专户管理、专账核算"；在资金绩效环节，审核是否建立科研项目资金的绩效管理制度，科研项目实施内容与设计是否相符，项目验收是否达到预期效益。

三是紧盯科研资产规范管理。重点关注科研资产的购置、调配、处置、租赁等行为，确保国有资产产权明晰、安全完整、保值增值。清房产、查收入，通过清理资产台账、查阅产权信息、核对实物面积，审查科技楼门面出租决策程序是否规范、合同条款是否合理、租金收入收缴是否实行"收支两条线"；清股权、查效益，全面梳理所属高新技术企业实际经营情况，查询分红派息、出质抵押、涉诉关系等状况，审查股权投资管理是否到位、投资是否造成重大损失等问题；关注科研资产管理制度的建立及执行情况，审查在科研仪器设备采购、科研项目经费使用、科技成果转化激励、专利申请资助奖励等方面，内部控制制度是否得到有效执行。

资料来源：湖北省武汉市审计局官网，2021-10-09.

第三节 经济责任审计程序

一、计划审计项目

《党政主要领导干部和国有企事业单位主要领导人员经济责任审计规定》第十二条规定，经济责任审计应当有计划地进行，根据干部管理监督需要和审计资源等实际情况，对审计对象实行分类管理，科学制定经济责任审计中长期规划和年度审计项目计划，推进领导干部履行经济责任情况审计全覆盖。这里的计划是指审计机关的年度审计计划，即经济责任审计计划应纳入审计机关的年度审计计划之中。年度经济责任审计项目计划按照下列程序制定：首先，审计委员会办公室商同级组织部门提出审计计划安排，组织部门提出领导干部年度审计建议名单；其次，审计委员会办公室征求同级纪检监察机关等有关单位意见后，纳入审计机关年度审计项目计划；最后，审计委员会办公室提交同级审计委员会审议决定。

【实例 10-3】重庆市 2021 年区县党政主要领导干部经济责任审计工作方案

为贯彻落实领导干部经济责任审计规定及中央审计委员会、市委审计委员会会议精神，加强对 2021 年实施区县党政主要领导干部经济责任审计工作的指导，重庆市审计局出台了《2021 年区县党政主要领导干部经济责任审计工作方案》(简称《方案》)。该《方案》从审计目标、审计对象和范围、审计内容和重点、工作组织安排、工作要求等方面进行了详细规划，旨在强化组织统筹，提升工作质效。

一是加大项目统筹，提升审计成效。2021 年，重庆市审计局共组织实施了对 5 个区县 9 名党政主要领导干部的经济责任审计。其中，在 1 个区继续探索"1＋*N*"的组织方式，同步开展对区纪委监委、区委组织部等 6 个部门（单位）的 6 名市管领导干部的经济责任审计；在 2 个区同步实施党政主要领导干部自然资源资产离任（任中）审计；在 3 个区县同步实施区县审计局局长的经济责任审计。按照"一审多项""一审多果""一果多用"的要求，审计局加强了项目统筹管理，优化了资源配置，提升了审计质效。

二是围绕两条主线，明确审计重点。《方案》要求开展区县党政主要领导干部经济责任审计时，要紧密围绕权力运行和责任落实。在权力运行方面，应围绕领导干部任期内履行经济责任时的重大政策制定、重要资源配置、重大项目决策、重大事项审批等方面开展审计；在责任落实方面，应围绕领导干部任期内贯彻落实上级重大决策部署、民生保障和改善、自然资源资产管理和生态环境保护、重大经济风险防范等方面的情况进行审计。同时，要立足 5 个区县的区域特点，充分考虑相关区县的功能定位和考核目标，结合当地经济社会发展基础、资源禀赋等实际情况，突出重点，体现不同区县党政领导干部经济责任审计的特点。

三是提高政治站位，确保审计质量。《方案》明确要求提高政治站位，坚持"党政同责、同责同审"的原则，做到应审尽审、凡审必严、严肃问责。要坚持"三个区分开来""精准发现和处理问题"的要求，历史地、全面地、系统地分析研判问题，客观公正地反映领导干部取得的成绩和存在的问题，依法依规界定相应责任。这样做旨在为组织人事、纪检监察等部门加强干部管理和监督提供参考，为市委了解掌握干部情况提供依据，更好地发挥国家审计"治已病、防未病"的作用。

资料来源：重庆市审计局官网。

二、审前准备阶段

（一）组成审计组

审计委员会办公室、审计机关应当根据年度经济责任审计计划，组成审计组并实施审计。审计机关应当按照项目管理和质量控制的要求配置审计资源，组成审计组，负责具体实施审计。审计组一般由审计组组长、主审和审计组成员三类审计人员组成，他们在具体的项目审计过程中有不同的分工。审计组组长、主审和审计组成员应当按照《国家审计准则》的要求履行职责，做好相应的工作。

（二）进行审前调查

审计组在实施项目审计前，应当听取党委、政府、被审计领导干部所在单位有关领导以及联席会议有关成员单位的意见。

同时，审计人员还要在进行现场审计前，或者是开始进行现场审计的前半段，专门到组织、纪检监察、国有资产监督管理机构（仅限于国有企业领导人员经济责任审计项目）调查了解相关部门掌握的情况和具体的审计需求等。在必要的情况下，审计人员还可以提请公安、监察、财政、税务、海关、价格、工商行政管理或者其他机关予以协助。

（三）下发审计通知书

审计机关应在实施审计三个工作日前，向被审计领导干部本人及其所在单位或者原任职单位送达审计通知书，同时抄送委托机关。审计通知书送达被审计单位时，应要求收件人在审计文书送达回证上签收。审计机关在送达审计通知书时，应当将审计双向承诺书一并送达被审计单位。即审计组要承诺审计和廉政责任事项，同时要求被审计人和审计涉及的部门、单位有关人员对提供的财政收支及经济指标完成的真实性、个人廉政自律情况、会计资料的真实性和完整性、是否有“账外账”等作出书面承诺并承担责任，并由被审计单位负责人签字承诺。

审计通知书是审计法律文书之一，具有法律效力，应当加以规范。经济责任审计通知书应当包括以下要素：一是被审计人的姓名及职务，所任职或原任职地区（部门、单位）名称；二是审计依据、范围、内容和时间等；三是审计组成员名单；四是被审计单位配合审计工作的要求等内容；五是其他必要的内容，如审计工作纪律要求等。经济责任审计通知书应将审计对象和所在单位即被审计人和被审计单位并列在标题上，而不宜只写对某某人经济责任审计。务必确保通知审计的客体和实施审计的客体一致，否则，可能会引起行政复议或行政诉讼。

当审计机关遇有特殊情况时，可以直接持审计通知书实施经济责任审计，但必须经过本级人民政府的批准。特殊情况一般包括：一是办理紧急事项的，如基于紧急、重大事项而对审计项目有特殊要求，或者相关部门如党委、政府有特殊要求且情况紧急的。二是被审计领导干部或者被审计单位涉嫌严重违法违规的，如相关部门掌握了被审计人或者相关人员涉嫌经济犯罪，需要协同相关部门立即实施经济责任审计的。三是其他特殊情况。从依法审计、保护当事人的合法权益的角度出发，审计机关应当慎重把握“特殊情况”的界限，避免将其泛化，借以侵蚀经济责任审计的一般程序，并严格履行审批程序。

（四）召开审计进点会，进行审前公示

审计机关实施经济责任审计时，应当召开有审计组主要成员、被审计领导干部及其所在单位有关人员参加的会议，以安排审计工作有关事项。考虑到经济责任审计是联席会议成员单位共同管理的工作，联席会议有关成员单位可以根据工作需要派人参加审计进点会。在审计实践中，一些地方的纪检、组织、国有资产监督管理等部门派人审计参加审计进点会，取得了较好的效果。在经济责任审计实践中，在审计组进点开始现场审计前召开进点会的效果最好。如果时间或者条件不允许，也可以在开始实施审计后的一段合理时间内召开进点会。

审计机关在实施经济责任审计时，应当进行审计公示。审计公示的内容包括审计项目、审计依据、审计主要内容、审计时间、联系电话、公示人、公示时间等。审计公示一般在审计组进入被审计单位开始现场审计时进行。召开完审计进点会后立即进行审计公示的效果最好，但如果召开进点会的时间较晚，应当在开始进点审计时就进行审计公示较为妥当。

（五）要求提供相关资料

审计组进点以前，应当提前告知被审计单位准备并限期提供以下资料：

（1）财政收支、财务收支相关资料，包括预算或者财务收支计划，预算执行情况，决算，财务会计报告，运用电子计算机存储、处理的财政收支、财务收支电子数据和必要的电子计算机文档，在金融机构开立账户的情况，社会审计机构出具的审计报告，以及其他与财政收支或者财务收支有关的资料等。

（2）工作计划、工作总结、会议记录、会议纪要、经济合同、考核检查结果、业务档案等资料。需要注意的是，审计机关要求审计对象提供其所任职单位或原任职单位的相关会议记录时，审计对象不能以保密为理由拒绝提供上述资料。同时，审计机关和审计人员应当遵守有关保密规定。

（3）被审计领导干部履行经济责任情况的述职报告。

（4）其他有关资料。

按照《审计法》及其实施条例和相关规定，被审计领导干部及其所任职单位或者原任职单位应当对上述所提供资料的真实性、完整性作出书面承诺。

（六）编制审计方案

在编制审计方案前，审计机关应当了解、掌握与经济责任审计有关的法律、法规和政策以及被审计单位、被审计人的基本情况，确定审计目标和审计重点，在此基础上制定审计方案。

审计方案的基本内容包括：审计依据，被审计人及其所在单位的名称和基本情况，审计的目标、范围、内容、方式、重点、具体实施步骤和预定时间，审计组组长、成员及其分工，编制人、编制日期及审计机关负责人的审批意见。

三、审计实施阶段

（一）进驻被审计单位并收集相关资料

审计组在完成审计准备工作后，应进驻审计现场，与有关部门和人员接洽，并通报有关工作程序及要求被审计人配合的事项。被审计人所在单位应当按审计机关的要求，及时、全面、如实地向审计组提供与经济责任审计相关的资料。这些资料包括被审计人的职责范围，被审计人任职期间与目标责任制有关的各项经济指标的完成情况，被审计人遵守国家财经法规和廉政规定的情况，被审计人认为在其任职期内经济方面存在的问题及建议，应当向审计组说明的其他情况。

（二）推行双向承诺制

党政领导干部经济责任审计实行审计组与被审计单位双向承诺制度，即审计组进驻被审计单位时，要承诺审计和廉政责任事项，同时要求被审计领导干部和审计涉及的部门、单位有关人员对提供的财政收支，经济指标完成的真实性，个人廉政自律情况，会计资料的真实性、完整性，是否有“账外账”等作出书面承诺并承担责任。

被审计单位和被审计领导干部及有关财务人员，应当对提供的会计资料的真实性、完整性，是否有“账外账”，重大关联方交易事项以及未决诉讼事项等承担责任。对于提供虚假材料的有关责任人，审计机关可以建议被审计领导干部管理机关或纪检监察机关给予必要的组织处理或党纪政纪处分。

（三）进行调查研究

审计组进入被审计单位后，应召开座谈会，讲明经济责任审计的依据、目的和要求，并围绕审计事项，要求被审计领导干部及其单位介绍相关情况，主要内容包括：基本情况（管理体制、机构设置、财务人员分工以及业务处理程序）；财务决算情况；资产、负债、损益及国有资产的管理情况；主要经济工作目标；内部控制和管理情况；被审计领导干部年薪报酬以及遵守国家有关法律、法规、规章制度和廉政建设等情况；存在的主要问题和原因。

审计组可根据实际情况和工作需要，组织有关部门、人员，通过个别座谈、问卷调查等方式，听取他们对本单位工作、经营、管理、效益等问题的看法，以及对被审计领导干部的评价意见，并了解、掌握被审计领导干部个人在财务收支和其他经济活动中存在的侵占国家资产、违反廉政规定和其他违法违纪等问题的线索。

（四）评审内部控制制度

各审计小组应按照审计方案的要求，调查和了解被审计单位的内部控制制度，并实施控制测试。在此基础上，审计小组应当运用审计人员的专业判断对控制测试作出是否可以信赖的评价，然后相应作出是否对原审计方案中的实质性测试程序和内容进行调整的意见。如果被审计单位规模较小，业务简单，审计小组则无须进行内部控制调查和测试，可直接进行实质性测试。在确定审计内容和重点时，审计小组应当根据控制测试的结果，运用检查、观察、查询、监盘、函证、计算和分析性复核等方法，对财政财务收支，与领导干部经济责任有关的各项经济指标、重大决策经济项目、执行国家经济政策及遵守廉政规定等情况的真实性、合法性、效益性进行实质性测试，进而获取审计证据和提出审计意见。

（五）审核检查有关资料并取得审计证据

审计人员应根据各自的分工和已掌握的情况，选用适宜的审计技术方法。通过对凭证、账簿、报表等资料以及记账、算账、报账等各个环节的审核，审计人员应逐项或逐笔审核检查相关经济活动和财政财务收支的真实性、合法性和效益性。

在审核检查被审计单位的会计资料及经济活动的过程中，审计组应及时编制审计工作底稿，并取得经被审计单位或其他提供证明资料者签证认定的证据材料。审计组可以采取复印、复制、录音、拍照和专业鉴定、勘验等方式取得审计证据。若遇特殊情况无法签证认定的，审计组应当作出书面说明。

（六）汇报交流信息

审计组成员在实施审计的过程中，应相互通报情况，交流信息，共同研究解决审计中遇到的各种问题。审计组还应向派出审计组的审计机关定期汇报工作进度和审计中遇到的重大问题，以便得到上级的指示并求得问题的解决。

（七）汇总审计情况

在审计现场工作结束前，审计组应对实施情况进行初步整理，检查审计方案所列审计事项是否按要求全部实施。同时，审计组应对已取得的审计证据进行汇总，并与被审计单位就一些必要事项初步交换意见，为编制审计报告做好准备。

四、审计终结阶段

审计终结阶段是指审计组向审计机关提交审计报告，审计机关依法出具审计报告，作出审计决定，并向本级人民政府提交审计结果报告的阶段。

（一）检查审计工作底稿

审计组组长应对审计人员所取得的审计证据和编制的审计工作底稿进行检查、验证。主要内容包括：审计人员取证程序、方法、手续的合法性；收集的证据所反映事实的真实性；收集的证据所反映的时间与审计事项所反映的时间的一致性；审计工作底稿所反映的内容与取证单是否一致。

（二）拟定审计报告初稿

审计组依据审计目标、审计证据和审计工作底稿等拟定经济责任审计报告初稿。经济责任审计报告一般由标题、主送单位、正文、审计组组长签名和报告日期等基本要素组成。其中，正文主要内容包括：被审计单位、被审计人基本情况；实施审计工作的基本情况；被审计人任期内各项经济指标完成情况；被审计人遵守国家财经法规和领导干部廉政规定的情况；对被审计的领导人员及其所在地区、单位的违反国家财经法规和个人违反廉政规定问题的处理、处罚意见和审计建议；对被审计人的初步评价以及领导人员对违反国家财经法规和领导干部廉政规定问题应负有的主管责任和直接责任。

（三）交换审计意见

审计组在实施审计后所形成的审计报告是审计组就审计实施情况和审计结果向派出审计组的审计机关提出的书面报告。为了保证审计评价意见的客观性和公正性，保证被审计人和被审计单位的陈述权和申辩权，审计组的审计报告要同时征求被审计人和被审计单位的意见。在书面征求意见时，审计组应当发出《审计报告征求意见书》和审计报告（要注明“征求意见稿”字样）。

被审计领导干部及其所在单位应当自接到审计组的审计报告之日起10日内提出书面意见；10日内未提出书面意见的，视同无异议。对此，审计组在征求意见的审计报告中应明确告知被征求意见的单位和个人。

（四）审计报告的复核

审计机关收到审计组的审计报告（征求意见并采纳相关反馈意见后形成的报告）之后，应当对其进行审议。按照审计署统一规定的程序，即依据《国家审计准则》等有关规定确定的报告编审程序，由审计机关内部的法规部门等对审计依据、责任界定和定性准确性等进行复核，并经过精简、提炼后，出具简明审计报告和审计结果报告。

（五）审计报告的抄送

审计机关应当将经济责任审计报告送达被审计领导干部及其所在单位或者原任职单位。同时，审计机关还应当将经济责任审计结果报告等结论性文书报送同级审计委员会和有管理权限的组织部门，并抄送联席会议有关成员单位。

（六）提交结果报告

审计机关审定审计报告后，对被审计人所在部门、单位违反财经法规的问题，应下达《审计意见书》，认为需要依法给予处理、处罚的问题，应下达《审计决定书》。对经济责任审计中发现的应当由其他部门处理的问题，依法移送有关部门处理。

五、审计整改阶段

（一）审计处理处罚

在经济责任审计中，对于被审计领导干部所在单位违反国家规定的财政收支、财务收支行为，审计机关有权依法给予处理、处罚，并在法定职权范围内作出审计决定。同时，审计机关在经济责任审计中发现的应当由其他部门处理的问题，应依法移送有关部门处理。审计机关在作出处理、处罚的审计决定后，该决定所产生的法律效力和后果，应按照《审计法》及其实施条例，以及相关法律、法规的规定确定。如被审计单位对审计决定不服，可以申请行政复议、提起行政诉讼或者提请政府裁决。

（二）督促整改

经济责任审计与其他审计的要求相同，审计机关应当促进审计意见和建议的落实，跟踪被审计单位的整改情况，督促被审计单位及时有效地落实有关处理处罚决定和审计建议，确保审计作用的发挥。

（三）申诉和申请复核

自收到审计报告之日起30日内，对审计机关出具的经济责任审计报告有关内容有异议的，可以提出申诉。也就是说，只有对审计机关出具的审计报告内容有异议时，才能提出申诉。对审计组征求意见的审计报告有异议的，应当向审计组反馈意见；对审计决定不服的，可以申请行政复议、提起行政诉讼或者提请政府裁决。审计机关应当根据申诉的内容，对审计报告进行复查，履行必要的复查程序，并在收到申诉之日起 30 日内作出复查决定。

申诉人对复查决定仍有异议的，可以自收到复查决定之日起 30 日内向上一级审计机关申请复核。上一级审计机关收到复核申请后，应当根据复核请求对作出复查决定的审计机关的复查行为和审计报告有关内容进行必要的复核，并在收到复核申请之日起 60 日内作出复核决定。上一级审计机关的复核决定和审计署的复查决定为审计机关的最终决定。

第四节　经济责任审计结果的报告与运用

一、经济责任审计结果的报告

审计机关需要按照要求向本级人民政府上报经济责任审计结果报告，同时将该报告抄送给组织部门、纪检监察部门和其他相关部门。经济责任审计结果报告主要有叙述式、表格式和条文式三种基本格式。在撰写经济责任审计结果报告时，应根据不同的审计对象、目的和内容，以及反映经济责任审计结果的需要来确定格式。

一般情况下，审计结果报告应由以下五部分组成：

（一）开头部分

开头部分包括题目、编号、主送机关。经济责任审计结果报告的题目要明确，使阅读人对于本次审计的目的和内容一目了然。主送机关（即报告的抬头）应为所报送的机关，应写明报送机关的全称。

（二）概述部分

概述部分应简要说明审计的依据、审计范围、审计的起止时间、被审计单位及离任领导干部的配合情况。

（三）基本情况部分

这部分主要包括被审计领导干部所在单位的性质、编制情况、内部机构设置、下属单位个数、核算管理体制以及审计重点。这部分内容的作用是将被审计单位的基本情况作简要概括，对审计重点进行明确交代，使经济责任审计结果报告的阅读人能总括性地把握审计对象的基本情况和审计重点。

（四）经济责任审计结果

这部分是审计结果报告的主体，包括审计方案中所列全部审计范围的内容的审计情况。在撰写时，需要分重点、分层次地将审计情况写清楚。离任领导干部任期时间较长的，还要作出分年度的表述。

（五）经济责任审计评价及建议

这部分的重点是概括评价离任领导干部任职期间的主要业绩。也就是说，通过对项目的分析和经济指标增减变化情况的分析，对该期间被审计单位财政财务收支的真实性、合法性、效益性情况，以及离任领导干部的主要业绩、管理水平、应负的经济责任，作出实事求是、客观公正的评价。同时，还要针对存在的问题提出切实可行的建设性意见或建议。

二、经济责任审计结果的运用

经济责任审计结果有重要的作用。它不仅是干部管理部门考核、选拔干部的重要依据之一，也是评价领导干部廉洁自律情况的依据之一，同时也是查办案件和纠正不正之风的依据之一，能够为经济决策提供客观的参考依据。因此，应重视审计结果的运用。

《党政主要领导干部和国有企事业单位主要领导人员经济责任审计规定》第四十四条规定，各级党委和政府应当建立健全经济责任审计情况通报、责任追究、整改落实、结果公告等结果运用制度，将经济责任审计结果以及整改情况作为考核、任免、奖惩被审计领导干部的重要参考。

（一）审计机关对审计结果的运用

审计机关在经济责任审计结果报告出具后，首先，应将审计结果报告报送同级党委、人民政府及组织人事部门，作为其考察和任用干部的重要依据；其次，审计机关需将审计结果报告，特别是有明显经济问题和犯罪嫌疑的审计结果报告报送纪检监察机关，作为其纠正和查处违纪违规问题的参考依据以及侦破案情的线索，这样有利于纪检监察机关及时采取有效措施；再次，按照有关规定，审计机关应在一定范围内通报审计结果，或者以适当方式向社会公告审计结果；最后，审计机关应按照《审计法》《审计法实施条例》及有关审计规范建立审计档案，为下次审计提供参考和基础性数字资料。

（二）被审计领导干部及其部门、单位对审计结果的运用

被审计领导干部及其所在部门、单位在收到审计结果报告后，首先应根据通报的审计结果和整改要求，及时制定整改方案，认真进行整改，及时将整改结果书面报告审计机关和有关干部管理监督部门。同时，对于审计处理、处罚决定，应当在法定期限内执行完毕，并将执行情况书面报告审计机关。

（三）组织人事部门对审计结果的运用

经济责任审计制度的确立与实行，使干部监督管理逐步形成了审计监督与组织监督、纪检监督三者有机结合的新机制，实现了部门职能互补，加大了干部监督力度。

组织人事部门作为具体的干部主管部门，将经济责任审计结果作为对党政领导干部和企业领导人员调任、免职、辞职、解聘、退休等提出审查处理意见的重要参考依据。同时，依据审计机关提供的经济责任审计结果报告建立领导干部任职实绩档案，将经济责任审计结果报告中反映的领导干部的政绩情况、财务收支情况、责任与评价的主要内容写进或存入干部考察材料。在使用经济责任审计结果时，应坚持具体问题具体分析，恰如其分地认定干部的实绩和经济责任，并结合其他考核情况，慎重地作出处理。认为有必要时，可将某些领导干部的处理结果反馈到审计机关。

案例分析：揭开异常发票及政府采购项目神秘的“面纱”

（四）纪检监察机关对审计结果的运用

纪检监察机关对审计结果的运用主要体现在以下两方面：一是依纪依法受理审计移送的案件线索；二是依纪依法查处审计中发现的违法违纪行为。

【实例 10-4】重庆奉节县审计局“四个结合”“三项程序”加强经济责任审计成果运用

近年来，重庆市奉节县审计局坚持将经济责任审计作为县委县政府发现问题、改进工作、有针对性地指导工作的重要途径，不断强化审计成果的运用，使审计结果做到“四个结合”，顺利进入“三项程序”。

首先，做到“四个结合”。

一是将经济责任审计与干部奖惩、任用相结合。审计局坚持将经济责任审计作为干部奖惩、任用的重要依据，坚持凭实绩论升迁、依贡献兑奖惩。在年度考核中，审计局将审计成果作为重要内容，以此排名次、定奖惩，让干部心服口服。

二是将经济责任审计与加强党风廉政建设相结合。该县将审计结果作为全县党风廉政建设的“晴雨表”。对于审计中发现的问题，特别是经济违法违纪问题，审计局及时组织纪检监察部门予以查处，并采取有力措施予以纠正。

三是将经济责任审计与推进依法行政相结合。该县坚持将经济责任审计作为推进依法行政、打造“阳光政府”的重要渠道。审计局及时抓住群众关注的热点、焦点问题进行重点审计，并将任期经济责任审计中反映出来的带有普遍性、倾向性的问题分类汇总，通报全县，以起到警示作用。

四是将经济责任审计与实施工作指导相结合。经济责任审计不仅要查处问题、评价政绩，还要通过分析提出建议、服务决策、服务经济发展。

其次，进入“三项程序”：一是进入党委政府用人程序。对主要领导干部的任免调整不见审计成果不做决定。二是进入党纪、政纪、法纪程序。对审计中发现的问题，该交哪个部门就交哪个部门处理。三是进入经济决策程序。县委、县政府及时听取有关情况的汇报，充分运用审计成果和建议，改善经济运行状况。

资料来源：重庆市审计局官网。

□ 习题

一、简答题

1. 简述经济责任审计的对象。
2. 简述经济责任审计的特点。
3. 简述地方各级党委和政府主要领导干部经济责任审计的主要内容。
4. 简述国有企业领导人员经济责任审计的主要内容。
5. 简述经济责任审计通知书中应当包括的要素。

二、论述题

1. 在经济责任审计中，如何界定直接责任和领导责任?
2. 论述行政事业单位领导干部经济责任评价指标体系的内容。

三、案例分析题

1. 某市审计局接受市委组织部的委托，对市属某国有企业原总理任期五年的经济责任履行情况进行审计。审计组紧扣“经济责任”这一主题，以“查清家底、揭露问题、明确责在、促进管理”为基本工作思路和工作目标，在审计实施过程中，对固定资产、长期投资、往来账款、所有者权益及其他主要财务指标进行了全面审计。经过审计，审计组在彻底摸清家底的同时，还查出了该公司存在国有资产流失、管理薄弱、“小金库”、偷税漏税等严重问题。审计组对责任人的评价如下：

(1) 决策能力。责任人上任之初急功近利，未对建筑市场进行深入的分析判断，在珠海某投资项目上误信他人，导致决策失误，使该公司遭受投资损失 3 600 万元。

(2) 管理能力。1) 该公司有 9 517 万元资金沉淀十余年未产生任何经济效益，且每年要支付 637 万元的贷款利息；对外股权投资 5 458 万元，成立了 13 家控股子公司，这些子公司由于依附于母公司的主业，截至 2018 年年底，累计亏损已达 3 920 万元。2) 对公司员工管理不力，大部分人长期不上岗，严重挫伤了上岗员工的工作积极性。公司将拥有的商品房和廉租住房交由员工管理，但所收取的房租收入只部分入账，其他收入则用于抵扣员工的奖金福利。

(3) 遵守财经法纪情况。应收劳动就业培训中心大楼工程款 900 万元未入公司账，而是以公司 33 名员工的名义账外投资于某旅游发展公司；将已结算付款的“应收工程款” 3 734 万元转入“小金库”，这些收入一部分用于支付管理层的奖金福利，另一部分用于支付公司职工的购房补贴，还有相当一部分支出是以白条支付，名义上是项目业务费、走访费等，但审计人员怀疑是行贿支出。

(4) 廉政情况。检察机关查实，被审计责任人在员工账外房租收入中分得好处 11 万元；通过国有资产个人入股投资分得红利 6.3 万元；从“小金库”中个人报支获利 37 万元。

要求：分析上述资料体现了国有企业领导人经济责任审计的哪些内容。

2. A 市审计局在对该市 M 局原局长张伟进行任期经济责任审计的过程中，发现了以下问题：

(1) 挪用资金。2014 年 3 月，张伟未经集体研究，擅自将 500 万元资金借给与本单位无任何经营往来的公司，至审计日尚未收回（经审计调查，张伟的亲属任该公司法人）。

(2) 财务报销不真实。M 局在 2016 年 5 月 9 日报销办公用品费用 1 600 元，未附明细。据了解，这笔费用为单位员工的午餐费用，以办公用品费用列支。

(3) 固定资产未及时入账。M 局在 2016 年 10 月 16 日支付了购买桌椅的款项 2 000 元，但未将这笔费用记入固定资产账户。2016 年年末固定资产账户余额为 2 174 621.2 元，且无明细账。

(4) 私设“小金库”。2014 年 1 月至 2016 年 12 月，M 局下属的 B 单位收取了 30 万元房租收入，并账外存放。这笔资金先后用于支付招待费，发放奖金、福利，截至 2016 年 12 月末结余 5 万元。B 单位由另外一名副局长分管。

(5) 投资项目被骗资金。M 局在珠海市投资了某项目，但由于对该项目缺少前期分析判断，造成投资损失 3 600 万元。经查看会议纪要，发现该项目投资已经集体决策程序表决通过。

(6) 违规使用下属单位车辆。经查 M 局固定资产明细账，其下属信用担保有限公司在 2015 年 7 月购买了一辆价值 438 031.36 元的汽车。据审计人员了解，这辆汽车实际上在由张伟使用。

(7) 违规在下属单位报销个人手机费。张伟在任职期间每月已在局机关领取 200 元通信费，但同时又在下属单位报销 9 916.96 元的手机费。

要求：(1) 简要阐述领导人员履行经济责任过程中存在问题应承担的责任。

(2) 对于上述发现的问题，张伟应负什么责任？

即测即评

第十一章

资源环境审计

知识框架

- 资源环境审计
  - 资源环境审计概述
    - 资源环境审计的含义
    - 资源环境审计的目标
    - 资源环境审计的主体
    - 资源环境审计的对象
    - 资源环境审计的特征及现状
    - 资源环境审计的准则
  - 资源环境审计的内容
    - 资源环境政策落实情况审计
    - 自然资源资产的开发利用情况审计
    - 领导干部自然资源资产离任审计
    - 气候变化审计
    - 履行自然资源资产管理和生态环境保护监督责任情况审计
  - 资源环境审计报告与结果运用
    - 资源环境审计报告概述
    - 资源环境审计报告内容
    - 资源环境审计结果运用

本章导读

本章主要介绍资源环境审计①，在全书体系中属于次重点章节。通过本章的学习，学生要了解资源环境审计的目标、特征，熟悉我国资源环境审计的现状，掌握我国资源环境审计的主要内容。

引　例

资源环境审计——国土资源的“守护者”

2018年，为了响应国家绿色环保号召，积极履行审计监督职责，襄阳市审计局将推动区域内的污染防治、生态修复作为重要审计内容。为此，审计局在全市审计系统内抽调近40名精兵强将组成9个审计组，对全市9个县（市、区）进行了汉江流域襄阳段的水环境保护审计。

2018年8月，在进行高新区项目审计时，一处黑臭水体的污染问题引起了审计组的关注。该处水面上布满了绿色漂浮植物，河道边有不少垃圾，不时散发出刺鼻的臭味，极大地影响了周边居民的正常生活。为了查找污染源，审计组联合水利、环保等部门组成踏勘小队，顶着烈日酷暑，先后四五次沿着污染源的上下游步行数公里，开展实地踏勘，并利用地理信息技术、大数据关联分析、自动监测等技术手段，挖出了问题的根源。同年，审计组推动高新区管委会根据审计建议编制并出台了《襄阳高新区城市黑臭水体整治方案》，投资2.46亿元统筹安排包括截污纳管、内源治理、面源控制等在内的7大类重点工程项目建设，并开展了74个黑臭水体整治项目。

2019年，为了解决自然资源资产离任审计中的技术短板问题，襄阳市审计局加强了与自然资源和规划、建设、林业、水利、文化和旅游、财政等部门的联动合作，结合当年被审计的4个单位的资源禀赋，充分运用各部门的基础数据和技术力量，快速筛查出审计年限内被审计单位自然资源发生变化的疑点图斑。2019年7月，由审计组、市自然资源和规划局的专家以及被审计单位相关人员组成的踏勘小队，对这些疑点图斑进行了实地勘察取证。当勘察到保康五道峡自然保护区景区时，踏勘小队发现河道边建有1家小吃店，且该店没有污水处理设施。五道峡风景区是国家AAAA级旅游景区，也是湖北省政府批准的国家级自然保护区，区内拥有许多珍稀濒危野生植物资源及其原生地以及国家重点保护野生动物。

针对这一情况，襄阳市审计局及时向市政府报送了反映相关问题的审计专报，该专报得到了市政府主要领导的具体批示。市政府责成各地各单位迅速进行整改，进一步强化生态保护红线意识，严格执法行为，坚决遏制、杜绝此类违规违法行为。2020年1月，襄阳市生态环境局保康分局在进行现场调查后，下达环境监察意见书，责令

① 本书第七章第四节“行政事业单位的其他审计”侧重于从资源环境相关资金审计的角度介绍资源环境审计的内容，而本章则侧重于从不同类型的自然资源角度介绍资源环境审计的相关理论与实践。

景区关闭小吃店。目前，景区已永久关闭该店的餐饮制作间，并对废水排放通道进行了封堵。游客产生的垃圾、废物，由保洁人员清理打包，运出景区外送到后坪垃圾站处理。同时，五道峡管理局也研究制定了《五道峡自然保护区管理办法》等5项制度，把五道峡自然保护区整体纳入生态保护范围。

三年间，襄阳审计系统共完成资源环境审计项目51个，提出审计建议169条，推动政府和相关部门制定整改措施145项，推动建立健全制度46项，充分发挥了审计监督的两个作用，切实践行了守护国土资源的使命。

然而，目前耕地“非粮化”未得到显著改善、国土整治项目质量不高、土壤污染治理效果差等问题依然存在。资源环境审计监督工作中仍然存在一些突出问题。

请思考：

1. 针对有些问题屡查屡犯，部门协作机制不畅的情况，如何改进审计整改？

2. 如何提高资源环境审计工作质量？

3. 针对审计意见披露的核心问题少，审计建议空洞、可执行性差等问题，如何提高资源环境审计的效率？

第一节 资源环境审计概述

一、资源环境审计的含义

资源环境审计是指政府审计机关为落实科学发展观，促进可持续发展战略的实施，对政府和企事业单位在资源开发、环境保护方面的管理及经济活动的真实性、合法性和效益性所进行的监督、评价或鉴证工作。其核心目标是政府审计机关要围绕可持续发展这一战略，促使政府和相关单位在资源环境管理方面以及经济活动对资源利用和环境影响方面对可持续发展作出承诺，并对承诺负责。

资源环境审计分为资源审计和环境审计。资源审计主要包括资源开发、利用和保护及相关资金的征管情况等内容，如土地资源审计、矿产资源审计、能源节约利用审计、水资源保护审计、森林资源保护审计等。环境审计主要包括污染防治、监督、保护和改善环境及相关资金的征管情况等内容，如水污染防治审计、大气污染防治审计、固体废弃物污染防治审计、重金属污染防治审计、污染物减排审计等。加强资源环境审计，有利于审查与之相关的重大事项审批及政策的落实情况、自然资源资产的管理开发利用情况、环境保护和环境改善及生态修复情况、法律法规遵守和责任履行情况、资金征管用和项目建设运行情况等。

2009年审计署发布的《关于加强资源环境审计工作的意见》明确指出，从2010年起，省级和计划单列市审计机关每年应至少开展一项资源审计和一项环境审计，经济相对比较发达地区的市、县级审计机关每年至少开展一项资源或环境审计；逐步将审计范围从土地资源和水环境审计扩展到海洋资源、森林资源、矿产资源、大气污染防治、生态环境建设、土壤污染防治、固体废物和生物多样性等领域。2011 年出台的《审计署“十二五”审计工作发展规划》提出，资源环境审计应以促进贯彻落实节约资源和保护环境的基本国策为目标，检查国家资源环境政策法规贯彻落实、资金分配管理使用和资源环保工程项目的建设运营情况，维护资源环境安全，发挥审计在资源管理与环境保护中的积极作用，推动生态文明建设。2016 年出台的《“十三五”国家审计工作发展规划》指出，资源环境审计应以促进全面节约和高效利用资源、加快改善生态环境为目标，依法对土地、矿产、水资源、森林、草原、海洋等国有自然资源，以及环境综合治理和生态保护修复等情况进行审计，加大对资源富集和毁损严重地区的审计力度，对重点国有资源、重大污染防治和生态系统保护项目实行审计全覆盖，推动加快生态文明建设。

《中华人民共和国国民经济和社会发展第十四个五年规划和 2035 年远景目标纲要》（简称《国家“十四五”规划纲要》）明确要求生态文明建设要实现新进步，并把主要污染物排放总量持续减少、生态环境持续改善、生态安全屏障更加牢固、城乡人居环境明显改善等纳入“十四五”时期经济社会发展主要目标，把生态环境根本好转、美丽中国建设目标基本实现作为 2035 年远景目标之一，同时明确提出深入打好污染防治攻坚战、继续开展污染防治行动等任务。2021 年审计署发布的《“十四五”国家审计工作发展规划》明确提出，资源环境审计应以加快推动绿色低碳发展，改善生态环境质量，提高资源利用效率，助力美丽中国建设为目标，全面深化领导干部自然资源资产离任审计，加强对生态文明建设领域资金、项目和相关政策落实情况的审计。审计重点包括领导干部自然资源资产离任审计、资源环境专项资金审计和生态文明建设政策落实情况审计三个方面。

二、资源环境审计的目标

（一）总体目标

资源环境审计应以加快推动绿色低碳发展，改善生态环境质量，提高资源利用效率，助力美丽中国建设为总体目标。

（二）具体目标

在领导干部自然资源资产离任审计方面，围绕中央关于加强领导干部自然资源资产离任审计的决策部署，重点关注自然资源资产管理、国土空间规划、碳达峰碳中和、污染防治攻坚战等重大任务落实情况，加快建立健全审计评价标准和指标体系，促进领导干部落实生态文明建设责任制。

在资源环境专项资金审计方面，围绕节能减排、污染防治、生态保护修复、资源开发利用等财政专项资金投入、分配、管理和使用情况，重点关注生态环境保护修复重大工程、环境基础设施、资源循环利用等重点项目的实施效果，保障资金安全，促进政策目标实现。

在生态文明建设政策落实情况审计方面，围绕《国家“十四五”规划纲要》中提到的生态文明建设目标任务，重点关注碳达峰碳中和行动推进、绿色发展政策体系构建、“绿色生态”约束性指标完成、生态保护补偿机制建设、生态安全和环境风险防控等情况，促进经济社会发展全面绿色转型。

三、资源环境审计的主体

表11-1列示了美国、加拿大、澳大利亚、日本、德国、荷兰的资源环境审计主体情况，并根据这些内容总结出这些国家共有的特点。例如，日本资源环境审计主体包括政府部门、社会中介机构以及企业本身，但实施资源环境审计较多的却是以日本公认会计士协会为主导的相关协会、职业团体和研究机构。它们积极开展资源环境审计和第三者认证的调查研究，也就是说，日本资源环境审计的主导力量是社会中介机构。这主要是因为日本的资源环境保护法律、法规体系较为完善，社会公众的环保意识也比较强。这些外部因素促进了日本资源环境会计信息的披露和资源环境报告的普及，从而引发了社会中介机构对资源环境报告和资源环境会计信息准确性和真实性的审计。

表11-1　国外资源环境审计主体概述

国家	审计体制类型	资源环境审计主体	主体共有的特点
美国	议会制	审计署/政府责任署（GAO）、环境保护总局（EPA）	（1）国家审计机构具有高度独立性 （2）权力分配明确、奖惩严厉执行 （3）国家资源环境保护相关法律、法规配套完善 （4）社会公众的环保意识较强
加拿大	议会制	国家审计公署、环境审计师协会（CEAA）	
澳大利亚	议会制	国家审计署、社会审计	
日本	独立型	日本会计检查院、社会中介机构、企业	
德国	独立型	德国联邦审计院、经济审计协会	
荷兰	独立型	荷兰审计院、环境监察局、社会中介机构	

我国资源环境审计主体是政府审计机关，即政府审计机关是资源环境审计的主导力量，社会环境审计机构和内部环境审计机构作为补充。环保部门配合国家审计机关的工作，为资源环境审计提供技术和法律支持。

四、资源环境审计的对象

审计对象是审计机关依法监督的客体，包括被审计单位和审计的主要内容。资源环境审计的对象主要包括各级政府中承担自然资源管理和生态环境保护责任的自然资源（含林草）、生态环境、水利、住房城乡建设、海洋、农业农村等行政主管部门和财政、发展改革等部门，以及使用资源环境相关财政资金，从事资源勘查、开发、利用、保护或会对生态环境产生直接影响的企事业单位。资源环境审计的主要内容包括领导干部自然资源资产离任审计，以及对生态文明建设领域资金、项目和相关政策落实情况的审计。

五、资源环境审计的特征及现状

（一）资源环境审计的特征

1. 审计范围十分广泛

纵向来看，资源环境审计范围涵盖自然、经济、社会三个层面，即在审计过程中要综合考量社会不断增长的物质需求、经济满足社会持续发展需求的能力，以及自然对社会和经济发展的承载能力。横向来看，资源环境审计范围包括资源环境法规政策措施的执行及其效果；资源环境专项资金征收、使用的真实、合法和效益；资源环境管理及相关机构设置的健全性、职能设定的科学合理性、监管实施的有效性；潜在资源环境风险的评估等。

2. 审计对象涉及面广

审计对象包括：制定资源环保政策和措施的政府及有关部门；具体承担治理和监督职能的各级资源环保部门；负责资源环保专项资金安排的发展改革、财政以及其他涉及资源环保的部门。

3. 审计事项涵盖宽泛

审计事项包括：环保等行政管理部门的环境治理监督行为；国有资源的规划、开发、利用行为；国家环境保护的规划、实施、治理行为；工业企业及其他企事业单位的生产经营活动；改建扩建、技术改造、房地产开发、旧城区改造等基本建设项目的施工建造行为；交通运输部门、能源供给部门等公用事业单位的服务供给行为；人类作为群体在社会经济生活中的其他可能对资源环境造成破坏的具体行为和活动等。

（二）资源环境审计的现状

1. 审计类型以财务收支审计为主

我国目前资源环境审计的具体实践仍以财务收支审计和合规性审计为主。审计人员的知识背景多以财务会计为主导，且较多地选择分析性复核、座谈、调查等传统的审计方法。

2. 审计内容以环保资金使用为主

我国目前资源环境审计仍以环保资金审计为主，对环保资金的管理和使用、环保项目计划和目标执行情况、专项资金使用的合法性和真实性等方面进行审计，以确保环保资金的合法合理使用，减少损失浪费。

3. 审计实施方式以强制审计为主

面对我国经济社会发展的不平衡和生态环境的日趋恶化，国家需要对自然环境实施宏观管理。但由于地方保护主义的存在和人们对环境问题认识的滞后，环保不力的情况时有发生。因此，完全依赖自主审计并不现实。真正确保环境管理的良性运转只能实施强制审计，即通过强制性审计活动监督有关部门、企业是否遵循相关的环保法律规定。

4. 审计项目确定线索以现实存在的重大环境问题为主

政府审计机构充分关注在环境方面发生的重大事故和已暴露的突出问题，如严重污染、自然资源浪费和决策失误等，以此为线索确定审计项目。

5. 环境政策和制度执行以合规性审计为主

由于我国经济和社会发展的不平衡、地方保护主义的存在和人们对环境问题认识的滞后，环境政策在执行中遭到抵制、执行不力的情况时有发生，因此，资源环境审计仍以政策合规性审计为主。

6. 资源环境审计的主要方法

资源环境审计的主要方法包括传统的检查、监盘、观看、查询、函证、计算、重新执行和分析程序，以及目标考核对比法、实地走访查看法、数据分析比对法、地理信息技术审计法、舆情排查分析法等。

六、资源环境审计的准则

（一）注册环境审计师实务准则

国际注册环境审计师委员会于 1999 年 12 月发布的《注册环境审计师实务准则》是其会员与临时会员的行为和执业规范，包括道德准则，环境、健康和完全实务准则以及会员与临时会员的行为和职业规范。

（二）ISO14000 关于环境审计的系列准则

国际标准化组织（ISO）为发挥标准化工作在各国环境管理中的作用，于 1992 年设立了环境战略咨询组（SAGE），并于 1993 年 10 月成立了 ISO/TC 207 环境管理技术委员会，正式开展环境管理体系和措施等方面的标准化工作。ISO 14000 环境管理标准系列是由 ISO/TC 207 技术小组组织制定的环境管理体系准则，其中包含关于环境审计的三项准则：第一项 14010 环境审计总则，它规定了环境审计的一般原则；第二项 14011 环境审计程序准则，它明确了环境审计程序、环境管理系统的审核标准；第三项 14012 环境审计人员资格准则，它设定了对环境审计人员的资格要求。该准则是目前环境审计规范中最全面和操作性最强的准则，也是世界范围内应用最广泛的标准。它的任务是对环境管理工具和体系领域进行标准化，但它不会为具体操作或产品设置任何技术水平和行为方面的标准，其活动是基于“改进管理是提高组织及其产品的环境表现的最佳途径”这一认识而进行的。ISO/TC 207 环境管理技术委员会致力于制定适用于大多数国家的国际标准。其宗旨是通过 ISO 14000 系列准则在世界各国的广泛接受和使用，为改善组织及其产品的环境表现提供有效的管理工具。

（三）最高审计机关国际组织发布的环境审计准则

最高审计机关国际组织（INTOSAI）是联合国经济和社会理事会领导下的、由联合国成员国的最高审计机关（指在一国依法行使最高审计权的国家审计机关）组成的非政府间的国际审计组织。环境审计委员会是其下属的常设机构，负责进行环境审计研究和协调工作。该委员会从 1995 年开始着手起草《从环境视角进行审计活动的指南》（简称《指南》），经过 5 年多的努力，于 2001 年年初向各成员国印发了该《指南》。《指南》主要由三部分组成，包括 INTOSAI 审计准则在环境审计中的运用、环境审计实务与方法以及建立环境审计技术标准的框架。它的制定旨在为各国最高审计机关开展环境审计提供指导，促进各国最高审计机关更好地履行环境审计义务。同时，该《指南》也是我国制定政府环境审计准则的重要参考。

第二节 资源环境审计的内容

一、资源环境政策落实情况审计

资源环境政策落实情况审计的主要内容包括生态文明领域重大决策部署、资源开发利用和生态环境保护重大事项的审批以及规划（计划）的落实情况。

在政策落实审计中，要围绕各级财政安排的生态环保、资源能源节约集约利用等资金，重点关注资金的分配、管理和使用情况，以及生态保护修复、环境治理、产业绿色发展等项目的实施情况，以提高资金使用绩效，促进自然资源的依法有效保护和合理开发利用，推动生态环境持续改善。

检查自然资源资产产权制度和用途管制制度、资源有偿使用制度和生态补偿制度、生态环境保护管理体制、生态环境损害责任终身追究制等国家环境资源政策的贯彻落实情况。同时，要严肃查处自然资源资产管理使用领域的重大违法违纪问题和重大案件线索，及时反映政策执行中出现的新情况新问题，提出对策建议，促进政策措施的落实和完善。

二、自然资源资产的开发利用情况审计

应围绕土地、矿产、水、森林等自然资源的开发利用和生态保护修复情况，关注山水林田湖草系统治理以及自然保护地、生态保护红线监管等制度的落实情况，推动建立健全河湖休养生息的长效机制，推动构建以国家公园为主体的自然保护地体系，推动落实最严格的水资源管理制度，推动完善生物多样性保护网络，以促进生态系统良性循环，建设更加牢固的生态安全屏障。

（一）森林资源资产审计内容

主要评价森林资源资产确权登记、资产核算、林业生态保护建设、林业环境整治等方面的工作，检查森林资源资产的真实性、完整性、合法性、效益性，并评价森林资源的开发、保护情况。

1. 森林资源资产状况

第一，检查森林资源资产确权登记情况。检查森林资源是否已落实产权登记，包括确权面积、确权率和林权证发放情况，有无森林资源资产确权不规范造成森林资源资产流失等突出问题。此外，还需关注森林资源资产占有单位就所提供的资产权属证明文件、财务会计资料及生产经营管理资料的真实性、合法性和完整性作出的承诺情况。

第二，检查森林资源资产的总量、结构和变动情况。检查森林资源资产形成的真实性、完整性，各具体类别森林资源资产的确认是否准确，森林资源资产减

值准备、折旧的计提是否合规，有无多计、少计森林资源资产，并对多计、少计问题进行原因分析。此外，还需检查期初和期末两个时点的森林资源资产的总量和质量，通过林地保有量、林业有害生物成灾率、无公害防治率、种苗产地检疫率、森林保险率等指标深入分析森林资源资产总量、结构和质量变化的原因。

第三，检查森林资源资产的核算状况。关注自然资源资产负债表中森林资源资产的核算范围是否真实、准确、完整，估价方法是否恰当，是否存在森林资源资产核算与国民经济核算、环境经济核算指标口径不一致的问题。

2. 森林资源资产相关重大决策情况

把握地方政府森林资源资产相关决策事项的总体情况，检查“三重一大”① 等相关事项的制定和执行情况。结合决策事项的资金量和性质，重点检查决策事项是否合规，程序是否违规，是否实现预期目标，有无造成重大损失浪费、森林资源资产流失等，并分析原因，界定责任。对上述决策的效果，要结合当前和长远情况进行全面客观评价。

第一，重大投资和生态工程建设项目。检查与森林资源资产开发、利用和保护相关重大投资和生态工程建设项目决策的内容是否合法合规，是否履行了规定的决策和审批程序，有无简化决策程序、领导个人说了算的情况，以及有无经过有效决策和审批程序的项目存在执行不到位等问题；投资项目是否符合生态文明建设总体要求，是否有利于促进森林资源的再生性和稳定性提升、森林覆盖率提高，有无造成重大损失浪费和生态环境损害；项目实施内容是否与项目实施方案内容相符；项目是否按进度、质量和数量完成等项目建设绩效情况。

第二，重大资本运作事项。检查以森林资源资产出资进行中外合资或者合作，进行股份经营或者联营，从事租赁经营、抵押贷款、担保或偿还债务等重大资本运作事项是否履行了规定的决策和审批程序，有关资产和权益是否按规定经过森林资源资产评估机构评估和林业主管部门批准确认；股票、债券等金融工具的发行、管理和筹集资金的投向是否真实合规，是否按规定用途使用，有无因经济担保造成森林资源资产流失的问题。

第三，重大森林资源资产处置事项。检查重大森林资源资产处置事项是否履行了规定的决策和审批程序，是否按规定经过森林资源资产评估机构评估，是否存在违反国家规定低价处置森林资源资产造成损失的问题。此外，还需检查森林资源资产损失核销是否真实，程序是否合规，有无通过虚假核销森林资源资产损失造成重大违法违规问题。

3. 贯彻落实林业政策、制度和措施情况

第一，检查地方政府林地保护利用规划和林业发展规划编制与执行情况。检查自然资源开发利用相关总体规划、年度计划的目标任务分解及完成情况，是否存在违规调整规划、过度耗费自然资源等影响自然资源资产开发、使用和保护的问题。重点关注植树造林规划、生产生活用材消耗减少计划、森林采伐限额等的

① “三重一大”是指重大事项决策、重要干部任免、重大项目投资决策和大额资金使用。

制定、执行和公开情况。

第二，为加大森林生态系统保护力度，加快生态文明建设，近年来党中央、国务院出台了涉及森林资源有偿使用、生态补偿、用途管制等的一系列政策。审计应结合各地实际及森林行业特点，一方面对贯彻落实生态文明建设有关政策情况进行监督，检查是否存在违反规定超标准采伐与限额发放林木采伐许可证、超越职权发放林木采伐许可证和木材运输证等情况；另一方面对林业应对气候变化政策等的实施情况进行审计调查。

第三，检查林业生态工程项目管理情况。审计应关注项目管理制度是否健全，以及领导责任制、项目法人制、招标投标制、政府采购制、工程监理制、合同管理制等的落实情况。

第四，检查影响可持续发展的情况。结合森林行业特点和各地实际，对森林培育、林木采伐等行业的可持续发展情况进行检查，了解其发展中面临的重大风险。重点关注森林实行分类经营管理、森林生态环境保护、木材运输管理等方面，分析影响可持续发展的具体情况。

4. 森林资源专项资金管理使用情况

检查森林资源专项资金预算制度，支出预算安排是否真实、合法，有无在预算安排环节挪作他用；森林植被恢复费等专项资金是否按规定用途使用，项目资金使用是否真实、合规，是否按照项目管理规定实施，有无套取项目资金、挤占、挪用、滞留、冒领等问题；是否按时兑付森林生态效益补偿资金、退耕还林补助资金等。分析森林资源项目专项资金结存、结余情况及成因，提出进一步提高资金使用效益的建议。

（二）矿产资源资产审计内容

检查地方政府矿产资源开发利用与保护的基本情况，了解矿产资源管理所采取的措施及其取得的成效和经验，揭露和查处矿产资源开发、矿业权出让转让和矿产资源专项资金收支中的重大违法违规问题，以维护矿产资源收益的安全完整。基于检查结果，提出完善政策法规制度、加强矿产资源管理的建议，推进矿产资源有偿使用制度改革，促进矿产资源的合理开发与永续利用。

1. 相关部门和单位贯彻落实促进矿产资源有序开发、合理利用政策措施情况

了解地方政府在落实促进矿产资源有序开发、合理利用等方面制定的具体政策、制度，以及这些政策、制度的贯彻落实情况，评估取得的主要成效，并识别存在的问题。检查地方政府矿产资源规划的编制与执行情况，重点关注是否已编制矿产资源专项规划和区域规划，这些规划是否与国家矿产资源总体规划相符，有无违规调整规划等问题；检查各级政府矿业权设置的科学性，关注其是否符合集约节约利用资源的要求，是否进行了前置性审查，是否严格按照矿产资源规划、年度计划和相关审批制度执行；检查矿业权设置审批方式和程序的合规性，关注是否严格按照规定的管理权限和范围审批，有无越权审批，有无违规将矿产化整为零、分割出让、圈占资源以及乱采滥挖等问题。同时，关注煤炭生产全过程中国家安全生产法律法规的落实情况以及历次治理整顿采取的整改措施及其效果，

评价取得的成效，并揭示存在的问题。

2. 矿产资源资产状况

第一，检查矿产资源资产确权登记情况。关注矿产资源是否已落实产权登记，有无矿产资源资产确权不规范造成资产流失等突出问题；关注矿产资源资产占有单位就所提供的资产权属证明文件、财务会计资料及生产经营管理资料的真实性、合法性和完整性作出的承诺情况。

第二，检查矿产资源资产的总量、结构和变动情况。主要检查森林资源资产形成的真实性、完整性，自然资源资产负债表中矿产资源资产的核算范围是否真实、完整，各具体类别矿产资源资产的确认是否准确；通过对比自然资源资产负债表中矿产资源资产数据与辖区内国土部门上报的基本数据，检查有无弄虚作假，是否存在矿产资源资产核算与国民经济核算、环境经济核算指标口径不一致的问题。

3. 矿产权出让、使用情况

第一，检查新设矿业权的出让情况。关注矿业权出让是否符合矿产资源规划的有关要求，是否存在将应以公开招标、拍卖、挂牌方式出让的矿业权违规采取行政审批方式出让或进行"暗箱"操作的问题。

第二，检查"招拍挂"出让过程中有无弄虚作假、营私舞弊等问题。关注有无未经评估即出让、出让价偏低、伪造程序出让、以权谋私等问题。

第三，检查因历史原因形成的无偿取得矿业权的清理情况。重点关注是否执行了清理、评估、备案等程序，矿业权价款的补缴或折股方式是否合法合规，有无矿产资源收益流失等问题。

第四，检查执行国家矿产资源开发整合和矿产资源总量控制政策的情况。重点关注有无无证开采、一证多井等问题。

第五，检查矿业权转让情况。关注矿业权人是否完成了规定的最低投入，是否对矿业权进行了评估，是否经过了有关部门批准，有无以承包等方式擅自转让矿业权等问题。

第六，检查矿业权人的投资主体情况。关注有无地方政府和部门领导以及主管部门干部职工入股或变相入股、吃干股开矿等问题。

第七，以煤矿企业为主，重点检查其在煤炭生产全过程中是否落实了国家安全生产法律法规，有无发生或隐瞒重大安全事故等问题。

4. 矿产资源专项资金的征收管理使用情况

第一，检查矿产资源专项资金的收缴与管理情况。摸清矿产资源资金的种类、规模及征管方式，关注地方政府矿产资源有偿使用制度政策的执行情况，检查有无违规向未缴清价款的单位发放矿业权证等问题；征收部门是否按规定及时足额征收，有无隐瞒、更改基数和擅自减免缓交矿产资源专项资金等问题；各项资金是否按规定及时足额解缴国库、纳入预算管理，有无隐瞒转移收入、截留坐支等问题。

第二，检查矿产资源专项资金的支出情况。检查是否按照矿产资源专项资金预算制度规定安排支出，支出预算安排是否真实、合法，有无在预算安排环节挪作他用；资金是否按规定用途使用，其中用于矿山地质环境恢复治理资金的种类和规模是否符合规定，了解用于矿山安全生产的资金种类和规模以及所达到的效果。重点关注用于管理性支出的比例，有无挤占挪用（如兴建楼堂馆所、平衡财政预算等）和贪污、私分等问题。

第三，检查资源税的征收规模和标准，确认是否及时足额征收入库，有无漏交、拖欠、减免等问题。了解其占矿产资源收入的比重，关注矿产资源税负总体是否偏低，并分析资源综合利用中的税负问题。在此过程中，应听取基层矿山企业的意见和建议。

5. 矿山地质生态环境恢复治理情况

第一，检查矿山地质环境的破坏和治理情况。一是调查矿业权区域内矿业开发引起的矿山地质环境问题，了解其破坏的种类、程度、损失及产生的影响，并充分了解所在地区地方政府及有关部门、单位和人民群众的反映和看法。二是审查矿山地质环境的保护和监管情况。重点关注是否建立并落实了新建（改扩建）矿山地质环境评价制度和矿山地质环境恢复治理保证金制度，同时关注历史遗留矿山地质环境问题的恢复治理情况，检查是否存在疏于监管、治理过程缓慢或存在重大安全隐患等问题。

第二，检查矿山地质环境资金使用和项目实施情况。一是摸清矿山地质环境恢复治理和矿区土地复垦重点工程的种类、规模、措施和实施效果情况。二是检查项目申报资料是否真实，是否按照项目管理规定实施，项目资金使用是否真实、合规，项目是否有明确的规划、计划，以及完成效果是否达到设计目标。三是调查项目资金使用的效益，检查有无使用效益低下、损失浪费严重等问题，有无虚列项目支出、虚报冒领、挤占挪用等问题。四是调查已完工的治理项目，确认是否完成预期的目标和任务。对于未达到预期效果的项目，要进行调查研究，查清产生问题的原因，并提出整改建议。

（三）国土资源资产审计内容

1. 国土资源资产状况

第一，检查国土资源资产确权登记情况。关注国土资源是否已落实产权登记，土地调查、地籍测量、土地登记等工作是否及时、准确进行，有无土地权属纠纷，地籍资料是否能够公开查询，有无国土资源资产确权不规范造成资产流失等突出问题。同时，关注国土资源资产占有单位就所提供的资产权属证明文件、财务会计资料及生产经营管理资料的真实性、合法性和完整性作出的承诺情况。

第二，检查国土资源资产的总量、结构和变动情况。审查地区土地总面积，以及耕地、荒地、沙地等各类土地的数量及结构分布情况，摸清土地质量状况、耕地保有量和基本农田面积、新增建设用地总量、征地和农用地转用总量、土地供应总量和质量以及以“招拍挂”和协议方式出让土地的具体数量、土地供应结构；通过对比期初和期末两个时点的与国土资源资产的总量、结构变化和质量等有关的指标，深入分析国土资源资产的总量、结构和质量变化的原因。

第三，检查国土资源资产的核算状况。关注自然资源资产负债表中国土资源资产的核算范围是否真实、准确、完整，土地评估机构是否具有相应资质，是否依据国家规定的技术标准进行土地评估，所选择的估价方法是否恰当，是否存在国土资源资产核算与国民经济核算、环境经济核算指标口径不一致的问题。

2. 国土资源资产有关政策的贯彻落实情况

主要检查近年来土地征用、征收、转用等土地利用方面有关政策的贯彻执行情况，确保国土资源有关的宏观经济政策和重大决策得到不折不扣的贯彻落实。审计应关注土地利用规划情况、开发区规划情况、土地审批情况等，具体包括：政府及有关部门是否严格依照土地利用总体规划、年度计划和有关审核审批制度批准征地及农用地转用，有无违规调整土地利用总体规划、年度计划以扩大建设用地范围以及化整为零越权批地；是否按照国家产业政策供地，有无违反产业政策、超出控制标准供地，有无违规设立开发区；建设用地规模是否已经达到或者超过规划数；城市规划与土地规划中的建设用地规模是否一致；基本农田台账是否按规定建立健全等。

3. 土地供应相关的决策制定、执行和效果情况

主要检查供地是否符合有关供地政策和节约用地要求，评价供地方式和程序是否合法、合规，土地审核审批机制是否健全、是否得到有效执行。重点关注以下方面：有无超计划划拨土地；有无先行立项、先行选址定点和先行确定地价以及假招标、假拍卖、假挂牌或陪标、串标等弄虚作假问题；是否存在领导干部违反规定干预和插手工业用地和经营性土地使用权出让等问题；是否存在“以租代征”农用地、通过化整为零等方式违规占用土地甚至农用地、违规向改制企业无偿出借土地、在未通过挂牌出让取得国有建设用地使用权的情况下开工建设、未经批准擅自改变土地用途、土地尚未取得土地使用权证便进行开发、少支付或拖欠借用地和征地补偿款、土地闲置等问题；有无违反产业政策、超出用地控制标准、低于最低价标准和向国家明令禁止的项目供地；有无优先安排中低价位、中小套型普通商品住房和廉租住房用地等民生用地；有无将应以“招拍挂”方式出让的工业用地和经营性用地违规采取协议出让或划拨方式供应；有无采取与投标人、竞买人恶意串通，故意设置不合理的条件限制或者排斥潜在的投标人、竞买人等方式，操纵中标人、竞得人的确定或者出让结果；有无批而未供。

4. 土地使用相关政策、制度和措施的监督管理情况

审阅土地出让相关资料，对照土地出让合同、标准地价，检查是否存在非法、低价或者无偿出让国有建设用地使用权的情况；是否在国有建设用地使用权出让合同签订后，擅自批准调整土地用途、容积率等土地使用条件；有无建设别墅、低密度住宅、高尔夫球场、休闲庄园、度假村、文化旅游违法占用土地的行为；有无国有单位低价出租土地或以土地出资入股、联营、合建造成国有资产流失；有无用公益性、非营利性项目用地作为经营性用地进行抵押融资；有无批而未用、未批先用、少批多用、“以租代征”等非法占地行为，以及少支付或拖欠借用地和征地补偿款、土地闲置等问题。在耕地保护方面，应关注基本农田有无处于闲置、

荒芜状态；有无城乡建设用地增减挂钩未能及时整理复垦的耕地；有无严重土壤质量问题，如土壤酸化、盐碱化、土壤有效土层厚度下降、富营养化严重等耕地质量问题。

此外，还应当关注土地抵押融资问题，检查有无用未依法收回存量国有土地进行使用权的土地进行抵押融资，有无用未完成征地、拆迁手续的土地进行抵押融资，国有单位土地抵押融资中是否存在违规向民营企业和个人支付中介费、服务费等问题。

5. 土地出让金收支管理及绩效情况

第一，在土地出让金征收方面，重点检查有关部门是否及时、足额征收土地出让金，有无违规减免、缓征、先征后返、补贴等变相减免土地出让金的情况，是否存在以项目抵顶土地出让金的问题；是否对改变规划条件的土地按市场价补征土地出让收入，有无违规向未缴清土地出让价款的用地单位发放土地证书的问题，征收管理是否按照国家规定的标准和程序进行。

第二，在土地出让金管理使用方面，重点检查土地出让金是否直接缴入财政专户，并按规定将土地出让金全额缴入国库，纳入预算管理；土地出让金支出是否符合规定用途；有无违规设立过渡户存放土地出让金和定金；有无挤占、挪用、贪污、私分土地出让金等严重违法违规问题；是否建立了相关管理制度，是否存在管理漏洞。

第三，在土地储备贷款方面，重点检查土地收储中心、政府性融资公司等单位通过质押土地收益权、抵押土地使用权等方式大量贷款用于城市建设的情况；有无超计划、超规模举借土地储备贷款，有无套取、挪用土地储备资金等，关注贷款规模和管理、使用情况以及可能存在的风险。

第四，在土地出让支出方面，主要检查是否按照土地出让支出预算安排支出，支出是否真实、合规。重点关注是否存在支出无预算、出借、挤占挪用、用土地出让金平衡预算等问题，评价资金使用效益；是否存在侵占、截留、挪用被征收土地单位的征地补偿费用和其他有关费用的情况；土地整理复垦开发各类专项资金是否专款专用，是否达到整理、整治目标；有无超范围使用、不足额安排廉租住房保障资金，有无挪用出让收入进行其他项目的建设，有无贪污、私分等问题。

（四）水资源资产审计内容

主要包括了解水资源资产的来源、数量和质量；关注水资源使用权的有偿出让情况；分析水资源的保护情况，根据断面水质监测结果，结合调查了解的相关情况，分析水质变化的主要原因，查明影响当地水质的污染企业和项目，并考核评价断面达标情况。重点对资金筹集、分配、使用情况进行审计，审查是否存在资金筹集规模不足、虚报配套资金规模以套取中央专项资金的行为，有无可行性研究不充分、决策不当、管理不力等造成损失浪费等问题。

1. 水资源资产有关的政策措施落实情况

第一，检查水资源相关规划的编制情况。检查编制过程是否遵循了合理开发、优化配置、节约使用、有效保护的原则，是否进行了水资源综合科学考察和调查评价，是否符合主体功能区的要求，是否符合流域和区域的综合规划；流域和区域的综合规划以及与水资源利用关系密切的专业规划是否与国民经济和社会发展以及水资源利用总体规划、城市总体规划和环境保护规划相协调，编制或需要修改的规划是否按规定程序进行审批，经批准后能否得到严格执行。

第二，检查水资源论证制度执行情况。检查直接从江河、湖泊或地下取水并需申请取水许可证的建设项目，是否按规定进行水资源论证，并经有关水行政主管部门或流域管理机构按照管理权限进行审批；对超出水资源论证有效期建设项目的取用水指标是否及时收回并重新分配；是否存在未履行水资源论证审批手续、擅自变更批复内容、违法违规取用水和排污入河的建设项目。

第三，检查各级政府为贯彻落实最严格水资源管理制度而制定的相关政策规定及配套措施等情况。主要包括：水资源管理责任及目标考核是否落实，水资源监控体系是否健全有效，流域管理与行政区域管理相结合及城乡水资源统一管理的水资源管理体制是否完善，长效、稳定的水资源管理投入机制是否健全，水资源配置、节约、保护和管理等方面的政策法规体系是否完善，社会舆论监督、公众参与机制等社会监督机制是否健全等。

第四，检查取水许可制度执行情况。主要检查取水许可证的审批、发放、吊销、注销、年终保有、监督管理等情况。需查明是否存在不符合国家产业政策或列入国家产业结构调整指导目录中淘汰类的项目，产品是否符合行业用水定额标准或清洁生产相关标准，是否在城镇公共供水管网能够满足用水需要的情况下仍通过自备取水设施取用地下水，以及在地下水严重超采的地区是否存在未经许可擅自取水等违规取用水的情况。

第五，评价水行政主管部门及流域管理机构的职责履行能力情况。检查水政监察机构对违反水法规案件的查处情况，是否建立健全了执法责任分解、责任追究、水政监察巡查制度以及对执法案件的登记、立案、审批、审核及目标管理等水政监察工作制度。

2. 水资源资产状况

第一，了解水资源基本情况。主要包括：一是水资源状况及年度用水情况，具体涵盖降水量、地表水资源量、地下水资源量、地表水与地下水重复计算量；年度用水总量，地表水、地下水、再生水、疏干水等非常规水源利用量，用水结构情况。二是河流、湖泊、水库的分布情况及水体水质和水功能区水质达标状况。三是蓄水动态，包括水库蓄水动态、平原区浅层地下水动态。四是用水指标，具体涉及人均综合用水量、万元生产总值（当年价）用水量、农田实际灌溉亩均用水量和农田灌溉水有效利用系数、万元工业增加值（当年价）用水量、城镇人均生活用水量、农村居民人均生活用水量（其中，用水量可细分为生活用水、工业用水、农业用水、生态环境补水量）。

第二，认定自然资源资产负债表所列水资源资产是否真实存在，某一特定时期内的各项水资源资产是否确属核算主体的权利；认定各项水资源资产是否得到了正确计量，相关计算是否正确，是否被恰当分类、说明并反映。

3. 水资源资产利用和保护情况

第一，检查年度取用水计划的分配、下达及执行情况。主要检查年度取用水计划是否符合江河流域或区域的综合规划、水资源保护规划等专项规划以及经批准的水量分配和调度方案；各地区用水情况是否符合上级下达的用水总量控制指标，并按照最严格水资源管理制度“三条红线”① 控制指标，将各项指标逐级分解下达；取用水户是否存在超限额取用水的情况，用水量是否符合行业用水定额标准。

第二，检查水资源调度和水权转让情况。主要检查对主要取用水户是否实施了总量控制和定额管理，年度引水量是否超过分水指标；是否严格控制水量调度，能否主要用于生态恢复。调查了解水权交易制度的建立、开展和运营情况。

第三，检查地下水管理和保护情况。主要检查地下水保护政策的贯彻落实情况，包括是否对超采区进行了有效治理，是否对农业、工业建设项目和服务业新增取用地下水的行为进行了有效禁止并逐步消减超采量，能否实现地下水超采区采补平衡；是否建立了区域和重要水源地地下水取用水总量控制和水位控制双指标监测体系，是否划定并公布了地下水禁采区和限采区，取用地下水的高耗水产业是否得到严格禁止，是否加强了机电井建设的审批管理，是否按规定关闭了在城镇公共供水管网覆盖范围内的自备水源井。

第四，检查用水定额管理情况。主要检查新建项目的用水定额是否符合当地行业用水定额标准，用水监控管理是否严格有效，是否定期对各类取用水户进行了水平衡测试，是否对大型灌区、重要城镇、大中型工业企业和重点园区进行了用水效率评估。

第五，检查节约用水管理情况。主要检查水资源短缺及生态脆弱地区是否对高耗水工业项目和高耗水服务业进行了严格限制，是否对农业粗放用水采取了管道输水、喷灌、滴灌等高效节水灌溉措施，是否禁止生产和销售不符合节水强制性标准的产品，是否将中水和疏干水等非常规水源纳入水资源统一进行配置；各级节约用水办公室在建设节水型社会中是否发挥了积极作用。

第六，检查水功能区纳污控制情况。一是检查入河排污口的审批管理和执法监察情况，包括是否对不符合水功能区划要求的建设项目进行了有效禁止，是否对排污量超出水功能区限排总量的地区新增取水和入河排污口项目进行了严格限制，是否对违规排污入河的行为进行惩处。二是检查饮用水水源地的保护和安全保障是否达到国家规定标准，是否建立了饮用水水源地突发事件应急预案，并检查有无备用水源。三是检查重点河湖生态环境的保护和治理及修复情况，包括项目建设前期是否充分考虑了区域生态用水的安全保障，对区域生态用水有影响的，相应补偿方案是否有效落实，地方政府是否对重点河湖的生态环境进行了投入治理。

4. 水资源费征收管理使用及水资源保护、治理等方面投入情况

检查水资源费的征收、管理和使用情况。主要检查各级水行政主管部门是否

① “三条红线”是指水资源开发利用红线、用水效率控制红线和水功能区限制纳污红线。

按国家规定的征收范围、对象、标准和程序进行征收，是否存在擅自减免、缓征或停征水资源费的情况；征收的水资源费是否全额缴入同级国库，实行财政预算管理、专户储存、“收支两条线”管理，由财政部门按照批准的部门财政预算统筹安排使用，并按规定比例上缴中央财政；征收的水资源费是否主要用于水资源的节约、保护和管理以及水资源的合理开发方面，其使用能否达到预期效益，是否存在截留、侵占或者挪用等行为。

三、领导干部自然资源资产离任审计

（一）领导干部自然资源资产离任审计

《领导干部自然资源资产离任审计规定（试行）》

在领导干部自然资源资产离任（任中）审计中，围绕构建生态文明体系的目标，关注城市化地区、农产品主产区、生态功能区三大空间格局的自然资源开发利用情况以及领导干部履行自然资源资产管理和生态环境保护责任情况，以促进被审计地区不断优化重大基础设施、重大生产力和公共资源布局，加大基本农田和生态空间保护力度，增强农业生产能力，落实领导干部生态文明建设责任制，推动尽快建成主体功能明显、优势互补、高质量发展的国土空间开发保护新格局。

（二）领导干部任职期间履行自然资源资产有关目标责任情况

主要检查领导干部任职期间在加强自然资源资产管理，保护、开发自然资源资产，合理利用自然资源资产，切实保护自然资源资产等方面的责任履行情况。审计应重点关注自然资源资产保护目标责任完成情况，具体关注任期内自然资源保有量和基本农田保护面积是否低于考核标准；有无将工业、采矿、仓储、公园与绿地等建设用地划为基本农田；基本农田的质量是否出现下降趋势；是否将不可调整、达不到耕地质量标准的农用地划为基本农田；是否出现基本农田被占用未及时补划的情况；有无城乡建设用地增减挂钩未能及时整理复垦的耕地；耕地有无出现土壤酸化、盐碱化、沙漠化、土壤有效土层厚度下降等耕地保护责任未有效落实的问题，全面评价其责任履行及其业绩情况；是否划定了生态保护红线等；是否反映了各地在矿产、水、土地节约集约使用、生态文明建设责任落实、生态环境保护管理体制等方面存在的问题。重点关注以下事项：直接违反自然资源相关法律法规、国家有关规定和单位内部管理规定的行为；授意、指使、强令、纵容、包庇下属人员违反自然资源相关法律法规、国家有关规定和单位内部管理规定的行为；未经民主决策、相关会议讨论而直接决定、批准、组织实施自然资源重大开发、使用、恢复和保护事项，并造成自然资源重大损失浪费或者环境损害、自然资源资产流失等严重后果的行为；主持相关会议讨论或者以其他方式研究，但是在多数人不同意的情况下直接决定、批准、组织实施自然资源重大开发、使用、恢复和保护事项，因决策不当或者决策失误造成重大自然资源损失浪费或者环境损害、自然资源资产流失等严重后果的行为。

四、气候变化审计

（一）关注节能减排资金的投入、管理和使用情况

重点揭示节能减排专项资金在分配、管理和使用过程中存在的滞留闲置、挤占挪用、套取骗取等违规问题。

（二）关注节能减排工程项目建设情况

重点关注“十大节能工程”① 项目的实际运行情况，评估其真实节能量和节能效果；主要大气污染排放的统计、监测和考核体系建设情况，揭露谎报统计数据、监测不准确等问题；新能源、碳交易市场、合同能源管理等节能减排新措施建设情况。

（三）关注节能减排相关的政策法规执行情况

重点关注抑制产能过剩、淘汰落后产能等有关政策法规的落实情况以及差别电价、脱硫电价等价格杠杆政策的执行情况，揭露和查处违规的高耗能高污染项目、淘汰落后产能进展滞后等问题。通过揭示国家节能减排相关政策落实过程中存在的问题，查找存在的主要问题并分析其原因，提出完善节能减排的政策意见及建议，促进节能减排事业健康发展。

（四）碳排放审计

在碳排放审计中，实现“双碳”② 目标是一场广泛而深刻的变革，需加快形成节约资源和保护环境的产业结构、生产方式、生活方式、空间格局，应加强统筹协调，严格审计监督，强化绿色低碳发展的政策和各地方政府贯彻落实淘汰落后产能与化解落后产能等政策要求的落实情况，关注重点领域和重点区域碳排放情况、污染防治情况，以及气候变化、环境保护和节能减排约束性指标管理情况，落实最严格的环境保护制度，推动深入打好污染防治攻坚战，推进重点行业和重要领域的绿色化改造、碳达峰碳中和，加快绿色低碳发展，提高资源利用效率。

五、履行自然资源资产管理和生态环境保护监督责任情况审计

（一）评价自然资源管理的有效性

主要检查自然资源有关主管部门的职责履行情况。重点关注领导干部对其直接分管的自然资源管理和使用工作未履行或者未正确履行责任的行为，具体包括：关于自然资源资产转让处置方面的重大决策程序、管理考核等制度是否符合规定，决策程序是否民主、科学，是否存在违规制定政策等问题；土地、矿产、水域、森林等自然资源使用、开发、经营、勘查、开采的重大决策程序和结果是否合规，

---

① 2022 年 1 月 24 日，国务院印发了《“十四五”节能减排综合工作方案》，其中，十大节能工程包括重点行业绿色升级工程、园区节能环保提升工程、城镇绿色节能改造工程、交通物流节能减排工程、农业农村节能减排工程、公共机构能效提升工程、重点区域污染物减排工程、煤炭清洁高效利用工程、挥发性有机物综合整治工程以及环境基础设施水平提升工程。

② “双碳”是指碳达峰碳中和。

是否存在越权审批、违规审批、违规出让使用权的问题，是否存在重大自然资源损失浪费或者环境损害、自然资源资产流失等问题。

此外，检查本地区自然资源资产管理和使用相关财政收支的真实、合法和效益情况，关注各项资金筹集到位情况，以及管理和使用中的违法违规情况，尤其要关注土地出让收入征收管理情况和土地出让支出情况，矿产资源相关资金收支管理情况，水污染防治专项资金、排污费、污水处理费、水资源费的征集、管理和使用情况，森林生态补偿资金的筹集、管理情况，检查是否存在违规减征、免征、返还上述自然资源使用税费，挤占、挪用各种专项经费等问题。

（二）分析重大的开发利用和保护活动（项目）的合规性和有效性

主要检查自然资源资产管理和使用相关政府投资以及以政府投资为主的重要项目的建设和管理情况，关注建设单位、施工单位、勘察单位、设计单位、监理单位和工程质量监督单位等履行工程建设管理责任的情况。通过揭露无偿占有、使用自然资源，不能达到既定环境保护标准，重大投资项目效益低下，自然资源资产流失等问题，延伸分析其成因，判断是否存在决策不当或者管理不善的情况。

（三）评价自然资源相关信息的可靠性

检查期初和期末两个时点的重点自然资源资产的存量、结构及其变化，通过建立健全评价指标体系深入分析自然资源资产发生上述变化的原因，并据此客观、准确地界定领导人员的各种责任。检查重点自然资源资产的可靠性、完整性、合法性，主要关注自然资源资产负债表中重点自然资源资产的核算范围是否真实、准确、完整，估价方法是否恰当，是否存在自然资源资产核算与国民经济核算、环境经济核算指标口径不一致的问题，促进自然资源相关信息在生态文明建设过程中更好地发挥作用。

第三节　资源环境审计报告与结果运用

一、资源环境审计报告概述

资源环境审计报告是审计组对资源环境审计事项实施审计后，就审计实施情况和审计结果向派出的审计机关提出的书面报告，经由审计机关按法定审计程序审议研究后，由审计机关出具的审计书面报告。资源环境审计报告是审计组工作的一种结论性文件，是审计机关向被审计单位出具的审计意见书、作出审计决定、进行审计结果公告的基础和依据。

审计署对资源环境审计报告的基本格式有具体的规定，要求审计报告应当客观公正、证据充分，要素齐全、结构规范，观点明确、表述清晰。

（一）客观公正、证据充分

资源环境审计报告应采取客观公正的态度，在证据充分的条件下，实事求是地反映审计的情况和结果，客观地表达审计意见，以向报告使用者传递真正有效的信息，提供决策的依据。

（二）要素齐全、结构规范

资源环境审计报告格式的严格性意味着在编制审计报告时，要将各要素按一定的形式逐一列出，不可或缺。结构设置应在与规定不相违背的条件下，做到清晰合理，便于报告使用者阅读和理解。

（三）观点明确、表述清晰

资源环境审计报告是审计机关的一种对外文书，文字表达应客观、准确、规范、严谨，以法律语言进行定性，避免使用日常口语，以免降低审计报告的权威性。报告主题的表达应易于为报告使用者所公认和理解。

二、资源环境审计报告内容

资源环境审计报告的主要内容一般包括：

（1）标题。如“关于××市××市长自然资源资产离任审计（专项审计调查）的报告”。

（2）文号（审计组的审计报告不含此项）。

（3）被审计人员所在单位名称。

（4）被审计人员姓名及所担任职务。

（5）审计项目名称。

（6）主体内容。一般由审计依据、基本情况、审计发现的问题和审计建议等部分组成。

（7）审计机关名称（审计组名称及审计组组长签名）。

（8）签发日期（审计组向审计机关提交报告的日期）。

资源环境审计报告主体内容应包括：

（1）审计依据，即实施审计所依据的法律法规规定。比如，“根据《中华人民共和国审计法》第××条，××省审计厅派出审计组，自20××年×月×日至20××年×月×日，对××市自然资源资产情况进行了审计（专项审计调查）。”

（2）实施审计的基本情况，一般包括审计范围、内容、方式等。比如，“此次调查重点关注土地、矿产、森林、水资源资产保护利用的现状及变化和有关法律法规政策的落实执行等情况，探索资源环境审计调查方法，为资源环境审计课题研究提供参考依据。调查中抽查了××市政府办、发改局、统计局、财政局、水利局、水文局、国土资源局、农业局、林业局、环保局、住建局、城管执法局、园林局、污水处理厂及部分企业等部门和单位。××市人民政府及有关部门单位积极支持配合此次审计调查，提供了相关资料并对其提供的相关资料的真实性和完整性负责。××省审计厅的责任是依法独立实施专项审计调查并出具专项审计调查报告。”

（3）被审计单位基本情况，以及被审计人员履行自然资源资产有关责任的基本情况。主要涵盖自然资源基本情况，以及自然资源资产管理的具体成效。比如，

"从审计调查情况看，××市委市政府及有关部门认真贯彻落实自然资源保护利用法律法规和政策规定，把自然资源保护利用工作摆在突出地位，采取切实有效措施，加强自然资源保护利用，取得了比较明显的成效。"

（4）审计评价意见，即结合当地自然资源禀赋的特点和审计目标，以适当、充分的审计证据为基础发表评价意见，从定性和定量两个方面，对主要审计领域给出审计评价。重点评价领域包括：可持续发展战略等国家战略的实施情况；自然资源政策的贯彻落实情况；自然资源有关主管部门的职责履行情况；重大的开发利用和保护活动以及项目的合规性和有效性；各地自然资源资产的产权归属情况，资产数量和价值量情况，自然资源资产管理体制的建立健全情况，自然资源资产的开发、使用和保护情况；自然资源资产负债表的探索编制情况，自然资源资产负债表中重点自然资源资产核算范围的真实性、准确性和完整性，以及估价方法的恰当性。比如，"××市政府主要领导干部20××年至20××年任职期间，在××省委省政府的领导下，认真贯彻落实自然资源开发利用、管理、保护等各项法律法规和各项自然资产管理决策部署，××市以建设生态文明城市为目标，严厉打击违法排污、违法倾倒、非法采砂等各类自然资源违法行为，揭示和查处资源开发利用管理和环境保护工作中的浪费资源、破坏环境、资产流失等问题，促进加强资源环境管理，维护国家资源环境安全。"

（5）审计发现的主要问题，包括事实、定性、处理处罚意见以及依据的法律法规和标准，以及有关领导人员对审计发现问题承担的责任。比如，"在自然资源资产审计过程中，应根据林业、渔业、环保、财政、国土、发改等有关部门对自然资源的管理职能，初步廓清当前自然资源管理架构图，理清地区主要领导干部在自然资源开发和使用中应当承担的各种责任，为加强自然资源科学管理、促进领导干部依法科学用权履职提供参考依据。"

（6）审计发现的移送处理事项的事实和移送处理意见，但是涉嫌犯罪等不宜让被审计单位知悉的事项除外。

（7）针对审计发现的问题，根据需要提出改进建议。审计期间被审计单位对审计发现的问题已经整改的，审计报告中还应当包括有关整改情况。

三、资源环境审计结果运用

（一）审计成果运用的前提

在领导干部离任前，应及时安排审计，保证审计实施所必需的时间，并根据组织部门考察领导干部的实际需要，突出自然资源资产的审计重点，确保审计质量。

建立资源环境审计结果档案库。审计部门应为领导干部建立自然资源资产终身制审计结果档案；组织部门在收到审计机关报送的审计结果报告后，应及时进行登记；纪检监察部门也应将其归档，作为领导干部追究责任和查办违纪违法案件立案的依据。同时，应建立联网的计算机信息系统，便于审计部门、组织部门、纪检监察部门及时有效获取领导干部自然资源资产责任履行情况的信息。

（二）审计成果运用的方式

（1）根据资源环境审计结果进行奖惩评价。根据领导干部资源环境审计的结果，结合资源环境审计的评价体系，对领导干部任期内的自然资源资产变动情况作出定性及定量的评价：一是对于破坏自然资源资产或者自然资源资产贬值的情况，要分清直接责任、领导责任；二是对于自然资源资产保值增值的情况，要给予优、良、合格等的具体定量评价，并纳入干部考核机制。

（2）加强对资源环境审计结果的运用。对审计查出的重大资源浪费和环境污染问题，应及时上报党委、政府及有关部门；或以审计要情或审计情况专报的形式提请党委、政府进行专题研究，从而完善制度、规范管理；或向组织部门提交审计建议约谈函，由组织部门、审计部门等对责任人进行谈话，提出整改要求和时限，督促被审计单位及时整改问题，避免产生新的损失浪费。对于影响恶劣、性质严重的问题，向纪检监察部门提交审计建议问责函，由纪检监察部门提请问责机关对相关人员进行责任追究。

《2019 年第 9 号公告：环渤海地区生态环境保护审计结果》

（3）逐步建立领导干部资源环境审计结果公告制度。探索公告资源环境审计结果的具体做法，接受社会监督。这一制度在对被审计单位和被审计人产生巨大压力的同时，会对审计工作起到巨大的推动作用。

习题

一、简答题

1. 简述资源环境审计的目标。
2. 简述我国资源环境审计的主要内容和主要方法。

二、论述题

论述领导干部自然资源资产离任审计的评价标准和评价指标体系。

三、案例分析题

淮南作为资源型城市，市委、市政府提出了加快建设淮南“两型城市”的战略目标。2011 年，《淮南市国民经济和社会发展第十二个五年规划纲要》围绕“两型城市”建设目标，提出争取在“十二五”期间列入国家循环经济示范城市、全国绿化模范城、环保模范城，并争取列入国家低碳经济试点城市，促进经济社会发展与资源环境相协调，走绿色可持续发展之路。市审计局作为政府组成部门顺势而为，积极主动推进资源环境审计立法工作。2013 年 11 月，市政府以政府令形式出台了《淮南市资源环境审计监督办法》，并于 2014 年 1 月 1 日起正式实施。此举标志着该市资源环境审计监督步入规范化、法治化轨道，也标志着淮南资源环境审计迈入全面深化的新阶段。

从 2014 年起，市审计局每年会有计划地开展一项资源环境专项审计，同时市、县（区）审计机关在开展财政、投资、金融、企业、外资、经济责任等项目审计时，必须将资源环境审计内容纳入审计方案并组织实施。

市审计局紧紧围绕资源环保政策法规的贯彻实施、资金的管理使用和项目建设的运营效果，分析政府履责绩效，促进相关政策制度的落实和完善，规范资源开发利用管理和环境保护工作行为；揭露存在的偷漏拖欠、挤占挪用、损失浪费等问题，分析评价资源环保资金使用绩效，促进资金管理的规范化，提高资金使用效益；揭示和查处资源开发利用管理和环境保护工作中的资源浪费、环境破坏、资产流失等问题，促进加强资源环境管理，维护国家资源环境安全。

要求：根据上述材料提出我国资源环境审计的主要方式、存在哪些问题及改善路径。

即测即评

第十二章

政府审计报告

知识框架

- 政府审计报告
  - 政府审计报告概述
    - 政府审计报告的含义
    - 政府审计报告的基本要素及其内容
    - 政府审计报告的作用
    - 政府审计报告的编制要求
    - 政府审计报告的编制程序
    - 审计结果公告
  - 审计结果报告和审计工作报告
    - 审计结果报告
    - 审计工作报告
    - 审计结果报告与审计工作报告的关系
    - 审计结果报告与审计工作报告的工作程序
  - 专项审计调查报告
    - 专项审计调查报告概述
    - 专项审计调查的特点
    - 专项审计调查的范围
    - 专项审计调查的程序
    - 专项审计调查报告的内容
    - 专项审计调查报告的编制步骤

本章导读

本章主要介绍政府审计报告的内容、基本要素及编制方法，审计结果报告和审计工作报告的内容、工作程序以及两者之间的关系，专项审计调查的程序和报告内容。本章的学习重点是政府审计报告的基本要素及其内容、审计结果报告和审计工作报告的差异。通过本章的学习，学生要了解政府审计报告的内容和基本要素，理解审计结果报告和审计工作报告之间的区别，熟悉专项审计调查报告的编制步骤。

引　例

乡村振兴相关政策和资金审计结果

一、基本情况和取得的主要成效

本次重点审计了农村人居环境整治、农业绿色发展、培育新型农业经营主体、农村一二三产业融合发展4个方面在2017年至2018年任务目标完成情况和资金分配管理使用情况。根据审计需要，对相关单位进行了延伸调查。2017年和2018年，52个县在上述4个方面共安排财政资金300.84亿元，审计抽查了106.38亿元（占总资金的35.36%），涉及581个乡镇、1 954个行政村、893个单位和1 712个项目，走访调查了5 093户农户和831个新型农业经营主体。

从审计情况看，各地区各有关部门认真贯彻落实党中央、国务院关于实施乡村振兴战略的决策部署，扎实有序推动乡村振兴各项具体任务，乡村振兴战略实施取得良好开局。

（一）强化乡村振兴组织领导和规划引领。各地区各有关部门认真贯彻落实中央统筹、省负总责、市县抓落实的工作机制，着力强化乡村振兴组织领导和规划引领。一些地方成立了乡村振兴战略领导小组，做好了实施乡村振兴战略与打好精准脱贫攻坚战的有机衔接，统筹推进了乡村振兴战略实施；一些地方结合本地实际编制出台了乡村振兴地方规划、实施意见或行动方案；相关主管部门制定完善了配套的政策措施，明确了目标定位、实施路径和任务举措，构建了较为系统的乡村振兴政策体系。

（二）扎实推进农业现代化。各地区各有关部门围绕农业绿色发展，加大面源污染治理力度，积极开展化肥农药减量增效提质行动，加强秸秆、农膜、农药包装废弃物等综合回收利用工作，逐步提升和保护耕地地力。各地区围绕产业兴旺，促进农业优势特色产业转型升级，推进一二三产业深度融合发展，加快构建家庭经营、产业化经营和农业社会化服务相结合的现代农业经营体系，在促进农业增效、农民增收和产业发展方面取得了一定成效。

（三）全面开展农村生态宜居建设。各地区各有关部门全面开展农村人居环境综合整治行动，推进“厕所革命”，开展农村生活污水和垃圾治理，农村环境持续改善，农民生活质量和生活方式发生较大改变。部分地区结合实际，开展了乡村规划设计，不断加大农村基础设施、公共服务设施建设力度，村容村貌实现了美化、亮化、硬化、净化。

审计也发现，在实施乡村振兴战略的起步阶段，一些地区和部门还存在规划方案编制和制度建设滞后，农村人居环境整治、农业绿色发展等方面政策措施落实不到位、目标任务未完成，以及涉农专项资金滞留闲置、违规使用等问题。

二、审计发现的主要问题

（一）规划方案编制和制度建设方面。一是14个县存在乡村振兴地方规划或相关工作方案编制滞后、内容不全面、目标不科学等问题，有的规划或方案引领指导性不强，甚至无法实施。抽查发现有个别地方在编制农村厕所改造等相关规划或方案时层层加码，制定的目标比全省时间提前2年，但实际当年仅完成任务量的一半多。二是农药包装废弃物回收处理、农膜管理2项部门规章未及时出台，肥料登记管理制度、沼渣沼液还田利用标准2项畜禽粪污资源化利用配套政策措施未按要求及时修订，导致相关工作因缺少统一明确的规定仍停留在试点探索阶段，未能全面铺开。

（二）农村人居环境整治方面。一是一些地方因工作推进不力、多头管理等，相关工作进展缓慢，抽查发现17个县实际完成农村厕所改造14.5万户，有46%的改造任务未完成；9个县实际完成污水处理项目79个，有90%以上的建设任务未完成；6个县有2 318个垃圾堆放点尚未完成整治。二是26个县的农村厕所改造和污水垃圾处理设施在建设时未合理考虑地理、气候、选址、农民接受程度等因素，建成后因缺水、冰冻、处理成本高、使用不方便等造成闲置浪费。14个县的农村厕所、污水和垃圾处理设施建成后因管护不到位等无法有效使用，部分长期闲置未发挥效益。三是17个县建设的农村厕所和污水垃圾处理设施，因管网等设施不配套、工程质量差等，导致厕所粪污、生活污水、垃圾渗沥液等未经处理直接排入附近河道或渗入地下。

（三）农业绿色发展方面。一是2018年开展果菜茶有机肥替代化肥的150个试点县中，有86个县未完成规定的实施面积，有140个县未实现土壤有机质含量平均提高0.1个百分点以上的目标任务。二是抽查的23个东北黑土地保护试点县中，有14个县未按时完成秸秆还田、深松整地、粮豆轮作、增施有机肥等提升黑土耕地质量的具体任务。三是2018年开展地膜治理的100个示范县中，有38个县废旧农膜回收率未达到80%以上的约束性指标。抽查发现7个县由于缺乏有效的推广措施和监管手段，仍在使用厚度不符合国家强制性标准的超薄农膜。抽查发现38个县由于财政投入引导不足等，农药包装废弃物平均回收处理率仅为11%。四是2017年至2018年，有14个县仍存在秸秆焚烧火点，有12个县未完成秸秆综合利用目标任务。在抽查的21个县中，社会化收储组织实际收集秸秆量仅占这些县全部可收集利用量的26%，加工利用能力较弱。在抽查的131家秸秆综合利用企业中，有43家没有建立秸秆综合利用台账或台账管理不够完整规范，部分企业虚报秸秆实际利用量。

（四）新型农业经营主体发展方面。一是部分农民专业合作社未发挥合作带动作用。一些地方片面追求数量指标，以行政指令推动农户短期内集中设立合作社等新型经营主体，由于专业方向不明确、缺少农户合作基础，实际难以有效开展经营。截至2018年年底，抽查发现有431个合作社成立后一直未运营。二是一些地方对新型农业经营主体信贷扶持措施落实不到位。抽查发现，有18个县的金融机构从未向当地合作社发放过贷款，15 个县已获得贷款的部分合作社未享受到贷款利率、贴息、担保等扶持政策，有的金融机构对合作社的贷款授信门槛高、程序复杂。三是部分合作社运营不规范。一些地方把合作社作为承接产业扶贫资金和项目的主体，但部分合作社实际不具备经营能力，它们直接将财政补贴、金融贷款、帮扶单位投入等作为分红资金发给贫困户，未发挥合作社组织带动贫困户稳定增收脱贫的作用。个别基层干部还通过入股合作社等新型经营主体，利用职权违规获取财政资金。

（五）农村一二三产业融合发展方面。一是一些地方农产品产地初加工补助项目进展缓慢，应在 2018 年建设的储藏窖、冷库等项目，截至 2019 年 1 月仍有 3 726 个未开工。因项目前期论证不充分、建设用地审批不到位等，2015 年至 2017 年建设的初加工项目中仍有 2 092 个因没有验收尚未投入使用。二是一些地方信息进村入户工程建设的益农信息社发挥作用不佳，有 2 个省未完成益农信息社建设目标任务，抽查发现 5 个县的 135 个已建成的益农信息社因运营管理不规范、服务内容缺乏针对性、农民使用意愿不强等，相关设施处于闲置状态。

（六）相关涉农专项资金管理使用方面。一是因涉农专项资金统筹整合不到位、资金下达晚或项目推进缓慢等，3 个省和 41 个县的 359 个涉农项目的 32.73 亿元专项资金滞拨或结存在地方财政、农业等主管部门或乡镇。其中，4.94 亿元闲置 1 年以上，最长的闲置时间超过 4 年。二是 22 个县的 47 个单位挤占涉农专项资金 11.9 亿元，违规用于弥补单位经费等。三是 106 个单位及个人骗取套取或违规获取涉农专项资金 6 566.78 万元。四是资金绩效考核开展不到位。一方面部分政策和项目缺少绩效评价办法，另一方面目前以自评为主的考核方式无法全面客观反映任务目标完成情况。有 10 个县为了应付考核，在绩效自评中虚报、瞒报耕地轮作休耕、秸秆综合利用、农村厕所改造等任务完成量。

此外，审计还发现 28 个县的 538 个涉农项目存在违反政府采购和招投标管理规定、转包分包等违反建设程序或核算管理不规范的问题。

三、审计处理和整改情况

针对以上审计查出的问题，审计署和地方审计机关已依法出具了审计报告，提出了处理意见，并要求有关地方政府在整改期限截止后依法向社会公告整改结果。审计发现的违纪违法问题线索已依法移送纪检监察机关等进行调查处理。在审计指出问题后，有关部门和地方积极整改，目前已追回或盘活涉农资金 4 486.62 万元，加快拨付滞留资金 4 804.65 万元，追责问责 7 人。审计署将继续跟踪后续的整改情况，进一步督促审计发现问题整改到位。

资料来源：审计署．2019 年第 6 号公告：乡村振兴相关政策和资金审计结果．[2019-07-03]．https://www.audit.gov.cn/n11/n536/n537/c133107/content.html.

从该引例可知，政府审计报告是审计工作的一种结论性文件，它反映了审计事项的基本情况、审计发现的问题以及审计处理和整改的情况。本章将详细介绍政府审计报告的基本要素和内容、政府审计报告的作用以及政府审计报告的编制程序。

第一节　政府审计报告概述

一、政府审计报告的含义

政府审计报告是审计组对政府审计事项实施审计后，依法对被审计单位的财政收支、财务收支的真实、合法、效益发表审计意见的书面文件；是审计组就审计实施情况和审计结果向派出的审计机关提出的书面报告经由审计机关按法定审计程序审议研究后，由审计机关出具的书面审计报告。它也是审计机关向被审计单位出具审计意见书、作出审计决定、进行审计结果公告的基础和依据。因此，政府审计报告制度是以政府审计报告为载体，连接起政府审计报告的形成、报送、处理和信息反馈的一整套制度设计及安排。

审计报告包括审计机关进行审计后出具的审计报告以及专项审计调查后出具的专项审计调查报告。政府审计报告是审计组工作的一种结论性文件。当然，审计结论性文件材料除审计报告外，还包括审计决定书和审计移送处理书，这些不同的文件具有不同的作用。

表 12-1 总结了政府审计中的审计结论性材料的类型、特征与作用等内容。

表 12-1　政府审计中的审计结论性材料

类型	概念	特征	作用
政府审计报告	审计组对政府审计事项实施审计后，就审计实施情况和审计结果向派出的审计机关提出的书面报告经由审计机关按法定审计程序审议研究后，由审计机关出具的书面审计报告	审计机关发布的正式书面材料	是政府审计项目成果的体现，是作出审计评价和提出审计意见的重要书面材料
审计决定书	审计机关在审定审计报告后，依据审计报告中所列的被审计单位违反国家规定的财政收支、财务收支的行为，对被审计单位依法给予处理、处罚的审计文书	主要是对“事”的处理、处罚	审计机关对被审计单位违反国家规定的财政收支、财务收支行为的处理、处罚
审计移送处理书	审计机关对审计发现的依法应当由其他有关部门纠正、处理、处罚或者追究有关人员行政责任、刑事责任的书面文件	主要是对“人”的处理、处罚	审计机关出具审计移送处理书进行依法移送，由有权处理的机关追究有关责任人员的行政责任或刑事责任

续表

类型	概念	特征	作用
审计结果报告	审计机关依照法律规定，每年向政府首长和上一级审计机关提出的关于上一年度审计本级预算执行情况和其他财政收支情况结果的报告	是审计工作报告的有机组成部分	为各级政府审定财政部门编制的财政决算草案提供重要资料和情况，有利于各级政府加强对本级财政收支的管理
审计工作报告	审计机关依照法律规定，受本级人民政府委托，向本级人大常委会提出的关于审计上一年度本级预算执行和其他财政收支情况的报告	是年度审计工作的概括或总结，具有全面性、整体性和综合性	有利于各级人大常委会加强对预算执行和其他财政收支的监督
审计调查报告	围绕特定对象和特定目的开展审计调查研究出具的调查报告	其报告目的与审计结果报告目的相似，都是对特定事项的报告，但其报告对象比审计结果报告要广泛，有时可以向社会公开审计调查结果	审计调查报告作为审计机关对被审计单位实施监督的一种工具，有助于强化对被审计单位的监督力度，推动其依法依规开展经济活动

二、政府审计报告的基本要素及其内容

审计报告应当内容完整、事实清楚、结论正确、用词恰当、格式规范。

政府审计报告①要素是政府审计报告必不可少的组成部分。一份完整的由审计机关出具的审计报告（审计组的审计报告）应当包括下列基本要素：

（1）标题，政府审计报告的标题统一表述为“审计报告”。

（2）文号，审计报告由政府审计机关按公文发文字号编制规则统一的编号，审计组向审计机关提交的审计报告不包含此项。

（3）被审计单位名称，即接受审计的单位或者项目的名称。

（4）审计项目名称，审计项目名称一般表述为“××年度××审计”。

（5）内容，即审计报告的正文。

（6）审计机关名称（审计组名称及审计组组长签名）。

（7）签发日期（审计组向审计机关提交报告的日期）。经济责任审计报告还包括被审计人员姓名及其所担任的职务。

其中，政府审计报告的内容作为政府审计报告的主体部分，应当包括：

（1）审计依据，即实施审计所依据的法律法规规定。

（2）实施审计的基本情况，一般包括审计范围、内容、方式和实施的起止时间。

---

① 政府审计报告属于长文式审计报告，其特点是允许审计人员使用个性化的语言报告审计情况和结果。但这并不意味着政府审计报告的格式可以毫无约束，它仍需遵循一定的规范和标准。

(3) 被审计单位基本情况。

(4) 审计评价意见，即根据不同的审计目标，以适当、充分的审计证据为基础发表的评价意见①。

(5) 以往审计决定执行情况和审计建议采纳情况。

(6) 审计发现的被审计单位违反国家规定的财政收支、财务收支行为和其他重要问题的事实、定性、处理处罚意见以及依据的法律法规和标准。

(7) 审计发现的移送处理事项的事实和移送处理意见，但涉嫌犯罪等不宜让被审计单位知悉的事项除外。

(8) 针对审计发现的问题，根据需要提出的改进建议。

审计期间被审计单位对审计发现的问题已经整改的，审计报告还应当包括有关整改情况。核查社会审计机构相关审计报告发现的问题，应当在审计报告中一并反映。除上述一般性要求外，经济责任审计报告还应当包括被审计人员履行经济责任的基本情况，以及被审计人员对审计发现问题承担的责任。政策落实情况跟踪审计报告不仅要反映改革推进、政策落实中存在的相关问题，还要反映整改成效较好、有示范价值的具体事例。

不同类别的审计报告有不同的内容和侧重点，具体见表12-2。

表12-2 不同类别审计报告的内容和侧重点

类型	内容	侧重点
本级预算和部门预算执行情况的审计报告	预算收支的执行结果、以往审计发现问题的整改情况，以及加强预算管理的审计建议	侧重于宏观层面的分析、研究、建议
专项资金审计报告	专项资金的筹集、分配、使用和管理方面的情况	专项资金的使用效益和专款专用
经济责任审计结果报告	责任人任职期间的经济责任履行情况	决策能力、管理能力和财经法纪的遵守情况，以及个人廉政问题的客观、公正评价
财务收支审计报告	财务收入、支出和结存情况，以及财务收支过程中法律法规的遵守情况	视审计目标而定
审计调查报告	介绍经验、反映情况或揭示问题	侧重于分析研究，为领导者决策服务

三、政府审计报告的作用

政府审计报告是反映审计工作情况和审计结果的载体，也是政府审计项目成果的体现，是审计人员作出审计评价和提出审计意见的重要书面材料，其在政府审计工作中的重要性不言而喻。政府审计报告为国家宏观管理提供信息支持，对

① 《国家审计准则》第一百三十三条规定，审计组根据不同的审计目标，以审计认定的事实为基础，在防范审计风险的情况下，按照重要性原则，从真实性、合法性、效益性方面提出审计评价意见。

审计机关依法履行审计监督职责、促进社会经济发展具有重大作用。概括来说，政府审计报告的作用包括：

（一）说明审计结果，得出审计结论

政府审计组织对被审计单位进行审计后，会形成政府审计的审计结果、审计意见或审计结论。政府审计报告是表达审计工作结果的重要手段。

（二）说明审计性质，标注审计范围

因为审计报告的使用者可能不熟悉审计工作的局限性，同时审计工作组与被审计单位之间也有沟通的需求，所以审计报告需要添加解释性的内容，说明政府审计的性质，标注政府审计的工作范围，这可以作为政府审计顺利工作的沟通保障。

（三）提出审计建议并作为后续审计依据

政府审计报告会提出政府审计的结果和建议，审计机关据此审核审计结果和建议，并进行跟踪调查，将报告作为后续审计的依据，以便发挥审计的监督作用。

（四）公开政府审计报告，接受公众监督检查

政府审计报告虽然对被审计单位有法律上的约束力，但它也是国家审计机关监督审计组审计质量、防范审计风险的重要工具，是国家审计机关出具审计意见书、作出审计决定的主要依据，是政府审计发挥监督作用的重要载体。

政府审计报告向社会公开，能直观地向社会公众展示审计情况，使审计机关的审计工作置于公众监督之下。这不仅可以保障公民的参与权和知情权，也可以在一定程度上保证行政权力在阳光下运行。政府审计报告成为社会公众了解政府审计结果的重要媒介，公众可以据此评判政府审计工作的质量，监督公共资源的使用及管理情况。

此外，政府审计报告的公开不仅有利于提高政府审计质量，提高公共财政资金的使用效率和效果，还有利于督促政府官员及政府行政管理当局高效、廉政地开展工作，防止和杜绝政府官员贪污腐化和玩忽职守，保证政府履行受托责任，并通过提高政绩来取得上级政府和社会公众的信任。同时，这也有利于促使政府科学决策和改善服务质量，推动服务型政府的建立。

四、政府审计报告的编制要求

政府审计报告是审计机关发布的正式书面材料。为了维护政府审计的权威性和严肃性，政府对审计报告的格式有比较严格的规定。我国的政府审计使用的是详式的审计报告。审计署对政府审计报告的基本格式有具体的规定，要求审计报告应当内容完整、事实清楚、结论正确、用词恰当、格式规范。除了这种形式上的规定，政府审计报告的编制还应当遵循以下原则。①

① 由于资源环境审计报告是政府审计报告的一种类型，因此，本章阐述的审计署对政府审计报告的基本格式的具体规定与第十一章中“资源环境审计报告概述”的相关内容有一定的相似之处。

（一）客观公正、证据充分

政府审计报告应采取公正的态度，在证据充分的条件下，实事求是地反映审计的情况和结果，客观地表达审计意见，以向报告使用者传递真正有效的信息，提供决策的依据。

（二）要素齐全、结构规范

政府审计报告格式的严格性意味着在编制审计报告时，要将各要素按一定的形式逐一列出，不可或缺。结构设置应在与规定不相违背的条件下，做到清晰合理，便于报告使用者阅读和理解。

（三）观点明确、表述清晰

审计报告是审计机关的一种对外文书，文字表达应客观、准确、规范、严谨，以法律语言进行定性，避免使用日常口语，以免降低审计报告的权威性。对报告主题的表达应易于为报告使用者所公认和理解。

五、政府审计报告的编制程序

《审计法》及其实施条例等法律法规，明确规定了政府审计报告的审定、编制和复核程序。政府审计报告编制程序见图 12－1。

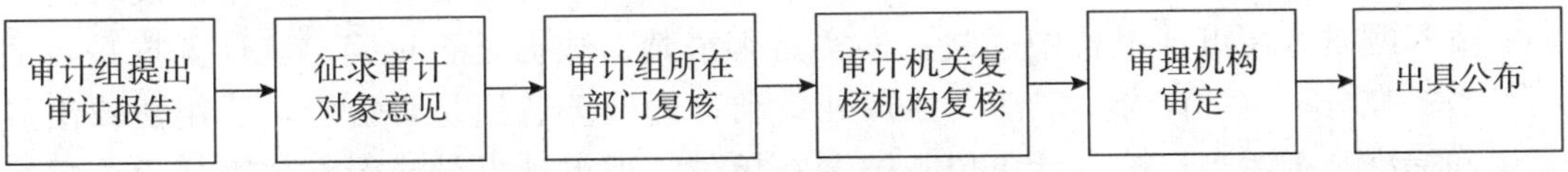

图 12－1　政府审计报告编制程序

（一）审计组提出审计报告阶段

审计报告“出炉”全过程揭秘

审计组在对审计事项实施审计后，应当起草审计组的审计报告。撰写审计报告主要遵循民主集中制的原则，审计报告需经审计业务会议审定后再由审计组组长定稿。对于一般审计项目，由审计机关分管领导召集审计组所在部门负责人、法制工作机构负责人、审计组组长和其他有关人员，召开小型审计业务会议讨论审定；对于重要审计项目，由审计机关分管领导提议，经审计机关主要负责人或其指定的其他负责人同意后，召开审计业务会议讨论审定。审计业务会议组成人员包括审计机关负责人、审计组所在部门和法制工作机构的负责人、审计组组长、有关专家和其他有关人员。审计业务会议应当在充分讨论的基础上形成审计业务会议决定。审计组组长应当对提出的审计报告的真实性负责。

（二）征求审计对象意见阶段

被审计单位并非审计报告的被动接受者。审计报告在定稿之后，应征求被审计单位的意见。审计组在实施审计或者专项审计调查后，应当提出审计报告，按照审计机关规定的程序审批后，以审计机关的名义征求被审计单位、被调查单位和拟处罚的有关责任人员的意见。经济责任审计报告还应当征求被审计人员的意见；必要时，征求有关干部监督管理部门的意见。审计报告中涉及的重大经济案件调查等特殊事项，经审计机关主要负责人批准，可以不征求被审计单位或者被审计人员的意见。被审计单位、被调查单位、被审计人员或者有关责任人员对征求意见的审计报告有异议的，审计组应当进一步核实，并根据核实情况对审计报告作出必要的修改。审计组应当对采纳被审计单位、被调查单位、被审计人员、有关责任人员意见的情况和原因，或者上述单位或人员未在法定时间内提出书面意见的情况作出书面说明。

（三）审计组所在部门复核阶段

审计组组长应当确认审计工作底稿和审计证据已经审核，并从总体上评价审计证据的适当性和充分性。审计组起草审计报告前，审计组组长应当对审计工作底稿的下列事项进行复核：具体审计目标是否实现；审计措施是否有效执行；事实是否清楚；审计证据是否适当、充分；得出的审计结论及其相关标准是否适当；其他有关重要事项。

（四）审计机关复核机构复核阶段

审计机关复核机构应当对下列事项进行复核，并提出书面复核意见，内容包括：审计目标是否实现；审计实施方案确定的审计事项是否完成；审计发现的重要问题是否在审计报告中反映；事实是否清楚、数据是否正确；审计证据是否适当、充分；审计评价、定性、处理处罚和移送处理意见是否恰当，适用法律法规和标准是否适当；被审计单位、被调查单位、被审计人员或者有关责任人员提出的合理意见是否采纳；需要复核的其他事项。

（五）审理机构审定阶段

审计机关业务部门应当将复核修改后的审计报告、审计决定书等审计项目材料连同书面复核意见，报送审理机构审理。审理机构以审计实施方案为基础，重点关注审计实施的过程及结果，主要审理下列内容：审计实施方案确定的审计事项是否完成；审计发现的重要问题是否在审计报告中反映；主要事实是否清楚，相关证据是否适当、充分；适用法律法规和标准是否适当；评价、定性、处理处罚意见是否恰当；审计程序是否符合规定。

审理机构审理时，应当就有关事项与审计组及相关业务部门进行沟通。必要时，审理机构可以参加审计组与被审计单位交换意见的会议，或者询问被审计单位和有关人员来了解相关情况。审理机构审理后，可以根据情况采取要求审计组补充重要审计证据，或对审计报告、审计决定书进行修改等措施。审理过程中遇有复杂问题的，经审计机关负责人同意后，审理机构可以组织专家进行论证。审理机构审理后，应当出具审理意见书。审理机构将审理后的审计报告、审计决定书连同审理意见书报送审计机关负责人。审计报告、审计决定书原则上应当由审计机关审计业务会议审定；特殊情况下，经审计机关主要负责人授权，可以由审计机关其他负责人审定。

（六）出具公布阶段

审计机关的审计报告、审计决定书、审计移送处理书在经审计机关审定后，由审计机关分管领导或者主要负责人签发。审计机关应当将出具的审计机关审计报告、审计决定书送达被审计单位和有关单位，将审计移送处理书送达有关单位。

同时，审计机关还应当依照有关规定向社会公布审计机关的审计报告。审计机关在公布审计报告时，应当依法保守国家秘密和被审计单位的商业秘密，并遵守国家的其他有关规定。

六、审计结果公告

审计结果公告是指审计机关依法向社会公布审计报告所反映内容及相关情况的专门文件。

审计结果公告是国际通行做法。在我国，除《审计法》中明确要求公告审计结果之外，审计署还专门下达了《审计署审计结果公告办理规定》，要求凡审计署统一组织审计项目的审计结果，除个别涉及国家秘密或其他特殊情况不宜公告外，原则上都要对外公告。

政府审计结果公告制度

（一）审计结果公告的审批程序

《审计署审计结果公告办理规定》要求，凡对外公告的审计结果，必须填写《审计结果公告审批单》，履行规定的审批手续，经过审计长会议研究通过后，方能办理对外公告。未经批准擅自发布审计结果公告的，应当依法追究有关单位和个人的责任。审计结果公告应当符合下列审批程序：

（1）中央预算执行和其他财政收支的审计结果需要公告的，应当在每年向总理提交的审计结果报告中说明，国务院在一定期限内无不同意见，才能公告。

（2）向国务院呈报的重要审计事项的审计结果需要公告的，应当在呈送的报告中向国务院说明，国务院在一定期限内无不同意见，才能公告。

（3）涉及重要任期经济责任的审计结果需要公告的，应在报送组织、人事部门并征得被审计的领导干部本人同意后，才能公告。

（4）其他审计事项的审计结果需要公告的，由审计署审批决定。

（二）审计结果公告应具备的条件

审计结果公告应当具备下列条件：

（1）事实清楚，证据确凿，定性准确，评价客观公正。

（2）在审计意见书、审计决定书等相关审计结论性文书生效后进行。

（3）保守国家秘密和被审计单位及相关单位的商业秘密，并遵守国务院的有关规定。

（4）涉及不宜公布内容的，必须对相关内容进行删除或者修改。

《审计署审计结果公告办理规定》

（三）审计结果公告的内容

审计机关公布的审计结果和审计调查结果主要包括下列信息：

（1）被审计（调查）单位基本情况。

（2）审计（调查）评价意见。

（3）审计（调查）发现的主要问题。

（4）处理处罚决定及审计（调查）建议。

（5）被审计（调查）单位的整改情况。

（四）审计结果公告中不得包含的信息

在公布审计和审计调查结果时，审计机关不得公布下列信息：

（1）涉及国家秘密、商业秘密的信息。

（2）正在调查、处理过程中的事项。

（3）依照法律法规的规定不予公开的其他信息。

对涉及商业秘密的信息，经权利人同意或者审计机关认为不公布可能对公共利益造成重大影响的，可以予以公布。

第二节　审计结果报告和审计工作报告

审计结果报告和审计工作报告是政府审计中的审计结论性文件。审计结果报告制度和审计工作报告制度的建立对于完善预算管理制度、加强对预算执行和其他财政资金的审计监督具有重要作用。

一、审计结果报告

（一）审计结果报告概述

审计结果公告、审计结果报告等的概念辨析

审计结果报告是指审计机关依照法律规定，每年向政府首长和上一级审计机关提出的，关于上一年度审计本级预算执行情况和其他财政收支情况结果的报告。审计署在国务院总理领导下，对中央预算执行情况和其他财政收支情况进行审计监督，向国务院总理提出审计结果报告。地方各级审计机关分别在省长、自治区主席、市长、州长、县长、区长和上一级审计机关的领导下，对本级预算执行情况和其他财政收支情况进行审计监督，向本级人民政府和上一级审计机关提出审计结果报告。

【实例 12－1】中央部门单位 2020 年度预算执行等情况审计结果

根据《中华人民共和国审计法》的规定，2020 年 12 月至 2021 年 3 月，审计署对 43 个中央部门单位 2020 年度预算执行等情况进行了审计，并延伸审计了 439 家所属单位，共抽查财政拨款 23 143.33 亿元（占总财政拨款额的 31.44%）。从审计情况看，中央部门积极压减非急需非刚性支出，财政拨款预算执行率为 89.08%，比上年提高 0.24 个百分点，预算执行情况总体较好。审计发现的主要问题如下：

一、部门预算不够完整准确，少（多）报预算、代编预算等问题依然存在。共涉及 20 个部门和 98 家所属单位、资金达 12.8 亿元。其中，9 个部门未将 63 家所属单位收支 2.89 亿元纳入年初预算；14 个部门和 93 家所属单位未将投资收益、利息收入等 8.93 亿元纳入年初预算；3 个部门和 4 家所属单位以同一项目等多申领预算 1 470.85 万元；4 个部门和 4 家所属单位代编预算 8 250.9 万元。

二、违反中央八项规定精神和过紧日子要求。共涉及 29 个部门和 176 家所属单位、资金达 9.05 亿元。

（一）“三公经费”等管理不严。3 个部门和 28 家所属单位超标准配备公务用车、无偿占用下属单位车辆 97 辆，违规发放车补 68.19 万元；3 家所属单位出国团组转嫁费用 40.81 万元。8 个部门和 13 家所涉单位无（超）计划召开会议 1 271 个。8 个部门和 10 家所属单位摊派或违规收（支）会议费 1 454.01 万元。2 个部门和 17 家所属单位违规发放津补贴等 5 440.4 万元。3 家所属单位超标配备办公用房 1 489.63 平方米，2 个部门违规装修办公楼，涉及金额达 761.29 万元。

（二）依托部门职能或行业资源违规收费。7 个部门和 46 家所属单位违规开展资质评审、评比表彰等，转嫁、摊派或收费 3.92 亿元；1 个部门和 15 家所属单位通过出租期刊版面等获得收入 5 867.43 万元。还有 13 家所属单位的 190 人违规投资入股企业，11 人在行业协会等兼职或取酬 5.85 万元。

（三）年底突击花钱等现象有禁不止。一些部门抢在年底虚列预算支出，有 9 个部门和 24 家所属单位通过提前支付合同款等方式列支 2.49 亿元。还有 10 个部门和 50 个所属单位超预算超范围列支 1.26 亿元。

三、预算管理存在薄弱环节。在政府采购方面，3 个部门和 7 家所属单位的政府采购预算（计划）不完整，涉及金额达 7 451.98 万元；16 个部门和 37 家所属单位存在未公开招标、违规转分包等问题，涉及金额达 5.71 亿元。在资金管理方面，3 个部门和 16 家所属单位违规将 577.16 亿元资金账外存放、大额提现或出借理财等；18 个部门和 54 家所属单位有 8.29 亿元存量资金未按时清理或上缴；2 个部门和 2 家所属单位损失浪费 5 022.84 万元。在财务核算方面，10 个部门和 34 家所属单位少计或未按时上缴收入 20.4 亿元；7 个部门和 27 家所属单位有 6.85 亿元往来账款长期未清理；6 个部门和 19 家所属单位存在会计核算不准确等问题，涉及金额达 19.88 亿元。在全面预算绩效管理方面，17 个部门和 245 家所属单位的 587 个项目的绩效目标不完整、未细化或脱离实际；7 个部门和 57 家所属单位的 153 个项目未按规定开展绩效评价或自评结果不真实、不准确。

四、行政事业性国有资产管理不严格。在资产入账登记方面，62 家单位有 22.11 亿元的资产和 264.94 万平方米的土地、房产因未办理产权登记等，造成账实不符。在资产统筹调剂方面，69 家单位的 239.12 万平方米的房产、土地和价值 7 766.5 万元的设备等长期闲置。在资产出租（借）处置方面，39 家单位未经审批出租出借资产，租金收入1.09亿元用于弥补日常经费等；8家单位自行变卖、报废或转让价值7.54亿元的资产；17家单位无偿或低价出租出借资产；50家单位的资产出租处置收入8 566.4万元未按规定上缴财政。2家所属单位未履行报批程序对外投资1 250万元。

针对审计发现的问题，审计署已依法出具了审计报告、下达了审计决定书，提出了以下审计意见和建议：一是加强预算管理，增强预决算编报的完整性、科学性。二是加强预算及相关配套制度建设，提高预算和财务规范化水平，严格落实中央八项规定精神和过紧日子要求，强化预算制度刚性约束。三是全面实施预算绩效管理，加强结余结转资金清收和管理，强化绩效评价结果应用。四是加强行政事业性国有资产统筹和管理，减少闲置浪费。

各被审计单位正按照审计意见和建议进行积极整改，具体整改情况由其适时向社会公告。

资料来源：审计署．2021年第3号公告：中央部门单位2020年度预算执行等情况审计结果．(2021-06-11)．https://www.audit.gov.cn/n11/n536/n537/c10003986/content.html.

【实例12-2】2020年第三季度国家重大政策措施落实情况跟踪审计结果

2020年第三季度，审计署组织对31个省（自治区、直辖市）、新疆生产建设兵团（以下统称省）和30个中央部门、7家金融机构开展了国家重大政策措施落实情况跟踪审计。在审计中，围绕统筹推进常态化疫情防控和经济社会发展，聚焦做好“六稳”工作、落实“六保”任务，重点审计了清理拖欠民营企业中小企业账款、减税降费、清理规范行业协会收费、乡村振兴等方面的政策措施落实情况，抽查了980个单位、2 505个项目，涉及资金达1 585.2亿元，还对以往审计中查出问题的整改情况进行了检查。现将有关情况公告如下：

一、清理拖欠民营企业中小企业账款政策落实相关审计情况

重点审计了13个省和30个中央部门拖欠账款清理情况。总体来看，相关地区和部门已经采取措施稳步推进账款清理工作。但审计过程中也发现了一些地区和部门存在未完成清偿计划、清欠台账不准确等问题，主要是：

（一）部分地区未完成清偿任务、虚报偿还金额等。4个省的1个地区和5家单位未按计划清偿13.65亿元欠款；2个省的13家单位虚报偿还金额5 642.56万元；1个省的1个县作为未完成清偿任务的地区，未按规定压减2019年一般性支出和“三公”经费，且未从严控制2020年“三公”经费预算。

（二）部分地区和部门清欠台账不准确，将无分歧账款按有分歧账款上报或删除，甚至新增欠款。6个省的17家单位和2个中央部门所属的2家单位少报或多报欠款，涉及金额达2.08亿元；2个省的3家单位将无分歧账款按有分歧账款上报或从清欠台账中删除，涉及金额达3.62亿元；4个省的11家单位新增欠款4.24亿元。

二、减税降费等政策落实相关审计情况

重点审计了16个省和30个中央部门的减税降费政策落实、行业协会清理收费等情况。总体来看，相关地区和部门已经采取措施抓好减税降费政策落实，从严治理行业协会乱收费问题。但审计过程中也发现了一些地区和部门存在转嫁费用、行业协会违规收费等问题，主要是：

（一）一些地区和部门转嫁费用、未按规定减免费用、违规开展中介服务等，涉及金额达1 248.95万元。其中，5个省的24家单位转嫁应由财政承担的系统维护服务费、考试费等费用，依托考试组织培训收费等，涉及金额达458.78万元；3个省的5家国有单位未按规定减免小微企业和个体工商户房租、担保费630.46万元；1个中央部门的2家单位违规开展与主管部门审批相关的中介服务，收费159.71万元。

（二）部分行业协会违规收费2 615.28万元。其中，4个省的4家行业协会和1家全国性行业协会依托行政权力违规收费，涉及金额达1 129.66万元；1个省的2家行业协会和2家全国性行业协会超标准收费或只收费不服务，涉及金额达394.1万元；14家全国性行业协会学会未经审批开展评比达标表彰活动，5个省的7家行业协会和3家全国性行业协会利用评比达标表彰活动违规收取费用1 091.52万元；还有2个省的2家行业协会违规实行浮动会费标准收取会费。

三、乡村振兴政策落实相关审计情况

本季度组织对19个省的44个县（市、区、旗，以下统称县）农产品仓储保鲜冷链设施、粮食产后服务、高标准农田、人居环境整治和农村道路建设等相关政策和资金进行了审计。总体来看，各地区正在加快补上"三农"领域突出短板。但审计过程中也发现了部分地方在落实落细乡村振兴政策措施和提高项目资金绩效等方面还存在一些问题，主要是：3个省的6个县农产品仓储保鲜冷链设施建设进展慢、质量不达标或设施设备闲置；7个省的12个县粮食产后服务项目建设进展慢、质量不达标或未发挥作用；11个省的14个县高标准农田建设管理不规范或建成后管护不到位等，涉及面积达153.62万亩；13个省的28个县农村厕所、生活污水垃圾处理设施未如期完成或运行效果不佳，农村道路养护、安全防护工程建设不到位；15个省的16个县9 717.69万元惠农补贴和涉农项目资金资产存在闲置、未及时发放、被挤占挪用等问题。

除上述问题外，截至2020年11月6日，22个省和2个中央部门在审计期间还积极整改审计指出的其他问题，涉及金额达5.13亿元，其中，清偿民营企业中小企业账款1.32亿元，退还各类违规多收费用3 562万元，追回各类违规发放、违规减免或被骗取套取的财政补助、银行贷款等资金2.2亿元，清理退还各类保证金3 842.3万元，盘活闲置资金208.01万元，为建档立卡贫困户等对象补发各类补助补贴1 858.45万元，收回和归还原渠道扶贫专项资金6 543.21万元，清理规范行政审批事项流程2项，出台和完善相关规章制度9项。审计署将继续跟踪整改情况，进一步督促问题整改到位。

资料来源：审计署. 2021年第1号公告：2020年第三季度国家重大政策措施落实情况跟踪审计结果.［2021-01-05］. https://www.audit.gov.cn/n11/n536/n539/c143351/content.html.

（二）审计结果报告的作用

审计结果报告为各级政府审定财政部门编制的财政决算草案提供了重要资料和情况说明，有利于各级政府加强对本级财政收支的管理。各级审计机关是监督国家财政收支的专门机关，也是各级政府财政监督的职能部门。它不仅监督本级各部门和下级政府的预算执行情况和决算，还监督本级预算执行情况。审计机关每年向本级政府首长提出对预算执行情况的审计结果报告，这使得各级政府能够比较全面、客观地了解预算执行情况及存在的主要问题。这份报告为各级政府作出科学决策、解决预算管理中存在的问题提供了客观依据，有利于各级政府在向本级人大常委会提交财政决算草案前，及时纠正预算执行中存在的问题。

权责发生制政府审计报告改革

（三）审计结果报告的主要内容

政府审计结果报告的主要内容包括：本级预算执行审计的基本情况及审计机关对其的总体评价；审计查出的问题及审计机关依法作出审计处理的情况；加强和改进预算管理工作建议；本级政府要求报告的其他事项。

二、审计工作报告

（一）审计工作报告概述

审计工作报告是指审计机关依照法律规定，受本级人民政府委托，向本级人大常委会提出的关于审计上年度本级预算执行和其他财政收支审计工作情况的报告。1994 年，我国《审计法》确立了审计机关代表本级政府向人大常委会就本级预算执行情况作审计工作报告的制度。1995 年 7 月，国务院制定的《中央预算执行情况审计监督暂行办法》进一步规定了审计署受国务院委托每年向全国人大常委会提出对中央预算执行和其他财政收支审计工作报告的制度。从 1996 年开始，听取和审议审计工作报告成为各级人大常委会的法定议程。至今，国务院和县级以上地方人民政府应当每年向本级人大常委会提出审计机关对预算执行和其他财政收支的审计工作报告。

审计工作报告应当重点报告对预算执行的审计情况。必要时，人大常委会可以对审计工作报告作出决议。国务院和县级以上人民政府应当将审计工作报告中指出的问题的纠正情况和处理结果向本级人大常委会报告。

（二）审计工作报告的作用

审计工作报告为各级人大常委会审查和批准财政决算提供了客观依据，有利于人大常委会加强对预算执行和其他财政收支的监督。按照我国预算管理职权的划分，各级人大常委会负责审查、批准本级财政决算。《审计法》第四条规定，国务院和县级以上地方人民政府应当每年向本级人民代表大会常务委员会提出审计工作报告。审计工作报告应当报告审计机关对预算执行、决算草案以及其他财政收支的审计情况，重点报告对预算执行及其绩效的审计情况，按照有关法律、行政法规的规定报告对国有资源、国有资产的审计情况。必要时，人民代表大会常务委员会可以对审计工作报告作出决议。国务院和县级以上地方人民政府应当将审计工作报告中指出的问题的整改情况和处理结果向本级人民代表大会常务委员会报告。这样做有利于人大常委会全面、客观地掌握政府财政管理情况，加强各级人大常委会对预算执行和其他财政收支的监督，促使政府采取措施解决预算执行中存在的问题，确保预算执行的严肃性。

（三）审计工作报告的主要内容

政府审计工作报告的主要内容包括：开展本年度预算执行审计工作的基本情况；对本级预算执行审计情况的总体评价；本级预算执行中存在的主要问题及纠正和处理情况；审计后政府各部门（单位）的整改情况；加强预算管理的意见；人大常委会要求报告的其他事项。

三、审计结果报告与审计工作报告的关系

审计工作报告是审计机关根据《审计法》第四条的规定，受政府委托向人大常委会报告审计工作的载体。审计结果报告是审计机关根据《审计法》第四十条的规定向社会公布审计结果的载体。审计工作报告是在审计结果报告的基础上形成的，它们既有联系又有区别。它们的联系在于，两种报告的核心内容都是相同的，审计结果报告是审计工作报告的有机组成部分，在基本数字、基本情况、对预算执行情况的评价以及主要问题等方面具有一致性。它们的区别在于：

《审计法》第四条与第四十条的规定内容

（一）报告对象不同

审计结果报告的报告对象是本级政府首脑，而审计工作报告的报告对象是本级人大常委会。

（二）报告目的不同

发布审计结果报告的目的在于促进各级政府加强对本级财政收支的管理；发布审计工作报告的目的在于强化各级人大常委会对本级预算执行和其他财政收支的监督。

（三）报告的主体不同

审计结果报告的报告人是各级审计机关，审计工作报告的报告人是各级政府。审计机关受政府委托向各级人大常委会作审计工作报告。

（四）报告内容的范围不同

审计结果报告主要报告预算执行审计的结果，审计工作报告的内容范围则相对广泛，不仅要报告预算执行审计的结果，还要报告在政府首脑领导下开展预算执行审计工作的全部情况。

（五）报告的侧重点不同

审计结果报告侧重于向政府揭露和反映各部门单位在组织预算执行或预算中存在的问题和情况，以及提出加强和完善预算收支管理的建议；审计工作报告则侧重于反映审计查出问题的处理情况，以及经审计后政府各部门单位采取的纠正和整改措施，充分体现在政府首脑领导下预算执行审计工作的成效，以及政府接受人大常委会对预算执行和其他财政收支进行监督的态度。

审计结果报告与审计工作报告的区别见表 12－3。

表 12－3　审计结果报告与审计工作报告的区别

项目	审计结果报告	审计工作报告
报告对象	本级政府首脑	本级人大常委会
报告目的	促进各级政府加强对本级财政收支的管理	强化各级人大常委会对本级预算执行和其他财政收支的监督
报告主体	各级审计机关	各级政府
报告内容的范围	预算执行审计的结果	内容相对广泛，不仅要报告预算执行审计的结果，还要报告在政府首脑领导下开展预算执行审计工作的全部情况
报告的侧重点	向政府揭露和反映各部门单位在组织预算执行或预算中存在的问题和情况，以及提出加强和完善预算收支管理的建议	反映审计查出问题的处理情况，以及经审计后政府各部门单位采取的纠正和整改措施，充分体现在政府首脑领导下预算执行审计工作的成效，以及政府接受人大常委会对预算执行和其他财政收支进行监督的态度

四、审计结果报告与审计工作报告的工作程序

关于两种报告的具体工作程序，《审计法》和其他有关法律法规没有明确规定，各级审计机关的做法也不尽一致。根据我国中央预算执行审计和一些地方预算执行审计的经验，审计结果报告和审计工作报告的工作程序主要包括以下步骤：

（1）审计机关根据审计掌握的情况和查出的问题形成审计结果报告初稿，随后，审计机关行政首长召开业务会议，在充分考虑被审计的本级各部门意见的基础上，对报告初稿进行讨论修改，定稿后报送本级政府（政府首脑）。

（2）政府（政府首脑）根据审计结果报告反映的情况和揭露的问题，以及政府财政管理和人大常委会监督的不同侧重点，决定如何向人大常委会报告预算执行审计工作，并提出预算执行审计工作报告的编写要求。审计机关据此草拟审计工作报告初稿，并提交政府办公会议讨论、修改。这是整个报告程序的关键环节。一方面，审计机关在政府领导之下，审计工作报告的报告内容应该符合政府要求；另一方面，审计机关要向人大常委会讲实情、说实话，重点反映人大常委会关心的情况和问题，突出人大常委会监督的严肃性和权威性。

（3）政府征求人大财经委对审计工作报告初稿的意见，并根据反馈做进一步修改，最后由政府首脑审核定稿。在审计工作报告定稿之前征求人大财经委的意

见，使之尽可能贴近人大常委会的要求，这样有利于争取主动，避免在正式报告预算执行审计工作时出现偏差，从而更好地为人大常委会审查批准决算服务。

（4）审计机关行政首长受政府委托向人大常委会作审计工作报告，并在人大常委会审查批准后向社会公布，以发挥公众监督的作用。

审计结果报告与审计工作报告的工作程序见图12-2。

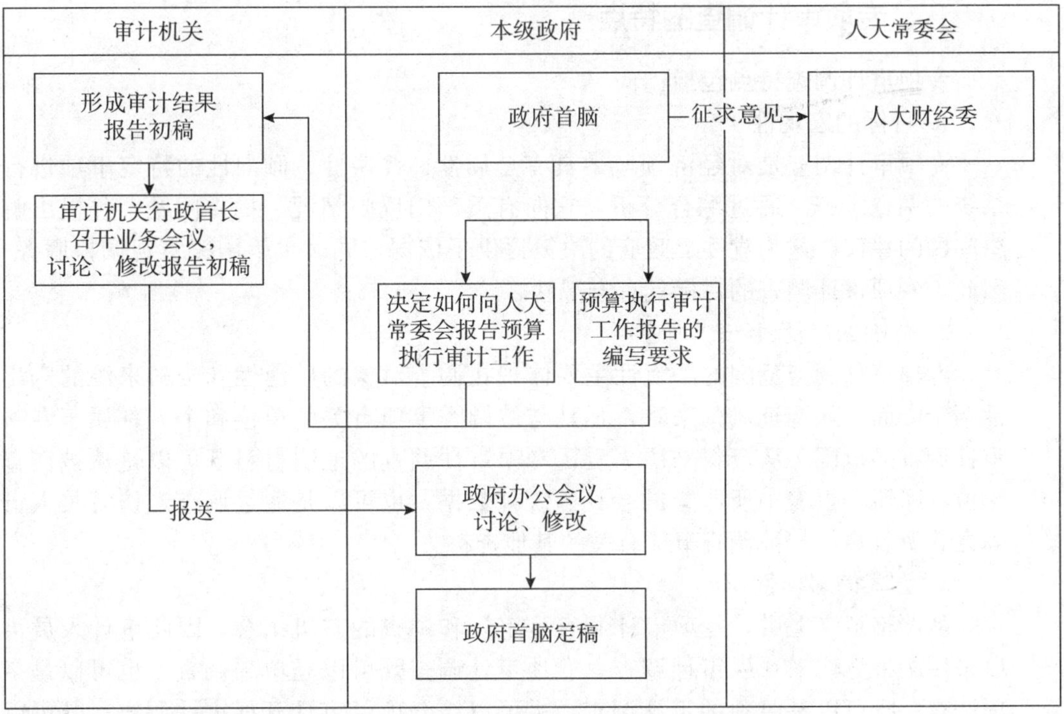

图12-2　审计结果报告与审计工作报告的工作程序

实践证明，要对预算执行情况进行审计并做到为政府和人大常委会服务，形成高质量的审计结果报告和审计工作报告，审计机关除了要做好预算执行审计的基础性工作外，还应该具备一套科学完整的预算执行审计报告程序。通过执行科学完整的报告程序，可以吸收各方面的合理意见，妥善处理审计机关与本级各部门、审计机关与政府、政府与人大常委会以及上级审计机关与下级审计机关等方面的关系，从而将审计结果转化为行政和法律力量，有效发挥财政收支审计在国家财政经济中的作用。

第三节　专项审计调查报告

一、专项审计调查报告概述

专项审计调查报告是审计机关依法对预算管理或者国有资产管理使用等与国

家财政收支有关的特定事项向有关地方、部门、单位进行专项审计调查所出具的结果报告。审计机关可以依照《审计法》及其实施条例规定的审计程序、方法以及国家其他有关规定，对预算管理、国有资产管理使用、政府性基金缴纳使用、纳税人和扣缴义务人缴纳税款等与国家财政收支有关的特定事项，向有关地方、部门、单位进行专项审计调查。

二、专项审计调查的特点

专项审计调查特点包括：

1. 目标的宏观性

专项审计调查是对经济领域中具有全局性、普遍性、倾向性的特定事项进行系统的调查了解。通过综合分析，它向有关部门反映情况、揭露问题，并提出解决问题的建议。这为党委、政府的决策提供了依据，同时也为国家宏观调控服务。因此，专项审计调查的目标具有宏观性。

2. 范围的广泛性

专项审计调查范围的广泛性主要体现在调查对象的广泛性和资料来源的广泛性两个方面。从调查对象来看，凡是与被调查事项有关的单位和个人都属于专项审计调查的范围。从资料来源来看，专项审计调查的证明材料既可以是从被调查单位的账册、报表中所收集的会计、统计数据，也可以是通过调查走访有关人员等方式所收集的与被调查事项有关的其他资料。

3. 方式的多样性

从严格意义上讲，专项审计调查是审计和调查的有机结合，因此审计人员可以采用多种方式来开展审计调查。专项审计调查既可以是单项调查，也可以是多项调查；既可以是单独的审计调查，也可以结合项目审计开展审计调查；既可以通过审核被调查单位的会计、统计资料进行调查，也可以通过召开座谈会和走访有关单位、个人，以及向有关单位、个人发放审计调查表等方式来进行调查。

4. 作用的时效性

专项审计调查的目的是为上级经济决策提供依据。因此，作出审计调查结论和提出审计调查建议必须在上级有关部门作出决策之前完成，否则就会错过时机，使审计调查失去应有的价值。

三、专项审计调查的范围

对于预算管理或者国有资产管理使用等与国家财政收支有关的特定事项，符合下列情形的，可以进行专项审计调查：涉及宏观性、普遍性、政策性或者体制、机制问题的；事项跨行业、跨地区、跨单位的；事项涉及大量非财务数据的；其他适宜进行专项审计调查的。

四、专项审计调查的程序

专项审计调查的程序一般为：

（1）成立专项审计调查组。

（2）制定专项审计调查方案。专项审计调查方案的主要内容应当包括调查的目标、范围、内容、程序、时间、人员分工等。

（3）向被调查单位送达专项调查通知书。审计机关在进行专项审计调查前，应向被调查单位送达专项审计调查通知书。专项审计调查通知书的内容包括：

① 被调查单位名称。

② 调查的依据、范围、内容和时间。

③ 对被调查单位配合调查工作的具体要求。

④ 调查组组长及成员名单。

⑤ 审计机关公章及签发日期。审计机关结合项目审计开展专项审计调查的，可以只送达审计通知书，并在审计通知书中明确专项审计调查事宜。

（4）进行调查。在调查过程中，主要通过审计方法取得被调查单位的有关材料。

（5）调查结束后，提出专项审计调查报告。

（6）就专项审计调查报告征求被调查单位意见。在专项审计调查报告报送审计机关前，可以征求被调查单位的意见。被调查单位应当自收到专项审计调查报告之日起 10 日内提出书面意见，10 日内没有提出书面意见的，视同无异议。

（7）将专项审计调查报告报送审计机关。

专项审计调查程序见图 12－3。

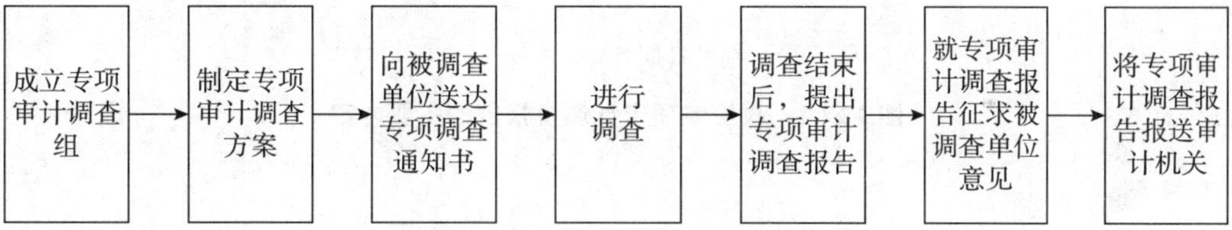

图 12－3　专项审计调查程序

五、专项审计调查报告的内容

专项审计调查工作结束后，专项审计调查组应当及时向审计机关提交专项审计调查报告。为了适应不同程度、不同规模的专项审计调查，并简化程序，专项审计调查报告可分为简式和完全式两种。

（一）简式专项审计调查报告

简式专项审计调查报告一般包括下列内容：调查的依据、范围、内容和起止时间；被调查事项的基本情况；调查中发现的问题及原因分析；调查结论和改进建议；其他需要反映的情况和问题。

（二）完全式专项审计调查报告

完全式专项审计调查报告除包括上面五项内容之外，还应涵盖被调查单位的主要特点、本次调查发现的值得关注的其他问题、被调查单位是否重视审计建议、采取了哪些整改措施以及其他需要反映的情况。

专项审计调查报告是政府审计机关的重要文书和最终成果，编写专项审计调查报告需要注重语法、文字和结构等基本功，要求内容完整、事实清楚、结论正确、用词恰当、格式规范。

政府审计机关的专项审计调查报告采用详式报告文体，报告的主要内容包括下列要素，具体如图 12 - 4 所示。

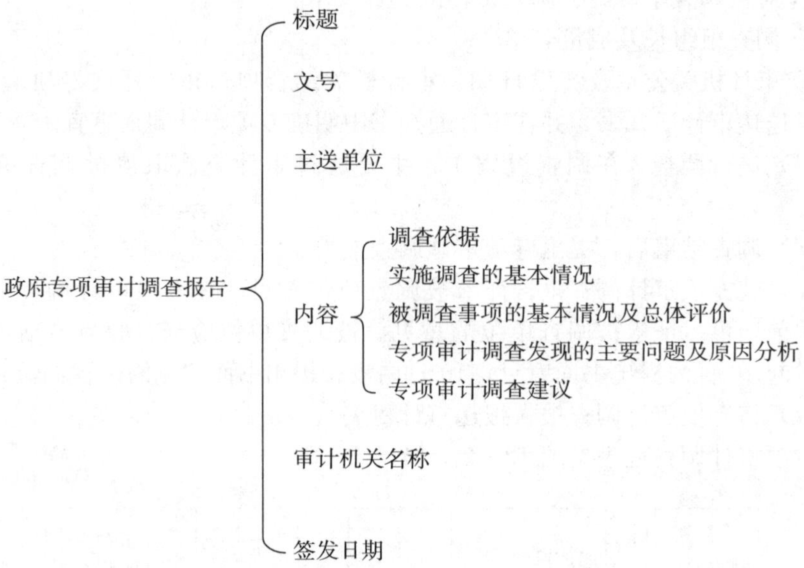

图 12 - 4　政府专项审计调查报告的主要内容

① 标题。

② 文号（调查小组的专项审计调查报告不包含此项）。

③ 主送单位。

④ 内容（正文）。

⑤ 审计机关名称（调查小组的专项审计调查报告为组长签名）。

⑥ 签发日期（调查小组的专项审计调查报告为调查小组向审计机关提交报告的日期）。具体如图 12 - 4 所示。

专项审计调查报告的正文内容包括：

① 调查依据，即实施调查所依据的法律法规等具体规定。

② 实施调查的基本情况，一般包括调查目标、范围、内容、方式、实施的起止时间等。

③ 被调查事项的基本情况及总体评价。基本情况主要说明与调查目标有关的被调查事项的背景信息，总体评价主要是针对调查结果发表的评价意见。

④ 专项审计调查发现的主要问题及原因分析，包括事实、标准、性质、影响后果及原因分析。专项审计调查报告应当根据专项审计调查目标，重点分析具有

宏观性、普遍性、政策性或者涉及体制、机制的问题并提出改进建议。每类问题的表述原则是先总体（包括该类问题总量、占总体比率、发展规模、程度和趋势、影响面及其后果）后列举，列举的具体问题要有典型性，起到佐证总体结论的作用。对调查中发现的不具有普遍性、倾向性和重要性，或与调查目标联系不紧密且未造成影响的问题，原则上可以不作具体描述或反映，对审计调查发现的问题可以根据需要采取适当方式要求整改。

⑤ 专项审计调查建议。专项审计调查报告应当从总体的角度进行评价，从宏观的角度重点反映政策、体制、制度及其执行中存在的普遍性、倾向性、苗头性问题，从标本兼治的角度深入分析原因，从建设性的角度提出调查建议。

【实例 12-3】龙岩市审计局专项审计调查报告

被调查单位：龙岩市财政局、福建省龙岩市城市建设投资发展有限公司、龙岩市安居住宅建设有限公司、福建省龙岩汇金置业有限公司、龙岩市土地收购储备中心等单位

审计调查项目：2010—2019 年立项并已完工的市本级政府投资建设项目竣工决算情况专项审计调查

根据《审计法》第二十二条的规定（①调查依据，实施调查依据的是《审计法》），龙岩市审计局派出审计组，自 2020 年 11 月 23 日至 11 月 30 日，对 2010 年以来立项的市本级政府投资建设项目竣工财务决算情况进行专项审计调查。重点围绕福建省财政厅转发财政部《基本建设项目竣工财务决算管理暂行办法》和《基本建设项目建设成本管理规定》的通知（闽财建〔2016〕87 号），开展竣工决算工作情况的审计调查（②实施调查的基本情况，包括了调查目标、范围、内容方式、实施的起止时间等）。审计期间，审计组按照规定进行了审计公示，至审计结束，未收到单位或个人举报电话和来信来访。相关单位对所提供资料的真实性和完整性负责。龙岩市审计局的责任是依法独立实施专项审计调查并出具专项审计调查报告。

一、被调查事项的基本情况（③一二部分内容是被调查事项的基本情况及总体评价）

对全市 2010 年以来立项的本级政府投资项目（总投资扣除征拆资金后金额在 300 万元以上）建设情况进行调查摸底，截止到 2020 年 10 月 31 日，2010 年以来立项的本级政府（含经开区）投资建设项目 176 个，其中已完工项目 116 个。在已完工的项目中，包括城市基础设施项目 86 个、棚户区改造安居项目（包含安置房项目）19 个、促进生态环保项目 4 个、文化产业项目 2 个、水利工程项目 3 个。此次审计调查重点是市本级投资项目竣工财务决算报送情况及监督管理情况，抽查了龙岩市安居住宅建设有限公司等 11 个建设单位的 50 个政府投资建设项目（占比为 43.1%），同时对市城市建设投资发展有限公司和市安居住宅建设有限公司自成立以来组织开展的政府投资项目的房屋征拆结算审核、资产交付以及办理竣工财务决算情况进行了延伸审计调查。

二、审计调查评价意见

审计调查结果表明，政府投资建设项目各相关单位重视政府投资建设工作，紧紧围绕国家宏观经济决策和市委、市政府“项目建设年”“五大战役”“城市建设年”和中心城市大会战等重大决策部署，在基础设施、社会事业、服务行业等重点领域统筹推进政府投资重大建设项目。但审计发现本级政府投资建设项目存在基本上未按《基本建设项目竣工财务决算管理暂行办法》和《基本建设项目建设成本管理规定》办理竣工决算、资金清算和资产交付手续等问题，导致无法形成国有资产，不利于国有资产的保值增值，也不利于中心城市建设做强做大。

三、审计调查发现的主要问题（④第三部分反映的是调查发现的主要问题及原因分析，包括事实、规模、性质、程度、影响、后果及原因分析）

（一）政府投资项目基本未按规定编制竣工决算。

调查摸底显示2010—2019年立项并已完成竣工验收并投入使用的市本级政府投资建设项目（总投资扣除征拆资金后金额在300万元以上）共有116个，实际投资额约405亿元。审计调查发现仅有厦蓉高速公路龙岩互通迁建工程1个项目办理了竣工财务决算，其余已完工项目均未按规定在完工可投入使用或者试运行合格后3个月内编报竣工财务决算，有的项目已完工长达8年。这反映出相关单位存在“重建设轻竣工决算”的思想，对项目后期的财务决算工作不重视，竣工财务决算意识淡薄。这种行为不符合财政部发布的《基本建设项目竣工财务决算管理暂行办法》（财建〔2016〕503号）第二条“基本建设项目（以下简称项目）完工可投入使用或者试运行合格后，应当在3个月内编报竣工财务决算，特殊情况确需延长的，中小型项目不得超过2个月，大型项目不得超过6个月”的规定。

（二）政府投资项目基本未按规定及时办理资金清算和资产交付手续。

每年均有大批基础设施项目完成竣工验收并投入使用，但大部分建设项目财务长期挂账（挂在“在建工程”或“预付账款”科目下），未及时办理资产交付手续，导致无法形成资产。延伸审计发现：城投公司自成立以来已竣工未办理资产交付手续工程项目304个，使用建设资金133.31亿元，其中，挂在“在建工程”科目下的资金为88.46亿元、挂在“预付账款”科目下的资金为44.85亿元；安居公司已竣工未办理资产交付手续建设项目8个，使用建设资金18.73亿元，其中，挂在“在建工程”科目下的资金为1.77亿元、挂在“预付账款”科目下的资金为16.96亿元。这种行为不符合财政部发布的《基本建设项目竣工财务决算管理暂行办法》（财建〔2016〕503号）第十九条“项目竣工后应当及时办理资金清算和资产交付手续，并依据项目竣工财务决算批复意见办理产权登记和有关资产入账或调账”的规定。

（三）政府投资项目基本未及时开展房屋征拆结算审核工作。

审计调查发现，政府投资建设项目由于征拆时间较长、补偿不规范、原始资料不齐全等，征拆资金长期挂在“预付账款”科目下，均未开展房屋征拆结算审核工作。审计抽查了 3 个单位的 220 个项目，共计征拆资金 68.12 亿元，其中，城投公司有 190 个项目，使用征拆资金近 45 亿元；安居公司有 11 个项目，征拆资金约 11.03 亿元；市收储中心 19 个安置房用地项目征拆成本为 12.09 亿元，这些项目均未开展房屋征拆结算审核工作。这种行为不符合《财政部关于印发〈建设工程价款结算暂行办法〉的通知》（财建〔2004〕369 号）第十四条“工程完工后，应及时进行工程竣工结算……”的规定。

（四）建设单位及代建单位项目负责人及财务人员缺乏竣工财务决算业务知识。

此次审计调查了政府投资项目建设单位及代建单位的负责人和财务人员合计 41 人。其中能够分清工程造价结算与竣工财务决算区别的有 19 人（占比 46.34%），能够懂得编制竣工财务决算报表的仅有 1 人（占比 2.44%）。龙岩市财政部门未组织专门的竣工财务决算业务学习培训，项目建设单位作为项目实施主体，也未组织基本建设财务规则、竣工财务决算管理等相关业务学习，以提高项目财务管理相关人员的竣工财务决算业务知识，在项目竣工后及时编报竣工财务决算并报审。

（五）竣工财务决算督促检查不够到位。

审计调查发现，龙岩市财政局项目预算管理部门和资产管理部门存在“重工程造价结算轻竣工财务决算”的现象，未组织对已完成竣工验收并投入使用的建设项目组织竣工财务决算和资产交付情况专项督查。截至 2020 年 11 月底，龙岩市财政评审中心仅出具竣工财务决算评审报告 1 个（黄竹坑生活垃圾填埋场渗滤技术工程、总投资扣除征拆资金后金额在 300 万元以内），目前正在审核竣工财务决算的项目有 2 个。这种行为不符合《基本建设财务规则》第五十七条“财政部门和项目主管部门应当加强项目的监督管理，采取事前、事中、事后相结合，日常监督与专项监督相结合的方式，对项目财务行为实施全过程监督管理”的规定。

（六）建设、代建单位对工程结算造价审核把关不严。

施工单位编制的工程结算普遍存在高估冒算等问题，而建设单位、代建单位、监理单位初审把关不严、核减率低，且大部分项目未达送审条件就报送审核机构审核。机构在审核过程中发现多数项目存在重要资料不齐全、合同争议问题未解决、核减率高等问题。这种情况不符合《龙岩市人民政府办公室关于印发龙岩市本级财政投资评审管理办法的通知》第三十条“项目建设单位应当配合财政投资评审机构开展工作，及时提供评审工作所需相关资料，并对所提供资料的真实性、合法性负责”的规定。

（七）项目管理人员和财务人员变更较多。

此次审计调查了 50 个项目，发现变更项目负责人的有 11 个（占比 22%），变更财务负责人的有 28 个（占比 56%）。个别项目财务负责人变更频繁，如安居公司承建的 9 个项目，其财务负责人先后变更三次；城投公司承建的 18 个项目，其财务负责人先后变更两次。这种情况不符合《基本建设项目竣工财务决算管理暂行办法》中关于“在竣工财务决算未经审核前，项目建设单位一般不得撤销，项目负责人及财务主管人员、重大项目的相关工程技术主管人员、概（预）算主管人员一般不得调离”的规定。

四、审计调查建议（⑤第四部分反映的是调查建议）

（一）建立和健全相关配套制度。建议市财政部门参照《中央基本建设项目竣工财务决算审核批复操作规程》，制定我市竣工财务决算审核批复的具体操作规程，逐步实现政府投资项目决算评审全覆盖。同时，积极探索将竣工财务决算开展情况纳入工程项目绩效评估体系，并对其予以考核。

（二）加强宣传培训，提高业务素质。市财政部门以及项目建设单位应强化竣工财务决算业务学习培训，加强工作交流和业务研讨，扩大培训范围（培训对象应涵盖经办人员、分管领导和主要领导），以增强竣工财务决算意识，提高财务人员业务知识，夯实财务基础工作，为开展竣工财务决算打下基础。

（三）强化政府投资建设项目全过程管理。项目建设单位应积极推进政府投资建设项目决策、施工设计、概算编制、工程发包、设备材料采购、建设施工、监理验收、造价结算等各环节的工作，并按有关规定及时编报竣工财务决算，办理资产交付手续，以促进国有资产保值增值，做强做大中心城市建设。

（四）开展专项征拆资金审核清理工作。建议由市财政局牵头，组织市住建局、房屋征收中心等相关单位对历年来政府投资建设项目房屋征拆资金开展专项清理审查工作，及时办理征拆资金结算，以利于后续开展竣工财务决算工作。

（五）加强履行职责，形成管理合力。项目预算管理部门积极督促项目业主报送项目竣工财务决算，龙岩市财政评审中心按有关规定及时办理审核批复手续；资产管理部门应加强对基本建设财政资金形成的资产的管理；发改、财政、项目主管部门等相关部门应适时组织开展政府投资建设项目竣工财务决算和资产交付的专项监督检查工作，并指导督促县级做好政府投资建设项目竣工财务决算工作，以促进规范我市政府投资建设项目行为，提高资金使用效益。

对本报告指出的问题，请相关单位自收到本报告之日起 90 日内整改完毕，并将整改结果以书面形式报告给龙岩市审计局。龙岩市审计局将视情况对整改结果进行检查，并将检查情况向社会公告。

资料来源：龙岩市审计局. 龙岩市审计局专项审计调查报告. ［2021－02－07］. http://xxgk.longyan.gov.cn/sjj/gkml/3000/202102/t20210207_1763319.htm.

六、专项审计调查报告的编制步骤

（一）整理审计调查记录，核实资料，分类汇总

在审计调查工作结束之前，应对审计调查全过程进行认真的检查，进一步核实资料，确保正确无误。同时，舍弃无关紧要和可有可无的材料，选择具有代表性的事实材料，针对审计实施方案审核审计调查的资料是否完备齐全。如果材料

不足，应予以补足；证据不充分，应进一步充实；数据未核实的，应抓紧核实；工作底稿不完备的，应继续补充。将审定后的材料，按照不同内容进行分类、归纳。最后，还需要召开调查情况汇报会，交流调查情况，讨论调查中发现的主要问题，分析产生问题的根源，研究解决问题的建议。

（二）拟订专项审计调查报告提纲

专项审计调查报告与其他报告的不同之处是，它需要更多的事实材料，需要反映宏观性、政策性、体制性问题，更需要对发现的问题进行深入的分析。因此，需要对底稿中记录的问题进行整理归类和汇总，按照问题的主次，统筹安排，确定报告的表现形式，撰写较为详细的调查提纲，并指定专人负责起草，集体研究修改，实行组长负责制。在起草报告写作提纲之前，审计调查组应当讨论确定下列事项：①评价专项审计调查目标的实现情况；②专项审计调查实施方案确定的审计事项完成情况；③评价审计证据的适当性和充分性：④提出审计调查评价意见；⑤评估审计调查发现问题的重要性；⑥提出对审计调查发现问题的处理处罚意见；⑦其他有关事项。

（三）起草专项审计调查报告初稿

通过资料的整理和提纲的拟订，审计调查的基本内容已经具备，最后用文字进行组织说明，调查报告初稿也就自然形成。

（四）征求被调查单位的意见

在专项审计调查报告报送审计机关之前，应当以审计机关的名义征求被调查对象的意见，并针对被调查对象的书面反馈意见，对调查报告中所列问题作进一步核实。通常情况下，就有关问题与事项分别征求被调查单位和拟处罚的有关责任人员的意见。专项审计调查报告中涉及的重大经济案件调查等特殊事项，经审计机关主要负责人批准，可以不征求被审计单位的意见。

被调查单位应当自收到专项审计调查事项征求意见书之日起 10 日内，提出书面反馈意见，10 日内没有提出书面意见的，视同无异议。审计组应当将专项审计调查报告和书面反馈意见送达审计机关，并对采纳被审计单位、被调查单位、被审计人员、有关责任人员意见的情况和原因，或者上述单位或人员未在法定时间内提出书面意见的情况作出书面说明。对调查结论或建议，审计组内部存在较大分歧的，审计组所在部门负责人应当报告分管领导，必要时可以咨询外部有关专家意见。

（五）专项审计调查报告的复核、审理

专项审计调查报告必须进行复核与审理。专项审计调查报告、审计决定书原则上应当由审计机关审计业务会议审定；特殊情况下，经审计机关主要负责人授权，可以由审计机关其他负责人审定。最后，向被调查单位出具审计机关的正式报告。同时，向本级人民政府和上一级审计机关报告专项审计调查结果，必要时将审计调查结果抄送有关主管部门。专项审计调查中如果发现被调查对象有违法违规行为，应在法定权限内提出处理处罚决定；对不属于审计机关法定职权范围的，应当办理移送处理。

（六）专项审计调查的审计整改

专项审计调查发现的问题需要被调查单位进行整改的，应当提出整改要求和建议，明确整改期限，并要求被调查单位及时将整改情况以书面形式报告给审计机关。

专项审计调查报告编制流程如图 12-5 所示。

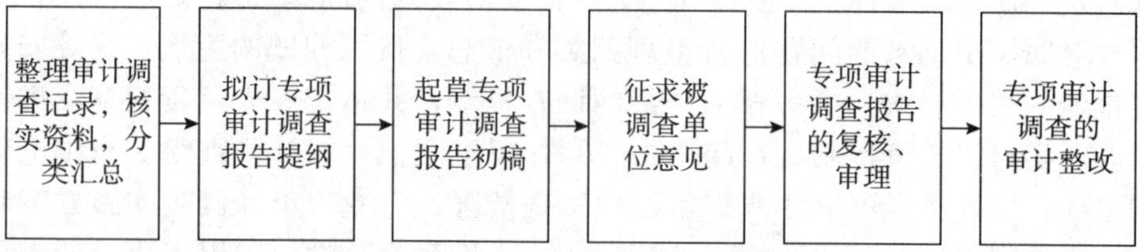

图 12-5 专项审计调查报告编制流程

□ 习题

一、简答题

1. 什么是政府审计报告？政府审计报告的基本要素有哪些？

2. 简要说明政府审计报告的编制程序。

3. 什么是审计结果报告？什么是审计工作报告？两者有什么关系？

4. 什么是专项审计调查报告？专项审计调查报告中的主要内容包括什么？

二、案例分析题

1. 十九届五中全会提及的“十四五”规划和计划到 2035 年实现的目标表明国家的经济发展和治理能力提升依旧是近年来国家发展的主旋律。

材料一：《中国审计年鉴（2018）》表明，2017 年审计署本级共完成 143 篇审计报告和专项审计调查报告，向社会公告 32 篇，占比约为 23%。全国地方审计机关发布总数为 156 237 篇，向社会公布 12 930 篇，不足总数的 9%。不同审计机关向社会发布审计结果公告的频次存在显著差异，例如，2017 年北京市审计机关共完成 1 272 篇审计报告和专项审计调查报告，向社会公布 272 篇，公布率为 21.38%，而同年天津市审计机关共完成 1 027 篇审计报告和专项审计调查报告，向社会公布仅 1 篇，公布率仅为 0.1%。

材料二：汇总审计署近年公布的结果公告发现，审计署于 2014—2018 年发布了金融机构审计结果公告，但随后至今未再发布金融机构审计结果公告，因此难以确定此间是否存在执行了审计项目但没有向公众发布信息的情况。审计署在 2015 年 5—12 月按月公告重大政策落实情况跟踪审计结果，2016 年至 2021 年 10 月按季度公告相应审计结果。审计业务类型多变，常态化发布机制亟待建立，这主要受到上游政策变动及审计人员缺乏的影响。

材料三：各业务类型的审计公告均会披露审计发现的问题，但对于被审计单位的意见及整改措施的披露形式和程度则存在差异。部分机关会详细披露完整的整改措施和进度情况，部分机关则只发布整改情况较好、进度较快的整改措施，还有部分机关不公布整改情况。审计署发布的部分金融机构审计和国有企业审计公告中提到，具体整改结果由被审计单位自行公布。然而，被审计单位在其网站上发布的公告中，对于未整改部分的原因和后续措施往往避而不谈。

材料四：审计署发布公告的主要途径有两种：一是审计署官方网站上的公告及解读板块，上面会显示审计署发布的所有审计公告；二是通过书籍报刊等纸质媒体，如《中国审计年鉴》《中国审计报》等。然而，这些纸质资料当前的受众几乎只有研究人员，相关的电子资料也难以出现在面向公众的主流媒体上。

地方审计机关的公告发布情况并不统一，公告发布的位置也各不相同。部分审计机关在自有网站或政务网站上设置了清晰可见的审计结果公告专用板块，以附件或网页正文的形式进行发布，这种方式简洁明快，便于使用者查找和阅读。但是，也有部分审计机关将审计结果与审计动态、时政新闻等内容混放在一起，甚至将其置于二级、三级菜单中；部分地市级审计机关甚至没有建立官方网站，部分已建立网站的审计机关则仅发布审前公告不发布结果公告。这些现象无疑会挫伤公众获取审计信息的积极性。

此外，审计机关对于新媒体的运用程度不够高。虽然审计署有微信公众号这一平台，但其作用仅限于展现一些新闻动态，审计结果公告并未通过微信公众号等新媒体进行发布。因此，无论是通过书籍报刊的方式，还是以新媒体的方式，公众都无法简单快捷地获取审计结果公告。

根据审计署印发的《审计署公告审计结果办法》，审计署公告审计结果应在审计报告和审计决定书生效 90 天后的适当时机进行。从审计署发布审计结果公告的时间安排来看，公布时点遵循一定的模式：对于已形成常态化并向社会公众报告的业务，时间安排较为紧凑，如重大政策跟踪审计项目大多在审计工作结束 3 个月后即向社会公布。而对于那些计划受上游风向影响大的国有企业或金融机构的财务收支审计项目，公布时间则相对较晚，有的项目在结束 6 个月后才进行公布，甚至部分项目在结束 12 个月后才向社会公布。

结合案例材料分析现阶段我国政府审计存在哪些问题。针对这些问题，你有何建议？

2. 材料一：每到年中，审计署就会密集发布审计公告，交上一份中国财政经济的全面“体检报告”，政府部门、大型国有企业、重大专项都是“体检对象”。2016 年 6 月 29 日，时任审计署审计长刘家义向十二届全国人大常委会第二十一次会议作了《国务院关于 2015 年度中央预算执行和其他财政收支的审计工作报告》。同一天，审计署公开发布了 23 个审计公告，涉及 43 个中央部门（包括审计署）、10 户中央企业、5 家金融机构，以及扶贫资金、保障房、工伤保险基金、水污染防治项目、农林水专项等的审计结果，以及 39 起已处理的违纪违法问题的情况。

材料二：中央企业是国有企业的主体，是国民经济的重要支柱。审计署一直把中央企业审计作为一项重要工作，每年都会选择一些重点企业进行财务收支审计或专项审计调查。自 2010 年审计署首次单独公告中央企业财务收支审计结果以来，审计署已公布了对50余家中央企业的审计结果，这些企业涵盖烟草、军工、石油石化、电力、能源、钢铁、汽车、装备制造、电信、建筑、航天、冶金等领域，重点审计企业集团总部和部分所属骨干企业。据审计署公告统计，2010年至2016年，中国航空集团公司接受3次审计，是所有中央企业中接受审计次数最多的，其他中央企业均接受1～2次审计。

结合案例材料，回答如下问题：

(1) 审计署为什么重点审计这些领域?

(2) 审计署为什么重点审计这些企业?

即测即评

参考文献

［1］文硕．世界审计史［M］．上海：立信会计出版社，2019.

［2］江纹．政府审计案例［M］．北京：中国时代经济出版，2009.

［3］中华人民共和国审计署．中国共产党领导下的审计工作史［M］北京：中共党史出版社，2021.

［4］陈汉文，等．审计［M］．4 版．北京：中国人民大学出版社，2020.

［5］蔡春，朱荣，蔡利．国家审计服务国家治理的理论分析与实现路径探讨：基于受托经济责任观的视角［J］．审计研究，2012（1）：6－11.

［6］谭劲松，宋顺林．国家审计与国家治理：理论基础和实现路径［J］．审计研究，2012（2）：3－8.

［7］邢维全．古代雅典经济责任审计探微［J］．新会计，2016（11）：36－39.

［8］许莉．国家审计本质认识论及其实践规律［J］．审计与经济研究，2021，36（5）：20－23.

［9］刘茜，许成安．国家审计推进腐败治理的机理与路径研究［J］．东南学术，2018（1）：122－128.

［10］沈贞玮，贺海燕．天下未乱计先乱 天下欲治计乃治：杨时展教授的学术履历、学术思想与学术年表简编［J］．会计之友，2008（6）：13－18.

［11］刘云，张传明．我国审计名称的历史演变［J］．审计研究，2002（1）：36－40.

［12］刘家义．论国家治理与国家审计［J］．中国社会科学，2012（6）：60－72.

［13］李孝林．周、汉审计史新证［J］．审计研究，2008（1）：39－44.

［14］杨慧媛．浅议中国审计的起源［J］．会计师，2009（10）：62－63.

［15］夏寒．民国的事前审计及其制度环境［J］．审计研究，2013（1）：32－37.

［16］肖建新．宋朝审计机构的演变［J］．中国史研究，2000（2）：112－126.

［17］贺鹏皓，刘西诺，南永清．中国共产党领导下的审计百年历史演进［J］．审计观察，2021（6）：54－59.

［18］汪德华，侯思捷，张彬斌．中国共产党领导的国家审计：百年历程与发展启示［J］．财贸经济，2021，42（7）：15－31.

[19] 张悦，等. 大数据环境下的审计变化、数据风险治理及人才培养 [J]. 审计研究，2021 (6)：26-34.

[20] 蒋楠. 论大数据时代国家审计变革与发展 [J]. 财会月刊，2022 (7)：113-117.

[21] 秦荣生. 大数据、云计算技术对审计的影响研究 [J]. 审计研究，2014 (6)：23-28.

[22] 秦荣生. 公共受托经济责任理论与我国政府审计改革 [J]. 审计研究，2004 (6)：16-20.

[23] 金立民. 大数据背景下的政府审计模式创新 [J]. 财会研究，2021 (10)：63-68.

[24] 蒋楠. 论大数据时代国家审计变革与发展 [J]. 财会月刊，2022 (7)：113-117.

[25] 高廷帆，陈甬军. 区块链技术如何影响审计的未来：一个技术创新与产业生命周期视角 [J]. 审计研究，2019 (2)：3-10.

[26] 中华人民共和国审计署. 新修订审计法释义 [M]. 北京：中国时代经济出版社，2021.

[27] 王会金. 国家治理导向的政府审计：理论体系与实现路径 [M]. 北京：中国财政经济出版社，2018.

[28] 尹平，郑石桥. 政府审计学 [M]. 北京：中国时代经济出版社，2013.

[29] 张庆龙，沈征. 政府审计学 [M]. 北京：中国人民大学出版社，2015.

[30] 刘三昌. 政府审计 [M]. 3 版. 大连：东北财经大学出版社，2020.

[31] 杨肃昌. 改革审计管理体制，健全党和国家监督体系：基于十九大报告的思考 [J]. 财会月刊，2018 (1)：3-7.

[32] 郑小荣. 中国政府审计结果公告研究 [M]. 北京：中国时代经济出版社，2014.

[33] 张庆龙. 政府审计学 [M]. 2 版. 北京：中国人民大学出版社，2021.

[34] 张永国. 财务审计 [M]. 2 版. 大连：东北财经大学出版社，2015.

[35] 郑石桥. 政府审计学 [M]. 北京：高等教育出版社，2021.

[36] 王俊霞. 政府预算管理 [M]. 3 版. 西安：西安交通大学出版社，2021.

[37] 郑旭川. 政府预算管理 [M]. 上海：复旦大学出版社，2019.

[38] 孙玉洁. 数字普惠金融对区域创新的影响效应研究 [D]. 济南：山东财经大学，2021.

[39] 王鹏. 湖北数字普惠金融发展对经济高质量发展的影响研究：基于空间杜宾模型的实证分析 [D]. 武汉：武汉纺织大学，2020.

[40] 张译华，许倩倩. 大数据金融审计防范金融风险的对策研究 [J]. 商业会计，2019 (19)：16-19.

[41] 邢凯华. 金融审计在防范和化解金融风险中的作用及实现路径 [J]. 当代会计，2019 (10)：85-87.

[42] 陈玉玲. 基于信息化环境下的金融审计风险分析 [J]. 金融经济，2019 (6)：101-103.

[43] 郑石桥. 金融审计本质：一个理论框架 [J]. 财会月刊，2018 (23)：126-131.

[44] 李焰，施佳宏. 我国传统银行开展中小微金融活动：社会责任还是商业驱动[J]. 经济理论与经济管理，2018 (4)：32-48.

[45] 吕劲松，张晋. 基于审计结果公告的金融审计绩效分析 [J]. 审计研究，2015 (1)：31-36.

[46] 董飞. 审计思维的与时俱进与突破创新：评《银行审计方法和技巧》[J]. 中国出版，2010 (23)：76.

[47] 徐权. 金融创新与审计监督：兼论政府审计在维护国家金融安全中的作用[J]. 审计研究，2010 (4)：14-17.

[48] 王家华. 国家金融审计的现实矛盾与解决方案 [J]. 审计与经济研究，2010 (4)：16-20.

[49] 陈艳娇，易仁萍. 金融审计免疫系统功能实现的路径研究：基于审计结果公告的实证分析 [J]. 审计研究，2009 (3)：14-20.

[50] 蒋建华. 我国金融审计的发展研究 [J]. 南京社会科学，2008 (1)：22-27.

[51] 审计署驻南京特派员办事处金融审计课题组. 论我国国家金融审计的重新定位 [J]. 审计研究，2004 (1)：68-72.

[52] 韩志龙，陈雁清. 金融审计网络化的技术目标设想 [J]. 中南财经大学学报，2001 (4)：67-69.

[53] 徐筱凤. 金融审计风险评估初探 [J]. 上海金融，2000 (12)：40-41.

[54] 张筱，张哲，王乾坤. 金融审计监督功能的比较优势理论分析：基于国家审计制度优势转化为监督效能的视角 [J]. 财会通讯，2022 (1)：119-121.

[55] 尹平，等. 政府审计理论与实务 [M]. 北京：中国财政经济出版社，2008.

[56] 郑子远. 现代风险导向审计产生的背景以及特点分析 [J]. 财会通讯，2011 (21)：48-50.

[57] 李冬辉，等. 政府审计 [M]. 北京：中国铁道出版社，2017.

[58] 许太谊，等. 行政事业单位审计常见问题200案例 [M]. 北京：中国市场出版社，2019.

[59] 严晓华，等. 事业单位财务会计与审计 [M]. 北京：企业管理出版社，1997.

[60] 董大胜，等. 中国政府审计 [M]. 北京：中国时代经济出版社，2005.

[61]《政府部门与事业组织审计》编写组. 政府部门与事业组织审计 [M]. 北京：中国审计出版社，1997.

[62] 李时雨，等. 政府和行政事业单位审计业务操作与审计监督全书 [M]. 北京：清华大学出版社，2004.

[63] 胡俊成，雷春平. 行政事业单位审计 [M]. 成都：西南财经大学出版社，1995.

[64] 财政部会计司，中国会计报社. 行政事业单位内部控制建设：理论与实践 [M]. 北京：经济科学出版社，2015.

[65] 刘淑琴，刘彩丽. 行政事业单位会计实务 [M]. 大连：东北财经大学出版

社，2017.

［66］王威然，等. 行政事业单位会计［M］. 北京：北京理工大学出版社，2018.

［67］黄的祥，蓝茂. 行政事业单位内部控制实操方案［M］. 西安：西北工业大学出版社，2018.

［68］苏衡. 浅议国外贷援款项目绩效审计目标［J］. 审计月刊，2015（5）：16－17.

［69］李淼. 论境外国有资产审计的基本问题［J］. 财会通讯，2010（28）：130－132.

［70］张永国. 财务审计［M］. 大连：东北财经大学出版社，2016.

［71］肖霞. 政府绩效审计评价指标体系的探索与构建［J］. 新经济. 2016（C1）：6－7.

［72］《中国地方政府绩效评估体系研究》课题组. 中国政府绩效评估报告［M］. 北京：中共中央党校出版社，2009.

［73］邹红，唐静宇. 公共选择理论对预算执行绩效审计的影响［J］. 新经济，2022（6）：83－85.

［74］上海市审计局行政事业审计二处课题组. 全面实施预算绩效管理背景下的预算执行审计研究：以医疗卫生资金绩效审计为例［J］. 审计月刊，2021（397）：26－28.

［75］《资源环境审计读本》编写组. 资源环境审计读本［M］. 北京：中国时代经济出版社，2017.

［76］审计署自然资源和生态环境审计司，审计署法规司. 资源环境审计常用定性表述及适用法规向导［M］. 北京：中国时代经济出版社，2021.

［77］陈基湘. 国际资源环境审计实务研究［M］. 北京：中国时代经济出版社，2020.

［78］沈航，等. 资源环境审计理论与案例分析［M］. 北京：九州出版社，2017.

［79］胥晓凤. 资源环境审计研究［M］. 北京：中国时代经济出版社，2015.

［80］审计署农业与资源环保审计司. 资源环保审计案例［M］. 北京：中国时代经济出版社，2014.

［81］李曼，龙佳楠. 政府资源环境审计：实践现状与优化建议——基于审计署2016—2020年审计结果公告［J］. 审计月刊，2021（8）：4－7.

［82］郭鹏飞. 中国资源环境审计的发展历程、理论表征与实践深化［J］. 重庆社会科学，2021（3）：6－19.

［83］陈希晖，董雯，计萍萍. 国际组织资源环境审计指南建设的启示［J］. 审计月刊，2020（11）：10－13.

［84］刘明辉，常丽. 政府审计结果公开机制评析［J］. 审计研究，2005（2）：26－30.

［85］张清玉. 改革政府审计报告的思考［J］. 财会月刊，2015（26）：82－85.

［86］王祥君. 审计工作报告与政府财政报告制度优化协调研究［J］. 财政科学，2020（10）：98－108.

图书在版编目（CIP）数据

政府审计/蒋秋菊主编；田冠军，石恒贵，谢继蕴副主编. --北京：中国人民大学出版社，2024. 12.
（普通高等学校应用型教材）. -- ISBN 978-7-300-33154-6

Ⅰ. F239. 44

中国国家版本馆 CIP 数据核字第 2024QF0251 号

普通高等学校应用型教材·审计
政府审计
主　编　蒋秋菊
副主编　田冠军　石恒贵　谢继蕴
Zhengfu Shenji

出版发行	中国人民大学出版社		
社　　址	北京中关村大街 31 号	**邮政编码**	100080
电　　话	010－62511242（总编室）		010－62511770（质管部）
	010－82501766（邮购部）		010－62514148（门市部）
	010－62515195（发行公司）		010－62515275（盗版举报）
网　　址	http://www. crup. com. cn		
经　　销	新华书店		
印　　刷	北京密兴印刷有限公司		
开　　本	787 mm×1092 mm　1/16	**版　　次**	2024 年 12 月第 1 版
印　　张	22. 25 插页 1	**印　　次**	2024 年 12 月第 1 次印刷
字　　数	452 000	**定　　价**	56. 00 元

中国人民大学出版社　管理分社

教师教学服务说明

中国人民大学出版社管理分社以出版工商管理和公共管理类精品图书为宗旨。为更好地服务一线教师，我们着力建设了一批数字化、立体化的网络教学资源。教师可以通过以下方式获得免费下载教学资源的权限：

- ★ 在中国人民大学出版社网站 www.crup.com.cn 进行注册，注册后进入“会员中心”，在左侧点击“我的教师认证”，填写相关信息，提交后等待审核。我们将在一个工作日内为您开通相关资源的下载权限。
- ★ 如您急需教学资源或需要其他帮助，请加入教师 QQ 群或在工作时间与我们联络。

中国人民大学出版社　管理分社

教师 QQ 群：648333426(工商管理)　114970332(财会)　648117133(公共管理)
教师群仅限教师加入，入群请备注（学校＋姓名）

联系电话：010-62515735，62515987，62515782，82501048，62514760

电子邮箱：glcbfs@crup.com.cn

通讯地址：北京市海淀区中关村大街甲 59 号文化大厦 1501 室（100872）

管理书社　　人大社财会　　公共管理与政治学悦读坊